# CHRONIQUE NORMANDE

DE

# PIERRE COCHON

NOTAIRE APOSTOLIQUE A ROUEN

ROUEN. — IMPRIMERIE DE H. BOISSEL
Rue de la Vicomté, 55

# CHRONIQUE NORMANDE

DE

# PIERRE COCHON

NOTAIRE APOSTOLIQUE A ROUEN

PUBLIÉE POUR LA PREMIÈRE FOIS EN ENTIER

Par Ch. DE ROBILLARD DE BEAUREPAIRE

## A ROUEN

CHEZ A. LE BRUMENT

LIBRAIRE DE LA SOCIÉTÉ DE L'HISTOIRE DE NORMANDIE

RUE DE L'IMPÉRATRICE, N° 11

M DCCC LXX

## EXTRAIT DU RÉGLEMENT.

Art. 16. — Aucun volume ou fascicule ne peut être livré à l'impression qu'en vertu d'une délibération du Conseil, prise au vu de la déclaration du Commissaire délégué et, lorsqu'il y a lieu, de l'avis du Comité intéressé portant que le travail *est digne d'être publié*. Cette délibération est imprimée au verso de la feuille de titre du premier volume de chaque ouvrage.

---

*Le Conseil, vu la déclaration de* M. E. DE LÉPINOIS, *commissaire délégué, portant que l'édition de la* CHRONIQUE DE PIERRE COCHON, *préparée par* M. CH. DE ROBILLARD DE BEAUREPAIRE, *lui a paru digne d'être publiée par la* SOCIÉTÉ DE L'HISTOIRE DE NORMANDIE, *après en avoir délibéré, décide que cet ouvrage sera livré à l'impression.*

Fait à Rouen, le 2 Août 1869.

*Certifié :*

LE SECRÉTAIRE DE LA SOCIÉTÉ,

C. LORMIER.

# INTRODUCTION.

Trois auteurs normands, de condition et de mérite très divers, nous ont transmis de précieux renseignements sur l'histoire de notre pays pendant l'occupation anglaise; ce sont : Thomas Basin, Robert Blondel, et un personnage jusqu'à présent peu connu et d'un nom peu agréable, Pierre Cochon, qu'il faut se garder de confondre, malgré un semblant d'homonymie, avec l'évêque de Beauvais, Pierre Cauchon, si tristement célèbre par le procès de la Pucelle.

Nous ne revendiquerons pas pour notre province la *Chronique de la Pucelle*, écrite pourtant par un bailli de Rouen : nous convenons qu'il y aurait peu de justice à élever une pareille prétention, parce que, si Guillaume Cousinot de Montreuil[1] nous appartient par l'une de ses fonctions pu-

---

[1] Guillaume Cousinot, son oncle, l'auteur de la *Geste des nobles*, avait lui-même quelque lien avec la ville de Rouen. En 1412, alors qu'il n'était que simple avocat au Parlement de Paris, son mérite l'avait fait choisir par l'archevêque de Rouen, Louis de Harcourt, pour conseiller pensionnaire avec Jean Perier, André Cotin et Nicole de Savigny. Il touchait, à ce titre, 10 l. d'appointements par an. Les gages des autres pensionnaires étaient, cependant, d'un tiers plus élevés. (*Archives de la Seine-Inférieure. — Comptes de l'Archevêché*. G. 25.)

bliques, il nous est étranger par la naissance, circonstance d'après laquelle s'établit d'ordinaire le droit d'un pays à la gloire des écrivains. Réduite aux trois noms que nous avons cités en commençant, et que personne ne peut lui disputer, la part de la Normandie paraîtra encore assez avantageuse

M. Jules Quicherat a publié pour la Société de l'Histoire de France, l'*Histoire des règnes de Charles VII et de Louis XI*, de Thomas Basin. Il a fait revivre à nos yeux, dans une biographie non moins remarquable par la solidité de l'érudition que par la netteté et la vigueur du style, les traits de cet homme d'une originalité si tranchée, que son rare mérite, malgré le désavantage d'une naissance obscure, fit nommer à l'un des siéges épiscopaux les plus importants de notre province. M. Vallet de Viriville, collègue de M. Quicherat à l'École des Chartes, dans un intéressant mémoire publié par la Société des Antiquaires de Normandie, nous a fait connaître Robert Blondel [1], et plus récemment, à la suite d'un excellent texte de deux chroniques importantes qu'il sut, à l'aide d'ingénieuses et persévérantes recherches, restituer à leurs véritables auteurs, la *Geste des nobles* et la *Chronique de la Pucelle*, le savant professeur publia, sous le titre de *Chronique normande* [2], la partie du manuscrit de

---

[1] *Notice sur Robert Blondel, poëte historien et moraliste du temps de Charles VII*, dans le tome XIX des *Mémoires de la Société des Antiquaires de Normandie*, p. 161 et suiv. Depuis, en 1863, un savant anglais, le Rév. Joseph Stevenson a publié le mémoire de Blondel, *De reductione Normanniæ*, dans un volume intitulé : *Narratives of the expulsion of the English from Normandy*, M.CCCC XLIX — M.CCCC.L. Londres, 1863.

[2] *Chronique de la Pucelle ou Chronique de Cousinot, suivie de la Chronique normande de P. Cochon, relatives aux règnes de Charles VI et de Charles VII, restituées à leurs auteurs et publiées pour la première fois intégralement à partir de l'an 1403, d'après les manuscrits, avec Notices, Notes et Développements*. Paris, Adolphe Delahaye, 1859.

Pierre Cochon relative au règne de Charles VII, époque intéressante entre toutes, et dont il avait fait pendant de longues années, l'objet principal de ses travaux. Cette chronique est accompagnée d'une notice sur son auteur, et d'une description du manuscrit de la Bibliothèque impériale d'après lequel elle a été publiée. La description est très détaillée ; elle ne laisse rien à désirer sous le rapport du soin et de l'exactitude. Quant à la notice biographique, elle contient malheureusement peu de renseignements précis. Pour la composer, M. Vallet de Viriville se trouvait réduit aux seuls éléments que lui fournissait la chronique. Or, ce document est extrêmement sobre de détails qui soient personnels au chroniqueur ; très rarement on le voit se mettre en scène ; il ne se nomme que deux fois, une seule fois à la première personne, et c'est là le seul indice certain qui révèle en lui l'auteur de la chronique à laquelle est attaché son nom. Les archives de la Seine-Inférieure m'ayant fourni un certain nombre de renseignements sur Pierre Cochon, je me suis permis de reprendre en sous-œuvre sa biographie. Je fus, du reste, encouragé à entreprendre ce travail par M. Vallet de Viriville lui-même, qui, bien éloigné d'imiter le travers de certains esprits, distingués d'ailleurs, lesquels souffrent difficilement que personne pénètre sur le terrain de leurs recherches, mit à ma disposition, avec une extrême courtoisie, la copie du manuscrit de Pierre Cochon, qu'il devait à la libéralité du savant M. Floquet[1]. Cette étude lui appartient donc à un double titre, puisque c'est lui qui m'en a inspiré l'idée, et qu'il m'a procuré, autant qu'il l'a pu, les moyens de l'écrire.

A lire la *Chronique normande*, on devine tout de suite le

---

[1] Il y aurait lieu de regretter que M. Floquet n'eût pas donné suite à son projet de publier cette Chronique, si, après avoir terminé sa grande *Histoire du Parlement de Normandie*, il n'eût consacré ses veilles à des recherches d'une tout autre importance.

pays de celui qui l'a composée. Le style sent son terroir, et nous apprend que nous avons affaire à un enfant du pays de Caux ; le *c* et le double *s* sont souvent remplacés par *ch* ; la lettre *r* est souvent supprimée devant *l* ; l'*u* disparaît du pluriel des substantifs et adjectifs. Bien d'autres remarques pourraient être faites tant sur les désinences des mots que sur les expressions. Mais ce qui frappe bien plus que ces particularités de style, c'est le soin extrême avec lequel Pierre Cochon relève la qualité de *cauchois* dans les personnages qu'il lui arrive de citer. A chaque page, le pays de Caux est nommé, tandis qu'on ne rencontre pas une seule mention des pays qui l'avoisinent, le *Vexin*, le *Roumois*, le pays de *Bray*.

Parlant de maître Jean Petit, l'apologiste du meurtre du duc d'Orléans, Pierre Cochon, pour qu'on n'en ignore, note à deux fois que ce docteur était natif du pays de Caux. S'il mentionne, dans un autre endroit, le pélerinage des *Fèvres* en Allemagne, ce mouvement remarquable qui entraîna vers les rives du Rhin, où régnait la paix, où le commerce florissait encore, une foule considérable de Normands empressés d'échapper aux calamités qui désolaient la France, Pierre Cochon distingue dans la foule « ceux de Caux, de Rouen et d'entour Rouen[1]. » La mortalité de 1416 le frappe principalement, en ce qu'elle sévit « ès parties d'entour Rouen et ès parties de Caux vers Foville et as Bans-le-Compte[2]. » Ailleurs, à propos des ravages commis par les Français dans le val de Dun, il laisse échapper ces paroles amères : « *Item*, ès dit an et mois d'aoust, fu livré le chastel d'Aubmalle aux Franchois par un prebstre, lequel ne fit onques si mauvese journée ; et lui vausit mieulx, après ce que il fut baptisié, que sa mere

---

[1] P. 296.
[2] P. 340.

lui eust jeté la teste contre la paroy ; car il i ut une manière de larons qui apatichoient les villez, et prenoient gens prisonniers de tous estas et les metoient à grosses finanches. Et s'allerent rendre avec eulx plusieurs gens du pais de Caux, merdalle et truandalle, qui faisoient tant de maulx que c'estoit mervaille. Et fallu que les riches hommes de Caux, especialement d'Auffay, des parties d'environ et du Val-de-Dun, se retraissent les ungs à Rouen, les autres à Dieppe, et les autres à Caudebec[1]. »

A cette époque, pourtant, qu'avait donc de si extraordinaire un fait pareil, et quelle circonstance lui valait l'honneur d'être rapporté ? Quel village était à l'abri du pillage, soit de la part des Anglais, soit de la part des Français, si ce n'était même des deux côtés à la fois ? La mention d'un événement aussi commun, et plus encore le ton irrité et passionné avec lequel il est raconté, suffiraient pour révéler qu'il s'agissait d'une contrée qui était particulièrement chère à notre auteur. Ce n'était pas seulement son pays, c'était sa paroisse même qui était en cause.

Nous n'en sommes pas, du reste, réduit, sur ce point, aux conjectures. Il nous apprend lui-même, dans un contrat de fondation, du 1er mars 1437, qu'il était natif de Fontaine-le-Dun, bourg de la vicomté d'Arques, aujourd'hui chef-lieu de canton de l'arrondissement de Dieppe[2]. L'intérêt qu'il portait à Rouen s'explique aussi naturellement que son amour pour le pays de Caux ; c'était là, en effet, que s'était écoulée sa jeunesse et que le retenaient ses fonctions.

Ces fonctions étaient celles de notaire apostolique et de la Cour archiépiscopale. Il signe, en cette qualité, avec

---

[1] P. 302.
[2] Une pierre a été posée, en souvenir de Pierre Cochon, dans l'église paroissiale de Fontaine-le-Dun, aux frais et par les soins de M. Jules Thieury.

Guillaume Manchon, les lettres de Zanon, évêque de Lisieux, relatives à des reliques de saint Cande, déposées à Saint-Cande-le-Vieux de Rouen, le 20 juillet 1425 ; le testament du duc de Bedford, le 9 novembre 1435 : « *Et ego Petrus Cochon, presbyter, Rothomagensis diœcesis publicus, apostolica et imperiali auctoritatibus, curieque archiepiscopalis juratus notarius*[1]. » Cette attestation est suivie, suivant l'usage, du signe manuel et de la marque.

Pour nous faire une juste idée de la position sociale de notre chroniqueur, il ne sera pas inutile d'entrer ici dans quelques détails sur la corporation à laquelle il appartenait, d'autant plus qu'elle a joué autrefois un rôle assez important, et qu'elle est, en général, peu connue.

Les notaires apostoliques, ou, comme ils s'intitulaient, les *notaires établis par autorité apostolique et impériale*, remplissaient les fonctions d'officiers publics dès le XI° siècle. Dans le principe, ils n'avaient été établis que pour les villes d'Italie soumises au pouvoir des empereurs et des papes ; mais l'utilité de cette institution ayant été reconnue, ils se répandirent bientôt au-delà des Alpes, et, au XIII° siècle, on les rencontre presque partout. A Rouen, ils étaient organisés en confrérie, sous le titre de Notre-Dame et de Saint-Marc, dès l'année 1276[2]. Au XV° siècle, du temps de Pierre Cochon, une donation importante mit cette confrérie en lumière et assura son existence. Un de ses compatriotes, Guillaume Le Cras, curé de Cliponville-en-Caux, notaire et auditeur des témoins en Cour d'église, conçut le projet de fonder une chapelle qui pût servir de siège aux pieuses réunions de ses confrères. Dans ce but, il jeta les yeux sur un terrain du *Clos Saint-Marc*, qui avait

---

[1] *Arch. de la Seine-Inférieure*, F. *de Saint-Cande-le-Vieux et du Chapitre de la Cathédrale*.

[2] *Ibidem*, Cartul. des notaires, f° v.

été la première demeure des Cordeliers[1], quand ils étaient venus s'établir à Rouen, au XIIIe siècle, et où, pendant longtemps, l'office divin avait été célébré. Ce terrain appartenait au chapitre de la cathédrale de Rouen et passait encore pour un lieu sacré, bien que, depuis de longues années, on n'y vît plus que des ruines. Guillaume le Cras se le fit céder par les chanoines moyennant une rente annuelle de 20 l. t., et sous cette condition, que le patronage de la chapelle, une fois fondée, appartiendrait, après la mort du fondateur, au chanoine qui aurait l'administration du collége des Clémentins (1er août 1431)[2]. Le Cras fit immédiatement commencer les travaux ; mais la mort le surprit avant qu'ils fussent achevés. Son œuvre, toutefois, ne périt pas avec lui. Son neveu et son héritier, Jean Le Cras, clerc, de Rouen, donna suite à ses volontés ; et, pour se débarrasser d'un soin auquel il ne se sentait pas propre, il proposa aux notaires de leur abandonner la place et les édifices commencés, à charge de continuer activement les travaux, de faire dire des prières pour lui, et de lui reconnaître, avec le titre de bienfaiteur, le droit d'être inhumé dans la chapelle. Il leur donna, en outre, le bon missel de son oncle, un calice et une rente de 4 l. 10 s. sur l'église d'Etran. Ces conditions furent acceptées avec empressement par la confrérie des notaires, qui se composait alors, indépendamment des autres confrères, de douze prêtres, parmi lesquels figurait Pierre Cochon. L'an 1435, la chapelle était construite[3] ; les autels furent bénits, le

[1] Transférés plus tard près de S. Pierre du Châtel.
[2] Il est mention, dans une charte de Richard dit le Brumen de Londinières, de vénérable homme *maître Alexandre*, chanoine de Rouen et notaire du pape, « *domini pape notarii.* » Décembre 1260. (*Arch. de la Seine-Inférieure*, F. du Chapitre.)
[3] La chapelle qui s'y trouvait avait été incendiée antérieurement à 1342, par suite de l'imprudence du chanoine Geoffroi de Brienchon qui y avait fait entasser du foin, à l'insu du chapitre. *Arch. de la Seine-Inf.*, 2e registre des délib. capit., f° 14 v°.

25 mars 1436, par Pasquier, évêque de Meaux, vicaire-général de l'archevêque Louis de Luxembourg. Enfin, cette même année, le 15 octobre, le chapitre de la cathédrale reconnut aux notaires le droit de proposer à son agrément, comme chapelain de Saint-Marc, un prêtre de leur confrérie. Pierre Cochon fut pendant quelque temps honoré de cette charge, mais nous ne saurions dire précisément à quelle époque [1].

Cette confrérie était administrée par un prévôt et par deux autres officiers, le *clavier* et le *fauteur* : l'un chargé de garder les clefs, ainsi que le nom l'indique ; l'autre de tenir registre de ceux qui manquaient aux assemblées. Chaque samedi, on se réunissait à la chapelle, et l'absence était punie d'une amende de deux deniers [2]. Il fallait aussi, une fois par année, venir prendre place à un banquet de frérie le jour de la Nativité de la Sainte-Vierge. Un règlement de l'official de Rouen, du 3 juillet 1445 [3], en faisait une obligation à tous ceux qui exerçaient l'office du notariat dans la Cour archiépiscopale.

Par un autre règlement, l'official permit aux notaires de s'affilier des membres étrangers, en bornant, toutefois, l'effet de cette faveur à la faculté d'assister aux offices célébrés dans la chapelle [4]. Ces confrères se recrutaient, pour la plupart, sans doute, parmi les jeunes clercs ou, comme

---

[1] Dans l'*Obituaire de la chapelle Saint-Marc*, le titre de chapelain est donné à Pierre Cochon, f° 7. « *Februarius* 22. *Cathedra S. Petri. Obitus Domini Petri Cochon, presbyteri, capellani confratrie, in quo celebrabuntur tres misse, una solemnis de festo, alia bassa de Beata Maria, alia de Requiem.* » D'après les statuts de la confrérie des notaires (penult. d'octobre 1436), le chapelain était désigné à la nomination des chanoines par le prévôt et les frères notaires. (*Cartul. des notaires*, f° x. v°.)

[2] *Ibid.*, f° xxxiii v°.

[3] *Ibid.*, f° xiiii.

[4] *Ibid.*, f° xxiiii v°.

on les appelait ordinairement, parmi les *enfants de la Cour* (*pueri curie*), qui étudiaient, sous la direction des notaires, la manière de rédiger les actes en latin et en français, en suivant, au tribunal de l'official, les affaires ecclésiastiques, extrêmement nombreuses alors, puisque toutes les questions relatives au mariage et aux testaments étaient du ressort de la juridiction de l'Église. Ces clercs, en entrant dans l'étude d'un notaire apostolique, payaient pour leur bienvenue une somme de 20 s., dont une moitié allait pour l'entretien de la chapelle, et l'autre moitié pour un modeste régal offert à tous les *enfants de la Cour*. Il consistait en pâtés que l'on allait manger dans quelque taverne honorablement famée. Le but était de procurer aux clercs l'occasion de se connaître, et d'entretenir entre eux de bonnes relations de confraternité. Plus tard, ce repas frugal dégénéra ; il donna lieu à des scènes de débauche, à des disputes et à de folles dépenses. L'official, fidèle gardien de l'honneur du corps, supprima, en 1487, les petits pâtés et décida qu'à l'avenir les 20 s. de bienvenue seraient affectés uniquement à l'entretien de la chapelle [1].

Les notaires rédigeaient, pour les parties, les actes ecclésiastiques et étaient en même temps greffiers de la Cour d'église. On sait que le procès de condamnation de la Pucelle fut écrit par trois notaires de la Cour de Rouen.

Ils tenaient leur qualité du Saint-Siège en vertu d'une commission directe, ou indirectement par l'intermédiaire d'autres notaires auxquels elle avait été conférée, avec pouvoir de la transmettre. Les anciennes ordonnances distinguent bien, il est vrai, les notaires apostoliques des notaires épiscopaux dont les provisions émanaient de l'évêque [2];

---

[1] *Cartul. des notaires*, f° CXL.

[2] Les chanoines de Rouen, pendant la vacance de l'archevêché, en 1443, nommèrent pour official Jean Bidault. Dans sa commission, on voit qu'ils lui déléguèrent le pouvoir « *advocatos, notarios, tabel-*

mais il est certain que la plupart, sinon tous les notaires apostoliques, étaient, à Rouen, notaires de la Cour d'église, et que, vers la fin du xvi⁰ siècle, c'étaient, en Normandie, les seuls auxquels on reconnût qualité pour les actes ecclésiastiques. Le concile de Rouen, de l'année 1581, nous en fournit la preuve : les évêques de notre province réclamèrent du pape l'autorisation d'instituer des notaires apostoliques pour leurs diocèses, en faisant remarquer qu'il n'y en avait plus un nombre suffisant, ce qui tenait, suivant eux, à ce que le Saint-Siége ne créait que très rarement des notaires, en leur attribuant le pouvoir de transmettre à d'autres leur qualité¹.

On n'avait pas toujours eu de semblables inquiétudes ; tout au contraire, dès le xv⁰ siècle, les notaires étaient nombreux. Du temps de Pierre Cochon, il y avait à Rouen pour le moins douze prêtres notaires et quatorze frères, non compris les *enfants de la Cour*². Dans la suite, ce nombre s'accrut considérablement. En 1476, la confrérie de Saint-Marc se composait de quarante-cinq notaires, dont un seul est désigné comme résidant en dehors de Rouen, et de trois nouveaux qui furent reçus cette année-là. En 1492, il n'y eut qu'un seul notaire de créé, mais la confrérie ne comprenait pas moins de quatre-vingt-trois notaires, procureurs ou sergents en cour d'église, sans compter les clercs dont le nombre devait être fort élevé, puisqu'on en admit cette année jusqu'à quarante-cinq. Dans le nombre des

*tiones, et procuratores, sufficientes tamen et ydoneos, in curia Rothomagensi creandi et ordinandi, atque juramenta circa hec necessaria fieri requisita ab eis recipiendi.* » 20 octobre 1443. (*Arch. de la Seine-Inférieure, F. du Chapitre.*) Ce texte établit que les officiaux avaient aussi le pouvoir de créer des notaires.

¹ Dom Bessin, I, 213.

² Contrat du 16 octobre 1436 : onze prêtres notaires et quinze autres notaires en la Cour d'église, à Rouen. (*Reg. du Tabellion. de Rouen, au Palais-de-Justice.*)

quatre-vingt-trois notaires, on remarque près d'une cinquantaine de noms qui sont précédés du titre de *maîtres* ou de *messires*, quatre chanoines de Rouen, trois avocats, le curé de Bouteilles et l'official de Montivilliers.

Au xvie siècle, le nombre des notaires s'éleva encore et devint véritablement abusif[1]. Il diminua par l'effet de l'édit du mois de septembre 1547 et de l'ordonnance de 1550.

M. Vallet de Viriville avait supposé que Pierre Cochon avait dû naître antérieurement à 1360, parce que le manuscrit qui contient sa chronique débute par un tableau des Pâques qui s'étend de cette année à l'année 1425, et qu'il existe généralement une certaine coïncidence entre la période de temps qu'embrassent ces sortes de tableaux et la vie des auteurs. D'ailleurs, le style et le ton avec lesquels le narrateur traite des événements postérieurs à 1360, lui avaient paru indiquer un contemporain. Ces raisons m'auraient semblé, probablement, aussi plausibles qu'ingénieuses, si je n'avais eu d'ailleurs des motifs décisifs pour penser que Pierre Cochon n'a pu naître avant 1360. En effet, en admettant le compte de M. Vallet de Viriville, Pierre Cochon serait mort plus que nonagénaire ; son frère Jacques aurait eu lui-même une très longue vieillesse, puisqu'il est mort chanoine de Rouen en 1473. Ce ne seraient pas les seuls exemples de longévité que fournirait cette famille : en 1437, Pierre Cochon aurait eu près de quatre-vingts ans, et pourtant nous voyons, par un acte de fondation en faveur des notaires de Rouen, qu'il avait encore à cette époque son père et sa mère. Il y a plus : son père vivait encore en 1447, ainsi qu'on le voit par le testament de Jacques Cochon.

---

[1] *Arch. de la Seine-Inférieure. — Comptes du Collége des notaires*, de 1476 à 1555.)

Toutefois, si nous ne pouvons remonter au-delà de 1360, il ne nous est pas possible non plus de descendre bien au-dessous de 1380.

Il est certain que, dès 1406, Pierre Cochon était à Rouen; et déjà il était assez avancé en âge pour se rappeler plus tard, avec précision, un fait de cette époque dont il déclare avoir été le témoin : le départ de Jean de Graville pour l'armée de Calais. Il décrit avec détail les superbes habillements de cet opulent chevalier, et les riches harnais de ses chevaux.

En 1409, au plus tard, Pierre Cochon travaillait à la rédaction de sa chronique; une pareille occupation ne peut guère faire supposer moins d'une vingtaine d'années. Je croirais donc qu'il est né vers 1390, ce qui en fait, à quelques années près, le contemporain de Guillaume Manchon, dont il fut pendant longtemps le collègue et l'ami.

Il est à présumer que ce qui l'avait attiré à Rouen, loin de son pays natal et de sa famille, c'étaient les cours des écoles du chapitre encore florissantes alors, et l'espoir de se faire attacher en qualité d'*enfant de la Cour* au collége des notaires.

Il n'est pas impossible que postérieurement, ainsi que le conjecture M. Vallet de Viriville, il soit allé étudier à l'Université de Paris, et que ce soit là, au milieu de l'ardente jeunesse de ce temps, qu'il ait adopté ces opinions hardies qui nous frappent dans sa chronique. Une chose pourtant m'en ferait douter : Pierre Cochon ne paraît avoir été maître en aucune faculté; ses parents étaient peu riches, et d'ailleurs il lui était possible de parvenir aux fonctions qu'il a remplies, sans quitter Rouen, en travaillant dans l'étude d'un notaire de la Cour archiépiscopale.

Quoi qu'il en soit, il était certainement dans cette ville au début de la conquête de Henri V; il décrit, en homme qui les a vus, les costumes des soldats anglais lors de leur descente en Normandie : et, à la manière dont il s'exprime, on voit qu'il put se rendre compte par ses yeux des dégâts que commirent les Français aux environs de Rouen, après la prise d'Harfleur.

Ce qui me ferait croire que, vers 1421, il devait être attaché à l'officialité, c'est qu'il consigne dans sa chronique, à propos de la réforme de la monnaie, cette remarque assez insignifiante, que la *Court de l'official* et *les plez du roy étoient à forte monnoye*.

En 1425, il n'y a plus lieu de douter qu'il ne fût notaire, puisqu'il se cite lui-même avec sa qualité, comme ayant assisté à une cérémonie qui dut le ravir : à l'amende honorable que Pierre Poolin, lieutenant général du bailli de Rouen, fut obligé de faire à l'archevêché en punition d'avoir violé les immunités ecclésiastiques.

Nous constatons sa présence à Rouen en juillet 1429, lors de l'entrée de Henri VI. Le 8 août 1433, il assiste comme témoin à l'acte par lequel le neveu de Guillaume Le Cras abandonne aux notaires l'emplacement de Saint-Marc ; le 25 mars 1436, il est présent à la bénédiction des autels de cette chapelle[1] Cette même année, il prend, en même temps que le titre de notaire, celui de curé de Vittefleur porté précédemment par Manchon[2]. Il ne garda cette cure qu'assez peu de temps ; il en obtint une, vraisemblablement plus avantageuse, et qui, à coup sûr, lui fut plus chère, puisqu'elle le ramenait au lieu de sa naissance, la cure ou plutôt l'une des portions de la cure de Fontaine-le-Dun.

Pierre Cochon était attaché de cœur à la confrérie des notaires ; il leur donna, le 1er avril 1437, un jardin situé en

---

[1] *Arch. de la Seine-Inférieure.* — *Cartul. des notaires*, f° v.
[2] *Id., ibid.*, f° LXVII.

la paroisse Saint-Maclou, qu'il avait acheté, le 17 juillet 1436, de Michel Basin, le frère de l'évêque de Lisieux[1], mais il s'en réserva la jouissance pour lui et son frère Jacques, pour Jean son père et Jeanne sa mère. Il ajouta à cette donation 42 l. 18 s. t., à charge de les employer, dans un délai de six ans, à l'achat de 42 s. 6 d. t. de rente. Pour cela, les notaires étaient tenus de faire célébrer perpétuellement, pour le salut de son âme et pour ses parents, une messe solennelle à diacre et à sous-diacre, le jour de la chaire de saint Pierre, et aussi, ce même jour, une messe basse pendant laquelle on devait distribuer une somme de 20 s. entre les prêtres et frères présents. Enfin, le 3 septembre 1438, il acheta 60 s. de rente à héritage sur une maison sise à Rouen, rue du *Fils-Guy*[2] (nous en avons fait la rue du Figuier), qu'il donna, le 25 juillet 1439, au prévôt et aux frères de la Cour d'église et à leurs successeurs[3].

L'époque de la mort de Pierre Cochon ne peut, non plus que celle de sa naissance, être déterminée que par conjecture ; il vivait certainement le 8 mars 1442, puisque son nom est rappelé dans une donation de Manchon, qui porte cette date et se trouve insérée au Cartulaire des notaires apostoliques, f° XLVII[4].

Le testament de Jacques Cochon, fait en 1447, ne contient aucun legs en faveur de son frère, ce qui semblerait

---

[1] *Arch. de la Seine-Inférieure.* — *Cartul. des notaires*, f° LXVII.

[2] *Id., ibid.*, f° XXXV v°.

[3] *Id., ibid.*, f° XXXVI. — On voit, à la suite de l'acte, le signe manuel de Pierre Cochon.

[4] Le jour de la Pentecôte 1439, Bernard Delamaré fut mis par Pierre Cochon en possession de la cure de Saint-Pierre-le-Viger, « *per tactum et ingressum majoris porte ecclesie Rothomagensis, cum ad eamdem ecclesiam S. Petri non foret totus accessus.* » A la suite de l'acte, on voit six lignes qui sont de la main de Cochon. *Arch. de la Seine-Inf.*, G. 1699.

impliquer le prédécès de celui-ci, si, dans cet acte, il n'était mention d'un autre testament malheureusement disparu, et si, à la dernière ligne, on ne remarquait cette formule : *Actum est hoc in domo Ma. P.*, qui me semble désigner cette maison de Pierre Cochon, qui était devenue le domicile de toute la famille [1].

D'ailleurs, en consultant les comptes du *clerc de ville*, receveur chargé de la perception des rentes dues au chapitre de la cathédrale à l'intérieur de Rouen, on voit qu'en l'année 1449, le chapitre reçut de Pierre Cochon, pour une maison faisant le coin du petit clos Saint-Marc, une rente de 15 s. « *In parvo clauso S. Marci, à Domino Petro Cochon, pro Guillelmo Margueritte, pro domo faciente cunum Parvi-Clausi, xv s.* » En 1456, il y a changement de nom. C'est Jacques Cochon qui paya la rente au chapitre de Rouen [2]. Pierre Cochon avait dû mourir dans les premiers mois de cette année, peu de temps avant Manchon, puisque nous voyons, le dernier jour de mai, le déport de Fontaine-le-Dun, baillé par l'archevêque de Rouen, à messire Simon

---

[1] *Arch. de la Seine-Inférieure, F. du chapitre. Testaments des chanoines.*

[2] *Arch. de la Seine-Inférieure, F. du Chapitre.* — G. 52. *Compte de l'archevêché*, de la Saint-Michel 1455 à la Saint-Michel 1456.

« Le déport de Fontaine-le-Dun a été baillé le dernier jour de may à messire Simon Alexandre pour xi l. v. s., dont appartient à mondit sʳ pour les deux pars iiii l. iii s. iii d. »

La grande portion de Fontaine-le-Dun devint aussi vacante l'année suivante. Comme cette portion avait été vacante le jour de la Madeleine 1442, à une époque où Pierre Cochon portait déjà le titre de curé de Fontaine-le-Dun, j'en conclus qu'il n'était curé que de la seconde portion : c'était celle-là qui était à la disposition de l'archevêque.

On sait que le déport était le droit que l'archevêque de Rouen avait, à la vacance d'un bénéfice par la mort du titulaire, d'en toucher les revenus pendant un certain temps. Les droits de déport étaient baillés à ferme.

Alexandre, pour vi l. v s.[1] Je suppose que Pierre Cochon passa, dans cette paroisse, les dernières années de sa vie, et que ce fut là qu'il mourut. Je ne m'expliquerais pas autrement l'omission de son nom dans un grand nombre d'actes où sont mentionnés la plupart des notaires de la Cour d'église, notamment dans un règlement pour la confrérie des notaires donné par le procureur général de Mgr de Luxembourg, le 7 août 1443, portant pour titre : « *Approbatio, confirmacio et renovacio statutorum confratrie notariorum una cum adjunctionibus procuratorum et apparitorum curie*[2]. » Le 19 août 1458, messire Jacques Cochon, alors curé de Grainville-la-Teinturière, ratifia la fondation que son frère avait faite en faveur de la chapelle Saint-Marc, le 1er avril 1437.

Pierre Cochon appartenait, avons-nous dit, à une famille peu aisée. La maison de son père, que nous supposons avoir été Jean Cochon, bourgeois de Rouen, paroissien de Saint-Godard, fut décrétée sur les poursuites de ses créanciers, en 1432[3].

Son frère, nommé Jacques, embrassa la même carrière que lui. C'est sans doute le frère de notre chroniqueur que nous voyons, sous le nom de Jacquet Cochon, chargé par le promoteur de Rouen, en 1429, de se rendre à Dieppe pour procéder à une enquête *de vita et moribus* sur « aucuns qui portoient grant rigueur à Monseigneur[4]. » Postérieurement au 8 août 1433, mais avant l'année 1436, il faisait partie de la confrérie de Saint-Marc en qualité de frère notaire. Peu de temps après, on le voit prendre le titre de prêtre notaire. Il fut nommé notaire du chapitre

---

[1] *Arch. de la Seine-Inférieure*. — *Cartul. des notaires*, f° LXX.

[2] *Cartul. des notaires*, f° XVI v° et suiv.

[3] *Arch. de la Seine-Inférieure*. — *Cartul. des notaires*, f° CI.

[4] *Ibidem*, G. 30, *Compte de l'Archevêché de Rouen*, de la Saint-Michel 1428 à la Saint-Michel 1429.

de Rouen, le 23 février, et, comme tel, il fut chargé de la rédaction des délibérations[1]. Il donna sa démission de cette charge, le 8 novembre 1440. Il obtint ensuite la cure de Grainville-la-Teinturière. Enfin, le 4 décembre 1465, il fut nommé chanoine de Rouen, et, mourut, en possession de ce double titre, le 11 avril 1473. La confrérie des notaires lui avait donné une marque de sa confiance en le choisissant pour chapelain (juillet 1454), et, à son tour, il témoigna l'intérêt qu'il lui portait, en faisant construire, à ses frais, le bout de la chapelle Saint-Marc et en fondant dans cette chapelle, trois messes, à dire, chaque année, le 25 juillet, jour de la fête de saint Jacques, son patron. Il fut inhumé dans la cathédrale auprès des fonts baptismaux.

Je ne sais si l'on doit rattacher à la même famille un nommé Jean Cochon, curé de Saint-Martin-sur-Renelle, à Rouen, en même temps que chapelain de la chapelle Saint-Eustache en la nef de Notre-Dame, homme d'un caractère violent, et qui eut de fréquents démêlés avec la juridiction du chapitre[2].

Tous ces minces détails relatifs à la famille d'un homme qui n'a droit qu'à une célébrité médiocre, courent le risque de paraître superflus. J'ai hâte d'envisager notre chroniqueur sous un point de vue différent et plus digne de fixer notre attention.

Comme écrivain, Pierre Cochon diffère essentiellement de la plupart des chroniqueurs de son temps. Froissart et Monstrelet, ses contemporains, soutenus et défrayés par les hauts et puissants seigneurs dont ils étaient les fami-

---

[1] *Arch. de la Seine-Inférieure.* — *Reg. capitul. de la Cathédrale; Obit. et Cartul. des notaires.*

[2] Délibérations du 8 mars 1443, 9 septembre 1447, 18 mars et 3 novembre 1448, 4 août 1450, 25 janvier 1458, aux *Archives de la Seine-Inf.*, *Reg. capitulaires.*

liers, ont pu entreprendre de longs et coûteux voyages pour *voir les anciens chevaliers et escuyers qui avoient esté en faits d'armes*, et pour recueillir de la bouche des hérauts et des poursuivants les renseignements qui devaient servir de matériaux à leurs vastes compositions. Aussi ne faut-il pas s'étonner si parfois ils se trouvent dans la nécessité d'acquitter, par des éloges suspects, la dette de la reconnaissance. C'est pour l'instruction des nobles qu'ils écrivent ; et, comme les armes faisaient alors la profession favorite de la noblesse, c'est le côté militaire de l'histoire qu'ils s'attachent principalement à faire connaître. Sous leur plume, abondent ces longs récits de bataille, de défis et de tournois qui intéressent au plus haut point la vanité des familles, et excitent le courage des capitaines par le souvenir des hommes vaillants qui les ont précédés. Il n'en est pas de même de notre chroniqueur. Pour lui, point de puissants protecteurs qui aient suppléé, par leurs libéralités, à l'insuffisance de ses ressources personnelles, et qui lui aient fourni le moyen d'entreprendre ces pérignations dispendieuses, indispensables alors pour apprendre avec quelque détail les événements accomplis. Il n'a voyagé, suivant toute apparence, que du pays de Caux, sa terre natale, à Rouen, sa ville d'adoption, et sa vie s'est écoulée tout entière dans les obscures fonctions du notariat apostolique et d'une cure de campagne. Les faits antérieurs à l'époque qu'atteignent ses souvenirs, il les raconte d'après quelques chroniques qu'il aura peut-être eu l'occasion de consulter à la bibliothèque capitulaire de Rouen, dès lors organisée et même publique, du moins dans une certaine mesure[1]. Lorsqu'il en vient à l'histoire de son temps, il parle fréquemment, soit en témoin oculaire, soit en homme qui a ouï dire ; et, bien que placé sur un théâtre restreint

---

[1] V. les *Recherches* de M. l'abbé Langlois *sur les bibliothèques des archevêques et du chapitre de Rouen*.

et privé de ces hautes relations qui permettent de pénétrer les secrets de la politique, il a noté un certain nombre de faits curieux que l'histoire doit recueillir. Il écrivait, du reste, sans prétention et probablement pour lui seul, se plaçant à un point de vue bourgeois, si cette expression nous est permise. On est frappé de sa manière de dire, rude et vulgaire, lorsque parcourant le livre de M. Vallet de Viriville, on arrive à lui, après avoir parcouru la *Geste des Nobles* et la *Chronique de la Pucelle*, œuvres remarquables, la première surtout, par l'élégante simplicité du récit, souvent aussi par la délicatesse de la pensée. Dans la chronique de Pierre Cochon, rien qui révèle la culture littéraire ni le sentiment de l'élégance. Le défaut de transitions, loin d'être dissimulé, est nettement accusé par des formules banales qui se reproduisent avec une fastidieuse uniformité. Le récit est assaisonné de proverbes, d'expressions triviales et quelquefois grossières. Et cependant, malgré tous ces défauts, l'intérêt est loin de manquer à cette chronique ; elle ne ressemble à aucune autre si ce n'est peut-être à celle de Jean de Venette, deuxième continuateur de Guillaume de Nangis[1] ; elle a un caractère très prononcé d'originalité qui tient à ce qu'elle reflète fidèlement les sentiments de la classe moyenne à laquelle Pierre Cochon appartenait. En lui nous retrouvons un type propre à nous faire connaître l'esprit de la bourgeoisie au commencement du xv<sup>e</sup> siècle ; et c'est parce que nous nous en formons cette idée, que nous nous croyons permis de retracer aussi complètement que possible les traits de sa physionomie morale.

Et d'abord Pierre Cochon se montre extrêmement sou-

---

[1] L'esprit de ce chroniqueur a été très judicieusement apprécié par M. Géraud dans un mémoire intitulé : *De Guillaume de Nangis et de ses continuateurs* dans la *Bibliothèque de l'Ecole des chartes*, t. 3<sup>e</sup>, p. 17 et suiv.

cieux du sort du peuple. Que de fois, en parlant des aides qui étaient levées et de la façon dont le royaume était administré, il déplore la manière dont se « despendoit l'argent du povre peuple de France.... » dont « le povre peuple estoit tout essillié et destruit [1]. »

Il rapporte, sans faire entendre qu'il la désapprouve, cette parole d'un avocat de Paris, maître Jean Desmarets, que « le roy ne ses conseulz ne pourroient faire un peuple, mais un peuple feroit bien un roy. [2] » Il savait pourtant qu'elle avait coûté la tête à celui qui l'avait proférée, et qu'on en avait fait un crime de lèse-majesté.

Il porte un jugement peu favorable sur la conduite et la moralité de la noblesse. Ce n'est pas qu'il l'attaque en tant qu'institution ; mais il est scandalisé à la vue de ses mœurs licencieuses que ne faisait plus pardonner le prestige des services rendus à l'Etat sur les champs de bataille, depuis qu'elle avait laissé infliger au royaume les plus sanglantes défaites qui ternissent l'éclat de notre ancienne gloire militaire.

S'il fallait prêter trop d'attention à ces éternels regrets du passé, exprimés sous toutes les formes dans les divers monuments de notre littérature, on serait assez embarrassé pour déterminer à quel siècle se rencontre cet état de perfection relative auquel il eût été souhaitable de s'arrêter. En admettant que cette question puisse être résolue avec certitude, quelle difficulté sa solution ne présente-t-elle pas, puisqu'elle suppose l'appréciation du degré de bonheur et de moralité des peuples, choses mystérieuses de leur nature, lors même qu'on en borne l'examen à l'époque contemporaine! Quoi qu'il en soit, chacun se fait là-dessus

---

[1] P. 181, 182.
[2] P. 169.

une opinion à sa guise. Notre chroniqueur s'était fait la sienne : il rapportait au xiv⁰ siècle le commencement de la décadence, dont le plus remarquable symptôme fut la démoralisation de la noblesse. Sous l'année 1343, il place cette réflexion : « Et estoit pour lors bon temps ; et estoient les nobles du royaume prudehommes, et poieaient bien, et tenoient convenant ; car, se aucun chevalier ou aucun escuier, en ce temps, vous deust argent, et vous promeist, en foy de gentillesse, que vous serés poié à tel terme, il ne vous fausist point que vous ne fussiés poié. Et Diex soit comme il en est present¹ ! » Cette décadence ne fit que se généraliser à la suite de l'affreuse mortalité de 1348, qui aurait dû cependant ramener l'humanité à des idées sérieuses. Vint alors, dit-il, « un nouvel monde qui deleisserent la gregnieur partie de la prodommie et des vesteurez anssiennes, et pristrent nouviax abiz comme souliers à bec de poulaines qui avoient un quartier de lonc, plusmes d'austruches et de fesant ; et se mua bien le monde². »

Le dépit que causait à Pierre Cochon la conduite de la noblesse, perce dans une foule de récits, notamment dans celui d'une entreprise des nobles du pays de Caux, en 1357, qui avait pour but le pillage de la ville de Rouen, tentative qui non-seulement échoua, mais fut sévèrement punie, grâce à l'énergie du maire J. Le Lieur. Il lui arrive pourtant de parler avec sympathie de certains gentilshommes, entre autres, du sire de Graville, de M. de Torcy, tué à Poitiers, au frein du roi ; il est vrai que l'un et l'autre étaient du pays de Caux.

Il serait injuste, d'ailleurs, de supposer qu'il ait approuvé toutes les passions révolutionnaires de son temps. Il détestait les *Jacques*, qui, du reste, n'en vouaient guère moins au clergé qu'à la noblesse ; il dit d'eux : « Et avoient une

¹ P. 65, 66.
² P. 74.

trés mal voie prise qu'il ne demeurerént ou il converserént nul noble ne fame, ne enfans, ne manoirs, maisons qu'il n'ardissent et tuassent ; et eussent fait partout, s'ils eussent regné. Mais Diex ne voult pas ¹. » Il applaudit à la bataille qui coûta la vie à d'Arteveld : « Et fu une très perilleuse journée, que, si les Flamenz eussent eue la journée pour eulz, toute noblesche et jentillesse, clergié et riches bourgois et gens de nom et d'estat eussent esté rués jus et gouvernés par merdaille et gens de neant... Mais à Dieu ne plut pas ². » Aussi n'hésite-t-il pas à appeler la victoire remportée sur les Liégeois « une belle et noble victoire ³. » Ayant à prendre parti pour l'une des deux puissantes factions qui divisaient la société à cette époque, les Bourguignons et les Armagnacs, il se met résolument du parti des premiers. En cela, il ne faisait que suivre la tendance générale de la bourgeoisie et l'opinion qui dominait à Rouen, où l'industrie et le commerce avaient créé, en dehors de la noblesse, des fortunes très considérables, et développé des idées d'indépendance. La Bourgogne, en effet, (c'était ainsi que Pierre Cochon l'entendait, et le plus grand nombre avec lui), représentait la cause du peuple, la cause de la réforme, de l'abolition ou de la diminution des aides, la cause du gouvernement du pays par les trois états ⁴, spécieux prétextes sous lesquels se voilait l'énergique et persévérante ambition d'une famille qui fut, pendant près d'un siècle, le fléau de la France. Cette cause, qui passionnait les esprits, était vivement combattue par le duc d'Orléans, « qui désiroit à avoir taillez et à destruire le royaume et en avoir par devers lui toute la finance ⁵, » Orléans qui, de même que

---

[1] P. 100.
[2] P. 172.
[3] P. 242.
[4] P. 214.
[5] P. 220.

la reine, « ne contendoit fors à essillier le peuple par grosses taillez[1], » Orléans, dont Pierre Cochon ose dire : « Omcques si malvese creature ne fu comme il estoit[2]. » Non content de lui reprocher ses mœurs dissolues et la mauvaise administration du royaume, deux points sur lesquels il serait difficile de le défendre, il l'accuse d'avoir, par une scélératesse inouïe, tenté d'empoisonner le roi au Mans, et, plus tard, d'avoir voulu le brûler vif au milieu de son palais, à cette fête des hommes sauvages qui se termina d'une façon si tragique. Mille bruits fâcheux couraient parmi la foule. C'était l'opinion non-seulement de notre chroniqueur, mais encore d'un grand nombre de ses contemporains, que le duc d'Orléans, tant qu'il vécut, eut recours à toute sorte de moyens criminels, à la magie, aux sortiléges, pour faire mourir son frère, « qui tant estoit amé de son peuple[3]. » On disait partout que le roi « estoit sain ou malade, comme le duc d'Orlyans voulloit[4]. »

Rempli de l'indignation la plus vive contre le duc d'Orléans, Pierre Cochon ne trouve rien de lamentable ni de criminel dans son assassinat. Il rapporte le discours de Jean Petit, sans rien dire autre chose de cette misérable apologie que ce simple mot : « Ce lui fut une grande hardiece[5]. » Il rappelle, sans la flétrir, cette lâche acclamation du peuple après la perpétration du forfait : « Beneet soit qui tel coup y rua ! Car s'il eust plus vesqui, il eust destruit tout le royaume[6]. » Il n'a pas même une parole de pitié pour la veuve de la victime ; il annonce sa mort en

---

[1] P. 204.
[2] P. 191.
[3] P. 192.
[4] P. 193.
[5] P. 223.
[6] P. 222.

ces termes : « La duchesse d'Orliens trespassa .iiij°. jour decembre .cccc. viiij., laquelle quidoit estre royne de France. Mais, par la grace de Dieu, elle failly à son entente[1]. »

Au milieu de tous ces écarts d'opinion, il conservait cependant une sorte de culte pour la royauté de son pays. Bien qu'il écrivît sous Henri V et sous Henri VI, dans un pays où il était prudent de vanter le temps où l'Angleterre et le duché de Normandie appartenaient au même maître, il donne raison à Philippe-Auguste contre Jean-Sans-Terre, le plus « mauvès qui oncques fust, car il estoit convoiteus et traitrez. » Philippe VI de Valois, qui se prévalut de la loi salique pour exclure Edouard III d'Angleterre de la couronne de France est qualifié de *bon prodomme*; c'est pour lui le *bon roi Philippe*[2]. Charles V, qui chassa l'étranger, lui paraît aussi « très grant, sage prince, et qui gouverna son royaume diligaument tout son temps[3]. » Il n'est pas jusqu'à Charles VI pour lequel il ne professe un religieux amour. Il se garde de lui imputer les malheurs qui désolèrent son règne, et dont il fut, par l'effet, moins l'auteur que le triste et l'innocent témoin ; c'était, dit-il, « un très vaillant prince et bien amoureux de son peuple, se Diex lui eust envoié santé[4]. »

Entre tous les rois, un seul est traité par lui avec une extrême sévérité ; c'est le roi Jean, auquel l'histoire, souvent capricieuse dans ses jugements, a pourtant décerné le titre de Bon. Pierre Cochon ne le lui eût pas accordé. Tout au contraire, il le déclare « le plus mauvez et le plus cruel qui oncques fust[5] »; le digne fils de la reine Jeanne de Bour-

---

[1] P. 244.
[2] P. 65, 74.
[3] P. 109.
[4] P. 161.
[5] P. 74.

gogne, la plus détestable créature qui eut paru, qui « heoit Normans et villains sur toutes choses, et disoit que un villain marchant ou bourgois, ne devoit avoir que v. s. et un asne et estre vestu de toille ¹. »

Cette citation nous révèle un autre côté des opinions de Pierre Cochon, son attachement aux priviléges de la province de Normandie. Cette Jeanne de Bourgogne, qu'il vient de traiter si durement, il l'accuse d'avoir tenté « par sa grant malvestié de faire mourir un des melieurs chevaliers de Normendie et des plus pieulz, nommé messire Robert Bertran. » « C'étoit, dit-il, un des chevaliers du royaume que le roy amoit le miex dont la royne esraget de deul pour ce qu'il estoit Normant². » Une aide ayant été assise sur la Normandie, en 1343, il remarque que c'était « contre la coutume de Normandie³. » Sous l'année 1339, il rappelle l'assemblée de Vernon et la proposition faite par les barons Normands de combattre les Anglais, à leurs frais, moyennant qu'on leur promît de les tenir paisiblement dans leurs franchises et libertés. « Quant le roy Philippe oy cette responce, de soy il fu tant joieux que ce fu une grant merveille, et dit : En nom de moy... ch'est très noble et gracieuse responce. » Mais les envieux de Normands ne virent qu'orgueil et outrecuidance dans cette offre, et par leur cabale, la proposition des barons ne fut point agréée, ce qui amena « moult de maulz et dommages⁴. »

En 1350, à propos des gabelles imposées en Normandie, il rappelle le mécontentement des nobles de la province. Il se plaignirent ouvertement au roy et lui dirent qu'il ne « les tenoit pas en leur franchises et libertés comme ses prédécesseurs : de quoy le roy en avoit trop grand deul. Et

---

¹ P. 59, 60.
² P. 60.
³ P. 66.
⁴ P. 58.

une fois ou deux s'en complegnoit à ses conseulz en disant :
— Ne duderey-je point à ces Normans ? — Et les haingneux des Normands distrent : — Sire, prenés .iiij. ou v des greigniex et plus notables, et faites leur trenchier le col, et jamès ne verrés Normant qui ose mot dire contre vous ne contre votre conseil : dont ce lui fu très malvés conseil ; et qui l'eust conseillié qu'il eust tenu ses hommes de Normandie en leur pais, franchises et libertés, il l'eust bien conseillié, que, pour telz conseulz, tout le royaume en a esté destruit[1]. » Aussi était-il « mal content des Normanz qui lui faisoient trop de paine, qu'i ne les tenoit en leur franchises, comme ses predecesseurs roys[2]. »

Prêtre attaché à la Cour archiépiscopale de Rouen, Pierre Cochon tenait énergiquement pour les priviléges de la justice ecclésiastique, et voyait de très mauvais œil les entreprises continuelles des officiers du roi. On peut en juger par la manière dont il s'exprime sur le compte de deux baillis de Rouen, Hugues de Donquerre et Jean Davy, sire de Saint-Père. Le premier viola l'immunité ecclésiastique en faisant enlever de force, de l'enceinte de la cathédrale de Rouen, des prisonniers qui s'y étaient réfugiés pour jouir du droit d'asile, et en faisant mettre la main sur des chapelains revêtus de l'habit de l'église. « Il ne fist oncques si grant folie ;... ne omcques puis n'ut joye. Et li prist maladie : de quoy il mourut en Bouvereul tout escomminchié[3]. » L'autre, au contraire, était un « noble clerc, bon justicier ; et si amoit l'eglise. Mais n'y regna que environ trois ans : dont la ville et bourgois et clergié furent bien dolens qu'il se parti si tost comme il fist[4]. »

Entre les archevêques de Rouen, il en est un Philippe

[1] P. 76, 77.
[2] P. 81.
[3] P. 328.
[4] P. 332.

d'Alençon qui se distingua tout particulièrement par le soin qu'il prit de défendre les priviléges de l'église. Le portrait que Pierre Cochon en a tracé[1] est de nature à donner une juste idée des passions auxquelles donnaient lieu ces conflits qui s'élevaient si fréquemment entre les deux juridictions.

L'attachement de Pierre Cochon aux priviléges de la juridiction ecclésiastique ne fut pas sans lui attirer d'assez fâcheux désagréments. En 1433, un clerc fut saisi à la Cour archiépiscopale par les sergents du roi pour une affaire que l'on prétendait faire rentrer dans la catégorie mal définie et fort élastique des *cas royaux*. Le clerc se défendit, et fut, sans doute, sinon aidé d'une manière active, au moins encouragé dans sa résistance par les conseils et les murmures de quelques témoins. Cochon avait assisté à cette scène, assis sur son siége, et pendant qu'il dictait ses notes. On l'accusa d'avoir fait un *grand hahay contre le sergent*, et l'on mit la main sur lui comme ayant été *promoteur de noises*. On ne concluait à rien moins qu'au *bannissement, confiscation de biens, d'heritages et tous les maulx du monde*. Force lui fut de comparaître devant le bailli. Mais celui-ci ne put le contraindre à prêter serment en *parole de prêtre*, ce qui eût été reconnaître la compétence du tribunal séculier, au préjudice de l'église et au mépris du privilége clérical. Le bailli, qui était anglais, s'emporta : « Ne fust-il point, s'écria-t-il, si grand maistre en cette ville de Rouen qui ne fist serment devant moy. » Mais cet accès de colère n'imposa point à notre chroniqueur; il persista dans son refus, et retourna bravement dans sa prison, d'où un ordre de l'autorité supérieure le fit sortir au bout de quelques jours[2].

[1] P. 135, 136.
[2] P. 349 et suiv.

L'ardeur des opinions politiques de Pierre Cochon n'eut pas d'influence sur ses convictions religieuses. Il vivait dans un temps de schisme, et les défections étaient assez nombreuses pour qu'il y eût du mérite à ne pas se laisser ébranler. Pour lui, c'est, en général, avec ménagement et avec respect qu'il s'exprime sur le compte de ceux que l'Eglise considère comme les vrais successeurs de saint Pierre. Le cardinal Pierre de Luna, qui prétendit à la papauté sous le nom de Benoît XIII, est traité de *faux regnart*. Clément VII, que le roi Charles V essaya de soutenir contre Urbain VI, ne lui inspire pas plus de sympathie. Il rappelle que ce prince *frémissoit à la mort*, à la vue *du trouble de sainte église* [1]. Enfin la joie qu'il éprouva de voir le schisme éteint en 1409, pour trop peu d'années malheureusement, éclate avec une touchante franchise dans les lignes suivantes : « Quant chascun sout ces nouvelles, omcques de souvenue d'omme tel joie ne fu' demenée, et non sans cause. Et en chascunne cité où ces nouvelles estoient venuez, messes solempnelles du Saint Esprit et de N. D. estoient chantéez ; et, tant comme l'en metoit à dire cez messes, toutez les clochez des moutiers sonnoient, et, après ce, au soir, faire les feulz, ès places où l'en les fait à la S. Jehan, et faire tel joie, menesteriex corner, esbatemens que omcques l'en ne vit faire si beax esbatemens à la S. Jean ; et les religieus des dictes chités, tant rentez que mendianz, faisoient les feulz en chantant moutez et balladez, et aussi faisoient les prestres seculiers. Or, merchion Dieu omnipotent, nous qui à ce jour estionz en vie, que en noz jours avonz veu pais en sainte eglise [2]. »

Il est présumable que la maturité de l'âge tempéra ce qu'il y avait d'exagéré dans ses sentiments politiques. Les

[1] P. 159.
[2] P. 145.

événements, d'ailleurs, renfermaient pour tous une grande et sévère leçon. Ils étaient de nature à faire ouvrir les yeux aux plus aveugles, à calmer l'enthousiasme des plus exaltés.

Les Anglais étaient venus, appelés et favorisés ouvertement par les chefs de ce parti de Bourgogne qui s'était tant targué du bien public et de l'intérêt du peuple. La France fut alors cruellement punie de ses discordes intestines. Non-seulement la guerre ruina pour de longues années notre agriculture et notre commerce; notre nationalité même fut en péril, et les excès d'une démocratie précoce compromirent le développement de ces institutions libérales dont on avait vu en France des germes de si belle espérance dès le commencement du xiv$^e$ siècle. Pierre Cochon n'aimait pas ces étrangers. Il écrivait sa chronique à Rouen, dans la capitale du *pays de conquête*, dans un temps où le sentiment national paraissait le plus affaibli, et jamais cependant il ne lui échappe un mot qui puisse donner à penser qu'il ait eu pour eux la moindre affection. La bataille d'Azincourt, qui inaugura en France leur domination, lui inspire cette phrase mélancolique : « Or, est cette bataille passée, et le cueur du roy d'Engleterre grandement enorguely d'avoir eu si bonne fortune. Et Dieu soufry que ainsi fu ! Et les trespassez en la bataille chascun porta en son païs enterrer ; et chex qui demourerent en vie le roy les fist mener en sa terre, au grant honour pour luy et à très grant confusion pour le roialme de France. Et toutez voiez, se le duc de Bourguongne eus seut celle aventure, il n'eust pas euez les alianchez au roy d'Engleterre telles comme il furent; mais quant le fait est fait, le conseil en est pris[1]. » Ailleurs, parlant des soldats bourguignons qui s'introduisirent à Rouen en 1417, sous prétexte de garder cette ville

[1] P. 275.

contre l'ennemi, il les signale comme s'étant montrés « miex englois que frenchois[1] ». Son amour pour la Bourgogne ne l'aveuglait donc qu'à moitié, et assurément, ce sentiment ne fut pas assez vif pour lui faire souscrire aux conditions de l'alliance anglaise et supporter, d'un cœur résigné, l'envahissement du royaume. A la dureté, disons le mot, à la brutalité des termes qu'il emploie pour annoncer les premiers échecs de nos ennemis, on peut croire qu'il eût été homme à les combattre. Ce qui mérite encore plus d'être remarqué, c'est la convenance avec laquelle il parle de la Pucelle. Il croit que les Français, sous le commandement de cette héroïne, se seraient emparés de Paris, si on « les eust lessié faire[2]. » Il se réjouit du résultat de la bataille de Jargeau, qui fut si fatale à l'armée anglaise, en la privant de ses chefs les plus habiles. « Là furent, dit-il, Anglois très bien catrés, plus que onques mès n'avoient esté en France, et s'en vouloient retourner en Angleterre et lessier ainssi le païs, se le régent leur eust souffert. Et estoient a donc Anglois si abolis que ung Franchois en eust cachié trois[3]. »

La *Chronique normande* s'arrête brusquement à l'année 1430, au moment précis, suivant la remarque de M. Vallet de Viriville, où la Pucelle arrive à Rouen pour comparaître devant ses juges. Cette interruption subite ne s'explique pas par la mort de l'auteur : Pierre Cochon, comme nous l'avons vu, a dû mourir vers 1456 ; elle ne s'explique pas non plus par le peu d'intérêt des événements. Les recherches de M. J. Quicherat prouvent que le supplice de la Pucelle eut un immense retentissement par toute la chrétienté, et il est indubitable qu'il dut très vivement impressionner ceux qui, placés sur le lieu même de ce funèbre drame, pu-

[1] P. 278.
[2] P. 307.
[3] P. 300.

rent en suivre les différentes scènes et être les témoins de son tragique dénouement. Ces deux raisons exclues, une autre se présente. Pierre Cochon ne pouvant, sans se compromettre, parler en faveur de la Pucelle, ni manquer de respect envers elle sans mentir à sa conscience, on conçoit assez naturellement qu'il ait gardé le silence. Cette hypothèse proposée par M. Vallet de Viriville, paraît admissible à première vue; elle acquerra un nouveau degré de vraisemblance, si on lit avec attention les derniers chapitres de la *Chronique normande*, si l'on réfléchit à la position de son auteur.

Le sacre du roi à Reims était envisagé comme un des objets de la mission providentielle de Jeanne d'Arc. Cette cérémonie, d'une importance extrême dans les idées de l'ancien temps, eut lieu en dépit de tous les obstacles, et dans des circonstances qui lui prêtèrent un caractère miraculeux dont les Anglais eux-mêmes furent singulièrement frappés. Or, à partir du sacre de Reims, il s'opère un changement dans la manière dont notre chroniqueur parle de Charles VII. Il ne s'agit plus du *dauphin*, du *fils de Charles VI, roy de France*. C'est Charles que *chacun doubtoit*, c'est *le roi de France*. Le titre usurpé par Henri VI, et consacré par les usages de la chancellerie anglaise, est rendu par Pierre Cochon à celui qui devait légitimement le porter.

De plus, Pierre Cochon était le confrère de Guillaume Manchon et de Colles dit Boscguillaume, qui instrumentèrent dans le procès de la Pucelle, et très certainement l'ami du premier[1]. Par leur manière de voir, il est permis de juger de la sienne. L'un et l'autre ayant à déposer au sujet

---

[1] Entré à peu près en même temps que Manchon dans la confrérie des notaires, Pierre Cochon lui succéda comme curé de Vitefleur; il fut nommé avec lui exécuteur testamentaire du notaire Pierre Le Noble, le 9 août 1438. (*Cartul. des notaires*, f° LVII.) Pierre et Jacques Cochon sont les seuls témoins qui figurent dans

de Jeanne d'Arc, lors du procès de réhabilitation, rendirent en sa faveur le plus touchant témoignage. Suivant la déclaration de Colles, les juges encoururent le mépris du peuple par l'inique sentence qu'ils prononcèrent. Après le supplice, on les montrait au doigt, et ils n'inspiraient que de l'horreur. Manchon disait que « jamais ne ploura tant pour chose qui lui advint, et que par ung mois après ne s'en povoit bonnement appaiser. Pour quoy d'une partie de l'argent qu'il avoit eu du procez, il acheta un petit missel qu'il avoit encores, affin qu'il eust cause de prier pour elle[1]. »

Ainsi donc, indépendamment de l'interruption subite de la chronique, les liaisons de notre chroniqueur et certains termes qu'il emploie sont des indices remarquables de l'opinion qu'il s'était formée de la Pucelle, et, par une conséquence naturelle, de la prétendue légitimité des droits de l'Angleterre à la couronne de France. Cette courageuse et patriotique opinion plaide en sa faveur; elle recommande sa mémoire à notre sympathie, et nous empêchera de lui reprocher avec trop d'aigreur certaines erreurs qui trouvent d'ailleurs leur excuse, sinon leur justification, dans les passions violentes qui agitèrent son époque.

Le manuscrit autographe qui a servi à notre publication, après avoir successivement appartenu à Nicolas Du Quesnay[2] et à Jean Le Féron[3] est arrivé, avec les manuscrits de

---

la donation de Manchon en faveur de la chapelle Saint-Marc, du 8 mars 1442. (*Ibid.*, f° XLVII.)

[1] M. Jules Quicherat, *Procès de condamnation et de réhabilitation de Jeanne d'Arc*, t. II, p. 15. — Manchon devint curé de Saint-Nicolas-le-Peinteur à Rouen, et promoteur de la Cour d'église. Il fit une fondation en faveur de la chapelle de Saint-Marc, le 19 novembre 1440. Il mourut en 1456.

[2] On lit son nom au f° 2 recto sur une feuille de garde.

[3] M. Vallet de Viriville a reconnu le style et l'écriture de « ce personnage singulier qui a possédé, fouillé de nombreux textes du XV° siècle. » *Chronique de la Pucelle*, etc., p. 357. Les annotations marginales de Le Féron ne présentent, du reste, aucun intérêt.

Colbert, à la Bibliothèque impériale, où il se trouve actuellement classé sous la cote 5391, après l'avoir été sous la cote 9859. 3, de l'ancien Fonds Français.

Il se compose de 97 feuillets, d'un papier fort épais. L'écriture est assez négligée et, en général, assez grosse. Elle devient plus fine, sans être plus élégante, dans le récit que fait Pierre Cochon d' « un cas advenu en la court de l'église à Rouen. » Dans cette partie du manuscrit il est aisé de reconnaître la main du chroniqueur qui, en sa qualité de notaire apostolique, a apposé sa marque et sa signature, avec les attestations d'usage, à plusieurs actes que l'on conserve aux archives de la Seine-Inférieure.

Ce manuscrit contient les pièces suivantes :

F° I. « A savoir le jour de Pasques depuis l'an mil .III° LX. jusques à Pasques l'an mil .III° xxiij. »

F° IV. et suivants, quelques pièces de vers que voici :

> En prinche loyalté,
> En clerc humilité,
> En prélat sapience,
> En advocat loquence,
> En heraut congnoissance,
> En fame contenance,
> En riches homs largesse,
> En chevallier prouesse,
> En marchant foy tenir,
> En sergant obeir,
> En drap belle coulour,
> En vin bonne savour.

---

> Pitié de Lombart,
> Labour de Picart,
> Loialté d'Engloys,
> Larchesse de Franchois,

Humilité de Normant,
Conscience d'Allemant,
Devotion de Bourguenon,
Avec le sens de Breton,
Ces .viij. choses, par Saint-Bon,
Ne vallent pas .j. bouton.

---

L'escu d'azur à un esgle de sable
A .ij. testez, et un rouge baston
Portoit le preux, le noble connestable
Qui de Bertren Glesquin pourtoit le nom.

A Brom fut né le chevalier breton,
Courageux, hardiz et orgueliez come .j. tor,
Qui tant servi, de loial cuer et bon,
L'escu d'azur à .iij. fleurdeliz d'or.

Or, est-il mort. Dieu li face pardon !
Pleust à Dieu qu'il vesquit encor
Pour aller venger vers le lieupart felon
L'escu d'azur à .iij. fleurdelis d'or !

Du folio .vj. au folio .xj. v°, l' « Extrait des anneez de la nativité d'aucuns papes de Romme, empereurs, rois de Franche et d'Angleterre, dux de Normandie et autres princes et grans seigneurs qui ont regné, euquel temps et combien depuis l'an premier de l'incarnacion Jhesu XPIT qui naquit de la Vierge Marie, si comme vous pourrés voir par ordre en la maniere qui ensieut. »

F° xj v°. « Mil .cc. iiij$^{xx}$. xvj. les grans crestines d'eaues furent, qui abatirent le chastel de petit pont de Paris; et fondirent les pons; et fu la vegille Saint-Thomas apostre. Et, en cel an, fu Johan de Saint-Johan pris en Gascongne.

« Mil .ccc. xv., mourut sire Enguerren de Marregny au gibet de Mont Faucon à Paris : dont ce fu grant damage au royaume.

« Mil .ccc. xxj. furent les mesiax ars par tout le royaume de France pour ce qu'il empoisonnerent les eauez affin que les genz sains mourussent, et que les mesiax fussent seigneurs du monde.

« Mil .ccc. xxxvj. Hugues de Croyssi fu pendu la vegille de la Magdeleine pour ce qu'il avoit fait et donné faux jugemenz plusieurs ou royaume, et pour ce qu'il avoit fait plusieurs extortionz as bonnes gens, et d'iceulz prenoit plusieurs donz.

« Mil .ccc. Lj. La foudre chay à Notre-Dame du Pré, et ardi le moustier etc.

« Mil .ccc. et .iij. Trespassa la royne Jeanne. Et en cel an les Templiers furent destruiz,

*D'une autre main, ou du moins ajouté après coup :*

« Et aucunes autres croniques dirent qu'il furent mors l'an .ccc. et vij.

« Mil .ccc et .xvj. Fu la grant famine; et qui toujours mengeast, tous jours ust fain.

« Mil .ccc. xviij. Les Juys qui tenoient à Rouen beaucoup d'eritagez ès paroissez de Saint-Erbland, Notre-Dame la Roonde et à Saint-Lo, et avoient une rue appellée la rue aux Juys (et encore est appellée, et estoit leur moustier en une place de present appellée le *Clos à Juys*) furent boutez hors de la dicte ville, et leurs héritages confissiez au Roy.

« Mil .ccc xviij. La feste du Saint-Sacrement fu ordenée ou temps du pape Urbain quart. »

Du folio xiij au folio xv, histoire rimée de la ville de

Paris, dont nous nous contenterons de citer les premiers et les derniers vers :

>Aux nobles qui aiment Paris
>Où les bienz ne sont pas faillis,
>Vueil recorder, si vous aggrée,
>Comment la chité fu fondée,
>Par quel gent ne en quel tempoire.
>De moy oir ayés memoire,
>Car, briefment, vous seront nommés
>D'oir en hoir et trestout sommés
>Chez qui la ville ont gouvernée,
>Qui de tous biens est aournée !

. . . . . . . . . . . . . .

>Le cinquante septiesme fu roy
>Qui bien regna sanz nul desroy
>Charles qui du roy Jehan fu fieulx.
>Moult parestoit sages et preulz.
>.xvij. anz, pour voir vous dys,
>Regna, et gist à Saint-Denis.
>A Rouen son cuer fu aporté ;
>En la mere eglise fu enterré.
>A Saint-Denis gist son connestable,
>Bertran, le noble conquerrable,
>De Guesclin ; mout fut vertueux,
>Et est nombré ou nombre des preux ;
>Et gist aus piés du dit roy ;
>Car il l'enmoit en bonne foy.

Du folio xvi au folio xxij, chronique rouennaise intitulée : « Chy ensuit aucunz memoirez avenueez à Rouen et ès parties d'icelly. » Nous l'avons reportée à la suite de la *Chronique normande.*

Au folio xxiiij commence la chronique auquel M. Vallet de Viriville a donné le titre de *Chronique normande* que nous lui avons conservé dans notre édition, tout en convenant que l'intention du chroniqueur était de raconter les faits principaux de l'histoire, non pas seulement de la province de Normandie, mais de tout le royaume de France.

A la suite de cette chronique, vient, au folio iiij$^{xx}$ xv$^{vo}$, le récit d'un « cas advenu en la court de l'église à Rouen, » que nous avons cru devoir réunir à la chronique rouennaise, comme ne se rapportant en rien à l'histoire générale. M. Vallet de Viriville l'a inséré en entier dans sa notice sur P. Cochon.

La *Chronique normande* ne saurait être considérée comme une œuvre originale dans toutes ses parties. Il est aisé de reconnaître que, jusqu'à la fin du règne de saint Louis, ce n'est autre chose qu'une copie, plus ou moins altérée, d'une chronique du XIII$^e$ siècle, publiée pour la première fois par M. Louis Paris, sous le nom de *Chronique de Rains*[1], une seconde fois, en 1856, par M. J. J. de Smet, au nom de la commission d'histoire de Belgique, sous le titre de *Chronique des Croisades*, une troisième fois par fragment, dans le XXII$^e$ volume du *Recueil des historiens des Gaules et de la France*. Cette chronique, dont l'auteur est inconnu, paraît avoir été composée « entre les années 1260 et 1265, » et avoir été destinée « à l'amusement plutôt qu'à l'instruction des lecteurs.[2] » Malgré les remaniements qu'elle a subis dans notre ms., on sent encore l'esprit et le style d'un écrivain du XIII$^e$ siècle.

---

[1] *La Chronique de Rains, publiée sur le manuscrit unique de la Bibliothèque du Roi, par Louis Paris, archiviste de la ville de Reims.* — *Paris, Techener,* 1838.

[2] *Historiens des Gaules et de la France,* XXI, p. 301.

La chronique qui a été ajoutée à celle-ci est beaucoup plus intéressante. Mais ce n'est encore, pour une notable partie, autant que nous en pouvons juger, qu'une copie abrégée d'une chronique du xiv$^e$ siècle, et il nous serait impossible de déterminer exactement où commence l'œuvre de Pierre Cochon. Il est visible qu'il avait sous les yeux une chronique qu'il copiait en l'abrégeant, quand il est question, en 1338, de la révolte de Godefroy de Harcourt ; et, d'autre part, on ne saurait douter qu'il n'ait été chroniqueur original, lorsque, sous l'année 1406, il décrit l'équipage de messire Jean Malet de Graville partant de Rouen pour rejoindre l'armée de France.

La chronique que nous publions pour la première fois en entier, conformément au vœu de notre ancien maître, M. Vallet de Viriville, avait été décrite soigneusement par M. Francisque Michel, dans sa savante introduction aux Chroniques de Normandie[1]. M. Floquet qui, il y a plus de trente ans, en avait fait faire une copie, en a rapporté plusieurs passages dans son *Histoire du Parlement de Normandie* et dans celle du *Privilége de Saint-Romain*. M. Quicherat, dans le T. iv du *Procès de condamnation et de réhabilitation de Jeanne d'Arc,* p. 339-343, en a donné tout ce qui concerne les exploits de Jeanne d'Arc. On en trouve aussi un assez long extrait dans l'*Histoire de Saint-Sauveur-le-Vicomte*, de M. Léopold Delisle, et un court fragment dans le t. xxiii des *Historiens des Gaules*.

La copie qui a servi à cette publication a été établie par nous, directement sur le ms. de la Bibliothèque impériale, ce qui expliquera certaines différences entre cette édition et celle de M. Vallet de Viriville.

---

[1] *Chroniques de Normandie, publiées pour la première fois d'après deux manuscrits de la Bibliothèque du Roi, à Paris, par Francisque Michel. Et imprimées, à Rouen par Nicétas Periaux, pour Edouard Frère.* — A Rouen, M.DCCC.XXXIX, p. xlix — lvii.

Nous avons divisé l'ouvrage en chapitres pour la plus grande commodité du lecteur, mais nous ne nous sommes permis aucune interversion, et nous avons eu soin d'indiquer par des crochets les rares additions ou corrections que nous avons cru pouvoir faire.

# CHAPITRE PREMIER.

SOMMAIRE. — Revers des Chrétiens en Palestine. — Louis VII succède à son père sur le trône de France ; épouse la princesse Eléonore d'Aquitaine ; part avec elle en Orient ; la répudie à cause de son infidélité ; épouse Alix de Champagne, de laquelle il eut pour fils Philippe-Auguste, qui lui succéda. — Henri II, qui fut depuis roi d'Angleterre, épouse Éléonore, répudiée par Louis VII ; en a deux fils, dont l'un est Richard, depuis roi d'Angleterre ; causes de l'inimitié qui régna entre Philippe et Richard. — Se rencontrent en Palestine où ils s'étaient rendus, sur l'invitation du pape, après la défaite de Guy de Lusignan, attribuée par le chroniqueur à la trahison des princes chrétiens. — Prise d'Acre par Philippe, en l'absence de Richard. — Jalousie qu'en conçoit celui-ci. — Complot formé par lui contre Philippe, qui s'empresse de revenir en France. — Retour de Richard dans ses Etats, après sa captivité en Autriche. — Guerre entre les deux rois aux environs de Gisors. — Richard est rappelé en Angleterre par la révolte des rois d'Irlande et d'Ecosse. Philippe s'empare de Gisors et de Mortemer. — Nouvelle expédition de Richard en France. — Alain de Roucy fait prisonnier. — Victoire remportée par Richard sur les Espagnols. — Mort de Richard.

## 1108—1194.

Depuis que Godeffroy de Billon et la baronnie de France orent conquis Anthyoce et Jerusalem, et orent remis la Chretiainté dedens, qui lonc temps en avoit esté hors, Crestiens n'orent victoire contre les Sarrasins en la terre de Surye, fors seulement d'Acre qui fu conquise o temps Salhadin Sarrasin, ou temps d'un roy de France nommé Philippe. Et en ce temps le duc de Venise conquist Constantinnoble [1].

Si avint, après la mort de Godeffroy de Billon, que Baldoyn, son frère, fu roy de Jerusalem après lui. Et en ce temps, avoit .j. roy en France nommé Raoulz li justiciers [2] pour ce qu'i faisoit justice à un chascun, lequel ot .ij. filz. L'ainsné ot nom Robert, et l'autre Loys; et le dit Robert n'estoit pas sage à terre tenir, et Loys estoit sagez et chevallier et amé des baronz. Et après la mort de Raoulz, les baronz eslurent Loys le puisné à roy, et firent Robert l'ainsné conte de Dreuez; et s'en tinst pour bien constent; et de ce Robert issirent les Robertiax, et dient encore que l'en leur fait tort du royaume pour ce que c'estoit l'ainsné filz.

Les barons vouldrent que le roy fust mariés à la ducesse de Normandie nommée Lyennor [3], laquelle tenoit trois tanz de terre plus que le roy, tant en Almaigne que aillieurs. Or avint que le roy out volenté d'aler outre

---

[1] Il ne peut s'agir ici que de Henri Dandolo, doge de Venise, lequel prit part (1203), avec Baudouin IX, comte de Flandres, et Boniface II, marquis de Montferrat, à la quatrième croisade, qui eut pour résultat la conquête de Constantinople. Les vainqueurs se partagèrent l'empire d'Orient. Baudouin eut le titre d'empereur.

[2] Raoul a été mis par erreur pour Louis VI, appelé plus ordinairement le *Gros* ou le *Batailleur*, qui succéda à son père, Philippe I, le 29 juillet 1108. Il laissa, non point deux fils, mais six fils et une fille. Louis, qui lui succéda sous le nom de Louis VII, était l'aîné de Robert, chef de la branche royale de Dreux.

[3] Eléonore, fille aînée de Guillaume X, duc d'Aquitaine, ne devint duchesse de Normandie que par son mariage avec Henri II Plantagenet. Elle ne possédait de son chef que le duché d'Aquitaine.

mer conquerre la Terre-Sainte, et s'apresta et garny, et se mist sur mer, et mena sa fame avec lui : dont il fist que fol, si comme vous orrés après. Et arriverent à Sur [1], que plus ne tenoient Chretianz en cele contrée, et fu là tout l'hiver. Et Salhadin les pourforchet et ammonnestet d'avoir la baitalle. Et la royne Liennor, qui oy parler de la grant proesche et de la noblesche et largesse, ama Salhadin, et luy fist savoir qu'i la venist querre par certain message, et elle s'en iroit avec luy. Et quant Salhadin sut qu'elle l'amoit, il n'ut omcques si grant joie, considéré que c'estoit la plus rice de Chretienté et la plus noble. Si aplica une gallée ordenée pour le fait, et y envoia certain messager où plus se fioit. Quant elle sut que la gallée estoit au port venue, elle fist ses troussiaus de ses mellieurs joiaux et d'or et d'argent, et envoia par nuit par ses privés. Après ce, se mist à voie pour entrer en la gallée; mais il n'est rien qui ne soit seu : le roy le sut, et la hasta et suy de si près que ella (*sic*) avoit .j. pié à entrer enz ; et prist le roy gallée et tout et cheulz qui la venoient querre, et se retourna en France, lui et ses gens; et conta à ses barons tout l'affaire de point en point, et qu'i le conseillassent comme il en feroit. S'il lui conseillerent qu'i la lessat aller au deable en Normandie dont elle estoit venue : dont ce fu malvès conseil, qu'il eust miex vallu qu'il l'eust enmurée [2]. Et avec ce, il n'avoit de lui nul enfant.

[1] Sur ne peut désigner que Tyr.
[2] *Enmurée*, enfermée comme religieuse. A Rouen, le couvent des Dominicaines, fondé au faubourg Saint-Sever sous saint Louis, s'appelait le couvent des *Emmurées*. On trouve, du reste, le même mot d'*enmurée* dans la *Chronique de Rains*.

Ainsi fu Liennor renvoie en Normandie dont elle estoit partie. Si manda à Henry, roy d'Engleterre, celui qui fist decoler saint Thomas de Cantorbiere, qu'i la venist querre et qu'il l'espousat : dont il fu très liés, car il estoit sanz fame. Si la vint querre et l'espousa ; et orent ensemble .iij. filz. L'ainsné ot nom Henry au Court Mantel ; le second Ricart, lequel fu preux, hardy et très larges, et le tiers Jehan, qui fu mauvès et mescreant [1].

Or demoura le roy Loïs de France sanz fame, et prist, par le conseil de ses barons, Aelips, fille au conte de Champaigne ; et orent .j. filz et une fille. Le fils ot nom Philippe, et crut, et fu preux, sages et larges et bien amé et hardy en l'aage de XVI anz ; et le père vit qu'il estoit viex et poy prisié ne doubté. Si saisi son filz de son royasme, en son vivant et par le conseil de ses baronz. Et fu couronné à Rainz le jour de la Toussainz l'an de grace mil chent IIII[xx]I ; et le servi à diner le roy Henry d'Engleterre et trencha devant lui [2].

Or avint que le roy Loys, lequel juret la *Poedieu*[3], fu malade, et mourut. Et Philippe son filz régna fort, et fu amé de ses baronz, et se gouvernet sagement, car il tenoit pas plus de LX m. livres de terre.

---

[1] Henri II eut, de la reine Eléonore, quatre fils et trois filles : Henri, mort l'an 1183; Richard, qui lui succéda; Geoffroy, duc de Bretagne; Jean-Sans-Terre, successeur de Richard.

[2] Louis VII avait épousé Constance après avoir répudié Eléonore d'Aquitaine. Il épousa en troisièmes noces, Alix, fille de Thibaut-le-Grand, comte de Champagne, dont il eut un fils, qui fut Philippe-Auguste, et deux filles, Alix et Agnès. — Philippe-Auguste fut sacré à Reims, le 1er nov. 1179.

[3] La Paix-de-Dieu.

Or avint que Henry à Court Mantel, filz du roy Henry d'Engleterre, demanda la seur du roy Philippe à mariage, lequel filz estoit pour lors en Escosse. Le roy Philippe l'envoia, ainsi atournée comme son estat le requeroit, à Londres où le père estoit adonques; et quant il la vit si belle, si fist tant qu'il ut affaire à elle et jut avec lui. Et quant le filz oy la traison que son père lui avoit faite, si s'adoulousa et couroussa qu'il en mourut; et fu la fille renvoie en la conté de Pontieu, et y fu grant temps, et ne s'osoit comparer devant son frere le roy Philippe de honte et de vreguongne [1]. Or avint que le compte de Pontieu trespassa; et ou .j. fils à qui la terre eschéi, lequel fist tant qu'i la prist et espousa, et s'en tint pour bien honoré.

Or parleron du roy Philippe qui estoit tout courchié de la villanie que le roy Henry d'Engleterre avoit fait à sa seur, lequel roy Philippe estoit à Beauvès; et le roy Henry estoit en l'abeye de Gerberoy, lui et sa gent. Le roy Philippe courouché, comme dist est, s'avisa comme il pourroit vengier le despit que le roy Henry lui avoit fait; fist une assemblée privée, et parti de Beauvès au soir, et vint à Gerberoy, et entra enz par forche; et n'estoit encore pas le roy couchié qui de rien ne se doubtoit. Et le roy Philippe entre en la chambre où Henry se seoit sur une couche, et le roy Philippe li court sus, et lui dit : « Or te tien-ge faux traitre, » et

---

[1] Alix, fille de Louis VII, fut envoyée, en l'an 1174, en Angleterre pour épouser le prince Richard, depuis roi d'Angleterre, sous le nom de Richard-Cœur-de-Lion. Elle fut renvoyée en France en 1195, et épousa Guillaume II, comte de Ponthieu. Le récit de notre chroniqueur ne mérite aucune confiance.

le cuida ferir de son espée; si failly; si s'enfuy le roy Henry en une chambre, et frema l'us sur luy, et avoit esté saignié ce jour, et dit : « Fy de moy! Or ai-ge trop vescu, quànt le truant garchon de France, filz au malvez roy, m'est venu pour ochire. » Si se desespera et regarda en une chambre aisie où pendoit un viel frain; si en prist les longes; si s'en pendi et estrangla tant qu'il en mourut. Et ses gens le queroient, et ne savoient qu'il estoit devenu. Tant le quistrent qu'i le trouverent estranglé; et firent acrere au peuple qu'il estoit mort soudainement; et fu ordené et aporté enterrer à sa mestresse chité, à Notre-Dame de Rouen, car il estoit duc de Normandie; et depuis fu appelé Gerberoy Gibet-roy [1]. Après la mort du roy Henry, d'Engleterre et duc de Normandie, Ricart, filz du dit Henry, fut roy et duc, lequel fu hardiz, entreprenant, sages et larges, et venoit tournoier ès marches de France et de Pontieu, et s'i demena un grant temps, tant que chascun disoit bien de lui.

Atant lairon à parler de lui, et revendron à parler du roy Almarry de Jerusalem qui mourut à ce temps, et n'avoit de lui yssant nul hair; et eschay le royaume à une seur qu'il avoit, qui estoit marié à un petit chevalier nommé Messire Guyon de Lesignon; et estoit prodomme; mais n'estoit pas de si haut parage qu'i deust estre roy de si noble royaume comme de Jerusalem.

[1] Pure fable. Henri II mourut à Chinon, le 6 juillet 1189. Son corps fut transporté à Fontevrault. La première partie de la Chronique de Cochon fourmille d'erreurs. Nous n'en avons signalé que quelques-unes, et, pour ainsi dire, à titre d'exemples.

Si regna roy .j. grant temps avec sa fame [1]; et estoient bonnez genz ensemble. Si avint que les barons du païs urent envie que si bas homme tenet tel roialme, c'est assavoir : le marescal de Montferrat, le compte de Trippe, et autres pluriex baronz; et pourcacherent au patriarche de Jerusalem, qui estoit legat au royaume, qu'il faist tant à la royne que le mariage de son mari fust depechié, et que le royaume pourroit estre à perdition et la Chretienté bien emperie, et qu'elle preist un autre baron à l'ection (*sic*) du dit patriarche et des autres barons. Si parla à elle le patriarche, et lui monstra au mielz qu'il put : laquelle chose lui fu mout dure d'avoir autre mari que le sien, car elle l'amoit en bonne foy. Et tant li dit le patriarche et d'un et d'autre, et que Salhadin, qui estoit près, ne faisoit que regarder qu'il i eust aucune division pour leur courre sus à son avantage. Si y dist la royne: « Sire, vous avez la cure de mon ame, faites ce que vous vouldrés, et je m'y accort. » Si ordenerent le patriarche et les barons, tout d'un accort, que la royne à certain jour nommé, seroit dedenz l'église de Sainte Crois en Acre, et tendroit la couronne en sa main, et tous les barons entour elle, et elle ou milieu, et seroit celui roy auquel elle metroit la couronne sus son chief, en laquelle asemblée seroit son droit mari avec lez autres barons. Si dist la royne en general : « Entendés, vous, patriarche, et vous, barons;

[1] Guy de Lusignan, d'une illustre famille de France, d'abord comte de Jaffa et d'Ascalon, devint roi de Jérusalem par son mariage avec Sibylle, fille et non sœur d'Amaury. Il fut vaincu par Saladin à la bataille de Tibériade. Rendu à la liberté, il céda son titre à Richard-Cœur-de-Lion en échange du royaume de Chypre.

vous jurerés, sur Saintes Euvangiles de Dieu et par vos chretientés, que celui auquel je la metray sur son chief vous le tendrés pour roy et aubeirés à lui comme à votre seigneur ». Et fist apporter tous les saintueres quanque elle en pust finer et le propre corps Nostre Seigneur; et là firent le serement, comme dist est. Et ce serement fait ainsi, estant au milieu de ses barons et du patriarche, se seigna de sa main destre, et prit la couronne entre ses .ij. mainz, et s'en va tout droit à Messire Guyon, son droit mari et seigneur loial, et dit: « Ceste couronne je vous met sur votre chief, que je ne voy nul plus prodomme, ne qui doie estre roy miex que vous, et je la vous donne. »

Quant les barons et le patriarche virent ce, si furent tous esbahis, et firent conseil de mortel traison à messire Guyon. Si manderent à Salhadin de chief en chief comme la royne avoit ouvré, et que son mari n'estoit pas digne à tenir tel roialté, et qu'il venist fort de gens et i lui rendront la terre. Quant Salhadin oy si bonnes nouvelles, il en ut très grant joye, et leur envoia tant d'or et d'argent qu'ilz en furent tous esbahis. Si vint Salhadin à tout sa forche, et parla as barons de Jerusalem, et les fist jurer sur leur loy de tenir leur convenans; et se firent tous sainnier, et burent l'un du sanc à l'autre par bonne aliance; et s'en rala Salhadin en sa terre, et assembla tant de gent comme il pout, et s'en vint en la terre de Surie. Et aussi la royne et son mari firent leur semonce et assemblée de tant comme elle put, et apella ses barons, et demanda conseil comme

elle cheviroit contre Salhadin; et il la consellerent en
fausseté et en traison, et que elle preist journée de
combatre, et qu'il gagneroient la bataille. Ainsi fu fait, et
les os asemblés d'un costé et d'autre pour combatre.
Les barons traistes lesserent chair leur banieres; et fu
messire Guyon pris et mené en Babillone em prison de
Salhadin. Et lui dist : « Guyon, or vous tien-ge à ma prison. Je vous feray le col trenchier. » Et Guyon respondi : « Sire, c'est bien drois, car par moy est la
terre de Surie et d'Acre perdue. — Non est-ce, dit
Salhadin, ce n'est par vous; mès c'est par vos faulx
traistes qui ont mon or et mon argent; mès estes prodomme et loial; et vous feray grant bonté, que je vous
delivreray avec .xx. de vos meilleurs chevaliers à
votre chois. » Cil Guyon l'en mercya et les choisi; et
Salhadin les livra, et leur fist donner pain et vin et
viandes et conduire jusques devant Sur. Et quant il fu
devant Sur, il quida estre à sauveté, et dit au capitaine
qu'il ui avoit lessié et en son nom : « Ouvrés les
portes, c'est votre segneur; » lequel refusa, et li tinst
la porte. Et la bonne royne sa fame, qui lienz estoit et
vit que l'en tenoit les portes à son seigneur malgré elle,
se coroucha, et vit que autre chose n'en povoit faire
quant à présent, et se fist par nuit avaler à une bonne
corde aval les murs, et s'en ala à son seigneur où il
estoit logié devant Sur; et firent grant joie l'un à l'autre
comme cheux qui bien s'entremoient; et tous diz
Salhadin les reconffortoit pour leur bonne prodomie
de tout ce que mestier leur failloit. Cy laron à parler
du roy et de la royne qui furent en grand mesese, et ne

furent pas seigneurs de leur terre ; si vendron à parler du pappe Lucian [1].

Le pappe Lucian oy parler comme la terre d'outre mer estoit perdue et empierie. Si envoia ses legas en France et en Angleterre comme bons Chretianz qui vousiscent aidier à soustenir la Chretienté et qu'elle estoit bien destruite, lesquiez obeirent et se croisierent, c'est assavoir : Philippe, roy de France, et Ricart, roy d'Engleterre, filz de Henry qui se pend à Gibet-roy, Philippe, compte de Flandres, Henry, compte de Champaigne, le compte de Blois et plusieurs autres. Et monterent en mer .Liiij. grosses nés bien garniez, et arriverent devant Sur ; et fu asaillie, et fu prise d'assaut, et le traitre capitaine, que le roy Guyon y avoit miz et qui la tinst contre lui, fu miz en charte perpetuelle. Et de là par conseil partirent, et s'en alerent devant Acre, et là jurerent le siege, et y furent tout l'iver. Si avinst que Ricart, roy d'Engleterre, voult avoir le plus bel·lieu et logeis, car c'estoit le plus rice, et avoit plus à despendre esterlinz que Philippe de France parisis, et estoit richez et largez, et s'alloit jouer par le païz et voir damez et damoisellez, et s'en ala en l'isle de Cipre. Là s'esbatoit ; et le roi Philippe ne faisoit pas ainsi, qui faisoit faire enginz et pourveanches à prendre Acre. Et toutes fois fist tant par sa bonne pourveance qu'il asailly Acre et la prist par forche en l'absence du roy Ricart qui estoit en Cipre ; et furent les gens du roi Philippe dedenz Acre. Et quant le roy

---

[1] Luce III, pape de 1181 à 1185.

Ricart sut que le roy Philippe avoit pris Acre à l'aide de ses genz, à poy qu'il n'araga de courut qu'il n'en avoit eu l'onneur. Si s'en vinst le roy Ricart en Acre, et ne disoit pas ce qu'il pensoit. Si avint une fois que le roy Ricart chevauchoit par les rues d'Acre, un tronchon de lanche en sa main; si encontra d'avanture un des mellieurs chevaliers de France nommé Le Barrois, et lui court sus, courchié qu'il estoit de la prise d'Acre en son absence. Et quant Le Barrois le vit venir en fureur, Le Barrois l'erdi par le col, et le porta hors de dessus son cheval. Et chay à terre, et fu grant temps en pamoisonz. Et quant il fu revenu de pamoisonz, il fu plus courchié que devant. Si s'apensa comme il pourroit faire mourir le roy Philippe. S'il le fist empoisonner; mès ce ne fu pas à mort: de quoy il fu mout courché. Après, quant il ut failly en son emprise, il s'en ala à Philippe, compte de Flandres et parrain du roi Philippe, au compte Henry de Champaigne et au compte de Blois, et fist tant, par sa poissance et ricesche, qu'il es converti; et jurerent la mort du roy Philippe, par convoitise: dont ilz firent que foulz, que Diex n'oublie pas les siens, quant ils le déservent. Si avint, par la grace de Dieu, que le compte Philippe de Flandres acoucha malade en Acre, et de cette maladie mourut. Si se repenti de la traison qu'il avoit accordée et jurée contre son filleul; si le manda, et quant le roy Philippe fu devant lui, le compte lui dit : « Sire, faites prendre une corde, et me faites trainer par toutes les rues d'Acre, car je l'ai deservi à vous trair, Sire filleul. » Et ne surent rien le roi Henry ne les .ij. autres comptes de cest affaire. Le roy Philippe fu tout esbahi et courouché, que son parrain lui avoit toute la traison contée de chief en chief, et comme ilz le devoient faire mourir. Si s'apensa qu'i feroit au tierz jour .j. disner à touz les baronz. Et fist sa semonce, et ce temps pendant fist ses ordenanchez privéement que nul n'en savoit que lui. Et au soir dont le disner dut estre l'endemain, il fist ses gens asembler; et carcherent toute nuit, et monterent en mer au point du jour; et tout ce fist par ses privés coiement et celéement. Au matin, le cry fu grant en Acre en disant : « Le roy Philippe s'en va, et est esclippé en mer : » dont les traistres furent tous courchés. Et quant Henry, compte de Champaigne, le sut, il monta en une gallée, et fist nager après le roy, et quant il aprocha, si s'escria à haute vois, quanque y put : « Sire, Sire, me lairé-vous par de chà? — Va, fist le roy, traistes, si tu entre jamès en France, je te deserteroy. » Le traistres fut tout esbahi comme le roy savoit la traison. Si s'en retourna en Acre, et ne s'en osa retourner en France. Et le roy s'en revinst à sauveté en France, et fu recheu en France à grant joye. Et le compte de Blois se carcha lui et ses genz, et monta en mer à s'en revenir en France; et quant il fut sus mer, fortune de temps leur courut sus, et fu noié. Ainsi poie Dieu ses traistes; ce fu son loier. Et Henry (sic) d'Engleterre, qui sut que le roi Philippe out connoissance de la traison, ne s'en osa venir par France, qu'il ne fust rencontré; si s'en ala par Almaigne où le roy de France avoit escript, et là fu pris du duc d'Antreriche, et fu prisonnier et à renchon à ijc.m. liv. d'estelinz et par le pourcas du roy Philippe. Si fist tant qu'il fu quitte pour poier; si s'en rala en son pais où les baronz et les jens du pais lui firent grant joye et grant feste, et le rechurent joieusement, et se fist amer à ses baronz, et leur conta tout son erre et son affaire. Si le reconforterent au mieux qu'il purent. Et quant il vit qu'il estoit amé de son pais, si li souvint comme son pere mourut à Gibet-roy et comme le roy Philippe out l'onneur de la prise d'Acre. Il se voult vengier, et fist deffier le roy Philippe. Et quant il se vit deffié, si dit as messagers qu'i seroit à l'encontre le miex garni qu'il pourroit. Le roy Ricart fist sa semonce et ses aprestez. Et cependant le roy Philippe ne dormi pas; et fist fremer ses forteresches et garnir de ce qui mestier leur failloit, et fu tout prest de rechevoir les Englois, quant il deschendroient. Or avint que out (*sic*) mois de moy l'an de grace mil chent .iiij$^{xx}$x., deschendi Ricart, roy d'Engleterre, à sa ville de Dieppe, et s'en vint à Rouen, sa mestresse chité de Normandie, et là se raffreschi, et fu .j. mois. Après ce, se parti, et s'en alla à .j. sien chastel nommé Gysors, et gastoit toute la terre de France par où il passoit. Et quant le roy Philippe le sut, il fut tout courçhé; si manda le compte de Chartres, le compte de Vandosme, d'Orlienz, d'Auseurre, le vidame du Chastiau-Dun, messire Guillaume des Barres, messire Alain de Rocy et pluriex autres, lesquiex s'aparrellerent et vindrent à Beauvès bien garnis; et firent gardes et avant-gardes, et chevaucherent et chaplerent les uns as autres souvent et menu; et perdu et gaigné d'un costé et d'autre. Si manda le roy Ricart d'Engleterre au compte d'Ausserre qu'ilz manjeoient le pain du roy

Philippe sanz cause, et s'il estoient si hardis qu'il osassent venir jusquez à l'orme de devant Gysors, qu'il les priseroit bien. Si li manderent que il yroient l'endemain dedenz tierche. Et quand il oïrent celle response, il firent ferrer l'orme de bonnes bendes de fer en la tige, pour ce qu'il ne le peussent couper. Et l'endemain bien matin, les Franchois firent ordener leur baitalles, et vindrent devant l'orme, et firent esrachier les bendes de fer de quoy l'orme estoit feré et le couperent, à qui qu'il en despleut. Et le roy Ricart chependant faisoit ses eschielles et ses gens armer. Ainsi asemblerent ensemble; et y out si fort estour d'un costé et d'autre que c'estoit grant merveille. Et faist le roy Englois tant de fait d'armes comme bon chevalier devoit faire; et toute fois nul n'osoit aprochier de messire Guillaume des Barres pour sa grant forche et hardieche; et le roy Englois le regardoit qui avoit grant deul, et toutes fois le roy Ricart li couru sus, et s'entr'encontrerent par tel vertu que chevax et cavellée chaïrent l'un chà et l'autre là, et falut à chascun remonter le sien. Atant se départirent pour la journée, car il estoit tart; et s'en ala chascun en son logeis.

L'endemain au matin, quant le roy Englois out oye messe, .j. messagier d'Engleterre vint et lui apporta nouvelles que le compte de Gloscetre, qui estoit son lieutenant ès partiez, estoit trespassé, et que le roy d'Ylande et le roy d'Escosse et celui de Galles estoient en sa terre, et lui portoient grant domage. Et quant il oy ces nouvelles, il fu tout courché, et se conseilla à ses baronz qui le conseillerent qu'il s'en alast deffendre sa terre, et lairoit genz à garder ses chastiaux. Le roy Philippe sut qu'il s'en estoit alé, et vit qu'il estoit temps de besongnier, et fist siege devant Gisors; et en ce temps les gens du roy Philippe pristrent par force un chastel nommé Mor[1] : dont il fu mout liés, et asallirent Gisors à grant povoir. Et quant le capitaine de Gisors vit la grant forche du roy Philippe, il demanda treves jusques à .j. mois, assavoir s'il aroit secours, et ou cas il ne l'airoit, il rendroit le chastel et la ville; le roy lui donna le terme par les promesses devant dictes. Le terme vinst; il n'ut nul secours, que son maistre avoit trop affaire en sa terre; il s'aquitta, et rendi le chastel au roy Philippe : dont le roy Englois fu trop courché. Et ala et chevaucha le roy par Normandie, et il fist mout de mal ou plat païs[2].

Or ut achevé le roy Englois en son païs la guerre contre ses anemis, se fist asembler son navire et ses gens, et s'en retourna en Normandie, et vint descendre à Dieppe. Et le roy Philippe chevauchoit à privée mesgnie, et ne se doutoit de rien du roy Englois, et quidoit qu'il fust encores en Engleterre; ne les barons n'estoient pas avec le roy Philippe, et n'i avoit de barons que messire Alain de Roucy, lequel dist o roy Philippe : « Sire, ce seroit bon que nous nous armissons, que nous sommes en terre de guerre, et le roy Engloy est sages, veille sur sa garde. — Donc, dit le roy, par la lance Saint Jaque, Alainz, je ne te vy oncques mais couart. »

[1] Mortemer.
[2] Comparer ce récit avec celui de la *Chronique de Normandie* publiée par Le Mesgissier.

Et messire Alain li respondi : « Ou nom de Dieu, Sire, partout où vous serés, je seray, et ne trouverés à moi point de couardise. » Et adonc estoit messire Alain par-mal del Barrois : de quoy la pais fu faite par .j. mot qu'i dit de lui, en son absence, comme vous orrés aprés. Adonc, dit messire Alain au roy : « Sire, je voy tant de banieres ci-près et de gens que c'est grant merveille. » Et aperchurent que c'estoit le roy Englois à grant force ; et dit messire Alain au roy Philippe : « Nous serons, en cest jour, tous mors et pris, que nous sommes pris à descouvert. Sire, montés sur .j. coursier, et vous en alés en vostre chastel de Gysors ; et je m'armeray de vos armes. » Ainsi fu fait, et le roy à sauveté. Et fist messire Alain .ij. bataillez de tant de gent comme il avoit, et les Englois se fierent parmy, et desconfirent les Franchois. Ce fu tost fait. Et quant le roy Englois tinst messire Alain armés des armes du roy Philippe, si dit : « Or te tien-ge, roy Philippe. — Par foy, dit messire Alain, non faitez ; mès tenés .j. poure chevalier nommé messire Alain de Roucy. » Le roy Englois fu tout courché, et dit : « Au moinz ay-je messire Guillaume des Barrez. — Par foy, Sire, ce dist messire Alain, non faites, car je vous promet, si il i eust esté, vous eussiés esté tous desconfis. » Et pour ce mot fu la pais faite entre lui et Le Barrès.

Atant se parti le roy Englois, et vint à Vernon, .j. sien chastel, et fist despartir ses prisonniers par ses chastiax où il vout, et demora messire Alain avec lui.

Cy diron du roy Philippe qui estoit à Gysors, et ralia ses gens, et s'en rala en France, et y fu une grant pièce.

Et fu le roy Ricart trop dolent de Mor ¹ et de Gisors qu'il avoit perdus. Si envoia une partie de sa gent en la compté de la Marche; et gastoient le paiz; et fist siege à .j. des chastiax du paiz, et le prist par forche, et fist couper as arbalestriers un pong et à l'autre mesme crever un oel, et a nobles pris à renchon. Si le sut le roy Philippe; mais il ne le povoit amender quant à present, car il lui prist une grande maladie qui le tinst bien .j. an et demi. Adonc faisoit le roy Ricart ses oez tumber, et n'estoit qui lui contredisist; et gastoit tout en la compté de la Marche, hors les forteresches. Or avinst que le roy d'Espengne cuidoit qu'il fust trop enbesongné au roy Philippe de France : si vinst faire siege devant la Riole et le Bray-Girart, .ij. de ses bonnes villes. Quant le roy Ricart out oy les nouvellez, si dit qu'il avoit esvellié le chat qui se dormoit; i fist asembler son host, et passa la mer; et arriverent à Bayonne, et là furent huit jours; et lors fist son host à errer par Espaigne et metre tout en feu et en flambe; et prenoient praes ce qu'i povaient. Et quant le roy Ferrant d'Espaigne le sut, il fut tout courchié, et fist crier son arriere-ban, et demanda la bataille au roy Ricart, laquelle lui fu accordée, laquelle fu si grant; et y mourut beaucoup de peuple d'un costé et d'autre; et s'entr'abatirent les deux rois, et chascun receully le sien; et furent les Espagnols desconfis; et jurent les Englois en leur logeis, et orent toute leur proie. Après ce, s'en retournerent les Englois à Bayonne, et après ce se retournerent et s'en ralerent en leur terre à Douvre en Engleterre.

¹ La *Chronique de Rains* porte Niort au lieu de Mor.

Quant le roy Ricart s'en fu retourné en Engleterre par nuit, lui souvint de Gysors et de Mor, sez chastiax qu'il avoit perdus. Si s'avisa qu'i passasset mer, et il vendroit tenir siege. Et encore estoit le roy Philippe malade; mais Dieu n'oublie point les sienz. Or monta le roy Englois en mer, et deschendi à Dieppe, et s'en vint à Rouen, sa chité, et là se rafreschirent et pristrent ce qui mestier leur fu, et s'en alerent devant .j. chastel qui mout leur nuiset, qui estoit nommé Loche, et l'assirent, et jurerent le siége, et firent asaillir par jour et par nuit; et chelz du castel se deffendirent fort, car il estoit bien garny. Or avint que le roy Ricart aloit airisant [1] le castel, un targe en sa main devant lui. Si fu apercheu d'un arbalestrier; cil mist la vire en coche, et fiert le roy à descouvert en l'espaule; et fu navré mout durement, et n'en tinst conte, et ne crut point ses fisissiens, et ala à fame; et le feu s'i prist tant qu'il en mourut; et fu porté son corps à Londres en Engleterre, et son ceur en l'église de Notre-Dame de Rouen [2].

[1] Lecture douteuse. La *Chronique de Rains* porte *remirant* au lieu de *Airisant*. *Airisant* est sans doute pour *Avisant*.

[2] On sait que Richard fut tué devant Chalus, petit château près de Limoges. — Le nouveau tombeau de Richard-Cœur-de-Lion a été placé en la cathédrale de Rouen, auprès du chœur, en décembre 1869. Le samedi 11 de ce mois, à l'issue de la messe capitulaire et en présence du chapitre, les restes du cœur de Richard ont été déposés dans ce tombeau, sous une plaque de plomb portant cette inscription : *Hic jacet cor Ricardi, regis Anglorum.*

# CHAPITRE II.

Sommaire. — Jean succède à Richard. — Meurtre d'Arthur de Bretagne. — Conquête de la Normandie par Philippe. — Louis, fils du roi de France, appelé en Angleterre par les barons révoltés. — Succès et revers. — Mort de Philippe.

## 1199-1223.

Après eschei le royaume à Jehan son frere, et fu sacré, et fu le plus mauvès qui oncques fust, car il estoit convoiteus et traitrez. Et avint que (il avoit) .j. son nepveu, filz du duc de Bretagne, son oncle, nommé Artus, auquel la ducée lui devoit escheer. Si fist le roy Jehan apparellier une nef pour aler à un sien castel, et entra enz à privée mesgnie, et mena Artus son nepveu avec lui, et quant il fu en plaine mer, il le fist jeter en la mer peschier des poissons, pour avoir sa terre de la ducée de Bretaigne, et, ce fait, il s'en retourna à Londres.

Cy lairon à parler du roy Jehan d'Engleterre, et parleron du roy Philippe.

Le roy Philippe fu mout joieux de la mort au roy Ricart d'Engleterre, frere du dit roy Jehan, pour ce qu'il le doubtoit mout pour sa ricesse, hardiesche et chevalerie, et faisoit de sez enneminz amis privés par sa grant larjesche. Si s'apensa qu'il estoit temps de conquester Normendie, et fist asembler son conseil pour ce qu'il n'estoit venu faire hommage de ce qu'i tenoit du roy Philippe. Si fu conseillé qu'il seroit adjourné à venir devant le roy Philippe. Et y alerent l'evesque de Beauvès et l'evesque de Laon, et porterent lettres de creance, et passerent mer, et vindrent au roy Jehan, et l'ajournerent à estre à Paris devant le roy Philippe dedenz .XL. jours, lequel roy Jehan envoia au dit jour .j. de ses chevaliers pour avoir jour avenant, lequel lui fu accordé. Et à l'autre .XL<sup>ne</sup>, il n'y vint ne envoia, et defailli du tout. Si demanda le roy Philippe à ses baronz jugement sur ce; si fu conseillié qu'il seroit encore adjourné derechief à .XL. jours à cele fin qu'il fust sommé deuement. Et, ce fait, il ne vint ne envoya. Si fu jugié par ses baronz qu'il avoit forfait sa terre en tant qu'il en tenoit de ly. Atant se departirent les conseulz; et le roy Philippe fist sa semonce à estre à lui à la .XL<sup>ne</sup>, à Gisors, en armes et en chevax; et y furent au jour de la semonce le roy. Et quant le roy vit tant de bonnes genz, il en ut très grant joie, et fist faire son avant-garde par mesire Alain de Roucy, qui nouvellement estoit issu de prison, et par messire Guillaume des Barres. Et entrerent en Normendie; et n'estoit nul qui rien leur contredisist. Et tout droit s'en alerent à Maante; et leur dist qu'il se rendissent, lesquiex se deffendirent bien poy. Et quant ils virent la grant forche du roy et qu'il n'avoient point d'aide, si se rendirent; et de là ala à Poissi, qui se rendirent. Quant ceulz de Vernon, du Pont de l'Arche, du Val de Reeul, de Loviers, de Gaillon, de Gournay, de Rouan virent que le roy conqueroit ainsi Normnadie, si envoierent au roy Jehan d'Engleterre qu'il les secourist, qu'il ne poient plus durer sans secours. Si leur manda qu'i se gardassent bien et qu'i les secourroit dedenz la Saint-Jehan; et adonc estoit septembre. Si s'en ala le roy Philippe devant Vernon, et jura le siege jusques à .vii. anz. Ainsi fu tout l'iver jusques à la Saint-Jehan; et virent qu'ils n'aroient nul secors. Si se rendi Vernon, Rouen et tout le demourant, excepté Gaillart qui ne se voult rendre; et jura le capitaine que jà n'en ystroit, se n'estoit les piés devant, ou s'i ne veoit son droit seigneur. Et toutes voies ses genz de denz, (qui) veoient que bonnement ne se povoient tenir et qu'i n'avoient point de secours, rendirent le castel, malgré le capitaine; et fu mis hors, les piés devant, pour sauver son serement. Et quant le roy Philippe vit sa grant loialté, il le remist dedenz en son nom, et li fist faire nouvel serement [1]. Et fu la Normandie conquisse de roy Philippe le conquerant en l'an mil deux cent et cinq.

Après avint que le roy Philippe tint parlement à Meleum, et y ut mout de ses baronz; et là avec des autres estoient le compte de Saint-Pol et le compte de Boulongne, lesquiex s'entrehaent; et ut paroles; et s'entrepristrent devant le roy, tant que le compte de Saint-Pol feri le compte de Boulongne de son poing sur le nés et sur le visage, tant qu'il le fist tout senglant. Et le compte de Boulongne saut avant pour lui courre sus; mais les haux seigneurs qui là estoient se mistrent entre deulx, et departirent la meslée. Et vit le compte

---

[1] Le nom de ce capitaine était Roger de Lascy, connétable de Chester. Voir A. Deville, *Histoire du Château-Gaillard*, 1829.

de Boulongne que alors ne se put vengier, et se departi de la court sanz congié. Quant le roy sut qu'il s'en estoit alé, si pensa bien que le compte de Saint-Pol avoit tort : si le blasma mout, et envoia l'evesque de Senlis à Danmartin, à .j. sien castel où il estoit; et là trouva le compte de Boulongne; et li dit que le roy lui prioit que la pais en fust faicte, et i lui feroit amender tout à sa volonté. Si li respondi : « Sires evesque, sachez que jà amendes n'en sera prise; s'il ne fait que le sanc qui chaï à terre remonte dont il parti, et le coup ne soit amatis aussi comme s'il ne fust avenu, jà pais n'en sera faicte. » L'evesque, qui n'y pout autre fin metre, s'en revinst au roy, et lui conta la response. Et quant le roi out oies les nouveles, si dist, par la lance Saint-Jacque, que cest descort vendroit encore à grant mal. Ainsi demoura un grant temps que le compte Regnault de Boulongne pensoit comme il pourroit estre vengiés du compte de Saint-Pol, et lui estoit avis que le roy le soustenoit. Si s'apensa d'une traison, et vint au comte Ferrant de Flandres, qui fu filz au roy de Portigal, et fu compte de par la contesse Jehanne, fille du compte Baldouyn, et le fist entendant que le roy Philippe le deseritoit d'Arras, de Saint-Osmer, d'Ayre, de Hedinc, de Lengres et de Batpaume, et li fist entendant que le compte Baldouyn les lui avoit donnée *(sic)* en mariage de sa sœur, lequel ne le povoit faire par raison de droit[1]. Le compte Ferrant le crut, comme fol qu'il en fu, et convoita la terre. Si pour-

---

[1] « Et li fist entendre que li rois le deshiretoit de Arras, de Pieronne, de Saint-Omer, de Aire, de Hesdin, de Lens, et de Bapaumes et de toute le contet d'Artois : et li fist a entendre que li quens Bau-

parlerent ensemble qu'il feroient aliance au roy Jehan d'Engleterre et à l'empereur Othon, lequel demanderoit au roy Philippe qu'i lui avoit donné au jour qu'il soit emperiere : Orlienz, Estampes et Chartres [1]. Si asemblèrent tant de gens qu'il sembloit que toute la terre deust crouler. Lors manda le compte de Flandres au roy Philippe qu'i lui rendist toutes ses bonnes villes et pais devant diz, et se che ne faisoit, il le deffiet, et bien seust qu'il entreroit en sa terre bien bref. Et quant le roy oy ce, si manda son conseil, et sut bien que c'estoit par le compte de Boulongne, pour le descort du conte de Saint-Pol. Si li loerent ses baronz qu'il s'aprochast de France, et qu'il alast à Tournay à tant de gent comme il pourroit assembler. Et il si fist. Quant le compte de Flandres sut qu'il estoit à Tournay, si en ut grant joye, et les quida bien avoir en sa nasse; mais *de ce que fol pense souvent remaint*. Si manda au roy Philippe bataille à l'endemain; et il estoit dimance: dont le roy fu tout courchié pour le dimence; et requist que ce fust au lundi ensuivant. Le compte n'en voult rien faire, et dit que le roy s'en voulloit fuir; et fu la bataille accordée au dimence. Chascun d'un costé et d'autre s'apresta : l'empereur Othon, le compte Ferrant de Flandres, le compte de Boulongne, Guillaume Longeespée, frere du roy Jehan d'Engleterre, lequel estoit

---

duins li avoit fait ce don pour le mariage de sa serour, et ne le pooit faire par raison ne ne povoit le droit hoir desyreter. » — *Chronique de Rains*, p. 144.

[1] « Qui metoit sus au roi Phelippe qu'il avoit dit qu'il li donroit Orliens, Castres et Estampes, au jour et à l'eure que il seroit empereres. » *Ibidem*.

pour lui, car le roy Jehan n'y povoit estre, car il estoit à la Rocelle en Poitou [1] contre Lois, filz du dit roy Philippe, qui lui donnoit assés d'entente. Et ses grans seigneurs dessus diz departoient France à leur volenté; mais encore ne l'avoient pas gaignie. Le dimence au matin, le roy fu tout prest, et oy messe tout armé en une chappele au Pont de Commines [2], et la chanta l'evesque de Tournay. Et fist le roy, après la messe, faire des soupes en vin, et chascun prist la soue en bonne aliance et loialté jusques à la mort. Et leur prescha le roy et leur dit beaucoup de paroles piteuses qui longues seroit à retraire; et chascun lui jura loialté. Et monta le roy sur .j. coursier; et ses gens et ses banieres se mistrent en ordenance; et se tourna l'ost de France vers une costiere pour ce que le soleil leur venoit devant les ieulz; et les Flamens quiderent qu'il s'enfuirent, et avoient aporté cordes à les lier quant i seroit pris. Si aprocherent, et se meslerent as Franchois; et le compte de Boulongne aperchut le compte de Saint-Pol, qui ne s'entr'amoient pas; et tant fist le compte de Saint-Pol, pour ce que la force du roy cressoit fort, que le compte Regnalt de Boulongne fu pris; et quant il fu pris, les Flamens furent tous esbahis et desconfilz. Atant s'esbandirent Franchois, et font si grant essart de Flamens que tous furent mors et pris. Et à ce pongnays, le compte Ferrant de Flandres fu pris, le compte de Sainepont,

---

[1] La *Chronique de Rains* porte : « Luis estoit en Pontiu a la Roche contre monsignor Loeys, » p. 146. « La Roche as moines, en Poitou. » *Ibid*, p. 153.

[2] Le Pont de Bouvines, la *Chronique de Rains*, p. 147.

messire Guillaume Longue espée, frere du roi Jehan d'Engleterre, et d'autres plusieurs grans seigneurs dont le compte cy ne fait nulle mention. Et l'emperiere Othon s'enfui en Almaigne en son pais, à sa très grant honte et dommage, ne oncques puis n'ut ne bien ne joye. Et quant le roy vit ses prisonniers et ne vit l'empereur, il fu tout courché, car il a greigneur honnour à desconfire un emperiere que .j. roy ne que .j. compte. Atant fu la bataille finée; et s'en retourna à Tournay à grant joie. Et fut en l'an mil cc et xiiii. ou mois de juillet; et ce jour meismes, desconfist Loys, son filz, le roy Jehan d'Engleterre à la Rochele en Poitou. Et l'endemain de la bataille, le roy Philippe envoia ses gens à Lille, et la fist ardoir. Et s'en revint le roy à Paris atout ses prisonniers, et fist metre le compte de Flandres en prison au Louvre, pour ce qu'il vouloit avoir Paris, et le compte de Boulongne au Goullet[2], pour ce qu'il vouloit avoir Normandie. Et de cy en avant le roy demoura en pais, et fu creint et douté·pa *(sic)* toutes terres.

Or vous dirons du malvès roy Jehan d'Engleterre, qui honnissoit ses barons, et gesoit par forche avec leurs fames et filles, et leur tolloit leurs terres, et faisoit tant que Dieu et le monde le héoit.

Si avinst que les barons du pais pristrent conseil ensemble qu'il envoieroient au roy Philippe de France, et lui feroient fealté et loialté du royaume, et metroient leur enfans en ostage, et lui aideroient à con-

---

[1] « La Roche as moines, en Poitou. » *Ibid*, p. 153.

[2] « A Angoles pour çou qu'il voloit avoir Normandie. » *Chronique de Rains*, p. 154. Le Goulet, château dans le comté d'Alençon.

querre le royaume. Si envoierent les deux plus sages hommes du roiaume d'Engleterre au roy Philippe, et firent leur message de par les barons d'Engleterre. Le roy se conseilla, et savoit bien que tousjours avoit ès Englois traison. Si respondi as messages qu'il avoit assés terre et qu'il n'y entreret jà. Quant messire Loys son filz entendi ce, si dit à son pere le roy : « Se il vous plaisoit, je entreprendoie la cose. » Si respondi le roy : « Par la langue *(sic)* saint Jauque, que c'estoit son serment, fay ce que tu vouldras; mais je croy que tu n'avendras point à chef, qu'il ne tendront point convenant. En l'avanture de Dieu en soit. » Lors messire Loys dit as messages : « Se vous voullés, je entreprendoy la chose, et la metray affin, à l'aide de Dieu et de vous. — Par foy, dirent les messages, nous ne demandons pas mieux. » Atant affient leur convenanches, et baillerent lettres seellés des barons d'Engleterre. Atant s'en ralerent les messages, et dirent as barons comme il avoient ouvré. Si en orent grant joye, et envoierent leur enfanz en France en ostage; et les fist Lois bien garder et honorablement. Adonc Loys se ordena, et fist son armée et ses gens ordener, et fu fort et bien acompaigné; et furent avec lui le compte du Perche, le compte de Montfort, le compte de Chartres, le compte de Montbeliart, messire Enguerren de Coussy et mout d'autres grans seigneurs; et monterent en mer, et deschendirent à Douvre, au soir, de paor qu'il ne feussent apercheus, et tendirent très et pavellonz sur la ryve. Et quant cheulz du chastel les aperchurent, il furent tous esbahiz quiex gens c'estoient : si se deffendirent fort; et fu messire Loys devant, .x. jours, sanz rien meffaire. Si pristrent conseil qu'il lairoient le siege, et yroient devant Londres faire siege; et ainsi le firent. Et quant il furent devant, il tendirent leurs pavellons et leurs très; et fu la chité assize de toutes pars. Et cheulz de dens se deffendoient fort, et manderent à leur roy Jehan qu'il les venist secourre. Et il leur manda qu'il n'en avoit povoir, que tous ses baronz lui estoient faillis. Et quant ils oirent les nouvelles, il rendirent la chité à messire Loys de France. Et entrerent ens, et firent crier sur la hart que nul n'y feist mal. Et là furent à sejour .viij. jours, et au .ix.ᵉ jour se partirent, et alerent devant Nicholle¹; et le compte du Perche faisoit l'avant-garde; et coururent auprès des portes. Si sailly la garnison de dens; et y ut grant bataille; et y furent *(sic)* le compte du Perche mort d'un guarchon qui li leva le pan du haubrecon et l'ochist d'un coutel : de quoy messire Loys fut trop courché, car il estoit son prochain de char; mais ainsi va de guerre que l'un pert et l'autre gaigne. Atant fu assis Nicholle, et fu pris par forche au .xiiij.ᵉ jour de son entrée, et fu garnie de bonnes gens. Et puis ala par Engleterre .ij. anz et demi, et conquist .vij. chités, bours et villes à grant foison.

Et en celle espasse de temps, le roy Jehan envoia à Rome, au pape, avec grant tresor, et lui ottroya à tousjours mais, sur chascun ostel ou feu d'Engleterre .iiij. esterlins par an, qui bien vault par an mil mars d'esterlinz, qui encore court, et pour Dieu, qu'il meist remede en

---

¹ Lincoln.

son fait, lequel lui conta de point en point. Si assembla le pape ses cardinalz, qui virent le grant tresor et la grant rente à tousjours. Si enclina mout à sa requeste; si manda le pape à messire Loys qu'il s'en ralast en France, ou il l'escommunirent (*sic*) lui et tous ses aidanz; lequel n'en voult rien faire; et furent tous escommuniés par toute Chretienté.

Puis avint qu'il ut tout despendu le sien; et lui falloit argent. Se le manda à son pere le roy Philippe, pour Dieu, qu'il lui envoiast de l'argent. Si li manda qu'il n'en feroit rien, et que jà pour son fait ne seroit escommunié. Quant la royne Blance sa mere oy che, si pria le roy que au mainz il lui aidast de ce qu'il avoit de sa revenue; il dit qu'il n'en feroit rien. « Adonc, dit la royne, j'ai .ij. beaux enfanz: je les metray en gage, et trouveray bien qui me prestera finance dessus. » Atant se parti du roy toute deuée; et quant le roy la vit ainsi aler, cuida que ce fust à bon essient, et lui dit : « Blanche, je vous donray de mon tresor tant comme vous en vouldrés prendre; et en faites ce que vous vouldrés. » Si en prist cè qu'elle vout; si l'envoia à Loys son fils.

Quant le roy Jehan d'Engleterre vit qu'il perdoit sa terre, si manda ses barons; si leur cria merchi et qu'i leur amenderoit à leur volenté tous les desplaisirs qu'i leur avoit fait ou temps passé, et metroit son regne en leur mainz. Si en orent pitié, et vindrent à messire Loys, et lui distrent : « Sire, nous ne pourrions plus endurer le dommage notre droit seigneur contre vous. » Et quant il entendi ce, sy en fu tout courchié : « Donc m'avés-vous trahy?—Si, distrent-il, vaut mielz que nous vous faillons de convenant que nous lessissons notre droit seigneur essilier ne deseriter. Mais, pour Dieu, ralés vous ent ; si ferés que sages. » Et quant messire Loys vit que ainsi li estoit, et que autre chose n'en put faire, si s'en retourna en France, et ne put etre absoulz jusques à tant qu'il eust rendu tous les filz des barons qu'il tenoit en ostage et les prisonniers qu'il avoit conquis en Engleterre. Si les rendi, et puis fu assoulz. Et après grant temps, s'en ala à Toulouse qui estoit englesqué, et y mena grant baronnie où fu le compte Theobaut de Champaigne, le compte de Saint-Pol, le compte d'Ausseurre, le compte d'Ennevers et mout d'autres grans seigneurs; et y furent .j. grant temps c'omcques rien n'i forfirent, ne les portes n'en furent omcques closes. Ainsi s'en revinst messire Loys à mainz d'avoir et plus de pechiés.

Et en ce temps avint que le noble roy Philippe le conquerant, son pere, tinst cour planiere à Maante ; et là estoient tous ses barons et .xlviij. que archevesques què evesques. Et fu ou mois de juillet l'an mil .ii$^c$xxiij., le mal de la mort, qui n'espargne nully, prist le roy Philippe; et fist son testament en la maniere qui ensuit: premierement il lessa le tiers de son tresor à conquerre la Terre-Sainte, et l'autre tiers à donner, pour l'amour de Dieu, as poures, et le desrain tiers à gouverner la couronne de France. Et regna .xlvij. ans, et n'avoit que .xvj. anz quant il fu couronné.

# CHAPITRE III.

Sommaire. — Enfants de Louis VIII. — Contestations entre l'archevêque Guillaume de Joinville et les bourgeois de Reims pour les frais du sacre. — Prise et punition du faux Baudouin que les barons soutenaient contre la comtesse de Flandre. — Mort de Louis VIII à Montpensier. — Troubles en France pendant la régence de Blanche de Castille et la minorité de saint Louis. — Succès du roi contre les seigneurs révoltés : le comte de Boulogne, — le roi de Navarre, — Pierre Mauclerc, — le comte de la Marche. — Nouvelle croisade. — Prise de Damiette. — Défaite du roi ; — sa captivité ; — revient en France après la mort de sa mère ; — conclut un accord avec le roi d'Angleterre au sujet des anciennes possessions anglaises en France ; — sa mort ; — sa canonisation.

## 1223—1297.

Or vous dirons de messire Loys, à qui le royaume eschei, et de madame Blanche sa fame, qui ut de lui .iiij. enfans. L'ainsné ot nom Philippe, qui vesqui que .xxv. ans; le second, Loys; le tiers, Robert[1] ; le quart, Enfours[2]; et la dame estoit enchainte d'une fille qui ot nom Ysabel, laquelle ne voult omeques estre mariée, et faisoit mout de biens[3].

[1] Robert d'Artois.
[2] Alphonse, comte de Poitiers et de Toulouse.
[3] Isabelle, renommée pour sa sainteté, fondatrice du monastère de Longchamp où elle mourut.

Or revendrons au roy Loys, qui se fist couronner à Rains, ès octaves de la my-aout ensuivant[1]. Et en ce temps, messire Guillaume de Joinville estoit archevesque de Rains[2], qui voult que les borgois de Rains poiassent le sacre, et amena faulz tesmoinz du doien et chaignongnes de la dicte eglise. Et nonobstant tout, le roy en fist faire très grant information; et fu trouvé que l'archevesque le devoit poier. Ainsi les bourgois demourerent franz et quittes; encore sont.

Or revendrons au roy Lois qui fu prodomme, hardi et amé, et mout travella en son temps. Et depuis qu'il fu roy, ot un filz nommé Karles qui fu compte d'Anjou, lequel en son temps prist la Rochelle qui estoit englesque, qui est encore ès mains de France. Cy lairon à parler de ceste matiere, et parleron d'une merveille sur la contesse Jehanne de Flandres.

Les barons de Flandres si proposerent une grant merveille et traison sur leur contesse Jehanne de Flandres par envie, et alerent querre .j. viel hermite qui estoit ès parties en son hermitage, et li firent accroirre qu'il le feroient compte de Flandres. Et firent acrerre que c'estoit le compte Baldouyn, pere de la comtesse, qui avoit esté pris en Costetinnoble, bien avoit .L. anz passés, et qu'il s'estoit eschappé. Si le firent vestir, ordener en estat de compte, et le firent monter à cheval; et les barons le compaignoient à grant honnour, en disant que c'estoit leur droit seigneur. Et l'amenerent parmy Flandres. Et quant la contesse vit che qu'il la

---

[1] Louis VIII fut sacré à Reims, le 6 août 1223.
[2] Archevêque de Reims, du 10 juin 1219 au 6 novembre 1226.

vouloient dezhéritier, elle qui savoit de certain qu'il
estoit mort passé lonc temps, si manda au roy Lois,
son cousin, toute ceste affaire, et qu'il lui vousist aider
à garder sa terre, lequel y mist tel remede que par
forche l'ermite fu pris, et confessa la traison. Si le fist
trainer et pendre au gibet, malgré tous les traistres; et
tinst la comtesse sa terre en pez[1]. Or lairon à parler
d'elle, et revendron à parler du roy Loys.

Le roy Loys, qui omcques n'ut pais, ot nouvelles que
chex d'Anjou[2] s'estoient revellés contre lui, et avoient
tué de ses gens. Le roy leur manda qu'ils le venissent
amender; il lui manderent qu'il ne feroient rien. Quant
il entendi leur orguel, si en ut grant deul; si asembla
si grant ost que ce fu grant merveille. Et furent devant
demi an; et y fu tué Guy de Saint-Pol, compte[3] : de quoy
le roy fu trop marris, et fist le corps embasmer et apporter en sa terre. Et pour ce urent treves jusques à
.xv. jours; et jura le roy en leur presence que, se il ne
rendoient la ville dedens la Trinité, et il les prenoit par
force, il lez feroit tous ochire et metre à mort. Quant
il oirent le roy ainsi jurer, si rendirent la ville; et puis
le roy fist abatre les murs, et il mist guardes de par
lui. Sy y avoit si grant mortalité et puasnie que nul n'y
povoit durer. Et prist au roy une maladie, et à l'archevesque de Rainz, qu'il se firent porter en litieres

[1] L'histoire du faux Baudouin est racontée avec plus de détails dans la *Chronique de Rains*, p. 168 et suivantes.

[2] *Anjou* mis pour Avignon, ville dont Louis VIII fit le siège, à la prière du pape Honorius III. Le siège d'Avignon est un des événements de la guerre des Albigeois.

[3] Guy de Châtillon, comte de Saint-Pol.

au Montpeslier, et là trespasserent au tiers jour mil .CC.XXVI[1].

Quant la royne Blance sut que le roy son mari estoit trespassé, si fu bien courouchie, et non sanz cause, et que ses enfanz estoient janes, et estoit seulle, d'estrange contrée. Et elle avoit à marchier as grands seigneurs, c'est assavoir : au compte Philippe Hurepel de Boulongne[2], au compte Robert d'Evreuez, au compte de Mascon, son frere, au seigneur de Cortenoy, à messire Enguerren de Coussy. Si manda les princez du royaume, cheulz à qui plus se fioit, et leur monstra comme le roy estoit trespassé, et comme elle se gouverneroit. Et il lui respondirent : « Vous ferés votre filz ainsné Loys couronner à Rains, et iront (*sic*) avec, tous armés ; et sera couronné malgré tous ses mal voulans ; » lequel fu couronné en l'aage de .xiiij. anz en l'an dessus dit ; et le couronna l'évesque de Senlis[3], car le siege estoit vagant par la mort de l'archevesque qui mourut avec le roy au Montpeslier, comme dit est. Et fu Henry de Brianes esleu archevesque de Rains, qui tant fist mal as bourgoys de Rainz, qui omcques n'urent pais à lui, tant comme il vesqui. Et il lui regna

---

[1] Louis VIII mourut, au village de Montpensier en Auvergne, le 8 novembre 1226. Guillaume de Joinville, qui avait suivi le roi dans son expédition en Auvergne, était mort, à Saint-Flour, deux jours avant le roi.

[2] Philippe dit Hurepel ou le Rude, comte de Clermont en Beauvoisis, de Mortain, d'Aumale, de Boulogne et de Dammartin, fils de Philippe-Auguste et d'Agnès de Méranie.

[3] Saint Louis fut couronné par Jacques de Basoches, évêque de Soissons, suffragant de l'archévêque de Reims. — La *Chronique de Rains* a évité l'erreur commise par notre chroniqueur.

.xiv. anz, et mourut en l'an mil .ccxl¹. Or revendrons as barons devant nommés qui furent courchiés du couronnement, et ne pensoient que mal vers la royne, qui estoit la plus bonne et sainte dame que l'en pust trouver, et qu'il n'avoit ou royaume qui les peust grever, que le roy estoit janes, sanz sens, et qu'il feroient d'entr'eulz .j. roy. Si aviserent qu'ilz se prendroient au compte Thommas de Champaigne (*sic*), et que le compte de Boulongne lui demanderoit la mort de son frere le roy Loys, et qu'i le lessa comme traistres quant ils furent devant Angou². Et s'il l'avoient pris ou mort, ils n'avoient plus qui leur contredisist le royaume. Ainsi demanda le compte de Boulongne au compte Th. de Champagne la mort de son frere; et fu le compte Th. tout courché et esbahy; et non ostant il prouveï très bien à ses besongnes au miex qu'il put. Et vindrent ses adversaires sur lui, et li firent beaucoup de dommages qui ne sont pas chy contées. Quant la bonne royne Blance out aviz et connoissance qu'il ne le faisoient fors pour avoir le royaume, et outre sut que messire Enguerren de Coussy avoit fait faire la couronne dont il quidoit estre couronnés comme roy, jà fust-ce qu'il faisoient entendant qu'i feroient roy du compte de

---

[1] Henri de Dreux ou de Brenne, fils de Robert comte de Dreux, fut archevêque de Reims du 18 mars 1227 au 6 juillet 1240.

[2] Le bruit avait couru que Louis VIII était mort empoisonné, et les soupçons s'étaient portés sur le comte de Champagne. — Cette accusation manque de fondement. Mais ce qui est certain, c'est que Thibaud avait abandonné le siége malgré l'ordre du roi et les instances du légat, et qu'il s'était ainsi rendu suspect de trahison envers l'autorité royale et la cause catholique. (M. d'Arbois de Jubainville, *Histoire des ducs et des comtes de Champagne*, IV, 205 et suiv.)

Boulongne, frere du roy Loys mort, si out la royne conseil qu'elle aideroit à garder et deffendre la terre de Champaigne et de Brie, et que le comte Thommas estoit son parent et homme le roy. Si fist assembler .j. grant ost à .iiij. leues de Troyes; et y fu le roy et elle en personnez; et manda au compte de Boulongne, oncle du roy, et as autres barronz que ilz ne fussent tant hardis qu'ilz ne meffeissent rien sur les fieulz le roy, et qu'elle estoit toute prestre *(sic)* à faire droit de tout ce qu'il voudroient demander. Et il respondirent qu'ilz n'en plaideroient jà, et dirent que c'estoit de coustume à fame que celui qui lui avoit son mari murdri, icelui prendroit-elle plus volentiers. Lors respondi le compte de Boulongne, qui estoit consentant de la traison : « Par foy, seigneurs, vous dites mal. Il n'est pas desclarié ce que vous metés seure au compte de Champaigne; et d'autres part *(sic)* nous soionz parjures envers le roy, et *(sic)* se désormais meffaisions au roy, sur la deffense que la royne nous à faite; et si est le roy mesnyez filz de mon frere, et est mes linges sire[1]. Si sachez que je ne sui plus de votre aliance, et aideray au roy tant comme je pourray. » Quant les barons oirent ainsi parler le compte de Boulongne, il furent tous courchés et distrent : « Vous nous avés trays : car vous demourés en la bonne grace du roy et de la royne, et nous en la male grace, hays et essilliés. — En non Dieu! dist le compte, miex vault folie de-

___

[1] Mon seigneur lige. — « Li rois est mes niés, flus de mon frere, et si est mes liges sires, et je suis ses liges hom. » (*Chronique de Reims*, au t. XXII des *Historiens des Gaules*, 308.)

laissier que folie parsuivre. » Atant manda à la royne qu'il feroit tout son commandement, et s'il lui avoit mal erré, il lui crioit mercy. Quant le roy et la royne oirent ces nouvelles, il en urent très grant joye. Ainsi se departirent les barons l'un de l'autre; et ala chascun en sa terre à mesaize de ceur, pour ce qu'ilz avoient failly à leur entente, et en la haigne le roy et la royne, qui bien savoit amer et hair chex qui li deservoient. Ainsi fu leur orgeul abessié; et le compte Th. de Champaigne demoura paisible en sa terre[1]. Et ne tarda gaires que la contesse Blanche, sa mere, trespassa; et puis .j. an après, le roy de Navarre, qui ses oncles estoit, trespassa; et fu le compte de Champaigne envoyé querre des barons de Navarre, et en firent leur roy à Pampelunne selonc la coustume du païs[2].

Cy lairon à parler du roy de Navarre et parlerons du roys Loys qui fu en l'aage de .xx. anz, et fu marié à l'ainsnée fille du compte de Prouvence[3].

Or reparleron du roy de Navarre qui maria sa fille à conte Maucler de Bretaigne[4], qui mout bien furent ensemble; et usoit le roy de Navarre tout de son conseil. Et li fist entendant que le roy de France li faisoit

---

[1] Voy. M. d'Arbois de Jubainville, *Histoire des ducs et des comtes de Champagne*, IV, 249 et suiv.

[2] Thibaud de Champagne, fils de Blanche de Navarre, succéda à Sanche VII, dit le Fort, roi de Navarre, son oncle, en 1234.

[3] Marguerite de Provence, morte à Paris le 20 décembre 1295.

[4] Il maria sa fille unique, non à Pierre de Dreux, comte de Bretagne, surnommé Mauclerc, mais à Jean, son fils. Le mariage eut lieu à Château-Thierry.

tort de .iiij. fielz de Blois[1], et s'alia à lui, et li dist qu'il li feroit ravoir, s'i vouloit croire loy, car il avoient bien povair au roy de France par eulz et par leurs amis. Le roy de Navarre le crut : si fist que fol, car il eust esté mal bailly, ne fust la royne de France vielle, qui l'apaisa à son filz.

Or vous dirons comme le roy de Navarre ouvra par mal conseil : il fist fremer et garnir ses chastiax, et requist au roy Loys qu'i li rendist ses fielz de Blois, ou se nom, il les pourchasseroit. Quant le roy Lois oy ce, si fist semondre ses hos à grant nombre, et apparellier en gis et pierrers. Quant la royne vit que son filz fist à bon essient, si manda au roy de Navarre qu'ile *(sic)* vouloit parler à lui. Le roy s'en vinst à Paris parler à la royne; et ainsi comme il fu entré en la salle, y fu tout prest qui lui donna d'un fourmage mol de fesselle par les joes[2]. Ainsi s'en ala devant la royne, soy complegnant et *(sic)* à son mandement et sauve garde estoit ainsi apparellié et villané : de quoy la royne fu très mervelleument courchie[3]. Et fu celui pris

---

[1] Notre chroniqueur fait ici allusion à la cession que Thibaud de Champagne avait faite au roi, pour 40,000 livres, des comtés de Chartres, Blois et Sancerre, et de la vicomté de Châteaudun, lors de son traité avec Alix, reine de Chypre. (M d'Arbois de Jubainville, *Histoire des ducs et des comtes de Champagne*, IV, 263.) — La prétention du comte Thibaud était que cette cession n'avait point été une aliénation à perpétuité, mais seulement un engagement révocable moyennant remboursement. (*Ibid*, p. 271 et suiv.)

[2] « Et ensi, come il entra en la salle à Paris, il fu apparelliés qu le feri d'un froumage enfissiellé ami le visage. » (*Chronique de Rains*, p. 192.)

[3] Thibaud de Champagne fut insulté de la manière la plus grossière par les domestiques de Robert d'Artois. Ceux-ci avaient été condamnés à mort; Robert les sauva, en se déclarant le seul vrai coupable.

qui ce fist, et fu mis em prison en Chastelet; mais le compte d'Artois le fist délivrer, sitost comme il le sut. Et toutes voies la royne li fist sa pés vers le roy son filz. Cy lairon à parler du roy de Navarre, et parleron d'autre matère.

Or avint, l'an après, que le compte Pierres de Mauclers se revela contre la court, et dit villanie de la royne, et se parti de la court villainement. Et quant le roy le sut, si en fu mout dolens, et le fist ajourner à .XL. jours en sa court à respondre à ce qu'i li voudroit demander. Et il repondit as messagers que il n'yroit ne vendroit; et fist deffier le roy par un prestre et par ses lettres. Et quant les .XL. jours furent passés, le roy asembla ses hos, et s'en ala devant Belesme, .j. sien chastel, et le prist par force, c'omcques puis ne fu rendu[1]. Et quant le compte aperchut son grant dommage et folie, si vint au roy à mercy, sauf les coustéemens le roy et le chastel perdu, et si vint au pié de la royne et li cria mercy. Ci lairon à parler de lui, et parleron du compte de la Marche[2].

Puis avint, une piece après, que le compte de la Marche avoit les deniers du roy pour garder les parties de devers Bordiax. Si renoncha as gages du roy, et envoia querre le roy d'Engleterre. Et vint à Bordiax; et ordenerent que il yroient en Poitou conquerre, et forfirent sur la terre le roy de France. Et quant il le

---

[1] Le château de Bellême avait été mis en la garde du comte de Bretagne par le traité de Vendôme. Il fut pris par l'armée royale, en 1229.

[2] Hugues de Lusignan, comte de la Marche; il avait épousé la reine Isabelle, veuve de Jean-sans-Terre.

sut, il ne fu pas esbahi, ains leur ala en l'encontre, et asembla en la chité de Potiers ses hos, et yssi hors à si grant compaignie c'omcques, de souvenue d'omme, n'yssi roy de chité à si noble compaignie. Et quidoit le compte de la Marche que le roy vousist aler à Beaumont, .j. sien chastel trop fort. Et le roy out conseil qu'il yroit premierement à plus fiebles, et les prendroit, et garniroit, et puis après feroit le pais si garder que nul vivres ne peussent venir en Limosin; et ainsi les porroit avoir, car il savoit bien que le chastel estoit grans et fors, et y avoit grant garnisonz. Quant le compte vit que ainsi ouvroit le roy, si se douta mout, et se tray vers Saintes en Poitou, et la fist bien garnir de chevaliers et de gens d'armes, et puis s'en ala à Pons où le roy Englois estoit. Et parlerent comme le roy Loys estoit ou pais à grant effort, et virent qu'il ne povoient avoir povoir au roy Loys. *Atant estes vous les roiaulz de France*, qui avoient la Croussane .j. chastel au compte[1], et s'en vindrent devant Saintes, et le compte d'Artois venant tout au front devant, baniere desploiée. Et cheulz de dens issirent en l'encontre à grant foison de chevaliers, et s'entrecoururent seure l'un et l'autre; et y ut très forte bataille d'un costé et d'autre; mais cheus de dens en urent le pis, car le compte d'Artois se feri

---

[1] Texte de la *Chronique de Reims*, publié dans le recueil des *Historiens des Gaules*, XXII, 310 : « Et li roi François ne s'oublia pas, ains prist par force le Crosane (Crosane, Crosant, commune de Dun-le-Palleteau dans la Creuse), un castiel le conte, puis vinrent droit devant Saintes. » Les savants éditeurs remarquent, note 20, que l'édition de M. J.-J. de Smet, donnée sous le titre de *Chronique de Flandre et des Croisades*, porte : « Atant ès vous les roiaus qui avoient pris, etc... » Cette leçon se rapproche beaucoup de celle de notre chroniqueur.

dedens la ville atout grandement de chevaliers et de genz d'armes, tant que la chité fu prise par forche. Et quant le roy Englois le sut, qui estoit à Ponz, se retrahy à Bordiax, et out grant paour que le roy Franchois ne le suist. Et se monta en mer, et s'en rala en son pais, et se tinst pour musart qu'il estoit là venu.

Quant le compte de la Marche vit qu'il out perdu Saintes et .iiij. de ses chastiax, et que le roy d'Engleterre lui estoit faillis, messire Regnault de Pons, le sire de Taillebourc et le sire de Mirable, si s'apensa qu'il avoit mal esploitié; mais ce fu trop tart. Si vint au plus tost qu'il pust à mercy au roy Loys, sauf les despens du roy avec sa conqueste; car c'est la coustume de France, s'il va en host contre aucun de ses barons, ce que le roy prent du sien à force, il est au roy acquis perpetuelment, et si li convient rendre tous les despenz enchiés qu'il soit recheu à la pais le roy. Ainsi attournoit le roy tous ceulz qui contre lui se reveloient. Si fist garnir Saintes et les .iiij. chastiax de ce que mestier leur failloit, et s'en vint tout seurement en France.

Puis avint, .i. grant temps après, que le roy fu malade près de la mort. Et après ce, quant il fu gari, il se croisa pour aler outre mer, et fist prescher de crois. Et mout de haux barons se croisierent, c'est assavoir : le compte d'Artois, le compte de Poitiers, le compte de Flandrez, le duc de Bretaigne, le conte de Dreues, le compte de Saint-Pol, le compte de Montfort, le compte de Vandosme, le compte de la Marche, messire Gautier de Chastellon, messire Raol de Coucy, Other[1] de Termes,

---

[1] Olivier de Termes.

messire Roger de Rosay, messire Raol de Septsonz [1] et tant d'autres grans seigneurs que France en demoura toute vuide. Mais une chose fist le roy, qui n'estoit pas bonne : car il acorda que les deptes que les seigneurs devoient ne feussent paiés jusques au retour ; et se partirent de leur pais, en debtes deues à bourgois et à marchans. Car ainsi ne fist pas Godeffroy de Billon, dont cest livre est commenchié, qui vendi sa compté à tousjours, et y ala du sien propre ; car Dieu ne veult pas estre servi de toutes ne de rapines [2].

Ainsi atourna le roy son navire et tout ce qui li faisoit mestier, et prist escreppe et bourdon à Notre-Dame de Paris ; et chanta le evesque la messe. Et s'en partirent de Paris à belles processions ; et y avoit des pleurs et des courous à grant foison. Et prist le roy congié, et les commanda à Dieu. Et la royne sa mere les convoia .iij. journées malgré le roy. Si lui dist : « Bele mere, retournés, car je vous lesse en gouvernance le royaume et la garde de mes .iij. enfanz, Loys, Philippe et Ysabel. » Ainsi fu la dure departie, et pleurs d'un costé et d'autre ; et li dit : « Beau filz, alés, alés, à Dieu ; mon cuer me dit que jamais ne vous verroy. » Et non fist-elle, car elle mourut enchiés qu'il retournast.

Or vous dirons du roy qui chevaucha tant qu'i vint

---

[1] Raoul de Soissons. — Dans l'édition de M. Paris et dans celle des *Historiens des Gaules*, xxii, 311, la *Chronique de Reims* ne nomme ni Roger de Rosay, ni Raoul de Coucy. — On retrouve ces deux noms dans un des manuscrits de cette chronique, conservé sous le n° 11753 au musée Britannique. (*Historiens des Gaules*, xxii, 311.)

[2] *Odio habens rapinam in holocaustum.* (Isaïe, 61, 8.)

à Egremorte¹, un port de mer emprès le Montpellier. Et avoit le roy .xxxviij. grosses nés sanz les petites pour le menu commun. Le roy entra en la mellier, sa fame et sa privée ; en l'autre entra ses frères, leur fames et leurs enfants ; et les autres barons ainsi chascun en la soue. Et monterent en mer, et nagerent tant qu'il vindrent en Cipre ; et là furent près d'un an, et ourent port. Et lors voult le roy que chascun entrast en leurs nés ; et quant il furent montés en nés, le roy envoia à tous cheulz qui estoient ès vessiax lettres closes, et qu'il ne fussent ouvertes jusques à tant qu'il fusses (*sic*) esclipés en la mer. Et quant ils furent en mer, chascun ouvri ses lettres, èsquelles estoit contenu qu'il alassent tout droit à Damiete. Et il si firent, et arriverent au port de Damiete au .xxx.ᵉ jour ; et fu tout arrivé à .j. jours (*sic*) et demy ; et pristrent port, mais le port estoit si mal qu'i ne povoient approcher d'une lanche ou de plus².

Quant ceulz de Damiete les aperchurent, si leur vindrent deffendre le port à grant forche. Et nos gens s'aresterent .j. poy ; et quant le roy vit que ses gens s'arestoient, si fu tout forsené, et joint les piés et saut en mer, tout armé, l'escu au col, l'espée au poing, et fu en l'eaue jusques à la couroye, et vint à rive, si comme à Die plout, et se mist entre Sarrazinz, et fist tant deffait d'armes que c'estoit grant merveille à le regarder. Et quant Chretiens virent ainsi leur prince

---

¹ Aigues-Mortes, chef-lieu de canton (Gard).

² Le roi s'était embarqué à Aigues-Mortes le 25 août 1248 ; il avait abordé à l'île de Chypre le 17 ou le 20 septembre ; il en était parti le 4 juin 1249.

gouverner, si saillirent tous à .j. tas enmer, et pristrent terre, et s'escrierent : *Monjoie, Monjoie!* et se fierent entre Sarrazinz, et tant en ochirent et firent tel essart que che fu grant merveille. Si se retrierent en leur ville, et fremerent leurs portes; et Chretiens se logerent tout entour, et firent lever leurs enginz, et jeterent .iij. jours et .iij. nuis san cesser. Si estoit avis as Chretiens qu'i n'oent leenz rien. Si eschelerent la ville, et entrerent ens, et ne trouverent qui l la deffendit, car il s'en estoient tous fuis. Ainsi fu Damiete prise ; et trouverent la ville bien garnie de ce qui leur fist grant bien ; et furent les dames menées ès mellieurs hestages; et le roy et les barons demourerent dehors[1]. Si y avint que la royne y enfanta .j. filz, qui out nom Pierres, et fu apelé Pierre Tristan[2]; car il ne tarda gaires que Damiete refu rendue, par une male avanture qui avint au conte d'Artois, comme vous orés.

Le compte d'Artois, frère du Roy, dit au Roy : « Sire, que faisons nous chy? Se vous me créés, les Templiers et les Hospitalliers et moy chevaucheronz; car sachez de vroy que la terre est nostre, ne nous ne trouveron qui la contredie. — Certes, dit le roy, biauz freres, je ne le vous conseille pas, mais prendonz le pais tout em pès, que Sarrasins sont sages, et vellent bien en leur fait. — Sire, dist le compte d'Artois, il nous faut passer le fleuve Jourdain, et quant nous l'airons passé,

---

[1] La prise de Damiette eut lieu le 6 juin 1249.

[2] Jean dit Tristan ou de Damiette, comte de Valois, de Crecy et de Nevers, né à Damiette en 1250, mort au camp de Tunis le 22 mai 1271.

nous arions conseil que nous ferions. — Beau frere, dit le roy, je congnois tant votre hardement que, se vous estiés passé, vous n'y attendriés ne per ne compaignon [1]. — Ha! sire, je vous jur que nous vous attendrons tant que vous serés passés ». Le roy en prist le serement, et lui otroia à passer le fleuve; mais, se il eust seu le mal qui li en prist, il ne l'i eust accordé pour l'or de Chretienté. A celle nuit, le compte, les Templiers et Hospitalliers passerent le fleuve par un Chretien reneé qui leur monstra le passage; et dit au compte : « Se vous me vouliés croirre, je vous feroye gaignier le plus grant tresor du monde qui est en une ville ci près qui a nom Lomone [2], où toutes les gens de cest pais s'en sunt retrais ». Dit le compte as Templiers et Hospitalliers : « Alonz sur euls. — Ha! distrent les Templiers, sire, vous cuidiés que Sarrasins fussent sitost desconfis! jà ne garderez l'eure que vous serés tous avironnés de Sarrasins. Attendés le roy : aussi si avés vous enconvenanchié. — Adonc, dit le compte, toujours a-il à Templiers du poil du loup [3]. — Voire, dist le mestre des Templiers, qui estoit preus et hardis, or chevauchez quel part que vous voudrés; et nous vous suivron. Si chevaucherent (*sic*) par tel convenant c'omcques Chretiens ne rechurent si grant dommage, comme vous rechevrés huy, si comme mon

---

[1] « Vous n'i atenderiés ne cauf ni kevelu. » (*Chronique de Rains*, p. 203.)

[2] « La Marone. » *Ibidem*, p. 204; ailleurs, p. 205, « Massoure, » qui est la bonne leçon.

[3] « Adiès auera en Templiers dou poil de l'ours. » (*Ibidem*, p. 205.)

cuer le me dit, » ce dit le mestre des Templiers[1]. Atant frapent chevax des esperons, et s'en vont à Lamone où les Sarrasins les attendoient; et savoient leur venue; et nos gens se frapèrent ens, que les portes estoient ouvertes, et cheulz de denz ne faisoient nule noyse; et quidèrent qu'i ne y eust nuli. Més certes si avoit, que toutes les tarrasses estoient plaines de Sarrasins bien armés et bien atjustés et garnis de grosses pierrez, de fais et pis agus, et les entréez de la ville bien lichiéez de barres couleiches. Et quant les Chretiens furent dedens, les barres furent coullées et freméez; et ne purent reculer. Et les Sarrasins qui estoient ès tarrasses commencherent à jeter leurs pierres et leurs pis agus et eauez boullantes sur nos Chretiens. Et il faisoit chaut, et nos gens empressiéz : si ne se povoient aidier ne reconforter l'un l'autre pour les eauez boullantez. Et quant Sarrasins virent nos Chretiens en tel estat, si s'efforchoient de plus en plus; et là furent tous les Chretiens mors et desconfiz. Et le roy, qui de tout ce ne savoit rien, qui passoit le fleuve. Et quant il fu passé, il ne trouva point le compte son frere, et dit à lui mainmes : « Hahe! frere, comme je croy que votre orgeul vous fera dommage et enny! Atant estes vous? » Un messagier qui estoit eschapé de l'orde besongne si dit au roy : « Ha! sire, mal va. Votre frere est mort,

---

[1] « Nous vous suivrons. Ne jà ne porès, se Dieu plaist, à templier reprouver trayson ne mauvaistiet; par convant qu'onkes crestientés ne rechut si grant damage comme elle rechevra hui cest jour, si comme mes cuers le me devine. » (*Chronique de Rains*, p. 205.)

et les Templiers, Hospitaliers et toutes leur gens; car c'est vroy, j'ay tout veu. » Si fu le roy trop courchié, et non sanz cause, et dit : « Or ait Dieu l'ame d'eulz puis que autrement ne peut estre! » Atant se loga, et tendi ses trés; car il estoit tout lassé d'avoir passé le fleuve, car il estoit rade et malvès. Et quant Sarrasins surent que le roy fu passés, si alerent à leur escluses, et font tenir le fleuve que nos gens ne peussent estre rapassés; car l'eaue fu tost si grande que nul n'y osast entrer sans vessiax que tantost ne fust noyés. Adonc dit le légat du pape au roy, quant il vit la fortune : « Sire, montonz en une gallée, et nous en alons en Damiete : si seron à sauveté. — Hé Diex! dist le roy, comme seroit-ce que je lessasse tout cest peuple, que j'ay cy amené, perdre et moy sauver? Certes, je n'en feroy rien; ainz avec eulz mourroy et vivray. » Atant le cardinal se parti, et monta en une gallée, et s'en alla en Damiete, et là se sauva, et lessa le roy et tout le demourant. Et Sarrasins firent bien garder les rivages que nul vessiax n'i peust passer. Or furent nos Chretiens enclos en eaues de toutes pars, et à grant destreche de biens et de vivres depuis la Toussains jusques au Caresme ensuivant. Et quant le soudenc de Babillone vit le roi ainsi ordené, si li manda qu'il se rendist. Si respondi le roy : « Ne plaise à Dieu que je me rendre à Sarrasins ne à paen! — Ha! sires, se distrent ses barons, pour Dieu, si ferés, que autrement nous mourrions chi sans coup ferir et de fain. » — Adonc se rendi le roy, et bailla son espée au soudenc; et le roy fu prisonnier diz jours lui et ses gens; et furent à renchon pour tout à .viij. ᶜ milles besans d'argent. Quant le soudenc de Boschautel[1], celui de Damas et le soudenc de la Halape virent la grant renchon que le soudenc de Babillone, auquel le roy s'estoit rendu, devoit avoir, si y demandèrent leur part. Si leur respondi qu'i n'y aroient jà ne part ne art. Et quant il virent son grant orgueil, si li coururent sus, et le tuerent par force, et ourent ceste raenchon, et par ce, fu le roy et toutes ses gens delivrés avec la rendue de Damiete qu'i devoient rendre avec la somme dessus dite. Et vindrent en Damiete, et pristrent la royne qui gesoit de gesine, et la firent mectre en une litiere, et fu portée en Acre. Or refurent Sarrasins seigneurs de Damiete, et firent abatre la muralle d'entour pour ce qu'il avoient sorti[2] qu'elle seroit encore une fois prise des Chretiens. Et fu le roy en la terre de Surie .vij. anz. Et cependant le roy out de sa fame .ij. filz et une fille. Si avint que sa mere la royne Blance en ce temps trespassa tant comme il estoit en Surie. Si out le roy nouvelles que sa mere estoit trespassée. Quant il sut ces nouvellez, si s'avisa qu'il estoit mestier qu'il retournast en France. Si fist ordener son navire et ses aprestes, lui et ses gens et ses trois enfanz qui avoient esté nés en Surie; et se monterent en mer, et leverent les trés, et vindrent, par la grace de Dieu, à sauveté, et

---

[1] Il n'est pas question du soudan de Boschautel dans la *Chronique de Rains*, p. 209. — Le soudan de l'Escamele est désigné à sa place dans l'édition des *Historiens des Gaules*, XXII, 315.

[2] *Sortir*, apprendre en consultant le sort.

deschendierent au port d'Egremorte dont ils estoient partis, et là deschendirent, et s'en revinstrent en France, dont il estoient partiz, et furent recheus à grant joye et à grant solempnité.

Or avint que le bon roy saint Loys, quant il fu repairié, sa conscience le remort de la ducée de Normendie que le roy Philippe, son ael, avoit conquise, par jugement des barons de France, ou temps du malvès roy Jehan d'Engleterre, par ajournemens et deffax à venir à jour et de faire homage. Se disoit le roy saint Loys que pourtant ne devoit perdre sa terre de Normendie, et que sa conscience n'en estoit pas bien apeisie. Et, par ceste doubte, le roy manda le roy d'Engleterre, sa femme et ses enfanz, lesquelz vindrent à Paris, en la court le roy, à la Saint-Martin d'esté l'an mil.cc lix.; et fu ordené, par bonne pais et accort, que le roy d'Engleterre, pour lui et pour ses hoirs, aroient la compté de Caours, la compté de Pierresgort et la ducée d'Aginois qui contient .vj. chités, et de ce feroit le roy Englois, deux fois l'an, au roy de France, hommage, à sa maison à Paris. Et pour ce quitta le roy Englois le roy de France de tout ce qu'i li povoit demander en la ducée de Normandie. Et sur ce firent l'un à l'autre bonnes chartres seellées de leurs soialz reauz. Et avec che le roy Loys donna au roy Englois, pour porter oultre mer .L. milles livres et à lui, pour mettre en ses coffres, .ij$^c$. milles livres; et aussi le compte de Poitiers demouroit quitte de l'ommage qu'il devoit au roy Franchois pour ces trois comptés. Ainsi furent amis les .ij. roys, et se departirent; et le roy

CHRONIQUE NORMANDE. 49

Englois s'en retourna en sa terre; et le roy Franchois demora à Paris tout courchié de son ainsné fils qui trespassa en l'aage de .xvj. anz; et le reconforta mout l'archevesque Rigaut[1], au miex qu'il put. Et vesqui le bon roy en faisant mout de biens, en fondant mout de bons hostiax de religion et mout d'autres bienz : dont i gaigna paradis, et fu canonizié saint en paradis, pour sa bonne vie. Et trespassa de cest siecle, en l'an de grace mil .CCLXX., et regna .XL iiij. anz[2].

[1] Eudes Rigaud, archevêque de Rouen, que saint Louis honorait de son amitié.

[2] Ici finit la première partie de la chronique de Pierre Cochon. — A la suite de ce paragraphe, en tête du verso du feuillet 31 : « *Memoire chy après ensuivant pour miex entendre la matere de l'euvre ensuivante :*

« Memoire que Karles de Vallois, .ij.ᵉ et roy de France, out .iij. filz et .iij. filles, dont le premier filz mourut, et l'autre, après sa mort, fu duc de Guyenne et dalphin de Vyane, et fu né le jour de la Saint-Vinchent, l'an mil .iijᶜ iiijˣˣ xvj.

« *Item*, l'autre fu mené en Almēngne, et out espousée la fille au duc de Hollande et heritiere, etc.

« *Item*, les .iij filles : l'une fu marié à roy Ricart d'Engleterre, et après refu mariée à l'ainsné filz du duc d'Orlienz qui fu tué.

« *Item*, l'autre fu nonnain à Poissi.

« *Item*, la tierche fu mariée au duc de Bretaigne, filz de la ducesse qui, après la mort de son père, se maria au roy Henry d'Engleterre.

« *Item*, le dalphin a espouzé l'ainsnée fille au duc de Bourguongne, cousin frareur du roy.

« *Item*, le compte de Pontieure de Bretaigne a espousé l'autre fille de Bourguongne. »

Charles de Valois (Charles VI de France) eut de son mariage avec Isabeau de Bavière six fils : Charles, né le 25 septembre 1386, mort le jour des Innocents de la même année; — Charles, né le 6 février 1391, mort le 11 janvier 1400; — Louis de France, duc de Guyenne et dauphin de Viennois, né le 22 janvier 1396, mort le 18 décembre 1415; — Jean de France, duc de Touraine et de Berry, dau-

4

## CHAPITRE IV.

Sommaire. — Descendants de saint Louis. — Digression sur Enguerran de Marigny et sur son frère Jean de Marigny, archevêque de Rouen, à propos de Philippe-le-Bel. — Règne de Philippe de Valois. — Victoire du Mont-Cassel. — Contestations avec Edouard III, roi d'Angleterre. — Secours demandé par le roi aux Normands ; — accordé par eux aux Etats de Vernon, à condition d'être maintenus en leurs priviléges ; — jalousie des Bourguignons à l'égard des Normands, à cause du refus éprouvé par Jean de Harcourt, qui avait porté au roi les offres de la province ; — irritation qu'en conçoit Geoffroi de Harcourt, frère de Jean de Harcourt ; — il s'allie avec les Anglais. — Antipathie de la reine de Bourgogne pour les Normands ; — deux preuves de sa méchanceté. — Enfants de Philippe de Valois et de cette reine ; — mariage de leur fille avec le roi de Navarre. — Guerre déclarée avec l'Angleterre. — Défaite de la flotte française à l'Ecluse. — Altération des monnaies. — Expédition du roi Edouard en Normandie, où il est conduit par Geoffroi de Harcourt. — Défaite de Crécy. — Prise de Calais. — Grande mortalité. — Changements déplorables dans les mœurs. — Décadence de la noblesse. — On commence à clore et à fortifier les villes.

### 1270—1349.

Quant le bon roy saint Loy fu trespassé, Philippe, son filz, fu roy, et ne vesqui que .iij anz, et mourut en Arragon. Et après lui fu roy Philippe le Bel qui regna .xxxix. anz, lequel avoit .ij. freres, l'ainsné, compte de

phin de Viennois, né le 13 août 1398, mort en 1416, après avoir été marié à Jacqueline de Bavière, fille de Guillaume de Bavière IV, comte de Hainaut et de Hollande ; — Charles VII, roi de France ;

Vallois, et l'autre, compte d'Alenchon, par lequel Engueren de Marregny mourut; lequel roy Philippe le Bel out trois filz qui tous trois furent roys après sa mort, l'un aprez l'autre, et ne durerent que trop poy de temps. Et disoit le peuple que le compte de Vallois les faisoit empoysonner pour parvenir à la couronne de France. Si plut à Dieu que le dit compte mourut, enchiés que le desrain des .iij. enfanz mourut; et, lui mort, si comme il venoit du sacre, le dit compte avoit .j. filz nommé Philippe de Vallois qui fu esleu roy par deffaut d'oir maalle[1]. Et son oncle, compte d'Allenchon, vout avoir la moitié du royaume; et en fu très grant debat entr'eulz; et puis la pais s'en fist. Ainsy demoura Philippe de Valloys, roy de France c'omcques puis bien n'y vint, ne ne fu gouverné comme devant, comme vous orrez ci après[2].

— Philippe, né en 1407 et mort le jour même de sa naissance; — six filles : Jeanne, née en 1388, morte en 1390; — Isabeau, née le 9 novembre 1389, mariée à Richard II, roi d'Angleterre, et, après la mort de celui-ci, à Charles d'Angoulême, depuis duc d'Orléans, morte le 13 septembre 1409; — Jeanne, née le 24 janvier 1390, mariée à Jean VI, duc de Bretagne, en 1396, morte le 27 septembre 1433; — Marie, née en 1393, religieuse à Poissy, morte en 1438; — Michelle, née en 1394, mariée à Philippe-le-Bon, duc de Bourgogne, morte en 1422; — Catherine, née le 27 octobre 1401, mariée, en 1420, au roi d'Angleterre Henri V, morte en 1438. (Anselme, *Histoire généalogique de la maison de France*, I, 111.

[1] Philippe VI, dit de Valois, qui régna de 1328 à 1350.
[2] Ce paragraphe sert de transition entre la première partie de la chronique de Pierre Cochon, partie qui n'est autre chose qu'un abrégé de la *Chronique de Rains*, et la seconde partie, dans laquelle nous hésitons à voir une œuvre originale de notre chroniqueur. Nous sommes porté à la considérer comme un emprunt fait à une chronique du quatorzième siècle, dont les manuscrits paraissent avoir été perdus, et dont l'auteur nous est inconnu.

Après¹ ce que les trois enfanz royalz de la lignie du bon roy saint Loys trespasserent en jane aage, et que le royaume demoura despoulié et nu de roy, filz de roy, et que la lignie failly, les barons du royaume eslurent Philippe, filz au compte de Vallois, à estre roy pour ce que c'estoit le plus prochain maalle de la roialté; et fu le commencement et le premier roy de la ligne de Vallois, et fu couronné à Rainz, l'an de grace mil .ccc. et xxvij. Et pour miex entendre ceste hystoire, le bon roy saint Loys trespassa l'an mil .cclxx. et regna roy .xliiij. anz; et après lui fu Philippe, son filz, qui trespassa en Arragon et ne regna que trois anz. Après lui fu Philippe le Bel qui regna .xxxix. anz, et fist faire, en son temps, le pallès de Paris² et mout d'autres beaulz lieus. Et estoit son mestre conseiller Monsʳ Enguerren de Marregny, chevalier, lequel fist faire l'eglise d'Escoyes³, et fonda les chaignouries, et d'autres maisons, comme le manoir de Maigneville⁴ et plusieurs autres, et fu tant envié qu'il en mourut. Et estoit son mestre conseiller .j. noble homme nommé sire Guille-

¹ L'*a* du mot *Après* est une majuscule ornée.
² Le Palais-de Justice.
³ « Fondation de l'église collégialle d'Escouis avec la traduction. » 1311. — Plaquette imprimée in-4°. — Lettres de Bernard de Fargis, archevêque de Rouen, par lesquelles il approuve la fondation de ladite collégiale par Enguerran de Marigny, chambellan du roi Philippe-le-Bel. — Archives de la Seine-Inférieure, G. 1782.
⁴ Mainneville, arrondissement des Andelys. « Mainneville fut le centre du vaste domaine que le célèbre Enguerran de Marigny s'était constitué dans le Vexin... Au commencement du xivᵉ siècle, il y avait à Mainneville un château-fort d'une certaine importance. » (*Mémoires et Notes de M. Aug. Le Prévost, pour servir à l'histoire du département de l'Eure*, t. II, deuxième partie, p. 361, 363.)

bert Poolin[1], lequel, se messire Enguerren l'eust creu, il n'en fust pas mort; car quant il estoit en prison à Paris, le dit Poolin lui dist : « Sire, n'atendés pas la fureur de vos ennemis. J'ay faist aprester à Harefleu une nef tout (sic) pour escliper en mer, et vous feroy livrer .ij. coursiers; et monterés sus, et vous en yrés à Harefleu, et partirez du royaume, tant que votre pais soit faite; car vous avez de bons amis en pluriex royaumez. » Et il respondi : « Jà Diex ne plaie que je m'en fuie; car il sembleroit que je fusse coupable. » Atant n'en voult rien faire : si lui en mesprit. Et adonc estoit son bon mestre trespassé le roy Philippe le Bel, qui trespassa l'an mil .ccc et xij.; et le dit messire Enguerren trespassa l'an .xv., trois anz après : dont ce fu trop grant dommage pour le royaume. Et dient aucunz c'omcques puis bien ne vint en France[2].

Et après la mort de l'archevesque de Roen, qui pour lors regnet, l'en fist son frere archevesque de Rouen; et l'apeloit l'en l'archevesque de Marregny; et fist mout de bien, ou temps de Philippe de Vallois[3], et trespassa à

---

[1] La famille Poolin était de Rouen. — En 1351, Laurent Poolin était employé au Clos des Galées, comme sergent d'armes du roi. (*Recherches sur l'ancien Clos des Galées de Rouen*, dans le *Précis de l'Académie de Rouen*, 1863-1864.) — Le 24 mars 1408, Pierre Poolin, fils et héritier de feu Jean Poolin, en son vivant demeurant en la paroisse Saint-Pierre-l'Honoré, vend à Adam Sanson, curé de Saint-Michel, une maison rue aux Juifs (*Cartul. de la Cathédrale* n° 8, f° viii$^{xx}$ vi$^{v°}$). Un Pierre Poolin fut lieutenant-général de Salvaing, bailli de Rouen, pendant l'occupation anglaise, aux années 1427-1430.

[2] Ce paragraphe, et celui qui précède, ont été publiés dans le xxiii° volume des *Historiens des Gaules*, p. 224, 225.

[3] Jean de Marigny succéda à Pierre Roger sur le siége de Rouen en 1347; il mourut le 26 ou 27 décembre 1351. C'est à lui que les arche-

.j. sien manoir jouxte Rouen nommé Deeville[1], et fu porté enterrer à Escoyes, l'an mil .ccc .l. Et donna en l'eglise de Rouen ches trois beaulz dras qui sont mis soubz le crucifis de la dite eglise le jour de la mi aost et de la Saint Pierre et Saint Pol[2]. Cy lairon à parler

vêques de Rouen devaient la terre de Corny, qu'il avait achetée, en 1350, pour 2,000 l. parisis, de Richart du Mesnil, huissier d'armes du roi (Archives de la Seine-Inférieure, G. 1028); des biens à Grandcourt et la plus grande portion de Harquenville. (D. Pommeraye, *Histoire des Archevesques de Rouen*, p. 512.)

[1] Déville, près Rouen, ancien manoir des archevêques de Rouen, complètement abandonné par eux à partir du xvie siècle, lorsque Georges d'Amboise eut fait construire le beau château de Gaillon.

[2] Les ornements donnés par Jean de Marigny a la cathédrale de Rouen sont ainsi décrits dans l'*Inventaire du Trésor de cette église*, dressé par le chapelain Digouville, en 1696 :

« Une chappe, une chasuble, tuniques, étoles, manipules et parements d'aubes, de velours rouge cramoisi, semé de roses en broderie d'or, et de certaines plotes chargées des armes de Marigny, la chasuble croisée devant et derrière de broderie d'or et soye par plusieurs compartiments, en chacun desquels est une petite figure de saint au naturel, et entre deux une forme de plote aux armes de Marigny ; les tuniques ornées d'un large galon en broderie d'or et soye, semblable à la croisure de la chappe ornée de plusieurs compartiments en broderie d'or et soye, en chacun desquels est représenté une histoire sainte, et ente (*sic*) iceux sont semez des séraphins et armes sur des manières de plotes ; l'orfraye brodé d'or et soye par plusieurs compartiments, en chacun desquels est une figure de saint à demy corps, et entre deux une petite tête de saint, et au chapperon est une figure d'évêque. Cet ornement sert aux fêtes doubles (*in populo*) et le jeudi de la semaine de la Pentecôte.

« Une chappe, une chasuble et deux tuniques d'étoffe à fond de soye rouge et grands fleurons d'or, la chasuble bandée et croisée d'une broderie d'or en soye par plusieurs compartiments, en chacun desquels est une figure de saint au naturel. Les tuniques ornées d'une broderie d'or et soye de largeur d'un galon, sur lequel sont plusieurs petites figures de saint et écussons d'armes ; les orfrayes de la chappe semblables à la croisure de la chasuble ; au chapperon d'icelle sont deux figures d'anges soutenant un écusson d'armes. Cet ornement sert le mercredy de la Pentecôte et la chappe aux OO de Noël. »

de ceste matere, et revendron à parler du roy Philippe de Vallois.

Le roy Philippe de Vallois qui regna noblement comme roys, et fu en Flandrez, et desconfist les Flamens au Val de Cassel[1] à la St-Berthelemi en l'an mil .CCC XXVIII.; et en mourut .IX$^m$ et v.$^c$ en la place.

Et li vinst faire hommage le roy Edouart d'Engleterre, à Amienz, de la terre de Guines qu'i tenoit du roy de France. Et lui, retourné en Engleterre, s'avisa qu'il avoit espousée la fille de France, à qui le royaume devoit escheoir, s'elle eust estée maale, et en escript au pape Innocent (à) Avignon que Philippe de Vallois li occupoit et tenoit l'eritage de sa fame sanz cause[2], non obstant ordenanches faites ou royaume de France que le royaume ne peust eschoir à fame, en laquelle ordenance il ne se voulloit consentir. Adonc envoia le pape .ij. legas cardinalz à .ij. roys; et ne les purent mettre à accort. Et après toutes ches choses ainsi demenées, le roy Edouart d'Engleterre manda au roy Philippe qu'i lui rendist les terres qu'i pourseoit, qui estoient soues, ou aultrement il les pourchasseroit au plus tost qu'il pourroit, et qu'i le deffioit, et se gardast de lui et de sa forche. Et fu en l'an .CCC.XXXVJ. Et le roy de France lui mandoit qu'i se garderoit le mieux qu'il porroit.

Atant asembla le roy ses barons et ses chevaliers

---

[1] La bataille de Mont-Cassel fut gagnée par les Français, le 29 mai 1338. — Le roi de France reçut l'hommage d'Edouard III dans l'église d'Amiens, le 6 juin 1329.

[2] Edouard III prétendait à la couronne de France par sa mère Isabelle, fille de Philippe-le-Bel. — Philippe de Valois était fils de Charles de Valois, frère de Philippe-le-Bel.

et son conseil; et fu tout asemblé à Vernon en Normendie; et là chascun pais donnèrent le melieur conseil qu'il purent à leur avis. Et quant vint as Normans, les barons de Normandie furent asemblés et firent leur collation qu'i respondroient; et en fu le sire de Harecourt carchié de la response; car adonc n'avoit point de compte à Harecourt ne à Tancarville [1], lesquielz furent fais comptes l'an mil .ccc xxxix. Là fu le sire de Harecourt à Vernon, ou leu ordené, devant le roy et tous ses barons, et dist : « Sires, les barons de Normandie, comme au plus petit et non sachant, m'ont chargié de dire leur volenté; et ce que je diray, c'est par eulz et par leur accort. Très souverain sires, votres anceseurs le roy saint Loys et Philippe le Beaulz et autres nous ont tenus paisiblement en nos franchises de Normendye, et donné lettres pendantes et seelléez en las de soye et chire verte du grant seel roial de France que vechy. Plaise vous, de vostre begnigne grace, à nous reconfremer et renouveler et tenir paiseblement, en nos franchises et libertés et nouvelle chartre; et pour le seel nous vouz donrrons chent milles livres, et

---

[1] La baronnie de Harecourt fut érigée en comté par Philippe de Valois, en mars 1338, en faveur de Jean IV de Harcourt, vicomte de Châtellerault, seigneur de Brionne, d'Arschot, de Mézières, de Lillebonne et de Gravenchon. (Anselme, *Histoire généalogique*, V, 130.) — La baronnie de Tancarville fut érigée en comté par le roi Jean, le 4 février 1352, en faveur de Jean, vicomte de Melun, chambellan de France et de Normandie. (A. Deville, *Histoire du Château et des Sires de Tancarville*, p. 346.) — Jean IV de Harcourt, premier comte de Harcourt, capitaine à Rouen en 1345, prit part à la bataille de Mont-Cassel en 1326, fut tué à Crécy en 1346. (Anselme, *Histoire généalogique*, V, 130.)

oultre vous promettonz, sur tous nos biens meubles et heritages, que, se le roy Englois vient sur votre terre, car il ne peut descendre sur vous que ce ne soit par nos metes de Bretaigne, Normandie ou Picardie, que à nos propres cous nous le combratonz, et vous rendonz le roy Englois mort ou pris en vos prisons à Paris, ou nous y mourrons tous.[1] » Quant le roy Philippe oy cette response, de soy il fu tant joieux que ce fu une grant merveille, et dit : « En nom de moy ( que c'estoit son serement), ch'est très noble et gracieuse response. » Si fu tart et temps d'aler diner ; et l'endemain le roy asembla ses baronz d'autre paiz, et leur dist : « Beaulz seigneurs, vous avez oye la response des Normanz qui me semble belle et amoureuse. Que nomz conseillés-vous ? » Et les envieulz des Normanz, comme Bourguegnonz et autres, et, par especial, messire Philippe des Noiers[2] dist devant tous : « Sire, sires, or oystes hier le grant orgueul des Normans et leur grant oultre-

---

[1] Un traité en forme fut conclu entre Philippe de Valois et la noblesse normande. — Le roi promettait de maintenir la Normandie dans ses libertés, et la noblesse s'engageait à lui prêter secours contre les Anglais pour la conquête de l'Angleterre. L'acte fut souscrit, le 4 avril 1338, par Raoul, comte d'Eu, connétable de France ; Jean, comte de Harcourt ; Robert Bertrand, sire de Briquebec, maréchal de France ; Godefroy de Harcourt, Jean Malet de Graville, Robert d'Esneval, Fouquier Paynel, sire de Hambie ; Roger Bacon, sire du Molay ; Robert Bertrand, sire de Fauguernon; Pierre de Bailleul ; Jean Tesson, sire de la Roche ; Jean de Saint-Martin, Pierre de Préaux, chevaliers, bacheliers et compaignons. (A. Canel, *Recherches sur les anciens Etats de la Province de Normandie*, xiv<sup>e</sup> siècle, p. 4, 5, 9 )

[2] Vraisemblablement Miles seigneur de Noyers, maréchal de France. (Anselme, *Histoire généalogique*, VI, 148.)

cuidance de la responce qu'il vous donneront. Sire, avisés-vous que il sont vos hommes, et vous devetent feauté et hommage, et de ce tiennent leur terres de vous. Se vous leur donniés ceste ordenance et requeste, et il venoient à chief de leur entente, jamés à vous n'obéiroient pour la grant honneur qui leur seroit avenue. Mais vous ferés autrement : vous ferés vos semonces à certain leu, où vostre conseil ordenera, et apelerés les Normans avec vous comme vos subgés ; et, se le roy Englois passe mer, et viengne en votre terre, vous irés à l'encontre le plus efforchiement que vous pourrés, et là verrés lesquiex vous seront amis ou ennemis ; car vous pourrés miex soustenir le fais atout vostre forche et les Normanz avec vous, que eulz tous seulz. Et si en arès l'onnour, et non pas les Normanz. » Dont il s'en est puis ensuis mout de maulz et dommages, comme vous orrés ci après.

Et quant Godefroy de Harecourt, frere puisné du dit sire de Harecourt [1], ont oye la responce du roy et de ses baronz, fut tant courché, et dit que, quil le voul-

---

[1] Godefroi de Harcourt, troisième fils de Jean III de Harcourt, seigneur de Saint-Sauveur-le-Vicomte et maréchal de l'armée d'Angleterre, trahit la France, accompagna, et guida vraisemblablement les Anglais dans leur funeste expédition de la Basse-Normandie à Calais, servit le roi Edouard à Crécy, où son frère Jean, comte de Harcourt, fut tué, se réconcilia avec le roi, s'unit de nouveau avec les ennemis de la France et mourut au mois de novembre 1356. (Anselme, *Histoire généalogique*, V, 130.) — Voir l'*Histoire du Château et des Sires de Saint-Sauveur-le-Vicomte*, de M. Léopold Delisle. — Le savant éditeur a publié, dans cet important ouvrage, tous les passages de la chronique de Pierre Cochon relatifs à Godefroi de Harcourt et à son neveu, qui fut décapité à Rouen, par ordre du roi Jean, en 1356.

droit veoir, il seroient tenus en leur franchises¹, où omcques si grant dommage ne vint ou royaume de France, etc. La parole fut rapportée, etc. Et fu envoié querre etc. et ne fu point trouvé etc. et n'y fu etc. Si s'alia au roy Englois, comme après orrèz etc. ²

Chy lairon à parler de ceste matere, et parleronz du roy qui fu marié à la royne de Bourgongne.

Le roy Philippe fu marié à la fille au duc de Bourgongne³; et estoit Blanche, et fu la plus malvesse qui omcques p... de c.. sur terre. Et par especial elle heoit Normanz et villains sur toutes choses, et disoit que .j. vil-

---

¹ « Lors de sa première révolte, en 1344, Godefroi de Harcourt avait gagné à sa cause les chefs de plusieurs des premières familles de la Basse-Normandie. Il les avait sans doute entraînés en faisant briller à leurs yeux l'espoir d'affermir les libertés de la province, menacées par les progrès de l'autorité royale. Car, suivant Froissard, il disait que tout ce qu'il avait fait *estoit pour garder et tenir en droit et soustenir les coustumes et libertés normandes.* » (M. Léopold Delisle, *Histoire du Château et des Sires de Saint-Sauveur-le-Vicomte.*)

² Les *etc.* de ce paragraphe sont une des raisons qui me font croire que cette partie de la chronique de Cochon n'est point originale.

³ Le mot Blanche a été substitué à un autre, injurieux et grossier. Jeanne de Bourgogne, troisième fille de Robert II du nom, duc de Bourgogne, et d'Agnès de France, mariée en juillet 1313, décédée à Paris le 12 septembre 1348, deux ans à peu près avant son mari. Cette reine n'est guère plus favorablement appréciée par l'auteur, inconnu, mais bien certainement normand, de la *Chronique des quatre premiers Valois*, éditée par notre savant confrère M. Siméon Luce. Le chroniqueur, p. 17, attribue aux conseils de la reine l'abandon de Calais : « Mais la male royne boiteuse Jehenne de Bourgoingne, sa femme, qui estoit comme roi et faisoit destruire ceulx qui contre son plaisir aloient, ou du moins elle les exilloit ou leur toulloit le leur, iceste royne manda aux grans barons qui estoient avec le roy que, comment qu'il fust, qu'ils ne souffrissent que le roy, son seineur, se combatist. »

lain, marchant ou bourgois ne devoit avoir que .v. sols et un asne et estre vestu de toille. Et, par sa grant malvestié, elle cuida faire mourir un des melieurs chevaliers de Normendie et des plus pieulz nommé messire Robert Bertran[1] et l'apeloit l'en le *Chevalier au vert leon*; et desconfist le roi d'Arragon en son pais, et estoit .j. des chevaliers du royaume que le roy amoit miex : dont la royne esraget de deul pour ce qu'il estoit Normant. Et tant estoit fort que nul ne l'osoit attendre, de couf de lanche ne autrement qu'il ne meist tout par terre. Une fois s'avisa la royne comme elle (le) feist mourir. Si avint que le *Chevalier o vert leon* vint à Paris; et la royne le sut : si fist escripre une lettre de par le roy adrechantes au prevost de Paris, lequel estoit compere[2] audit chevalier, comme, tantost et sur heure, sanz point de demeure, et non obstant lettres ou mandemens au contraire, qu'il feist mener son traistre et pris prouvé Mesire Robert Bertran, sous paine de la hart, au gibet de Montfauscon, et qu'il le feist pendre par le col. Et estoient ces lettres escriptes et toutes prestes en son ensauf. Quant elle fut couchie avec le roy, si li feist très grande chiere tant qu'il ut sa compaignie; et puis s'endormi; et quant elle sut qu'il estoit endormi et qu'i dormoit fort, elle ala

---

[1] Robert Bertrand, seigneur de Briquebec et de Roncheville, maréchal de France. (Anselme, *Histoire généalogique*, V, 130.) Les démêlés de ce seigneur avec Godefroi de Harcourt furent la source des plus grands malheurs pour la France. (M. Léopold Delisle, *Histoire du Château et des Sires de Saint-Sauveur-le-Vicomte*, p. 51 et suivantes.)

[2] La qualité de compère créait alors des liens d'amitié fort étroits et même une véritable parenté spirituelle, qui produisait, pour les mariages, les mêmes effets que la parenté naturelle.

à sa bourse où son signet estoit, et seella la lettre du signet de segré du roy, et se leva au matin ains que le roy, et envoia par ses privés les dites lettres au prevost de Paris contenant les choses dessus dictes. Et quant il les vit, si fu tant courché qu'il ne put plus, et s'en ala au logeis dudit *Chevalier au vert leon*, et le trouva en sa chambre où il se levoit; et salua son compere le prevost de Paris, et lui dist qu'il fust le bienvenu. Et le prevost commencha à plorer, et dist au chevalier : « Chier compere, je vous apporte trop dures nouvelles », et lui bailla les lettres du roy que la malvese avoit envoiéez. Et quant il vit ce, si fu si esbahi que à merveilles, quant il vit le contenu des lettres où sa mort estoit, et dit au prevost son compere : « Chy n'a point de remede, se n'est de par vous : car omcques ne filz traison par devers le roy dont je deusse mort rechevoir. Et, s'i vous plaisoit que je parlasse au roy, enchiés que je recheusse mort, pour moy excuser, vous me feriés très grant courtoisie. » Et le prevost, qui l'aimoit en bonne foy, lui dit : « Se je devoie rechevoir mort avec vous, si vous meneray-je au roy. » Ainsi se departirent, et alerent o roy où il estoit; et, quant le roy lez vit, qui de che ne savoit rien, leur fist très grant feste, et leur dit : « Quil vous mene? vous me semblés tous effréés? » Adont baillerent ses lettres signées de signet de segré. Quant le roy vit ce, si voult savoir dont ce venoit, et se doubta qu'i ne venist de par sa fame. Si la fist mettre en une cellée chambre; et par forche elle congnut toute la malvestié; et la baty le roy tant de torches que à poy qu'il ne la tua. Et, par ce, convenout que omcques puis ne porta son signet qu'i ne fu fremé à deux peres de clés, ne lui ne les roys qui depuis ont esté en France, et sont encore de present. Atant s'en revint le chevalier franc et delivre. Et lairon à parler de ceste mauvestié, et parleron d'une autre qu'elle fist.

O temps du roy Jehan, filz du roy Philippe de Vallois et d'elle, l'archevesque de Marregny[1] fu devant Bordiax lonc temps, et il tint siége. Si s'en revinst sanz rien faire ; et quant il fu revenu, la royne lui fist feste de bras, comme chelle qui le heoit à mort, et lui dist : « Beau pere[2], vous avés souffrert beaucoup de mal, de mesesez et malz nuis pour le bien du royaume : vous saiés le très bien venus, que nous et nos dames vous aiseronz au miex que nous pourronz, car vous l'avés mout très bien deservi ; et vous feronz demain baignier et estuver, car vous en avés bien mestier. » Et il, au plus qu'il put, le refusa, et l'enconvenancha à la royne. Et lui, courché de ce et qu'il ne s'en povoit excu-

[1] Par suite d'un abus assez commun au moyen-âge, le caractère ecclésiastique dont il était revêtu n'empêchait pas Jean de Marigny de se livrer à la profession des armes. A propos du voyage que ce prélat avait fait en Terre-Sainte, en vue d'une nouvelle croisade, D. Pommeraye (*Histoire des archevesques de Rouen*, p. 510) s'exprime ainsi sur son compte : « Il y a beaucoup d'apparence que cet evesque (il était alors évêque de Beauvais) apprit le mestier de la guerre en cette expédition, car nous lisons que, dans ces longues et fascheuses guerres que le roy de France eut avec les Anglois, Jean de Marigny y parut dans la fonction non pas d'un evesque, mais d'un vaillant et généreux capitaine, et ce l'an 1342. Il est bien vray que cette humeur martiale n'empescha pas qu'il ne s'appliquast en temps de paix aux actions de piété dont il a laissé à la postérité plusieurs témoignages. »

[2] *Beau pere*, nom que l'on donnait assez ordinairement à son confesseur.

ser, si le dit au duc, filz de la royne. Si li dist : « Beau pere, je me baigneroy avec vous. » Si le dit à sa mere : « Vous ferés faire .ij. baingz, un pour nous, et l'autre pour l'archevesque » : dont la royne fu toute courchée, et s'en fust volentiers excusée, s'elle eust peu. Ainsi fu fait, et les baingz aprestés. Si dist le duc à l'archevesque : « Beau pere, vous entrerez au mien; et je entreray au votre. » Quant la royne oy ce, si fu toute courchie, et dit à son filz qu'i n'i entreroit point, et out peur de la mort de son filz. Si s'aperchurent tous qu'il i avoit aucune malvestié. Si prist le duc un chien, et le geta dedenz le beng à l'archevesque : le chien sailly hors, et mourut devant tous. Le roy le sut, et se courcha; et fu enfremée et batue de torches comme devant.

Atant lairon à parler de ses malvestiez, et parleron d'autre matere.

Le roy Philippe fu .j. très bon chevalier, et oult de royne B... [1] .j. filz nommé Jehan [2], et une fille mariée au roy de Navarre [3] : dont il avint tant de mal ou royaume de France qu'il n'est nul qui le peut reparer, comme vous orrés cy après. Et out la dite fille en assiete de terre, pour son mariage, la plus noble partie de Normandie, c'est assavoir : la compté d'Evreuez, la compté de Monfort et les chastiax de Normandie : le Ponteaudemer, Cherembourt, Conches, Breteul, Bernay avec grant quantité d'autres forteschez en Nor-

---

[1] Le mot a été effacé comme injurieux; on n'en a laissé subsister que la première lettre B.
[2] Jean-le-Bon, qui succéda à son père sur le trône de France.
[3] Charles de Navarre, dit le Mauvais.

mandie, et en Caux, la compté de Longueville; et out
par compte .xxv. villes ferméez; et à chascune ville
.j. chastel, et avec che sanz villes .xxv. castiax. Si trespassa la royne ...¹ euse, mere d'icelle fille. Si voult l'en
marier le duc de Normandie nommé Jehan, filz du
roy Philippe et frere d'icelle, à la seur au roy de Navarre nommée Blance. Si fu envoié querre; et quant
le roy Philippe, pere du duc, la vit si belle (car c'estoit la plus belle dame que l'en seust trouver en nulle
terre) si fist tant qu'il l'espousa², et en ut .j. filz qui
guairez ne vesqui.

Or parleron du roy Philippe qui fu deffié du roy
Edouart d'Engleterre l'an mil .ccc. et .xxxvj. Et chascun d'iceulz velierent sur leur garde, et faisoit chascun
le miex qu'i povoit et leur aprestez, le roy Philippe
d'aller en Engleterre, et le roy Edouart à venir en
France. Et fist le roy Philippe asembler tout le navire
de France à l'Escluse et faire garnir de ce que mestier y failloit. Et y avoit de toutes les villes et chités du
royaume certaine nombre de hommes armés as despens des villez ou chités, selonc la possibilité des villes.
Et assembla le roy Philippe tant de peuple qu'omcques
en France si grande ne fu. Et estoit .j. chevalier
nommé Buchet, admiral, .j. des petis hommes de France
de corpulence; més estoit .j. des plus hardiz et de grant
entrepise. Et sachiés que les Englois, qui savoient bien

---

¹ Le mot a été effacé comme injurieux; on n'en voit que la fin
*euse;* peut-être *Boiteuse.*

² Philippe de Valois épousa, en secondes noces, en 1349, Blanche
de Navarre, seconde fille de Philippe III, roi de Navarre.

l'asemblée de France, restoient fournis de vessiax et de genz d'armes, et si savoient l'estat de la mer et comme l'en s'i devoit gouverner miex que nos gens ne savoient. Si monterent nos genz sur mer, et trouverent les Englois. Si aprocherent, et se meslerent ensemble; et là fu la plus forte desconfiture que omcques fust en mer puiz .c. anz au dedevant. Et furent les Franchois desconfiz, mors et getés en la mer; ce qui se put sauver se sauvast; et y fu Buchet, admiral, pris et mené prisonnier en Engleterre; et en fist l'en une canchon que les pastouriax de Normandie chantoient, qu'il avoit feru le roi d'Engleterre devant toutes ses gens, et là fu tué. Et fu ceste bataille l'an mil .ccc. xxxix., et encore est apellée la baitalle de *Buchet de l'Escluse*[1].

Après la desconfiture de la grant bataille de l'Escluse, fu le roy Philippe bien courouchié et apourié de la grant mise qu'il avoit soustenue pour le fait d'icellee (sic) asemblée, qui avoit cousté grant partie de la finance du royaume, avec la perte de ses gens et de son navire, et (ne savoit?) comme il se porroit recouvrer : car le royaume au dedevant avoit esté gouverné bien et douchement sanz aucunez aides, fors comme devant dist est. Et estoit bon prodomme; et estoit pour lors bon temps; et estoient les nobles dou royaume prudehommes, et poieaient bien, et tenoient convenant : car, se aucun

---

[1] A l'Ecluse, la flotte française, de six-vingts gros vaisseaux montés par 40,000 hommes, fut battue par la flotte d'Angleterre. — M. Traullé, d'Abbeville, a publié, dans l'*Abrégé des Annales du commerce de mer d'Abbeville*, le *Compte de François de Lospital, à cause de la grande armée desconfite devant l'Ecluse.*

chevalier ou aucun escuier, en ce temps, vous deust argent, et vous promeist, en foy de gentillesse, que vous serés poié à tel terme, il ne vous fausist point que vous ne fussiés poié. Et Diex soit come il en est à present! Si falult au roy argent pour soustenir sa guerre contre Edouart, roy d'Engleterre, qui avoit eu celle grant desconfiture sur les gens de France. Si adviserent les mestres des monnoyes que l'en pourroit bien avoir grant finance sur les monnoyes; et si ne seroit pas le peuple taillé: laquelle finance estoit contre la coustume de Normandie. Et ainsi fu fait; et en fist le peuple un petit dittié disans ainsi :

> L'an mil .ccc xl .iij.,
> Fist Philippe de Valloys
> .xv. deniers venir à trois.

Car il n'estoit homme vivant en ce temps qui tel mutation eust veue; et couroit bonne monnoye au devant c'est assavoir : bonz escuz de Philippe pour .xx. sous, bons gros tournois de Philippe de fin argent, du pois de deux estelinz et demi, et belles pieches d'argent nommés parisis d'argent pesant un gros et demi.

Et, après ce, le roy Edouart, qui avoit eu celle belle avanture en son commenchement, dist qu'il ne s'en tendroit pas à tant; ne dormy pas, mès vella en ses besongnes, et fist une grant armée en son pais. Et avec lui estoit messire Godeffroy de Harecourt, oncle de celui qui fu decollé, comme vous orrés chi après, lequel Godeffroy estoit bany dou royaume de France pour aucunnez malefices que l'en lui metoit sus qu'il avoit faites. Si monterent en mer, et deschendirent en Normendie bien à descouvert, que nul ne s'en doubtoit. Et chevaucherent, et prenoient preez, et ardoient maisonz. Tant chevaucherent qu'il vindrent à Caen, et ardirent dez fausbours, et pristrent la ville, et la pillerent[1]. Et quant il urent là esté tant comme il leur plut, et enporté ce que bon leur sembloit avec leurs prisonniers, si lessierent la ville, et chevaucherent oultre tant qu'il furent entre Mouliniax[2] et Rouen en Normendie. Et Godeffroy, lui .x.e, chevaucha oultre vers Rouan pour savoir de l'estat de la ville, et s'il encontrerent (sic) aucun qui li deist. Si s'en vint oultre la forest[3], et passa par devant un hostel apellé la *Salle as Puchellez*[4], et ne trouva que une folle fame qui estoit au bout du bois vers Rouen à demander l'omosne à cheus qui passoient le chemin. Et Godeffroy s'aresta à elle, et li demanda des nouvelles et où le roy estoit : elle lui dist que le roy Philippe et toute sa forche estoient ou chastel et en la ville, et que l'en abastoit .ij. arches du pont de Rouen[5]

[1] La ville de Caen fut prise en juillet 1346.
[2] Moulineaux, commune aujourd'hui réunie à celle du Grand-Couronne, chef lieu de canton de l'arr. de Rouen.
[3] La forêt de Moulineaux.
[4] Léproserie située sur la paroisse du Petit-Quevilly, fondée par Henri II, roi d'Angleterre, en 1183, incorporée, par Charles V, à l'Hôtel-Dieu de Rouen, en 1366. L'ancienne chapelle subsiste encore.
[5] « Le comte de Harcourt, frère du traître Geoffroy, et Louis de Thouars, comte de Dreux, étaient spécialement chargés de la défense de notre ville. Ils firent couper le pont de Mathilde, et attendirent l'Anglais avec une énergique résolution.... Au mois d'août, la flamme des incendies annonça l'approche des Anglais; ils brûlèrent plusieurs maisons près du monastère de Notre-Dame-du-Pré. » (M. Chéruel, *Histoire de la Commune de Rouen*, II, 19.)

pour che qu'il avoient seu la venue du roy Edouart, et qu'il avoit pilié Caen, et ut très grant effroy à Rouen. Atant se departi Godeffroy de la bonne fame, et retourna au roy Anglois, et lui dist: « N'alons plus avant : car le roy Philippe et toute sa poissance est en la ville; et poez la commune oir qui sonne; et la ville est toute effrée. Si les congnois bien, que, se vous i entrés, jamés n'en eschaperés : car il ne vous prendront point à renchon, fors tout à l'espée. » Le roy Englois le crut, et chevaucherent amont Normandie, et vindrent à Poissi, et le pristrent par forche, et passerent le pont, et furent en France, et chevaucherent le pays, et pristrent mout de proiez, et destruirent, et ardirent mout de pais. Et s'en aloient droit à Boullongne; et le roy Philippe, qui estoit à Rouen, fist sa semonce tant de gens comme il put asembler, et fist crier son arrieban. Et estoient plus, sanz nombre, que les Englois; mais n'avoient pas tant hanté les armez, ne si bons guerriés pour lors comme les Engloys. Et tant chevaucherent les Franchois qu'ils parsuirent les Engloys à Cressi, et là s'ordenerent, l'un d'un costé et l'autre d'autre. Si asemblerent ensemble; et la bataille (fu) si grande et si forte qui il y out mout perdu d'un costé et d'autre; et dura un jour et une nuit; et fist le roy Englois emplir un moulin, qui estoit de pierre, de bosc, et y fist bouter le feu; et esclara as Englois toute nuit. Et le roy Philippe vit qu'il avoit le pis de la bataille, et se retray lui et de ses gens le plus qu'il put. Et toutes voies le roy Englois gaigna la bataille; et fu apellé *la grant bataille de Cressy*, et encore est; et fu l'an mil .CCC.XLVj.

Et, quant le roy Englois out gaignié, si dist à ses gens : « Or est-il temps de faire autre chose : car, la merchi de Dieu ! il nous est bien priz de nos besongnes; et aprez ce aronz miex : car Dieu est avec nous, avec le bon droit que nous avonz. » Si s'avisa le roy Englois, et dit à son conseil : « Il a cy près une bonne ville où il a .j. des bonz pors de France et près de nous, nommée Kallés. Qui la pourroit avoir, nous serions en France et en Engleterre toutes fois que nous voudrionz, sanz rien perdre. Si seroit bon que nous y feisson siege par mer et par terre, veu que les Franchois sont tous esbahis de leur desconfiture. »

Cy lairon à parler du siege de Kallés, et parleron d'autre matere afin que nous ne passon chose qui ne fache à estre mis en escript.

Quant le roy Englois out priz Caen et chevauché Normandie, et s'en ala à Cressi où les Franchois furent desconfilz, il n'avoit à Paris point de closture de fossés, de murs ne de portes, et y povoit l'en entrer et yssir à toutes hores, tant par jour que par nuit. Autant à Rouen en Normandie[1], et autant en pluriex villes de

---

[1] Il y avait, à cette époque, peu de villes fermées en Normandie. Aussi Godefroy de Harcourt, en insistant auprès du roi Edouard pour qu'il opérât une descente en Basse-Normandie, lui disait-il pour l'y décider : « Sire, le pays de Normandie est l'un des plus gras du monde. Vous n'y verrez personne qui ose vous résister; il n'y a que des gens qui n'ont jamais été armés... Vous trouverez en Normandie de grosses villes et des bourgades non fermées, où vos gens auront si grand profit qu'ils s'en ressentiront dans plus de vingt ans. » Citation, d'après Froissart, dans l'*Histoire du Château et des Sires de Saint-Sau-*

France et de Normandie comme Saint Denis en France, Pontoize et autres pluriex villes. Et fist l'en à Rouen, o dehors de la ville et du chastel, ou camp du Pardon, grant quantité de fossés plus d'un millier et semeez de cauques trespes, afin que gens d'armes n'y peussent chevaucher. Et furent les fossés d'entour la ville commenchés à Paris et alleurs. Et furent closes en mainz d'un an de fossés et de pallis de bosc. Et fu toute la belle quesnée du bosc de Bihorel jouxte Rouen[1] toute abatue pour faire des hez à faire les pallis entour la chité de Rouen. Et fu cette closture commenchée l'an mil .ccc.xLvj. Cy lairon à parler de ceste closture de fossés et de pallis, et parleron de l'autre closture de portez et de murs de pierres en son lieu, et revendron à parler du siege de Kallés.

Le roy Edouart d'Engleterre fist ses aprestres bien grandement et sagement, et se garni de ce que mestier lui estoit, tant de garnisonz de gens d'armes, et vint devant Kallés, et leur dist qu'il rendissent la ville et qu'i tenissent de lui, et il leur seroit gracieux. Et il respondirent qu'il estoient bonz Franchois, et qu'il avoient bon seigneur, qui bien les garderoit contre lui et contre tous autres. Quant le roy Englois out oy la response de cheux de Kallés, il jura là le siege, et fist siege par

*veur-le-Vicomte*, de M. Léopold Delisle, p. 63. — Les fortifications de Rouen furent commencées en 1346. (M. Chéruel, *Histoire de la Commune de Rouen*, II, 28.)

[1] Aux religieux de Saint-Ouen de Rouen. — Ce fut au manoir de Bihorel que mourut l'abbé Jean Marc-d'Argent, auquel on doit le commencement de la belle église de Saint-Ouen. (M. Chéruel, ouvrage précité, II, 128.)

mer et par terre ; et firent une ville close sur la terre afin qu'i ne leur peust venir ne secours ne vivres. Et fu le roy Englois devant, un an. Lesquiex escrivoient leur neccessité au roy de France; mais les messages ne lettres ne povoient venir jusques au roy, que en dix perez de lettres il n'en avoit pas unes. Et leur envoia de la vitalle ; maiz les Englois avoient tout. Et furent en tel estat qu'il mengierent leur chevaux, chiens, chas et ras. N'omcques povres gens n'urent tant de famine comme il urent. Et en la fin le roy de France, à grant forche, se loga devant Kallés pour les reconforter et pour lever le siege. Et quant chex de Kallés virent leur seigneur logié, il quiderent estre secourus : si faisoient si grant joye comme il povoient plus. Et soudainement il vint au roy une nouvelles, maldit soit par qui ce fu ! que tantost et hastivement du tout se desloga, et bouterent le feu en leur tentes, et s'en alerent, et lessierent cheus de Kallés. Et quant il vidrent ce, il ruerent les banieres Franchoises à terre, et leverent ensengnes noires, et parlementrerent au roy Englois d'eulz rendre. Et leur dist le roy Englois : « Quant je juray le siege, je vous promis que, se je vous prenois par forche, il n'en n'eschaperoit jà homme qu'il ne mourut ; mais pour ce que vous avés esté si bonz et si loyalz à votre droit seigneur, je vous en laroy aler vos vies sauves. » Ainsi fu Kallés livré à roy Edouart l'an de grace mil .CCC. XLvij.

« En icelui temps, à Noel l'an mil .CCC.XLviij. nasqui ou chiel une planete ou une comette (nomme la comme tu vouldras), qui estoit tant envelimée de malvez hayr : car une mortalité commencha, si grande par tout l'universel monde, qui dura .j. an tout complet. Et mourut bien, en icelui an, plus du tiers du monde[1]. Et distrent les clers astronomiens qu'elle durroit et resneroit plus de .L. ans. Si ne mentirent pas, si comme il a apparu après : car, en tout ce temps, ne fut-qu'elle ne courut en aucun pais, mais pas n'estoit universelle comme la premiere. En ce temps de la premiere mortalité, demourerent les biens de la terre, en l'aoust de cette année, as camps, que nul ne les receulloit ; et ne chailoit à nul des biens cotidienz. Et, quant il s'estoient compaigniés toute (*sic*) jour, au departir, s'entrecommandoient à Dieu ; et le matin, quant ils estoient levés, les uns estoient mors, les autres malades, et les autres encore en bon point. Et couroient boches sous l'esselle et ès ainnes. Et très ce qu'ilz sentoient ces boches, il mandoient le prestre, et s'orde-

---

[1] « Nunquam post diluvium visa fuit talis mortalitas universalis ; ab ultima septimana mensis augusti fuit numerus omnium gentium in villa Rothomagensi defunctorum amplius centum millibus usque ad nativitatem domini Christi, » dans le *Normanniæ nova Chronica*, publié par MM. Chéruel et Charma dans les *Mémoires de la Société des Antiquaires de Normandie*, XVIII, 33. — « Presque toute la terre fut désolée par la plus effroyable peste dont il soit fait mention dans l'histoire, et qui, après avoir emporté les deux tiers des hommes, imprima une telle malignité dans l'air et dans les autres éléments, que la vigueur et la force des hommes en fut affoiblie ; de sorte qu'on remarqua que les enfants qui nasquirent après la cessation de cette horrible épidémie avoient beaucoup moins de dents qu'avant. » (D. Pommeraye, *Histoire des Archevesques de Rouen*, p. 513.) — Consulter l'*Opuscule relatif à la peste de 1348, composé par un contemporain*, publié par M. Littré, dans la *Bibliothèque de l'Ecole des Chartes*, t. II (1840-1841), p. 201 et suivantes.

noient, et tantost estoient mors. Et adonc estoit Pierres Rogier, Limosin, pappe, nommé le pappe Clement V; lequel fu abbé à Fescamp, et après archevesque de Rouen, cardinal, et puis pappe[1], lequel donna, en ce temps d'icelle mortalité, plain pardon et absolution de paine et coulpe à tous ceulz et chelles qui trespasserent en icelle année, vrais confez et repentanz. Et fu si grande (la mortalité) que l'en fist, en plusieurs lieus, chimetieres noviax, pour ce que les viex ne pouvoient soustenir les corps morts, et par especial à Roen, en Normandie : à Saint-Vivien et à Saint-Maclou [2], qui

[1] Clément VI. — « La mémoire de Clément VI sera, à jamais, en vénération à l'Eglise de Rouen pour les bienfaits qu'elle a reçus de sa libéralité, notamment pour la fondation de ce collége des chapelains qui portent le nom de leur fondateur (le collége des Clémentins). » (D. Pommeraye, *Histoire de l'Eglise cathédrale de Rouen*, p. 549.) Le 20 janvier 1334, il avait fondé deux chapelains dans la chapelle de Notre-Dame, derrière le chœur. Devenu pape, il fonda le collége des Clémentins, par bulle datée du 8 des calendes de juin, an VIII de son pontificat : « *In ecclesia Rothomagensi que, dispositione divina, habuit nos in sponsum, et nunc in patrem et dominum recognoscit.* » (*Archives de la Seine-Inférieure*, F. du chapitre de Rouen, bulle originale.) Les mêmes termes se retrouvent dans une autre bulle du même pape, par laquelle il accorde des indulgences à ceux qui aideront, par leurs aumônes, à la réparation de l'église de Rouen. (Avignon, 4 des nones de janvier, an 1er du pontificat.) (*Ibid.*, *Cartulaire de Notre-Dame*, n° 8, f° vii$^{xx}$ vij.) Dans la bulle d'approbation de la fondation l'*Inviolata* à chanter tous les samedis (fondation faite par le chanoine Thomas Le Tourneur), Clément VI parle en ces termes de son ancienne église de Rouen : *Velut lucerna posita supra montem, provinciam ipsam et civitatem Rothomagensem illuminat et illustrat.* (*Ibid.* f° vii$^{xx}$ viij v°.) Ailleurs, il l'appelle sa fille de prédilection : *Olim sponsam, nunc autem filiam predilectam benevolo favore prosequimur.* (*Ibid*, 1er plumitif du chapitre, f° 21.)

[2] Il est probable que le cimetière connu sous le nom d'Aître de Saint-Maclou est de cette époque. Nous voyons aussi qu'un nouveau cimetière fut disposé pour la paroisse de Saint-Martin-du-Pont.

bien (en) ont eu mestier, pour les mortalités qui, depuis celle grande, sont venues. Or demourerent les biens as camps et les blés à faire en icelle année, qu'il en vinst si chier temps que l'en faisoit moudre blé, seigle, pois, vesche, aveine, et orge à faire du pain; mais encore chascun n'en avoit pas son saol de ceulz qui estoient demourez. Et valloit la mine de blé .iiij. escuz de Philippe. Et, après ce, vint .j. nouvel monde qui deleisserent la gregnieur partie de la prodommie et des vesteurez anssiennes, et pristrent nouviax abiz comme souliers à bec de poulaines qui avoient un quartier de lonc, plusmes d'austruches et de fesant; et se mua bien le monde. Et fut ce chier temps l'an mil .ccc.xlix.

Or, lairon à parler de ceste matere, et parleron du bon roy Philippe de Vallois.

## CHAPITRE V.

SOMMAIRE. — Jean Ier succède à son père; — son antipathie pour les Normands. — Emeute à Rouen, à l'occasion de nouveaux impôts. — Faiblesse de la monnaie. — Intrigues de Charles-le-Mauvais, roi de Navarre. — Charles V créé duc de Normandie. — Arrestation du roi de Navarre et de ses partisans, au château de Rouen, pendant un banquet que le duc leur avait offert. — Supplice, au Champ-du-Pardon, de plusieurs seigneurs normands. — Défaite de Poitiers, où périt M. de Torcy. — Digressions sur le pontificat de Nicolas Roger, ancien archevêque de Rouen, pape sous le nom de Clément VI; — sur l'expédition de Charles d'Anjou en Italie.

### 1350-1357.

Le bon roy Philippe trespassa en aost l'an de grace mil .CCC.L.; et avoit .j. filz nommé Jehan, lequel fu couronné roy après la mort du roy Philippe. Et fu le plus mauvez et plus cruel qui omcques fust, et aussy estoit fils de la royne de Bourgongne qui omcques n'ama Normant. Non fist son filz le roy Jehan. Et, en son temps, commencherent les impositions que le peuple appeloit *gabelles*[1]. Et, quant il vindrent à Rouen, les

---

[1] Dès 1342, Philippe de Valois, pour subvenir aux frais de la guerre, avait établi des greniers ou *gabelles* de sel en plusieurs endroits du royaume. (*Ordonnances des rois de France*, II, 239.) La gabelle fut rétablie et généralisée, avec le consentement des Etats, par l'ordonnance du 28 décembre 1355. (*Ibid.*, III, 19.)

marcheans de Rouen, par maniere de commotion, geterent les buffés en quoy cette imposition estoit cueilie en Saine de dessus le pont de Saine [1]. Et de ce fait et rebellion, sire Symon de Buchy [2], premier president de Parlement, vint à Rouen, et fit commander, de par le roy, que nul n'yssist de sa maison jusques à tant que la justize le roy seroit faite, laquelle fu faite la vegille de Saint-Laurens en aost l'an mil .ccc.lj. Et en ut des drapiers de la dicte ville pendus au gibet par nombre .xxiij. Et, ou temps dudit roy Jehan, avec tous ses meschiés, couroit si fieble monnoye qu'i fu tel jour que un estelin d'argent valloit .xij. s. tournois. Et, pour ce que les nobles de Normandie se plegnoient que leur terres ne leur valloient riens, et qu'il n'avoient de quoy vivre, et aussi que c'estoit contre la coustume de Normandie, et [3], pour les apoier, l'on fesoit chair la monnoie .viij. jours devant la Saint-Michiel et autant au terme de Pasques : dont le menu commun estoit essillé ; et dura cest meschief .j. grant temps, tant que les nobles de Normandie s'en tenoient trop mal comptens, et s'en plegnoient au roy, et lui disoient qu'il ne les tenoit pas en leur franchises et libertés comme ses predecesseurs : de quoy le roy en avoit trop grant deul. Et, une fois ou .ij., s'en complegnoit à ses conseulz en disant :

[1] L'émeute de Rouen, du mois d'août 1351, eut pour cause la perception d'une aide accordée au roi par les Etats de Normandie réunis à Pont-Audemer, aide qui consistait en un droit fixe sur les ventes et achats. (M. Chéruel, *Histoire de Rouen pendant l'époque communale*, II, 160 et suiv.)

[2] Simon de Buci. Il avait été nommé commissaire royal pour la perception de l'impôt à Rouen. (*Ibid.*, p. 165.)

[3] *Et* paraît être de trop.

« Ne duderey-je point à ces Normans? » Et les haingneux des Normans distrent : « Sire, prenés .iiij. ou .v. des greigniex et plus notables, et leur faites trenchier le col, et jamais ne verrés Normant qui ose mot dire contre vous ne contre votre conseil » : dont ce lui fu très malvès conseil ; et qui l'eust conseillié qu'il eust tenu ses hommes de Normandie en leur pais, franchises et libertés, il l'eussent bien conseillié, que, pour telz conseulz, tout le royaume en a esté destruit, comme vous orrés après. Cy lairon à parler du roi Jehan, et parleron du pappe Clement[1].

En l'an de grace mil .ccc. et .L., (regnoit) Pierres Rogier, Limosin, lequel fut pappe, apellé le pappe Clement quint[2], lequel regarda que les Chrestiens ne vivoient maiz tant comme il souloient ; et, pour ce que, au devant, le grant pardon de Romme n'estoit que de .c. ans en .c. ans, si ordena que d'ores en avant le plain pardon[3] seroit de .L. anz en .L. anz. Et, au devant dudit pappe Clement, estoit pappe Benedic[4] qui fist les matinez du Saint-Esperit bien breves ; et se commenche (*sic*) par : *Nobis que sancti Spiritus*, etc. ; et les fist ledit pappe Benedic en l'an mil .ccc.xxxv. ; et, quant il fu trespassé, les cardinalz entrerent en conclave ou pallès, lequel n'estoit pas encore achevé, lesquiex ne se povoient accorder à avoir pappe ; et, en conclusion,

---

[1] Clément VI, docteur de Paris, avait été d'abord bénédictin ; il fut pape de 1342 à 1352.

[2] Il faut lire Clément VI.

[3] Le jubilé.

[4] Benoît XII, pape de 1334 à 1342.

mistrent l'eslection sur .ij. cardinalz dont l'un estoit Jacobin et l'autre Cordelier pour faire .j. d'eulz pappe. Si regarderent .j. chascun d'eulz, s'i faisoient l'un d'eulz pappe, la religion de celui qui seroit pappe seroit la plus essauchie, et, par envie de ce, eslurent le pappe Clement. Et estoient les deux cardinalz Normans et appellet l'en le Jacobin le cardinal Nicolle; et gist ou ceur des Jacobinz, à Rouen en Normandie, emprès le mestre autel, à main senestre, ou costé où l'en dit l'Euvangile; et encore pent son chappel rouge en leur ceur devant le mestre autel[1]. Et, quant le pappe Clement fut esleu pappe, si dit : « Or, a bien cy apparu l'euvre des Normanz qui m'ont esleu afin que l'une religion ne fust plus honorée que l'autre; mais, puisqu'ainssi est, et que Diex m'en a donné la grace, je y planteray un tel rosier des gens de notre nation ou pais de Limosin qu'il ne sera de chi à chent anz, que n'en n'y ait des rachines et des boutonz. » Et sy fist il, qu'il esparti tous de son pais en toute Chretianté où il avoit gros benefices, tant en cardinalz en l'aage de .xv. anz et .xx., archevesques, evesques, abbés, prieurs, dinetés, chagnouries en euglises catedrales, et aillieurs

[1] Nicolas de Fréauville, dont le cœur fut enterré en l'église des Jacobins de Rouen. « Au côté du grand autel. Icy est le cœur de Nicolas de Fréauville, religieux de céans, confesseur du roy Philippe-le-Bel, archevêque et cardinal sous le titre de Saint-Eusèbe, sous le pape Clement V. Ce cardinal mourut à Lyon, l'an 1323. Il est représenté en bosse, à genoux devant l'image de la Vierge. » (*Histoire de la ville de Rouen*, édit. de 1731, II, vi[e] partie.) — On conserve, aux archives de la Seine-Inférieure, dans le fonds des Jacobins, un acte de donation auquel est suspendu le sceau du cardinal Nicolas de Fréauville. Ce personnage tirait son nom de la seigneurie de Fréauville, en la vicomté de Neufchâtel.

où il avoit gros benefices, tant de cures que d'autres benefices, ainssi que toute Chretienté fu gouvernée, quant à l'église, de Limosins. Et quida bien avoir enrichy son pais, que les hommes il les envoia par toutes terres ; mais les terres demouroient à labourer par deffaute d'ommes, et n'eust eu que menger au pais, se leurs amis, qui estoient fort beneficiés en pluriex estranges pais, ne leur eussent envoié l'argent de leur benefices en partie. Et estoit ce dit pappe un des meilleurs clers de Chretienté ; et l'amoit le bon roy Philippe de Vallois très amoureusement ; et fonda en la chité de Rouen dont il fu archevesque un noble hostel en la paroisse Saint-Nicolas le Painteur et fu nommé l'*Ostel du Pappe,* et encore est [1] ; et y fonda .xij. chappelles [2], et donna grans rentes ; et doivent savoir (les chapellains) leur sautier par ceur et tout l'antifonier ; et sont tenus à faire tout le service du ceur, ainsi come il apert par leur fondation. Et vesqui son temps, et trespassa en l'an mil .ccc.Lj. [3] ; et après lui fu esleu Innocent. Cy lairon à parler de ceste matere, et retourneron à parler du roi Jehan de Valloiz.

Or retourneron à parler du roi Jehan devant dit, qui regna .xiiij. anz, et out .iiij. filz : l'ainsné nommé Char-

---

[1] Hôtel du Pape ou des Clémentins, aujourd'hui n° 32 de la rue Saint-Nicolas.

[2] Le collége des Clémentins se composait de seize clercs ou chapelains perpétuels, à savoir 12 prêtres, 2 diacres et 2 sous-diacres. — La bulle de fondation du collége des Clémentins a été publiée à la suite du *Liber de Officiis divinis,* de Jean d'Avranches, édit. de 1679, p. 432 et suivantes.

[3] Clément VI mourut le 6 décembre 1352.

les, lequel tinst le royaume après lui[1]; et le .ij.⁰ fu nommé Loys[2], lequel, après la mort du roi Jehan son pere, out tout le tresor de son pere, et disoit que le roy ne devoit trouver point de tresor, et qu'il avoit assés terre. Et gaga ledit Loys très grant quantité de gens d'armes pour aller comquester le royaume de Ytalie et (*sic*) qui lui appartenoit, et estoit il duc d'Anguou. Et parti de France atout celle grant finance d'or et d'argent, avec grant quantité de gens d'armez; et passerent Lombardie, et vindrent en Ytalie, et là trouverent bien à qui parler; et, avec grant quantité de gens d'armes, et (*sic*) estoit messire Pierre Creon de Bretaigne[3], qui lui fist très mauvese compaignie. Quant vit qu'il avoient trop à faire, lessa le duc d'Angou en fegnant de venir querre secours, que omcques puis n'y rala. Et out le duc tant à besongnier qu'il mourut par de là de fain et de mesaise lui et ses gens, fors chex qui se purent sauver et retourner en France; lequel duc out .ij. filz dont l'ainsné fu roy de Cecille et duc d'Angou, et l'autre fu prinche de Tharense en Provence[4]. Le tiers enfant du roy Jehan fu nommé Jehan, et fut duc de

---

[1] Charles V, né le 21 janvier 1337.

[2] Louis de France, né le 23 juillet 1339; obtint en apanage, en 1356, les comtés d'Anjou et du Maine; adopté pour fils par la reine Jeanne, se fit couronner roi de Naples et de Sicile à Avignon, par le pape Clément VII, le 30 mai 1382; mort au château de Beselia, près Bari en Pouille, le 20 septembre 1384.

[3] Pierre de Craon.

[4] Louis de France, duc d'Anjou, eut de son mariage avec Marie de Châtillon, dite de Blois, fille puinée de Charles de Blois, duc de Bretagne, deux fils : Louis II, roi de Naples, né en 1377, mort au château d'Angers, le 25 avril 1417 ; Charles d'Anjou, qui fut prince de Tarente, duc de Calabre et comte du Maine, mort à Angers, le 17 mai 1404.

Berry, et n'ut nul enfant de present, et vesqui son temps juques au .xvj.ᵉ jour de juillet mil .iiij.ᶜ .xvj.[1] Le quart fu nommé Philippe[2], et fu duc de Bourguongne et espousa la contesse de Flandrez ; et, après la mort de la contesse, fut conte de Flandres ; et out deux filz : l'ainsné fut compte d'Ennevers, et l'autre nommé Anthoyne Monsʳ ; et trespassa le dit duc en la fin d'avril l'an mil .iiijᶜ. et iiij.

Et parleron dudit roy Jehan, comme il gouverna son royaume, et estoit mal content des Normanz qui lui faisoient trop de paine, qu'i ne les tenoit en leur franchises comme ses predecesseurs roys. Si s'aviserent les Normans que le roi de Navarre avoit la greigneur partie de Normandie tant en bonnes villes, chastiax comme en grant revenue, et aussi que le dit roy de Navarre estoit de la ligne de France ; et si avoit espousé une des filles de France. Promist as Normans que, se ilz voulloient obeir à luy et qu'il fust duc, il s'obligeoit à les garder vers tous et contre tous, et à (les) tenir en leur franchises et libertés en la maniere que les tenoit le bon roy saint Loys. Des barons et chevaliers grant quantité de Normandie s'i accorderent, et

---

[1] Jean de France, duc de Berry et d'Auvergne, né le 30 novembre 1340, mort le 15 juin 1416.

[2] Philippe de France, dit le Hardi, duc de Bourgogne, né le 15 janvier 1341, mort le 24 avril 1404, eut, de son mariage avec Marguerite, comtesse de Flandres et d'Artois, Jean-sans-Peur, comte de Flandres, d'Artois et de Bourgogne, né le 28 mai 1371, tué en 1419, sur le pont de Montereau-Faut-Yonne ; Louis de Bourgogne, qui ne vécut que quelques mois ; Antoine de Bourgogne, duc de Brabant, né en 1384, tué à Azincourt, le 25 octobre 1415 ; Philippe de Bourgogne, comte de Nevers, tué à la même journée.

en firent lettrez pendantez où plusieurs de grans seigneurs y pendirent leurs seaulz ; et, ce fait, requistrent à Caen, Evreeux, Baieeus et autres citez qu'il y pendissent leur seaulz, lesquielz respondirent que, se Rouen y pendoit son seel, il y pendroient les leurs, autrement nom : car c'est la mestresse chité de Normandie. Si vindrent des chevaliers à Rouen en leur moustrant comme Normandie estoit tenue villement, etc.[1] Le maire et les bourgois, eulz avisés sur ce, (dirent) que, quant il plairoit au roy et à son noble conseil, il les tiendroit en leurs franchises et libertés, et qu'ilz n'y pendroient point leur seel. Ainsi faillerent as chitez : dont le roy de Navarre et les barons furent tous courchiés. Et estoit le roy tout courchié, qu'il savoit bien que il ymagineent comme il peussent estre tenus en leur franchises et libertés. Et vesqui le dit roy Jehan en cel estat, jusques en l'an de grace mil.ccc.lv.

Le roy Jehan avoit son filz ainsné, lequel estoit duc de Normandie[2], et lui dit : « Beau filz, voiés des Normanz, comme ils mettent paine que le roy de Navarre soit duc pour les tenir en leur libertés. Si sachiez qu'il faut remedier en l'encontre, ou aultrement nous serions destruiz et em peril de perdre terre. Vouz ferés vos aprestez, et vous en yrés à Rouen, et ferés savoir au roy de Navarre, au compte de Harecourt, au sire de Graville, au sire de Clere et à grant quantité d'autres

---

[1] Nouveau motif de penser que Pierre Cochon n'a fait que copier, en l'abrégeant, une chronique antérieure.

[2] Charles V, nommé duc de Normandie le 7 décembre 1355.

seigneurs de Normandie qu'il soient à vous à Rouen, à certaine journée; et, quant ils seront venus à vous, vous leur ferez très grant chiere et grant signe d'amour; et puis les semondrés à diner avec vous en votre chastel de Rouen; et y faictes le plus bel appareil que l'en pourray, et ne vous hastés pas de tost assaer à table; et, quant il seront tous assis et servis, si les tenés de parolles à table pour attendre ma venue. » Ainsi fu fait comme le roy Jehan commanda; et ad ce diner estoit Jehan Mustel[1], adonc maire de Rouen, et d'autres bourgois des plus notables, auquel maire l'en fist assavoir, de par le roy, sur paine de la hart, que en present il feist fremer tous les portes de la ville et apporter les clés en sa garde, et crier par la ville que nul n'yssist de la ville pour chose qu'il oist. Et, tout ce ainsi fait, le roi soudainement s'en vint de Gisors par cheminz estrangez, que nul ne peust aperchevoir sa venue, et s'en vint par Ni-de-quien jouxte les fossés de la ville par dehors, et en plain dyner entra ou chastel par la grosse tour, à grant quantité de gens d'armes, et lui aussi très fort armé; et .j. de ses sergens d'armes, le plus notable, monte tout devant amont les degrez de la grant salle où les seigneurs dygnoient et faisoient bonne chere. Ledit sergent du ploumel de sa mache frapa si grant coup contre le mantel de la porte de la dicte salle qu'i fist tout retentir, et cria en haut quan que il put : « Oés! Oés! De par le roy, que nul ne soit si hardi qui de la place se meuve sur paine de la hart. »

---

[1] Mustel, maire de Rouen, 1355-1356. (M. Chéruel, *Histoire de la commune de Rouen*, I, 372.)

Et, à che cry, le roy avec toutes ses gens entre em plaine salle, et là, tout droit, s'en ala au mestre doys, et par dessus la table prist le compte de Harecourt par son corsset de blanchet, en droit la poiterine, et lui deschira ledit corset en lui disant : « Or, te tien-ge, fauz traite. Aujourd'ui feray de toy faire justice, que saches que ta vie definera aujourd'ui. » Et puis fist prendre le roy de Navarre, le sire de Gueratville, avec grant quantité de grans seigneurs qui là estoient au diner et tous faire mestre en prison; et .j. des escuiers au roy de Navarre nommé Colinet Doublel prist bonne dague en bon poing, et assist sur le roy Jehan, et le cuida tuer; mais il estoit si fort armé qu'i ne lui put mal faire; et, pour ce, en rechut mort, si comme vous orrés. Ainsi fu la feste troublée, et non sanz cause; car aucune fois l'en s'effrée pour mains de chose. Et là avoit un des sers au conte de Harcourt, et yssi hors le plus tost qu'il put quant il apperchut les choses si malles; s'en ala à son hostelerie, et prist .j. cheval, et monta dessus en faisant semblant de le mener boire ; et s'en va au cay de la Bouylle, et entre lui et son cheval, monté dessus, en Saine, et passa oultre; car la porte du Bout-du-pont estoit fremée, elle et les autres jusques à tant que la justice du roy fu faite. Et, quant il fu passé, s'en ala à Notre-Dame du Pré où Godeffroy de Harecourt estoit logié, et li compta tout de point en point, et que tantost il se partist, et qu'il se doubtoit que l'en ne le venist tantost querre. Et si fist l'en ; mais il estoit adont bien eslongé. Et furent les messages tout esbahis comme il povoit avoir si tost seu les nouvelles, veu que les portes fremées estoient. Et ne vout omcques ledit Godreffroy aler au disner; mais dist à son oncle[1] conte de Harecourt que, s'i le creoit, il n'yroit point, et qu'il ne se boutast point en maison fremée; et il ne le crut pas : si fist que fol[2].

Quant tous lez prisonniers du disner furent tous pris et emprisonnés, le roy se bouta en une chambre lui et ses gens, et là se disnerent, que le roy estoit tout jeun. Cependant, l'en faisoit pourvoiance de charetes et de ce que mestier y faisoit; et, quant le roy out disné, le conte de Harecourt fu mis en une charreste en son corset de blanchet pourfendu à la poiterine, comme le roy lui avoit deschiré en le prenant; et en l'autre charreste estoit le sire de Grerastville, aussi tout seul. En la tierche estoit Malbué de Mainemarez[3], chevalier, et le dit Colinet Doublel; et yssirent par la grosse tour du chastel, et monterent contremont Bouvereul, et tournerent au bout de Bouvereul, au quemin qui aloit droit au gybet[4]; et, quant il furent ou milieu de la cavée, se retournerent à val, ou camp nommé le *Camp du pardon*[5], où l'en vent les grans chevax à la faire dudit *pardon*; et là furent les trois charteez. Et là vint le roy Jehan, Karlles son filz, le conte de Tancarville à grant

---

[1] Au-dessus du mot *oncle* on a ajouté, à une époque assez récente, le mot *neveu*.

[2] Cf. la *Chronique des quatre premiers Valois*, éditée par M. Siméon Luce, p. 35.

[3] Mainemares, quart de fief, sis en la paroisse de Sainte-Geneviève, arr. de Neufchâtel, relevant de la châtellenie de la Ferté.

[4] Le gibet était à Bihorel, au haut de la côte de Neufchâtel.

[5] Il existe encore à Rouen une rue dite du *Champ-du-Pardon*.

quantité de gens d'armes, et aussi le roy, très fort armé; et estoit à un get de caillou loing du compte de Harecourt et de ses compaignons pour les bien veoir en fache; et les gens d'armes arrengiés à destre et à senestre; et la rue bien large de trois lanches de lé; et le roy à .j. bout parmy; et dist le roy : « Faites delivrer ces traites. » L'en fist le conte deschendre de la charrete et prendre le tronc de bois qu'il avoient apporté en une des charretes. Quant le conte vit ce, et qu'il le convenoit mourir, si cryoit : « A! sire duc! et vous, jentil mareschal de Hostrehen[1]! Pour Dieu, que je parle au roy, et que je m'escuseray bien, et lui diray tel chose dont miex lui sera à luy et à son royalme. » Yceulz chevauchoient au roy, et disoient : « Sire, pour Diex, qu'i parle à vous ; et miex vous en sera. » Che fu pour neant, fors que le roy disoit que jamès à lui ne parleroit de plus près, mais « faictes delivrer ches traites. » Et pour faire bref, le tronc fu mis jus devant le conte, et fu agenoullié encontre, malgré lui, et le col dessus, les yeulz bendés; et le bourrel frappe sur le col de sa doleure : si sembla qu'il eust feru sur une potée du burre, tant estoit cras; et out six horionz enchiés que la teste peust chair à terre. Et, après ce fait, tous les trois autres furent tost delivrés; et dit le roy de sa bouche, si haut que tous le oirent : « Traynés les corps de ches traites au gybet. » Et si fist l'en. Et fu le .vj.ᵉ jour d'avril en ka-

[1] Arnoul, sire d'Audeneham en Boulonois, maréchal, porte-oriflamme de France, sous le roi Jean.

resme, l'an de grace mil ccc .lv.¹ Si prion Diex qu'il ait l'ame d'iceulz. *Amen.*

Après tout ce fait, se parti, et s'en revint à son chastel, et vit ses prisonniers. Et fu le roy de Navarre envoié au Goullet em prison en la tour, et très fort gardé; et aucunz demourerent au chastel; les autres orent congié. Et puis demanda que l'en avoit fait de Godeffroy de Harrecourt, et l'en lui respondi que l'en ne sut omcques si tost venir au Notre-Dame du Pré qu'i ne fu jà parti et bien eslongié. Et puis se rendi avec les Englois, comme autrefois avoit fait, et y mourut en bataille où les Franchois urent la seigneurie, car il ne se voult omcques rendre : car il savoit bien que, se il estoit pris vif, qu'il ne l'eschaperet pas qu'il mourut villainement; et, pour ce, ama miex à mourir en fait d'armez que aultrement, et mourut sur .j. grant femier de fienz². Et en icel assaut fu pris le capdal de Bus³, qui fu amené à Paris, et là mourut en prison; et fist icelle desconfiture Yves de Galles.

Or, parleron du roy Jehan qui omcques puis n'ut ne bien ne joye en son royalme, que tantost après les Englois se fournirent fort en Guyane, à Poitiers et ès par-

---

¹ Voy. les récits de ce fait dans Froissart, dans le continuateur de Guillaume de Nangis, dans Secousse (*Mémoires pour servir à l'histoire de Charles II, roi de Navarre*), dans M. Canel (*Lettres sur l'histoire de Normandie....* xiv<sup>e</sup> *siècle*, Pont-Audemer, 1835), dans M. Chéruel (*Histoire de la Commune de Rouen*).

¹ Mort en 1356, au passage des Veys en Basse-Normandie. (V. M. Léopold Delisle, *Histoire du Château et des Sires de Saint-Sauveur-le-Vicomte*, p. 94 et suiv.)

² Le captal de Fach, Jean de Grailly, fut fait prisonnier en 1372; il mourut en la prison du Temple, à Paris.

ties d'environ, et chevaucherent fort ès parties, et pristrent chastiax, villes et praye; et en estoit le prince de Gallez, filz Edouart roy d'Engleterre, gouverneeur. Quant le roy Jehan vit que les Englois essilloient ainsi son pais et sa terre, fist si grant armée de gens de tous pais, se parti, et s'en alla en personne deffendre sa terre, et avec lui ses trois filz, c'est assavoir : son filz ainsné Charles avec ses .ij. autres freres, le duc de Berry et Philippe, duc de Bourgongne[1]. Et furent tant de gens d'armez, arballestriés et archiés Franchois, Bourguegnons, Picars, Normanz et de toutes les partiez du royaume de France, tant, qu'il estoient plus la moitié que les Englois. Journée certaine fu de combatre, et plache prise. Et, quant le prince de Galles vit la grant forche et quantité de gens d'armes, out poor, et vout traitier de pais et d'accort, et offry au roy Jehan que la journée ne fust nulle, et il lui lesroient toute la ducée de Guyane franchement et quitte, et la tendroyent du roy de Franche. Et, quant le dit roy vit qu'il avoient paor, et qu'i voulloient traitier de pays, et aussi qu'i se veoit tant fort, et par son grant orgueil, et aussi qu'il estoit enflé de la mort du conte de Harecourt, respondi as Englois que nul accort il ne feroit, et qu'il veoit ses anemis devant soy, et tous les aroit, et la terre, malgré eulz, enchiés qu'il fust nuit : dont il fist que fol. Et, quant les Englois virent qu'il ne povoient fire sans combatre, se mistrent en ordenance, et se confesserent, et se escomincherent à genous de l'erbe qui croisset

---

[1] Jean de France, duc de Berry et d'Auvergne, comte de Poitiers; — Philippe-le-Hardi, chef des derniers ducs de Bourgogne.

sus terre, en eulz commandans à Dieu comme cuidanz estre tours *(sic)* mors et destruis en ycelle journée. Après ce et en celle maniere, se vont joindre as Franchois, et les Franchois à eulz, tant qu'il orent du pis; et dist l'en à Charles, ainsné filz du roy de Franche, qu'il se partist avec son frere de Berry. Et, quant les petis virent les grans fuir, la greigneur partie de l'ost à Franchoys les suirent; et demoura le roy Jehan et le duc de Bourgongne à poy de gent; et faisoit le roy tant de fait d'armes qu'il abbatoit hommez et chevax que c'estoit merveillez, et ne se voulloit rendre. Et toute fois fu tant avironné d'Englois qu'il fu pris par forche, et son frere avec lui, Philippe de Bourgongne. Et y mourut, à cel assaut, de bonz chevaliers de France et de Normandie; et y mourut monseigneur de Torchi au frain du roy [1]; et c'est le commenchement des diz enfanz de Torchi; et demoura à la mere du dit chevalier .ix. filz dont l'ainsné n'avoit pas .xij. anz. Et le duc Charles les ama tant comme il vesqui; et, quant il fu roy après son pere il les avancha, ainsi comme chascun vit en ce temps [2]. Et, quant le

---

[1] Jean d'Estouteville, sieur de Torcy, que l'*Histoire généalogique*, du P. Anselme, VIII, 96, cite, à tort, comme vivant encore en 1378.

[2] Le souvenir des bienfaits de Charles V est rappelé d'une manière touchante dans l'acte de la fondation de la collégiale de Charlemesnil, par Jean d'Estouteville, fils de M. de Torcy, tué à Poitiers : « Parmi ceste fondacion, je entens que, en recongnoissance des autres grans biens, honneurs et prouffiz que je euz du bon roy Charles-le-Quint, que Dieu pardoint! qui me nourry, de la royne Jehanne de Bourbon, sa compaigne, et du roy Charles, leur filz, qui est à present, la royne, monseigneur le dalphin et tous mes autres seigneurs des Fleurdeliz

prince de Galles out la baitalle gaignie et le roy prisonnier, passa la mer, et vint à Londrez où le roy Edouart estoit, et lui fist le present du roy de Franche ; lequel Edouart tourna l'espaule, et fist semblant qu'il fust courouchié, et dist à son filz : « Tu m'as quidié faire grant feste, mais non as ; car, quant tu as eu la victoire, tu deusse avoir mis ton prisonnier en certaine leu, à un de nos chastiax de par dellà, et courre sus as

...... soient generalment acompaignez en toutes les prieres qui se feront en icelle église ; et, afin que, particulierement une fois l'an, il soit fait une ramembrance d'un chascun en icelle eglise, par maniere d'obit par les diz chanoines, et clers, à l'heure de grant messe, à diacre et à sous-diacre, je ordonne et veil que, chascun an, le .xvj.⁰ jour de septembre, que trespassa le dit bon roy Charles, soit faicte une ramembrance pour lui et pour la royne Jehanne de Bourbon, sa compaingne. » Autres messes pour le roi Charles VI et pour la reine ; — pour le dauphin ; — pour les ducs de Berry, de Bourgogne et d'Orléans ; — pour le connétable Bertran *du Gleusquin*, qui avait donné Charlemesnil au fondateur ; — pour Guillaume de Melun, comte de Tancarville ; — Jean de Blainville, maréchal de France ; — Jean de la Rivière, « qui trespassa outre mer le jour S. Symon et S. Jude, moy estant en son service ; » — Bureau de la Riviere et Marguerite Daniel, sa femme ; — « pour feu mgr. mon pere, que Dieu pardoint ! lequel trespassa en la bataille de Poitiers au moys de septembre ; — pour feu madame ma mere ; — pour monseigneur mon frere ainsné et mes dames et seurs, ses femmes ;—pour messire Charles et Guillaume d'Estouteville, leurs femmes et leurs seurs, mes nepveux et niepces ; — messire Guillaume d'Estouteville, evesque de Lisieux ; — messire Thomas d'Estouteville, evesque de Beauvais ; — messire Estoud d'Estouteville, abbé de Fescamp ; — pour Raoul d'Estouteville, archidiacre d'Eu, lequel a donné en icelle église l'antifonier et le messel, et pour Robert, Jehan et Gilles d'Estouteville, et Maheult et Jehanne d'Estouteville, tous mes frères et seurs (1402). » *Archives de la Seine-Inférieure*, G. 1485 et 1486. — Guillaume d'Estouteville, évêque de Lisieux, fonda, de concert avec son frère Estoud d'Estouteville, abbé de Fécamp, le célèbre collége de Lisieux ou de Torchy, à Paris.

bonnes villes et chastiax et les assaillir fort et ferme, qu'i n'i eut eu nul qui eust osé contredire. Ainsi peusses tu avoir conquis le royaume. » Ainsi demoura le roy de France prisonnier en Engleterre le .xj.ᵐᵉ jour de septembre l'an de grace mil .ccc. et chinquante et six. Or, lairon à parler de ceste matere, et retourneron à parler du gouvernement du roy ainsné de Franche.

# CHAPITRE VI.

SOMMAIRE. — Captivité du roi Jean. — Assemblée des Etats ; — le Dauphin déclaré régent. — Violation de l'église de Saint-Merry ; — réparation obtenue par l'évêque de Paris. — Meurtre des maréchaux de Clermont et de Champagne. — Complot du bailli et des nobles de Caux pour le pillage de la ville de Rouen ; — découvert par le maire Jacques Le Lieur, qui s'empare du château de cette ville, fait attaquer le château du sire du Vivier, et conduit des troupes contre celui de Longueville. — Le Dauphin se retire à Meaux. — Délivrance du roi de Navarre, qui s'allie aux Anglais et leur livre Paris. — Rentrée du Dauphin dans Paris, après l'exécution du prévôt des marchands, Etienne Marcel. — Ravages exercés dans tout le pays, mais spécialement dans le Beauvaisis et dans le Vexin-Français. — Punition d'un traître qui avait vendu Pont-de-l'Arche aux Anglais. — Français attirés par les Anglais dans une embuscade, près de Rouen, et battus par eux. — Situation déplorable de la France pendant la Navarrerie. — Le roi Jean revient en France pour obtenir l'argent nécessaire à sa rançon ; — n'ayant pu l'obtenir, il retourne en Angleterre, où il meurt.

## 1356—1364.

Charles, ainsné filz de Jehan, roy de France, et duc de Normandie, après ce que son pere fu pris à Poitiers et mené prisonnier en Engleterre, s'en retourna à Paris, lui et ses conseulz, et firent mander les prelas, clers, baronz, chevaliers, escuiers et les plu sagess bourgois des bonnes villes dou royaume, et qu'il fussent à Paris, à certain temps, pour ordener et conseilier comme le royaume seroit gouverné[1]. Si fu ordené que le duc de Normandie seroit regent le royaume, et avec che aroit avec lui trois estas, c'est assavoir : certain nombre de clers, de chevaliers, et de bourgois de chascune bonne ville certain nombre, selonc la valleur de la ville; et fu ceste ordenanche tenue. Et, nonobstant tout, avint ou royaume grant quantité d'aversitez, dommages, tailleis, roberies, tant comme le roy fu prisonnier, lequel il fu jusques en l'an mil .ccc.lx. Et par especial le roygent estoit plus conseillié par le mareschal de Clermont et le mareschal de Champaigne, qui pour lors regnoient, et ne contendoient fors à avoir finance et tenir le peuple en subjection : dont il leur prist mal, comme vous orrés.

Il avint que le roigent avoit son tresorier[2], qui avoit .j. de sergens, de grans amis (*sic*); et out paroles et contens entre le servant et son mestre le tresorier, tant que le servant donna d'une dague à son maistre parmy le corps, tant qu'il chay tout mort; et le servant s'enfuy, et se bouta en franchise à Saint-Marry à Paris[3]. Et, quant le duc sut que son tresorier estoit mort, il fu tout courchié : sy fu conseillé par le mareschal de Clermont que, tantost et def faict, il (le servant) fust pris omcques il fust. Et tantost vindrent les serganz, et le pristrent par forche en l'eglise de Saint-Marry; et mené ou leu où le fait fu fait, et là out le poing couppé,

---

[1] Les Etats généraux du royaume furent réunis à Paris, le 15 octobre 1356.
[2] Jean Baillet.
[3] Le meurtrier s'appelait Perrin Marc.

et puis fu mené au gibet et pendu. Après ce, l'évesque de Paris vint au regent, et lui moustra l'extorssion et la villanie qu'il avoit fait à Dieu et à sainte eglise, et qu'il convenoit qu'il fust repparé, ou « auttrement tous sacremens de sainte eclise sesseront en votre ville de Paris jusques à tant qu'il soit reparé. » Après ce, le corps fu despendu et raporté à Saint Marry et enterré solempnelment par les religieux mendianz de Paris. Et ses amis s'en alerent plaindre au prevost des marchanz, et que le regent commenchoit à mener trop dure vie à bourgois de Paris, et encore plus feroit, qui lui souffreroit. Et estoit le regent au Louvre, lui et ses mareschaux, et se douterent que ses bourgois ne se revellassent : si manderent le dit prevost, qu'i venissent, lui et ses conseilliers, parler au regent au Louvre. Quant le prevost oy ces nouvelles, il appella ses conseulz ; et leur fu bien avis qu'il ne les mandoit là pour nul bien. Si manderent au regent que au Louvre n'yraient point, mais venist en son parlès, ils iroient à lui. Il ne plut pas trop au regent ne à ses conseulz ; et toutes voies obeirent à venir au parlès ; la journée fu prise et l'eure ; le regent et ses mareschaux il vindrent, et le prevost et les sienz là furent ; et les mareschaux firent leurs propros *(sic)* de ce qu'il voulloient. Il ne plut pas au prevot ne à ses bourgois ; paroles se murent ; la commune, qui estoit avec le prevost, coururent seure as mareschaux ; tantost furent mors ; et chai le mareschal de Clermont tout mort as piés du regent, lequel out très grant paor, et demanda au prevost de Paris : « Aray je mal ? — Nennil, sire, se dit le prevost ; tenés mon chaperon, et me baillez le vostre. » Le regent se parti au miex qu'il put, mais toutez voies nul mal n'ut. Et fu ceste journée au mois de frevrier l'an mil .ccc.lvj[1].

Or, retourneron à parler du regent qui, après la mort de ses mareschax, le plustost qu'il put, se parti de Paris, lui et sa fame, et alerent à Myaus en Brie ; et la fist son aliance, luy courchié et dollent de sa bonne ville de Paris, qui, par la fausse traison du roy de Navarre, qui avoit trait à sa cordelle le prevost des marcheanz et les bourgois de la bonne chité de Paris (sic). Et puis retourneron à parler de la delivrance du roy de Navarre.

Or, parleron d'une autre merveille et male aventure qui, en ichelui an ensuiant, avint à Rouen en Normandie. Et distrent aucuns que c'estoit du congié du dit regent et de ses mareschax que les nobles de Caux avoient congié de piller la ville de Rouen, et que, se ils avoient le pillage, le regent avoit assés argent à mener ses guerrez jusques à .j. grant temps : dont, se ainsi fu, ce fu un mauvez consel. Et si peut bien estre qu'il ne l'eussent osé penser ne entreprendre, se aucun congié ou savour n'en eussent d'aucunz. Si avint que messire Jehan Souxtain, chevalier, bailly de Caux[2], et chastellain du chastel de Rouen, avec ses aliez le Baudrain

---

[1] Le meurtre de Robert de Clermont et du maréchal de Champagne eut lieu le 22 février 1358.

[2] Jean Sonnain, bailli de Caux. (M. Chéruel, *Histoire de la Commune de Rouen*, II, 203.) C'est le même, croyons-nous, que Jean Sonnain, sénéchal de Beaucaire, nommé lieutenant du régent dans la province du Languedoc. (*Ordonnances des Rois de France*, IV, 200.)

de la Heusez[1], monsieur du Vivier[2] et grant quantité des noblez de Caux, à bien .ij$^c$. lancez, avoient apointé qu'il vendroient au chastel de Rouen au vespre, et entreroient, par la *Porte des canz*[3], et souperent, et s'apareent bonne chere, et puis, à une heure devant le jour, quant les gens de la ville seroient ou fort de leur repos, ystroient tous armés, et pilleroient la ville. Et estoient les maisonz des riches bourgois signées et merchiez, où il devoient aler. Et, la merchy de Dieu! il fu seu et apercheu par les queuz et par les viandes que l'en portoit au chastel, et y aperellerent pour bien .ij$^c$. escuelles. Sy fu aporté les nouvelles à sire Jacques le Lieeur, pour lors maire et capitaine de Rouen[4]. Si n'y supposa an nul bien, veu que le roy estoit prisonnier et le regent jane : si manda le dit capitaine ses gens, et fist armer la ville ; et surent bien de certain que la ville estoit traye. Tantost la ville fu effrée et armée tant de peuple que c'estoit grant merveille. Et, quant tout fu assemblé à une hore avant soleil recoussant, le capitaine et sa commune ysserent par la *Porte d'Aubevée*[5], et vindrent assaillir le chastel et arde le pont-leveis dez *Chanz*, et

---

[1] « Jean Le Baudrain de la Heuse, marechal de mgr. le regent, duc de Normandie, et son lieutenant ès bailliages de Rouen et de Caux et ès ressors d'icheulz, » 15 décembre 1358. (*Archives de la Seine-Inférieure*, F. de Montivilliers.)

[2] Jean de Biville, seigneur du Vivier. (M. Chéruel, ouvrage précité, II, 200 et 206.)

[3] Cette porte donnait accès au château, du côté de Bouvreuil. (Mentionnée dans le mémoire de M. F. Bouquet, *Jeanne Darc au château de Rouen*, p. 124.)

[4] Jacques Le Lieur, maire de Rouen, 1357-1358.

[5] Porte Beauvoisine.

aussi ardre celuy de devers la ville. Et, quant vint après soleil couchant, le bailly de Caux et les sienz, à bien .ij<sup>c</sup>. lanches, vindrent au Mont-as-Malades, et virent le feu qui ardoit le pont-leveis et la commune yssue : surent bien que leur fait fu seu, et furent bien courchiez, que ainsi avoient failli à leur entente. Si s'en ralerent, la queue entre les jambes. Or, fu le chastel assailly fort et ferme ; car il n'estoient leanz fors les queuz et chex qui aparellient le souper et environ .x. ou .xij. hommes d'armez de la guarnison ; et fut levé un enjien à pierrere ou berfay de Saint-Godart [1] qui grevoit bien cheux de dens; et ne cessoit l'assaut ne jour ne nuit, tant que chex de dens virent qu'il ne le povoient tenir, et aussi qu'il ne povoient avoir nul secours. Ainsi fu le chastel rendu au capitaine de Rouen ; et y mist guardez pour la ville au nom du regent. Et les diz bailliz de Caux et ses alliez portoient guerre as bourgois de la ville, et ardoient les manoirs as bourgois, quant autre chosse ne povoient faire. Et aussi cheuz de Rouen alerent ardre le manoir au seigneur du Vivier; et ne povoit venir nul gentilhomme à Rouen par la porte Saint-Hillaire qu'il ne fust tué ; et fu appellé, une grant pieche, la porte de *Machacre*. Et la paix en fu faite après. Et ne se osoit le Baudrain de la Heuse venir à Rouen jusquez à tant que Jaques Le Lieeur, capitaine, l'y mist; et vint par la porte Caucheise ; car il n'eut osé venir par allieurs pour la Draperie. Et, après toutes ces choses,

---

[1] Le nom de la rue Beffroy, près Saint-Godard, conserve le souvenir de ce beffroi.

et [que] la pès fu faicte, l'en fist une arme (*sic*) à aler à Longueville, qui estoit Navarraiz, pour le prendre; et y ala de Rouen la plus belle compaignie qui, puis cent anz au devant, n'estoit yssue de Rouen; et lez condissoit le dit capitaine; et se tenoient tousjours sur leurs guardez, pour les gentilz hommes. Et, après toutes ces choses ainsi faitez, le dit capitaine s'en ala par devers le roygent, et lui conta toutes ses raisonz, et qu'il gardoit la ville souz lui. Et l'ut le regent bien aggreable; et s'en revint à grant honneur. Et fu ce fait à la Saint-Barnabé mil .ccc. lvij [1].

A la requeste de la royne Blanche, [et] d'autres dames, par le prevost des marchanz, ses aliez, et du consseil des trois estas devant diz, le roy de Navarre fu delivré de prison : dont si grant dommage ne fu au royaume de France depuis le premier roy jusques à icel temps, ne tiex diz roialmes ne pourroient reparer le domage qui ou dit royaume fut fait par lui et ses alliés; car il s'alia as Englois, et les mist en ses villes et chastiax qu'il avoit en Normandie. Et n'avoit ou royaume, en nulle partie, plain pié de terre que lui et ses alliez n'aient marchié, pillé et ars et essillé. Si avint que,

---

[1] Ce récit se rapproche beaucoup de celui qu'on peut lire dans la *Chronique des quatre premiers Valois*, p. 77. — Les lettres de rémission obtenues par les habitants de Rouen prouvent que la prise du château avait été considérée comme un attentat de leur part sur l'autorité royale, et qu'ils s'excusaient sur « certaines présompcions... qu'il avoient... pour l'effroy du pays d'environ... qui lors par espécial, n'estoit pas en grant transquilité, » et pour le doute que, « par aucune adverse fortune ou traison, le chastel fust... livré aux ennemis, estans lors en plusieurs parties ou pays de Normandie. » (Secousse, *Mémoires pour servir à l'histoire de Charles II, roi de Navarre*, II, 95.)

quant le regent s'en fu alé à Miax, le prevost des
marchandz et ses aliés de Paris firent le dit roy de
Navarre chapitaine de Paris; et estoit la ville gardée
soulz lui : dont il failli bien à son entente, que les bons
hostiex de Paris estoient marchiés, les unz de craie,
les autres de rouge, les autres de noir. Et quidoient
avoir le pillage de Paris, comme devant est dit de
Rouen; car, par espécial, outre les pons, en la chité as
clers, estoient les Englois de par le roy de Navarre,
et, entour Paris, grant quantité. Or, avint que le regent
out fait ses alianchez à Miax, se parti, et s'en vint devant Paris loger au bois de Vinchennes à bien .x v m.
hommes d'armes; et, quant le roy de Navarre sut que
le regent estoit si fors, si yessy de Paris, et s'en vint à
Saint-Denis en France; et ne povoient chex de Paris
avoir nul vivrez, et furent .iij. mois en si grant orfenté
qu'il n'avoient quoy mengier. Si s'aperchurent qu'il
estoient trays, et firent tant qu'il ourent les clés des
portes que les Navarrais gardoient, et alerent au prevost des marchanz [lui dire] qu'i ne povoient plus
ainsi durer, qu'il y meist ordenance. Si leur dist : « Ve-
nés après disner armés; et nous yronz as Englois qui
sont à Saint-Clout. » Et le roy de Navarre fist assavoir
aus diz Englois qu'i se meissent en bon arroy, et que
la commune de Paris istroit après disner; les quiex
Englois estoient de estoffle bien .vij$^c$. hommez d'armes.
Et la commune de Paris yssirent sans arroy, et les Englois les enclostrent entre Paris et Saint-Clout, et en
tuerent bien de cheux de Paris .vj. ou .vij$^c$.; les autres
prisonniers, et les autres noyez. Et, quant le roy de

Navarre vit que ainsi fu, il assembla ses gens qui estoient de .iij. ou .iiij<sup>m</sup>. S'il n'eust vu le roygent si fort, il lui eust couru suz, et quida prendre l'abbaye de Saint-Denis; maiz il ne put, et se parti d'entour Paris, lui et ses genz. Et fu délivré de prison l'an de grace mil .ccc.Lvij.

Et en che temps commencha la Navarrye par tout le royaume de France. Si avint que, au pays de Beauvoisin, se commencherent le menu peuple à asembler et armer de tiex armeurez comme il poient finer. Et firent tant que ce fu très grant merveille; et avoient une très male voie prise qu'il ne demourent où il converserent nul noble, ne fame, ne enfanz, ne manoirs, maisons, qu'il n'ardissent et tuassent; et eussent fait partout, s'il eussent regné; mais Diex ne voult pas. Si vint le roy de Navarre à eulz, et leur dit qu'il seroit avec eulz : dont ilz ourent grant joye, et quiderent qu'i le deist pour leur preu; maiz non fu. Et, quant il fu avec eulz, par foy et par fyance qu'il vivroit et avec eulz mourroit, et il vit son point, il leur couru sus, et les mist tous à mort; et n'en demoura omcques homme. Ainssi furent les Jaques desconfis, car ainsi les apelloit l'en. Or, retourneron à parler du roygent qui estoit au boys [de Vincennes] l'an mil .ccc.Lvij.

Quant Charles, ainsné filz du roy Jehan, qui adonc estoit prisonnier en Engleterre, lequel estoit regent du royaume pour l'assence du dit prisonnier, vit et aprochut (*sic*) comme le roy de Navarre devant dit l'avoit tray et decheu, et qu'il avoit esté capitaine de Paris, et par lui furent tuez ses mareschax en sa presence, au pallés de Paris, et qu'il prist le chaperon au prevost des marcheanz de Paris, et qu'il se parti de Paris couvertement, et s'en retray à Miax, et que les Englois qui estoient à Saint Clout tuerent chex de Paris, s'il estoit courchié et dolent, nul ne s'en doit esmerveller. Si avint que le commun de Paris estoient en telle orfenté de vivrez qu'il ne povoient plus. Si envoierent des plus notables bourgois de Paris au roygent en lui criant : *Merchi*, et qu'il se metoient en sa grace et merchi, et que, par faulz conseil, avoient fait ce qu'il avoient fait. Si en ut le regent pitié, et les prist à mercy, en disant que jamès en Paris n'enstreroit jusques à tant qu'il lui eussent rendu le prevost des marcheanz ou mort ou vif. Et, quant il oirent cez nouvelles, il s'en retournerent à Paris, et ochirent le prevost et aucunz de ses aliés, chex qu'il purent trouver. Et, ce fait, le roygent s'en vint à Paris en fait d'armez descouvertez, et fu recheu à grant noblesche et à grant honnour. Mais toutez voiez le roy de Navarre ne dormoit pas, que ses chastiax de Normandie il faisoit garnir de ce que mestier y faisoit, et les empli d'Englois, Gascons et Navarrois. Et adonc commencha la Navarrerie au fort, pour ce qu'il n'avoit point de roy en France, mais estoit prisonnier en Engleterre; et si estoit le roy de Navarre conseillé des plus sages hommes et des plus subtis du royaume de France, tant clers que seculiers, que le dit roy de France avoit baillié au dit roy de Navarre en bonne amistié; et ne quidoit pas que le roy de Navarre contendist à la fin à quoy il contendoit, c'est assavoir à estre roy de France et duc de Normandie. Et toute voiez il y failly. Et, en ce temps, l'an mil .iij.ᶜ .Lviij. et l'an .LIX. et l'an .LX., tant comme le roy fu prisonnier, couroit tel temps en France et en Normandie, que nul de Paris, de Rouen, de toutes les bonnes villes du royaume n'osassent yssir hors de la ville le quart d'une leue, s'il n'eussent sauf conduit des Navarrois ou des Englois, qui estoient en leur ville et forteresches; et aussi semblament nul des villes au roy de Navarre comme Evreeux, Conches et autres villez, s'il n'eussent sauf conduit de Franchois. Et estoient tout le plat païs sanz forteresches ; les Franchois raenchonuz as Navarrois, et les Navarrois as Franchois, et les gens d'armes d'un costé et d'autre, de greigniex maistres, estoient à accort que, se l'un prenoit l'autre en aucun pongneis, il estoient quittez pour certain pris de raenchon fait entr'eulz par foy et par fianche. Et prenoient, chascun d'un costé et d'autre, praiez l'un sur l'autre souvent et menu; et sembloit qu'il jouassent as barres. Et, quant le terme des raenchonz as gens du plat pais estoit passé, chascun couroit sur sa proie, et quan il trouvoient il prenoient prisonniers, et les amenoient prisonniers en leur forteresche; et prenoit le pere le filz, et le filz le pere, l'oncle le nepveu, et le cousin le cousin, et s'entrevendoient, et traissoient ainssi l'un l'autre; n'omcques, puis que Diex fu mis en crois, n'estoit nul qui omcques eust veu, ni leu, en roumanz ne en croniquez, tel temps comme il couroit en ce temps. Et toutez voiez aucun des mestiers des bonnes villes il *(sic)* gaignoient grandement, comme pourpointiez, armeuriez [sur] toutes choses qu'il failloit à gens d'armez; car il vendoient la derrée quatre; et estoient enportéez des bonnes villes endemuchons; car s'il eussent esté trouveez, il eussent esté forfaitez. Et couroit cest temps partout, tant en Caux, en Normandie, en France, en Bourgongne et en Champaigne.

Si avoit .j. evesque à Troiez qui faisoit trop forte guerre as Navarrois et as Englois; et avoient trop mal temps entour lui, qu'il lez metoit tous à mort, et n'en prenoit nul à reenchon; et en mist bien à mort, en .j. clos où il se retreirent, bien .ij$^c$. environ, l'an .LIX., avec les autrez qu'i prenoit en pongnaiz ou autrement. Et, se tous les Franchois eussent esté de telle volenté, il eussent eu trop mal tenz. Et, par espécial, le pais du royaume qui fu plus gasté ce fu en Beauvoisin; et depuis Saint-Deniz en Franche jusques à Saint-Cler sur Ette, à Villetretre [1] et entour Pontoise, tout fu ars et le gens fuitis du pais; et demourerent les terres et les vignez à labourer; et ne croissoit en cez terres que genez; et s'i nourrit tant de leux que nulz n'osoient aler seulz, d'un grant temps, pour les leus qui mengoient les genz. Et prenoient fors par traison; et quiderent prendre le Pont-de-l'Arche, lequel leur avoit vendu Hanehequin Lucas [2]. Si fu apercheu, et fu pris, et fu amené à Rouen, et out le col trenchié, et puis escar-

---

[1] Villetertre ou Ville-Tertre, ancien village du doyenné de Chaumont, dans le diocèse de Rouen.

[2] C'est, je crois, de ce personnage qu'il est question dans la *Chronique des quatre premiers Valois*, p. 154 : « Alors avoit ung Anglois à Eschauffou, qui avoit esté clerc et escollier, lequel avoit nom Hoclequin Lucas. Cestui Anglois fit tradetié aux Normans qu'il se rendroit à eulx et leur rendi le fort d'Eschauffou. »

tellé, et les .iiij. membres mises à .iiij. portes de la chité en signe de mémoire. Et aussi les diz Navarrois pristrent Roulleboise sur Saine, et l'enforcherent très fort, et le tindrent grant temps, et aussi enforcherent une vielle muralle emprez Eullebeuf sur Saine, nommé Orival[1], ét le firent très fort; et ne povoit rien monter n'avaller, de Paris à Rouen, pour ces .ij. forteresches; et faisoient grant destourbier à la marchandise; et convint que les genz d'armez, arballestriers et autres, gardassent l'eaue en droit les fors; et cousta grandement à Rouen. Et, après ce, pristrent le chastel de Moulliniax[2] au dessouz de Rouen; et ne povoit rien

---

[1] Orival, canton d'Elbeuf. Orival avait été pris par les Anglais en 1359 ou 1360 : « Est avisèrent la place d'un vieil chastel qui estoit chastel du temps du roi Arthur, et n'y habitoit ame. Les Anglois se bouterent en ce vieil chastel, et s'emparerent en petite saison, et est de present la place nommée Orival, et siet sur une hautte roche assise sur la riviere de Seine, à trois ou quatre lieues de Rouen, près Ellebeuf sur Seine. » (*Chronique des quatre premiers Valois*, p. 106.)

[2] « Mouliniax fut pris par les Gascons et Pierron du Saut, capitaine d'icelle route, » en 1364. (*Chronique des quatre premiers Valois*, p. 155.) — Le capitaine de Moulineaux était Jean de Bellengues. Au moment de la prise de ce château, il se trouvait au siége d'Evreux. (*Ibidem.*) Il est cité comme capitaine du château de Moulineaux, qu'il gardait avec 10 hommes d'armes et 12 arbalétriers, dans un mandement des députés sur le fait des subsides, du 6 novembre 1359. (*Archives de la Seine-Inférieure*, F. *de l'ancienne chambre des Comptes.*) — « Jehan Vastelleaue, Jehan Marie, Guillaume Kareheut, etc., de la paroisse de Saint-Michel de la Haie, lesquiex, tant pour eulx comme pour tous les abitans de la dite paroisse, confessent devoir, chascun pour le tout, à noble et puissant homme monsr Mouton, sire de Blainville, la somme de xxx frans d'or, pour cause des restez et raenchon que eulz povoient devoir à Peron du Saut, lorsqu'il estoit capitaine de Moulineaux. » (13 octobre 1365, *Tab. de Rouen*, reg. 2, fº 236.) Contrat du même genre : « XL francs d'or dus, pour la même raison, au sire de Blainville, par le commun du Tyl-Hébert. » (*Ibidem*, fº 240 vº.)

monter n'avaller; et venoient tous les jours as barrieres de Rouen. Et avint que la nuit du Sacrement l'an mil.ccc. et .lxvj., Jehan de la Guastine et Michelet, son frere, avec grant quantité d'autres bourgois de Rouen, sanz le congié de Jaques le Lieur, adonc capitaine de Rouen, et sanz sa seue, pour ce que les Englois tenoient tous les jours jusques as barrieres de la ville, si s'aviserent qu'il s'enbucheroient ou moustier de Saint Saver et as Enmureez[1]; et, quant lez Englois vendroient jusques as barrieres, il les encloreent entre eulz et les barrieres. Et les lectierez du Grant-Couronne et de Mouliniax, lesquelcs estoient raenchonneez as Englois[2], leur firent savoir l'enbuche de point en point; et l'endemain, le jour du Sacrement, à soleil levant, les Englois mistrent une embuche à la Quesnoye en droit Soteville[3]; et les coureeuz se mistrent sur le chaussie de Saint-Sever[4] environ .xv. ou .xvj. et ridet sus (*sic*); et les embuchez de Rouen saillent sus et leur

---

[1] Couvent de Dominicaines à Saint-Sever, près Rouen, transformé aujourd'hui en caserne.

[2] Engagement pris par Jehan Blondel, P. Le Prevost, P. Mauduit, Ric. Le Fevre, Elies Le Prevost, Jeh. de Caudebec, Jeh. Le Prevost, Jeh. Piquenot, Jeh. Le Gay, Jeh. Duquesne, Symon Sauchoi, Guile Clerembaut, Robert Le Boucher le jane, Nicole Fouache, Guill. Le Candelier, Jouen Bouteri, Jeh. Rebours, Pierres Delarue, et Robert Le Fevre, tous de la paroisse de Grant-Couronne, ensamble et chascun pour le tout, tant pour eulx que pour tout le commun de la dicte paroisse, et pour euls delivrés de leur raenchon par devers les Anglois de Honnefleu. » (1361, *Tab. de Rouen*, reg. 1, f° 52 v°.)

[3] Gros bourg près Rouen. La Quesnoye est citée dans la *Chronique des quatre premiers Valois*.

[4] Chaussée allant du bout du pont à Saint-Sever, à travers les prairies.

courent sus, et les Englois s'en commenchent à fuire à pointe d'esperon, jusquez vers Soteville où il savoient bien leur embuuche. Si vindrent as Franchois ; et furent pris et menez à Mouliniax, et gaignerent bien les Englois à celle fois plus de .ij. mille livres. Ainsi vail de trop folle emprise.

Et en ce temps, pregnoient les Franchois proyes et forteresche sur les Navarroiz, et eulz sur les Franchois ; et toutez voiez les Navarrois avoient tousjours le plus bel sus les Franchois, et ourent, en ce temps, de bellez victoirez, et, par especial, l'an mil .iiii$^c$. soixante, les Franchois trouverent les Englois et Navarrois au Faveril en Normandie[1] ; et estoient les Franchois bien de bonnez genz d'armes d'eslite .ij. contre .j., et par orgeul se desrouterent, et les quiderent prendre comme le lyeure o thabour ; et les Navarrois se mistrent en tel arroy et si serrez que tous les Franchois furent desconfis, mors les unz, et les autres prisonniers et menés en leur forteresches ; et y mourut messire Guillaume Martel, adonc capitaine du chastel de Gaillart ; et si y mourut messire Jehan de la Heuse, sire de Quevilly, filz ainsné au Baudrain de la Heuse[2], et grant quantité d'autrez ; et fu la plus laide besongne et malvese qui eusté [pour *eust esté*] faite en tout le temps des guerrez, considéré la noble chevalerie et escurie qui toute y fu desconfite. Ainsi va de guerre, que chascun n'y fait pas à sa volenté. Et, se je

[1] Le Favril, commune de l'arrondissement de Bernay (Eure).
[2] Fils de Jean de la Heuze, dit le Baudrain, maréchal pour le pays de Normandie en 1355, plus tard amiral de France.

voloie escripre de point en point toutez les emprises faitez en ce temps d'un costé et d'autre, il y faudroit plus de .ij. mainz de pappier; et atant lesse ceste matere; et revendron à parler du roy Jehan qui est prisonnier etc.

Le roi Jehan fu prisonnier au roy Edouuart d'Engleterre depuiz le .xj$^e$. jour de septembre l'an mil trois chenz et chinquante six, jusquez en l'an mil .iij$^c$. et .LX. qu'i s'en revinst en Franche, et fu à reenchon, à troiz milionz et demi, qui vallent trente et chinc chenz millez livres tournoiz, le marc d'or pessant LX.iiij. florins nommés frans pour .xx. sous la pieche. Et demoura en Engleterre grantment d'ostages de Franche, baronz, chevaliers banerez, bourgois et autres; et fu la chité de Rouen, de la dite raenchon, à .xxiiij. millez moutonz qui valloient .xxv. s. la pieche [1], et les autres villes et pais de Franche et de Normandie en la seigneurie du dit royaume, chascun en son egal portion; et encore l'en ne put finer de toute la raenchon; et s'en ralla rendre prisonnier en Engleterre pour ce qu'i ne pooit finer de sa raenchon l'an mil .iij$^c$. et LXij., et là mourut en avril mil .ccc. LXiiij. Et dient aucunz qu'il jooit as eschès à .j. baron d'Engleterre : si y ut estrif, et le dit baron sacha sa dague, et le fery à mort; et, après ce, fu aconvoié, tout mort, à grant solempnité de barons, de torchez, si comme il appartenoit à tel prinche jus-

---

[1] « La ville de Rouen fut taxée, pour sa part, à 20,000 moutons d'or vieux (environ 600,000 fr. de monnaie moderne). » (M. Chéruel, *Histoire de la Commune de Rouen*, II, 212.)

ques au port de la mer; et fu mis en .j. vessel et amené à Saint-Denis en France, et là fu enterré avec ses predecesseurs, à tel honnour comme il appartenoit au roy de France. Et fu le peuple en grant mesere de sa mort.

Chy lairon à parler de lui, et retourneron [à parler de] Charlez, son filz ainsné.

# CHAPITRE VII.

SOMMAIRE. — Règne de Charles V; — sagesse de son gouvernement. — Bertrand Du Guesclin connétable de France; — victoire remportée par lui sur les Anglais et les Navarrais à Cocherel. — Prise de Mantes et de Meulan. — Du Guesclin fait prisonnier; — délivré en échange du captal de Buch. — Accord conclu à Vernon entre le roi de France et le roi de Navarre. — Aides levées sur le peuple. — Digressions au sujet des papes Innocent VI, Urbain V, Grégoire XI.

## 1364—1370.

Charles de Valloys, ainsné filz de Jehan de Valloys et le premier de la dicte lingne nommé Charles, après la mort de son pere, vint à terre tenir et avoir la succession de son pere; lequel fu très grant, sage prince, et gouverna son royaume diligaument tout son temps. Et out .ij. filz, l'ainsné Charles comme lui, et le puis né nommé Philippe, lequel fu duc d'Orlienz; lequel Charles premier, après la mort de Johan son pere, fu couronné à Rainz, au mois de moy mil .iij$^c$ et .Lxiiij. Et out en son temps le mellieur guerrier que nul sceust nulle part; et estoit natif de Bretaigne, nommé messire Bertran du Glesquin, chevalier. Et en fist le dit roy Charles son connestable; et le fu jusques à la mort, et fu nommé avec les .ix. preuz, le .x$^e$.; et qui voudra savoir sa vie, si fache tant qu'il ait la coppie de ses fais qui sont ou roumant qui a esté fait de sa vie[1]. Et, au commenchement de son avenement, les Englois et Navarrois estoient tant fors ou royalme et, par especial, en Normandie, que nul ne povoit résister contre eulz. Si avinst, de la grace de Dieu, que messire Bertran fist son asemblée de gens d'armez la greigneur qu'il put; et les Englois et Navarrois qui le surent s'asemblerent, d'autre part; et parti mesire Bertran du Pont-de-l'Arche, et les Englois d'Evreeuz et de Mante et des forteresches d'entour; et s'asemblerent les .ij. hostages a une place nommée Cocherel en Normandie[2], emprez Quatre-mares; et sachiez que, d'un costé et d'autre, estoit toute fleur et eslite de gens d'armez et la greigneur partie de puissance de toutes les .ij. partiez. Et, quant au matin, au mois de moy mil .iij$^c$. et .Lxiiij., et à la revenue du sacre du roy Charles de France, mesire Bertran advisa ses anemis qui estoient logez et rengiez en une petite montaigne, et que l'en ne povoit en ce lieu combatre sanz perte, et aussi que les Franchois avoient le soleil en l'eul. Si s'avisa messire Bertran qu'i les aroit par une aultre maniere. Si fist tous ses sommages et pages et chevax passer la riviere. Si les virent les Englois, et s'escrierent à eulz : « Il s'enfuient. » Adonc

[1] Le récit de notre chroniqueur ne permet guère de supposer que le roman dont il est ici question soit la *Chronique de Bertrand du Guesclin, par Cuvelier, trouvère du xiv$^e$ siècle*, publiée par E. Charrière dans la collection des *Documents inédits pour servir à l'histoire de France*.

[2] Village, commune de Houlbec-Cocherel, canton de Vernon (Eure).

dist le captal de Buz : « Je congnois bien Bertran à tel qu'il ne s'enfuist pas, et que vous le trouverez en barbe et en fait d'armez ; et qui me cresra, nouz ne les suirron pas. — Ha! fist Jehan Jouel, Englois, lequel avoit entour son chaperon escript :

> Qui Jehan Jouel prendra,
> Chent millez franz ara
> Et autant l'en demourra.

Sire, fist-il au captal, vous avés peur, que, par Saint-Georges! je feray, ainz qu'il soit vespre, Franche trembler du chief jusques au pié. » Dont dist le captal : « Or, chevauchiez, et vous verrez se j'ai paor, et se je m'enfiray ; mais mon cueur me dit que nous nous en repentiron ; et à Dieu nous commant. » Adonc estoit Blanche, seur du roy de Navarre, que fu fame du roy Philippe, demourante à Vernon [1] ; et estoit son douaire là assis, laquelle reconfortoit les Navarrois pour l'amour de son frere. Si avint que messire Bertran se retray, et fist passer ses sommages oultre la riviere : les nouvelles vindrent à la royne Blanche que les Franchois estoient desconfits ; et, celles nouvelles oyes, menesteriex commencherent à corner, et dames et damoillez (sic) à danser, et demener si grant joye, que

---

[1] Le 21 août 1359, le régent céda à la reine Blanche, en échange de Melun, les châtellenies, châteaux et villes de Vernon, Vernonnet et Pontoise, le château de Neaufle, auprès de Gisors, toute la vicomté de Gisors, à l'exception de la ville et du château, Neufchâtel et Gournay. (Secousse, *Mémoires pour servir à l'histoire de Charles II, roi de Navarre*, I, 1re partie, 398.)

nul ne le peust penser. Et tantost après, en mainz de
.ij. hores, oirent autres nouvellez : de quoy les viellez
furent mises soulz le banc, et fu la grant joye tournée
à grant plor. Et avoit la dite roine Blanche une grant
huche toute plaine de linges, robez et de chausses se-
melléez à poulaine, qui couroient pour le temps, à
leur donner après la bataille; et, pour ce que le roy de
Franche oy parler de celle grant joye et que Vernon estoit trop entre les forteresches des Nauvarrois, elle fu
mise hors, et out Neaufle[1], et fu assiz là son douaire;
et out la forest de Leonz[2] et Gysors et autres terrez entour et environ. Or, retourneron à la baitaille.

« Or, sus, france chevalerie, deschendon de cest tertre,
et suion cez recreanz Franchois, qui s'enfuient, et pen-
son de gaignier et d'avoir honnour! » Mez de ce que fol
pense souvent remaint. Or chevaucherent Nauarrois, et
sont desroutez; et quident trouver les Franchois
fuianz, mais les trouverent en belle bataille et bien ar-
runnez. — Et savoient bien qu'i les sieuroient. Ainsi
s'asemblerent les baitallez, et y ferirent tant d'un costé,
et d'autre, et firent tant de fait d'armes que, puis chent
anz, nul n'avoit oy parler de si forte bataille; et toutez
voyes les Englois et Nauvarrois y furent tous mors et
pris, et fu Jehan Jouel navré et amené au Pont de
l'Arche, et mourut au bout de .ij. jours; et le captal pris
et navré, maiz pas ne mourut; et fu rendu au roy de

---

[1] Neaufles-Saint-Martin, canton de Gisors (Eure). Blanche y mourut en 1398.

[2] Lyons-la-Forêt, chef-lieu de canton de l'arrondissement des
Andelys (Eure).

France, et Satainville¹ pris, et out le col trenchié à Rouen, et mout d'autres grans seigneurs pris et mors : de quoy ce seroit trop lonc de l'escripre par nom et par sournom. Et puis, messire Bertran et ses genz se vindrent rafrescher à Rouen. Et fu ceste bataille faite ou mois de moy l'an mil .iij$^c$. et .Lxiiij.

Tantost que la bataille fu finée, le roy Charles, qui estoit venu de son sacre, en oy nouvelles; et aucunz enviex de messire Bertran le quidierent maistre en grant indignation par devers le roy, en disant : « Sire, comme a-t-il osé enprendre tel chose sans votre commandement? Il a mis votre royaume en tel peril, que, se le roy de Navarre eust euee (*sic*) ceste vitoire, vous aviez perdu votre royaume. » Si fu envoié querre, qu'il venist parler au roy; et lui disoient aucunz qu'il n'y alast pas, et que le roy estoit indigné sur ly. Adonc dist messire Bertran : « A Dieu le vou! car c'estoit son serement, je yray parler au roy; » et, quant il fu venu devers le roy, il fu blasmé de son emprise; mais le roy en avoit mout grant joye, quelque semblant il en feist. Si respondi messire Bertran : « Sire, je voiée vos anemis devant moy, et si estoie fourny de bonnes genz d'armez ausquielz je me fioie bien : si couru seure à ches gars, et si savoie bien que je les aroye. Et, sire, à Dieu le vou! je vous ay netyé de tout le velin de votre royaume. Si vous affy que, mais à pieche, Englois ne Navarrois n'aront

---

¹ Pierre de Saquainville. — La seigneurie qui avait donné son nom à ce personnage était située à Saquenville, canton d'Evreux (Eure).

en votre royaume si bel gorgier comme il avoient; car toute la flour de genz d'armez de leur costé y a esté desconfite. » Si s'en revinst le connestable à grant honnor du roy et à grant amistié. Et, s'il avoit bien besongnié, qu'il feist encore miex : si s'en revinst en Normandie, et de celle revenue prist la ville de Maante et Meullent; et fu la tour de Meullenc, où lez Navarrois s'estoient retrais, minée et mise à terre. Et tout ce fu tantost après la dite bataille de Cocherel et en cel an.

Et, aprez tout ce qu'il ut ainsi rainchié une partie des Englois et Navarrois, en cel an propre, s'en ala en Espaigne aidier au roy d'Espaigne contre le duc de Lencastre, où il out très grant bataille, tant que messire Bertran, adonc connestable de France, y fu pris du dit de Lencastre et mené à Bordiax. Et vouloient le plus des Englois qu'i mourut; « car il a porté trop de dommage à nos genz, et portera encore plus, s'il eschape; » et les autres disoient que ce seroit grant dommage de mettre à mort .j. tel homme d'armes. Si regarderent que le captal estoit prisonnier de la prise de Cocherel, et que l'en aroit l'un pour l'autre. Ainsi fu deslivré le connestable qui, tantost et depuiz, leur porta assez de grands dommagez, et tenoit le royaume en grant pais. Et, en l'an ensuiant, l'an mil .iiic. et .LXV., le roy de France et le roy de Navarre furent à Vernon, et furent à acort de la prise de Maante et de Meullenc que le connestable avoit pris; mais c'estoit la pais renart, que quanque le roy de Navarre enconvenanchiet il n'en tenoit rien, ains pensoit tourjour traison envers le roy Charlez, comme vous orrés encore après. Et regna grant temps le roy de France en tel paine, ainz dissimullet tant comme il pooit, et doubtoit à faire bataille mortiex, que ses genz n'y fussent desconfiz, et sur toutez choses avoit si grant paor de rebellyon de peupple pour les aides qui couroient suz son peuple, qu'i ne povoit durer, et enduret bien que son peuple fust couru, ars et essillé, à celle fin qu'i n'eussent povoir ne hardiesche d'esmouver rebellyon en son royaume.

Cy lairon à parler du roy Charles, et parleron du pappe Innocent.

Après la mort du pape Clement Quint, qui trespassa l'an mil.ccc. et chinquante et .j., les cardinax entrerent en conclave, et eslurent le dit Innocent[1] pour pappe, lequel parfist le pallès d'Avignon. Et toutes voiez il estoit franc Englois en ceur et en conscience : aussi estoit natif de la ducée de Guyane; lequel gouverna bien sainte eglise en son temps, et quida mettre pais entre le roy de France et le roy d'Engleterre; mais il ne put; et regna son temps, et vesqui jusques en l'an mil.ccc.et .Lxij. Et, après sa mort, les cardinax entrerent en conclave, et y furent longuement, et ne se povoient accorder de faire de l'un d'eulz pappe; et [fu] leur livrée apeticheez, comme de coustume est, quant il mettent trop à eslire pappe; et en la fin, l'en leur descouveroit les maisons sur eulz. Et, quant il virent qu'il ne povoient estre à accort, il eslurent .j. estrangier qui n'estoit point du college des cardinalz : dont ils s'en repentirent; maiz trop tart

---

[1] Innocent VI, pape de 1352 à 1362, Limousin comme Clément VI.

mait main à c.., quant le pet en est hors. Or, vous diron de l'ection (*sic*) : il eslurent un bon prodomme natif du pais dessus dit, nommé Grymouart[1] pour lors abbé de Saint-Victor de Marcellez[2]; et au dedevant avoit esté abbé de Saint-Germain d'Ausseurre. Et, ou temps qu'il en estoit abbé, l'archevesque de Sens en Bourgongne, qui regnet pour le temps, vout avoir certainz revenuez en son archevesquié : cest abbé le debati au plus qu'il put; et lui dit le dit archevesque, que, malgré ses denz, il aroit ce qu'il demandoit, et le prist par la barbe, et lui arrescha de sa barbe. Adonc dit ly abbé : « Sire, vous me injuriez : dont il me desplet; » et l'archevesque lui respondi : « Quant tu seras pappe, si t'en venge! » Mais il ne savoit pas que telle grace lui deust avenir : il ne s'en fust jà meslé. Et le roy Jehan, qui regnet pour lors, qui bien avoit seu tout le demené et le descort d'entre l'archevesque et l'abbé. Et, pour ce descort, s'en estoit alé estre abbé de Saint-Victor de Marceslez, trèsches qu'i fu esleu pappe. Tantost lettres vindrent au roy Jehan; et, quant il vit les lettres comme il estoit pappe, et il lui souvint du debat devant dit, prist j. de ses chevaliers privez, et lui dist : « Tiens ches lettres, et presentement les porte à l'archevesque de Sens, et regarde bien son semblant et quel chiere il fera, et nous rapporte la verité. » Le chevalier parti, et s'en ala à l'archevesque, et lui bailla les lettres qui

---

[1] Guillaume Grimoard de Grisar, originaire du Gévaudan, pape de 1362 à 1370, sous le nom d'Urbain V.

[2] Saint-Victor-de-Marseille.

avoient esté envoiez au roy; et, quant il lez out leuez, son visage nerchy; et dit : « Malgré Dieu est Grymouart pappe! Je suis perdu et desgradé de tous beneficez et de tous honnours, se le roy ne me fait ma païs. » Le chevalier s'en revinst au roy, et lui conta toute la maniere de la grimace; et le roy commencha, lui et ses privez, qui estoient avec lui, à batre les palmez et à rire. Tout cela se passa. Le pape envoia querre l'archevesque à sauvez treves; car, autrement, n'il fust osé aler. Et, quant il fu devant le pappe : « Orezdanz, archevèsque, vous souvient point que, une fois, en votre grant majestate, en votre archevesquié, pour aucunez financhez que vous demandiés, je les debati, et me deistez que, malgré moy, vous les ariez, et me preistez par le menton en grant fureur et orgeul qui estoit en vous, et je vous diz que vous me injuriés, et vous me respondistez que autant comme de neant, et, quant vous seriez (*sic*) pappe, que je m'en venjasse? Beau filz, or, par la grace de Dieu, je sui pape, et vous puis desgrader de touz honnours et de toutes dignitez et beneficez, s'il me plest; et, pour ce que je veul que contre orgeul je aye humilité, et ne vous veul pas desgrader de tous poinz, maiz vous feray grant amour; car vous n'aviez que une crois : mais vous en arés .ij.; vous serez patriarche de Jerusalem » (lequel benefice ne vaut pas par an .c. lb de rente.) L'archevesque fu tout courchié; mais plus n'en put faire quant à pre sent. Si s'en revinst par devers le roy, et lui pria pour Dieu qu'il lui fust amy par devers le pappe. Le roy en out pitié, et requist au pappe qu'il r'eust son archevesquié; lequel, à la petition du roy, lui rendi son archevesquié; et fu le pappe apesié en humilité. Lequel pappe vesqui saintement, et tenoit les cardinalz bien court, et ne vouloit point qu'il menassent si granz estas ne si granz despens, comme il faisoient, et qu'il ne despendissent pas les bienz de sainte eglise en si granz oustragez. Et fist une decrestalle qui nommée fu : *Sed orribilis*, c'est assavoir : que nul prestre, ne clerc, s'il n'avoit aucun degré en science, comme maistre en ars ou aultrement, ne tenist que .j. benefice; et, si aucun en avoit pluriex, en preist l'un, lequel qu'il vousist, et lessat lez autres; et, se aucun estoit mestre en ars ou semblabe, il en povoit tenir .ij.; et le greigneur en science, comme maistre en théologie et des semblabez, il en pooit tenir trois. Et de ce out grant trouble en court de Romme, que meschaanz serviteurs de cardinalz et d'autres, qui rien ne savoient, tenoient et occupoient tant de benefices que les clers n'en povoient nul avoir; et en prist bien à grant quantité de povres servans auquielz les dessuz diz leur lessoient leur beneficez pour ce qu'i ne les povoient tenir. Maiz ceste decretalle ne dura que poy de tenz; et fu le bon pappe envié pour ce qu'il se gouvernoit saintement, et s'en ala à Roume tenir siege, et puis revinst Avignon, et là mourut; et distrent aucunz qu'il fu empoisonné, et trespassa en Decembre l'an mil.ccc. lxx. Et furent les cardinalz en conclave, et tantost eslurent le cardinal de Beaufort pappe; et out nòm Gringoire; et fu bon prodomme, et vesqui son temps, et mourut à Romme l'an mil .CCC.LXXVij.; et après sa mort, vint le trouble en l'eglise, comme vous orrez après en son endroit.

Or, retourneron à parler du roy Charles de Vallois, et lairon à parles (*sic*) de l'estat de sainte eglise, jusques à tant que ma matere m'y ramainse.

## CHAPITRE VIII.

SOMMAIRE. — Combat, à Sotteville, entre les Rouennais et les Anglais qui occupaient le château de Moulineaux. — Aides levées par Charles V. — Expédition du duc de Lancastre en France; — les Anglais ravagent les côtes de la Picardie et de la Normandie, spécialement le pays de Caux; — se portent du côté de Paris; — reviennent en Normandie, vers Caen; — sont battus par Du Guesclin; — se réfugient en Bretagne. — Accord conclu, à Vernon, entre Charles-le-Mauvais et le roi de France. — Défaite de l'armée anglaise près de la Rochelle, par l'amiral d'Espagne. — Poitiers redevient français. — Bataille de Soubise, où le captal est fait prisonnier, et où meurt Yvain de Galles. — Nouveaux exploits de Du Guesclin. — Incursion en France, de Calais à Bordeaux, du duc de Lancastre et du duc de Bretagne. — Expédition des Français en Angleterre. — Prise d'Ardres en Flandres et d'Auray en Bretagne.

### 1369—1377.

Le roy Charllez ut Maante et Meullent; et, par le contract et accort[1], les Navarrois devoient lessier les fors et mettre hors les Englois d'iceulz; et encore ne furent pas si hors que, le joedi du Saint-Sacrement, en

---

[1] Accord conclu le 6 mars 1365, aux termes duquel le roi de Navarre eut « pour Mante et pour Meullent, et la perte qu'il receut à Mante en or monnayé et en joyaulx, la baronnie de Montpellier et la conté de Lunele, et par dessus ce une somme d'or. Et parmi cest acort fut delivré le captal sans raenchon, et devint homme du roy de France. » (*Chronique des quatre premiers Valois*, p. 163.)

l'an mil .ccc. et .lxv. aucunz des borgeis de Rouen voiant que, toutez les sepmaines ou environ, les Englois qui estoient logiés ou chastel de Mouliniax, lequel avoient pris par leur prouesche, venoient jusques as barrierez de Rouen em pongneis, et prenoient proiez, et puis s'en refuioient en leur chastel, lesquiex borgois et janes hommez, sans le congié du capitaine, firent une embusche ou moustier des Amureez à Saint-Saver et ou moustier [de Saint-Saver] pour savoir pour ce que (*sic*) se les dis Englois vendroient courre jusques as barrierez, comme aultre fois avoient fait, et pour les enclorre sur la cauchie. Mais *ne pense l'asne que ne pense li asnier*. Les Englois surent cette embusche par les lectieres du Grant-Couronne et de Mouliniax qui leur firent savoir. Si assemblerent tant de genz comme il purent, et firent une grosse embuche en la forest sus Soteville. Et le[s] coureeus vindrent jusques devant l'ostel de Preaux [1]; et les Franchois saillent du moustier des Amureez, d'une part, et cheus du moustier de Saint-Saver, d'autre. Et, quant les coureurs Englois, qui savoient l'embusche et qui estoient fors moustez s'en fuient à pointe d'esperon au lonc des murs de Grantmont [2], et cheuz de Rouen aprez, jusques au bout des dis murs et Soteville, et l'embusche des En-

---

[1] Il s'agit là vraisemblablement du manoir qui était le chef-mois de la seigneurie d'Emendreville, laquelle seigneurie dépendait de la baronnie de Préaux. Ce manoir était voisin du monastère des Emmurées.

[2] Prieuré de Grandmont. — Les murs de ce prieuré longeaient la route qui conduisait à Orival et à Elbeuf par Saint-Etienne-du-Rouvray.

glois qui estoient prez, au bois, saillent en l'encontre au devant, et pristrent les diz embucheeurs de Rouen. Et, tantost, le hu et le cry fu en la ville ; alarme après, tost; mès ce fu trop tart. Mais toutes voiez, sire Jacques Le Lieur, adonc capitaine de la ville de Rouen [1], au dedevant de tous cheuz de sa route, parsui le capitaine de Mouliniax, la lanche sous le bras, et [le] fiert, et le gete à terre, et prend son cheval, et l'en ameine. Et l'Englois (sic) s'en fuirent à pointe d'esperon atout leur proie : car ils voient trop grant forche venir aprez eulz. Et gagnerent bien, pour ce jour, pour mil lb.; et y furent Jehan de la Gastine et son frere pris, qui paierent de renchon la gregnieur partie avec pluriex qui y furent pris. Après che, grant quantité d'Englois, par l'acort des .ij. roys, lessierent pluriex fors comme Roulleboise, Orival, Moulliniax et autres plusieurs. Et tinst le roy Charles son royaume assés en pais l'espasse de trois anz ou de quatre; et tous jours levoit ses aidez et subsides, et espargnet tant de finance que c'estoit grant merveille. Et en murmuroit son peuple très fort. Et avoit si grant paor de la rebellion qu'i ne povoit plus, et ne faisoit que penser comme il peust son peuple apovrier afin qu'il ne se peussent ne osassent rebeller. Et estoit un chevalier nommé messire Bureau de la Riviere qui, après la mort du dit roy Charlez, en out fort à besongnier, et em peril de mort, ne fussent certaines lettres signeez du dit roy

---

[1] Il n'était plus maire de Rouen. — En octobre 1364, on le voit explorer les rives de la Seine, avec 4 glaives et 6 archers, pour s'opposer au passage des ennemis. (*Arch. de la Seine-Inf.*, F. Danquin.)

qu'il avoit gardeez[1], lequel chevalier estoit son pur conseiller ès choses dessus dictes[2]. Si lairon à parler de cez choses, et parleron des passages et des routez des Englois faictes en Normandie.

En l'an mil trois chens soixante et noef, le joedi .iiij^me. jour d'octobre, le duc de Lencastre, filz du roy Edouart, roy d'Engleterre, issirent de Carles, à grant quantité de genz d'armes, et passerent la Blancetaque. Et estoit deffendu que nul ne les combatisist, en fegnant qu'il ne perdist de ses genz; et disoit que *valloit miex pais essillié que terre perdue*. Ainsi povoient seurement aler, et chevauchierent, et entrerent ou clos de Caux, et tousjours costiéent la mer; et le navire les suioit par la mer, par les villez qu'il ardoient, dont il voient le feu, et enportoient de bon quanque il trouvoient. Et, quant il se deslogéent, il mettoient le feu en leur logeis. Et ardirent la gregneur partie de Caux, depuis Boulongne jusques à Harefleu, jusques à .viij. ou à .ix. leoez de la mer, à venir sur terre. Et vindrent jusques au Chief-de-Caux[3], et là

---

[1] A la suite de *gardéez*, ces mots qui ne sont pas à leur place et font d'ailleurs double emploi : *qui li ourent mestier des routes et des passages que les Engloiz faisoient en son royaume, si comme vous orrés cy après.*

[2] Sur la disgrâce de Bureau de la Rivière, voir M. Delisle, *Histoire du Château et des Sires de Saint-Sauveur-le-Vicomte*, p. 241. — Ce personnage avait reçu de Charles V, en reconnaissance de ses éminents services, le titre de premier chambellan, l'usufruit de la baronnie de Saint-Sauveur-le-Vicomte et l'honneur d'avoir sa sépulture à Saint-Denis dans la chapelle réservée aux rois.

[3] Aujourd'hui Sainte-Adresse. Cette localité avait quelque importance avant la création du Havre-de-Grace.

furent bien .vj. jours, et là carchoient leur navire de leur pillage; et toutes voiez perdirent grant quantité de leurs gens, que les paisans tuoient, quant il povoient. Et oncques n'asaillirent ville ne chastel; et s'en troient arriere le plus qu'ils poient, de pour qu'ils n'en eussent de leur biens, nonostant qu'il estoit deffendu qu'il ne fussent combattus; et, s'il eussent été plus la moité, il n'en fust escappé homme qu'il n'eust esté mort ou pris, qui eust voulu; car il estoient en la tonnelle as pertrix. Si s'en retournerent à Callès pour celle fois.

*Item*, à la mi-aost ensuiant, l'an mil .ccc. lxx., les dis Engloiz repartirent de Carlès, comme devant, et s'en alerent par la vallée de Septsons, et chevaucherent tout le pais sanz ce que nul leur demandast rien. Et vindrent jusquez assés près de Paris; et vouloient istre encontre. Mais le roy leur fist deffendre, car se dist le roy : « Se nous perdions nos genz, nous perdionz en .ij. manieres. Laissiez faire leur emprise; et il se desconfideront eulz maismez; car il s'eslongnent trop de la mer pour mettre leur pillage à sauveté; et si perdront de leurs gens petit à petit; et ne trouverent (*sic*) pas assés vivres à leur volenté, que chascun, à son povoir, les retraient ès forteresches. » Si s'eslongnerent de Paris; et passerent Saine, et vaucrerent le pais jusquez à la Saint-Andrieu, et s'en alerent jusquez assés près de Caen; et là vint le connestable, nommé messire Bertran du Glesquin, qui les suioit, et en mist bien à mort, à celle fois, un millier; et les autres s'en fuirent en Bretaigne, et se sauverent le miex qu'il purent; et distrent qu'il ne revendroient plus en France, et qu'il ne faisoient que perdre de leur gens et mourir de fain; et que ce n'estoit nul alée, quant il trouvoient à qui combatre.

*Item*, le roy Charles et le roy de Navarre vindrent secondement à Vernon, le joedi devant Pasques flories ensuiant mil.ccc.lxx. pour traictier de l'acort entre eus; et là furent jusques au dit jour de Pasques floriez, et furent en très bon accord, se sembloit; mais c'estoit la pais renart, comme devant est dit, et oirent messe ensemble, et rechurent le corps Nostre Seigneur ensemble; et fu parti en deulz; et en out chascun la moitié, en signe de bonne pais; mais Dieu soit quelle pais! comme vous orrez ci après. Et, aprez tout ce, se partirent le lundi ensuiant de Vernon, et s'en alerent ensemble en bon accort [1].

*Item*, environ la Candeleur l'an mil.ccc.lxxj., fist le dit roy Charles une très grant armée à aler à Breteul, Conchez [2] et Becherel [3] en Bretaigne; et orent treves jusques à certain temps où il se combatroient ou lairoient les fors. Si n'urent point de secours; si rendirent les fors dessus diz, sauf leur biens et leur cors.

---

[1] Cette paix fut conclue le 26 mars 1370. (V. *Chronique des quatre premiers Valois*, p. 210, 211; — Secousse, *Recueil de pièces servant de preuves aux mémoires sur Charles II, roi de Navarre*, p. 307.)

[2] « Pour lors les fortz de Conches et de Bretueil, lesquelz estoient garnis d'Anglois et de Gascons faisoient guerre et moult grevoient le pais. » (*Chronique des quatre premiers Valois*, p. 41.) — Les capitaines de ces forts refusèrent d'abord de les rendre, malgré l'ordre du roi de Navarre, prétendant qu'ils leur avaient été confiés par le captal. (*Ibidem*, p. 212, 213.)

[3] Becherel, commune de l'arrondissement de Montfort (Ille-et-Vilaine).

*Item*, le duc de Berry nommé Jehan de Vallois, frere au roy Charles, avec lui messire Bertran, connestable de France et grant quantité d'autres granz seigneurs, partirent, après Pasques mil .ccc. lxxij., de Paris, atout une grant armée, et s'en alerent en Guienne, pour conquester les fors Englois qui y estoient ; et leur vint grant quantité de navire d'Espengne en ayde ; et là, environ la Saint-Jehan, y eut une très grant desconfiture d'Englois qui venoient à secours à leurs genz ; et en out bien desconfiz de .ij. à .iij. mille, qui tous furent pris et mors ; et à celle desconfiture, y fu pris le compte de Panebroc[1] ; et de là s'en alerent devant la chité de Potiers ; et fu prise et rendue au duc de Berry et au conestable, et fu Franchoise, et encore est ; et fu à la mi-aost ensuiant mil .ccc. lxxij.[2].

*Item*, les Franchois estoient en Guyane les plus fors ; et, la desraine sepmaine d'aoust ensuiant, out une grant desconfiture d'Englois ; et là fu pris le capdal de Buz avec .ix. granz seigneurs de sa route ; et y out de leurs gens bien desconfiz .v. chenz ; et y fu Yves de Gallez[3] à la desconfiture, lequel estoit Franchois ; et y mourut Godeffroy de Harcourt sus .j. femier de fiens ;

---

[1] La flotte espagnole, commandée par Boccanegra, amiral pour le roi d'Espagne, remporta une victoire signalée sur la flotte anglaise, commandée par le comte de Pembrok. (V. *Chronique des quatre premiers Valois*, p. 232 et suiv.)

[2] *Ibidem*, p. 238.

[3] Yvain de Galles passait alors pour un des meilleurs capitaines de France.

et ne se vout omcques rende; car il savoit bien que, se il se fust rendu, si eust il esté mort de villaine mort, ainz ama miex à mourir en fait d'armes que autrement. Et, en cel yver, se rendirent grant quantité de villes et chastiax à Franchois. Et s'en revint le duc de Berry environ la Notre-Dame des Avenz à Paris, et amena avec lui le capdal et pluriex autres prisonniers; et mourut le capdal. Et messire Bertran demoura en Guienne qui portoit trop forte guerre as Englois, et prenoit praes, villes, chastiax à mervellez; et n'osoit nul resister contre lui; et disoit: « Gars, rendés ce chastel de bonne amour, ou, se non, se ge y entre par forche, tous y mourrés. » Les unz les rendoient, les autres les tenoient, mais chex qui les tenoient faisoient que foux, car il leur disoit au matin : « A Dieu le vou, gars, je souperay léanz; et, se le soleil i entre, je y entreray. » Ainsi faisoit; et puis, quand il estoit enz, et les pregnoit par forche, il les fesoit saillir de haut en bas. Si fist tant, que chascun le doubtoit et cregnoit; et les fuitis dez villes et des chastiax s'asemblerent, grant quantité de gens d'armes englois, contre messire Bertran; et il le sut, si dist : « A Dieu le vou, il me trouveront, ne je ne m'enfuiray pas, et leur vausist miex à estre en leur maisons chauffer de leur tysons. » Si avint que il s'asemblerent lundi avant Pasques floriez ensuiant mil .CCC.LXXij. à leur grant mescheance et male aventure qui en celle année estoit pour eulz; et y estoient les gregniex capitaines de Guyane comme messire Jehan d'Evreeux, lequel y fu pris et autres. Si se mellerent Franchois à Englois; et y out très grande forte bataille et longement, tant que messire Bertran gaigna la bataille, et furent Englois desconfiz; et estoient les Engloiz bien, sans archiez et calvachiés, .ix. chenz, qui tous furent desconfiz. Et y mourut bien .iiij$^c$. harnaz, et les autres prisonniers. Et, la baitaille gaignée, le conestable prist de cel emprise Nyors, ville et chastel.

En icelui temps, le duc de Bretaigne estoit pur Englois, et aussi avoit il espousée la seur au roy de Navarre, dont mention est faicte cy devant, et depuis la mort [au duc] fu marié (*sic*) au roy Henry d'Engleterre, comme vous orrez après [1]. Et adonc estoit le connestable Bretran en Bretaigne, et lui portoit si grant guerre, que, au mois de moy, en mainz de .xxij. jours, prist grant quantité des fors de Bretaigne, que la greigneur partie de sez granz barons estoient contre lui comme mons$^r$. de Clichon, mons$^r$. du Beaumanoir et autres. Si passa le dit duc en Engleterre, et s'alia à lui; et firent une grant armée; et à la Saint (*sic*) ensuiant, mil .ccc.lxxiij., le duc de Lencastre et le dit duc de Bretaigne, vindrent à Carlès, et yssirent hors en France. Et estoient bien aesmez à .xx$^m$. hommez d'armes. Et s'en alerent par la vallée de Sepsonz tout droit en Bourguongne, et passerent en Auvergne, et puis entrerent en Guyane; et les suiéent les Franchois de long, pour savoir s'il en peussent avoir en chief ou

---

[1] En 1373, Jean V, duc de Bretagne, avait pour femme Jeanne Holland, fille du comte de Kent. Il l'avait épousée en 1366. Il s'était marié en premières noces à Marie d'Angleterre, fille d'Edouard III; il épousa en troisièmes noces Jeanne de Navarre, fille de Charles-le-Mauvais.

en ceue. Et, quant les Franchois virent qu'i furent en Guyane, si s'en retournerent, excepté le connestable qui les suy; et se bouterent à Bordiax environ la Sainte-Katherine ensuiant.

Après ce, le roy de France fist une très grande armée, que l'en n'en avoit [vu] piecha si grande, pour aler assegier Saint-Salveor le Viconte. Et, quant il fu assis, et les Englois qui dedens estoient virent la grant forche qui devant eulz estoit, et que, à icelle journée, se devoient combatre ou rendre le chastel, il rendirent le chastel; et fu le mardi .ij[e]. jour de jullet l'an mil .CCC.LXXV.; et de ice jour furent trevez entre les .ij. roys, en esperance d'acort, jusques à .j. an ensuiant; et durerent les treves, et furent alongiez jusques à la Saint-Jehan .CCC.LXXVij. [1]

En ce temps, apres les treves passéez, le roy Charles fist une armée à passer en Engleterre, et partirent de Harefleu c'est assavoir .xxiiij. gallées d'Espengne et .xij. de Franche avec grant quantité d'autre navire, et singlerent en mer, et arriverent à la Rie [2] en Engleterre; et la pristrent les François, et la pillerent; et puis la lessierent, et s'en alerent en l'isle de Vic [3], et la pillerent. Et puis tout le navire s'en revint à la Sainte-Crois en septembre; et en l'aost desrain passé, des Franchois, qui estoient en Bretaigne, un fort nommé Aur-

---

[1] M. Léopold Delisle, *Histoire du Château et des Sires de Saint-Sauveur-le-Vicomte.*

[2] Rye, port de mer dans le comté de Sussex.

[3] L'île de Wight.

roy¹ fu pris pour ce que les Englois qui enz estoient le devoient combatre ou rendre. Si furent trop fiebles; si le rendirent as Franchois.

*Item*, en ce temps, le roy Charles fist une grant armée à aler devant Calés et faire siege; et y porta l'en du Clos des Galléez de Rouen grant quantité de garnisons comme eschielles de corde, manteaux de bost pour cargier, paniers, arballestes, artillerie grant quantité, picois, haches, pelles et garnisons plusieurs. Et, de ce voiage, prestrent Ardre et deux autres fors², et ne firent autre chose; et il despendy l'en grant finance³. Et se departi le siege [de Calés]; et ne demoura de gens, fors pour les chastiax; et toutez les autres gens d'armes s'en alerent en Guyane au conestable Bertran, qui là estoit; et environ la septembresse, le dit connestable et Yves de Galles desconfirent, emprès Bordeaux, de .v. à .vjᶜ. Englois; et si pristrent .xv. ou .xvj. fors avec une forte ville et le chastel nommé Briserac³.

Cy laron à parler de ceste matere, et retourneron à l'estat de sainte eglise.

---

¹ Auray, chef-lieu de canton de l'arrondissement de Lorient (Morbihan).

² « Le navire s'en retourna à Hareflou. Alors monseigneur de Bourgoiugne et le sire de Clichon et moult de nobles hommes avoient assis Ardres et deux autres fors qui furent prins. Puis se departi l'ost. » (*Chronique des quatre premiers Valois*, p. 264.)

³ Bergerac, chef-lieu d'arrondissement dans la Dordogne.

## CHAPITRE IX.

SOMMAIRE. — Schisme d'Occident. — Deux papes à la fois : Urbain VI et Clément VI, ce dernier soutenu par la France. — Le cardinal de la Lune succède à Clément VI sous le nom de Benoît XIII ; — la France se soustrait à son obéissance. — Prédication de Jean Courtecuisse, au Palais, à Paris, contre la bulle de Benoît XIII — Les deux papes, Grégoire XII et Benoît XIII, cités au concile de Pise. — Meurtre de l'archevêque de Reims, près de Gênes ; — vengeance qu'en tire le maréchal de Boucicaut. — Décision du concile de Pise. — Election d'Alexandre V. — Abus que font de son nom les Cordeliers grecs. — Digression à propos de Philippe d'Alençon, archevêque de Rouen.

### 1377—1409.

Aprez la mort du devant dit pappe Gringoire, lequel avoit esté cardinal de Beaufort, qui trespassa à Noel l'an mil. CCC. LXXvij., comme devant est dit, les Roumainz ordenerent l'archevesque du Bar pappe, les cardinalz tant de delà comme de dechà presens; et fu sacré à Romme, et fu nommé Urbain Sixte à la Pasques mil. CCC. LXXviij.[1] ; et puis les cardinalz de Franche s'aviserent, et distrent qu'il s'y estoient acordé par crainte

---

[1] Barthélemy Prignano, Napolitain, archevêque de Bari, élu pape le 9 avril 1378, par les seize cardinaux qui se trouvaient a Rome ; — mort à Rome le 18 octobre 1389.

des Roumainz, et s'eslongnerent de Romme. Et, quant il furent hors de la subjection des Roumainz, il eslurent .j. d'eulz à estre pappe et à regner en France; et fu nommé pappe Clement Sixte[1], lequel avoit esté dyacre le jour de Pasquez, à la messe du sacre du pappe Urban des Roumainz; et en fu donné grant blasme au roy Karllez de Franche et au cardinal d'Amienz[2] qui pour lors regnoit, lequel cuida estre pappe. Et fu le peuple de Franche en grant murmuration, disant avoir .ij. pappes; et le plus creoient en leur conscience le pappe Urban de Romme vray pappe; et en vint du meschief assés; et avoit commissaires de par le pappe Clement et le roy qui enquerroient cheulz qui estoient de la partie du pappe de Romme, et les faisoient prendre par la justice laye avec touz leurs biens et mener ou chastellet de Paris prisonniers, et les faisoit mourir comme mestre Vystace du Maldestour et autres; et les autres s'enfuioient, et ne se osoient faire voir de grant temps : dont c'estoit bien estrange chose[3]. Et out en Engleterre .j. clerc qui preschoit

[1] Robert, de la maison des comtes de Genève, successivement évêque de Thérouanne, évêque de Cambrai et cardinal, élu à Fondi, le 21 septembre 1378, par quinze des cardinaux qui avaient élu Urbain VI.

[2] Jean de la Grange, abbé de Saint-Denis, évêque d'Amiens, nommé cardinal en 1375. — Notice sur ce personnage dans l'*Histoire de Charles VI*, de Le Laboureur, I, 9. — Le bruit courut que le cardinal avait « un diable privé qui lui disoit les choses passées et à venir. » (*Chronique des quatre premiers Valois*, p. 203.)

[3] L'auteur de la *Chronique des quatre premiers Valois* porte le même jugement sur la conduite de Charles V au début du schisme. Suivant lui aussi (p. 280), les clercs de l'Université et le peuple

que le pappe Clement de France estoit vray pappe et bien esleu, lequel fu pris et ars comme herese. Et fist l'en des preschemenz à Paris plusieurs pour afermer le pappe Clement vray pappe. Et, le jour de Rouvesonz bien matin, pour ce que plusieurs gens furent à Rouen pour voir le prisonnier et les miracles de saint Roumain[1] l'an mil.CCC.LXXIX., un doctor Augustin, nommé mestre Jehan Romain, prescha au marchié de Rouen nommé la Vieil-Tour[2] et affirma le pappe Clement vraiement et saintement esleu vray pappe, et quicomques ne croient (sic) ainsi, il estoit herese, et erroit contre la foy. Et là estoient plusieurs clers; et, par especial, y estoit le president de l'eschequier de Rouen[3], qui pour ce temps seoit en la dite ville, acompaignié de ses compaignonz, avocas de parlement à Paris, qui estoient audit eschequier avec lui. Lequel pappe Clement regna comme pappe, et trespassa le merquedi

étaient pour Urbain VI. « Les prelas tindrent l'opinion du roy, affin qu'ilz ne perdissent leurs benefices. » C'est donc à tort que le P. Daniel, dans son *Histoire de France,* dit que « le consentement fut unanime dans le royaume en faveur de Clément. »

[1] La délivrance d'un prisonnier, par la levée de la fierte de Saint-Romain, se faisait, chaque année, le jour de l'Ascension. Il est assez probable que les miracles dont il est ici question n'étaient autre chose que des mystères ou représentations théâtrales que l'on donnait au peuple les jours des Rogations.

[2] C'était sur cette place, où primitivement étaient le château ducal et la geôle, qu'avait lieu la levée de la fierte. (V. M. Floquet, *Histoire du privilége de Saint-Romain.*)

[3] Etienne de La Grange. — Il présidait l'Echiquier au château de Rouen, lorsque les chanoines de Rouen lui intimèrent le privilége de Saint-Romain, le 2 mai 1379. (*Archives de la Seine-Inférieure. Délibérations capitulaires.*)

.xvj<sup>e</sup>. de septembre l'an mil. ccc. iiij.<sup>xx</sup> xiiij. Et, en octobre ensuiant, eslurent le cardinal de la Lune[1] pappe; et fu nommé Benedic, et promist, et aussi fu ainsi esleu, que, au conseil des cardinalz, du roy, de l'université de Paris et de tous les clers du royaume de France, il procederoit au miex qu'il porroit à mettre union en sainte eglise, et cederoit, se mestier en estoit. Et à ce estoit contraint par son serment; et ainsi acepta la pappalité et non aultrement. Et, quant il vit qu'i ut passé le pas, et qu'il regna comme pappe, il ne se voulloit acorder à nulle bonne conclusion d'avoir union, et voult user au fort de sa pappalité, et regna par forche et par donz et amis jusques en l'an .ccc.iiij<sup>xx</sup>. et .xviij. que le roy, ses oncles, avec l'université de Paris, procederent fort contre lui; et y out .iij<sup>c</sup>. clers tant de Paris, d'Orlienz, du Montpellier et de tout le royaume, assavoir si la voie de cession estoit vraye et juste tant de lui comme de celui de Roume, ou cas où il ne voudroit condeschendre à icelle conclusion, lesquiex clers .ij<sup>c</sup>. et .L. furent d'acort de cession; et les autres qui estoient de l'acort dudit pappe, en nombre .L., variéent en ce. Et, le samedi .xxvij<sup>e</sup>. jour de jullet ensuiant .ccc. iiij.<sup>xx</sup> xviij., en la presence des onclez du roy, du chancellier de France, des clers de l'université, de plusieurs archevesques, evesques, .j. patriarche, abbés, le roy, de son bon mouvement, en saine posté, clot et hosta audit pappe toute son obeissance en son royaume, et que nul n'obeist à lui comme pappe, et

---

[1] Pierre de Luna, d'Iglueca en Aragon, élu pape sous le nom de Benoît XIII, le 28 septembre 1394.

sur paine de grant amende. Et, le dimence ensuiant, du commandement du roy, le chancelier le prononcha publiquement devant tous; et si fu commandé à .j. mestre en theologie, natif de Rouen, nommé mestre Gillez dez Chanz, qu'i y feist .j. preschement à Sainte-Genevieve à Paris, et que toutes les portes de Paris fussent closses jusques à tant que le sermon fu finé; et fu le premier jour d'aost ensuiant; lequel preschement dura bien .iij. hores; et là furent tous nos seigneurs de France; et commencha tout au commenchement du scisme de point en point jusques à ice jour, et prist en son thieüme : *Homo quidam erat dives qui habebat villicum.*

Et, le .ij<sup>e</sup>. jour de septembre ensuiant, mestrez Huges, grant doyen de Rouen, fist semblabement en la mere eglise de Rouen, l'archevesque du lieu present et plusieurs autres grans seigneurs, et prescha de l'union, etc... [1].

A present lairon à parler .j. poy de cette matere, et retourneron [à parler] d'une autre assés touchant iceste.

En l'an mil .ccc. lxxj., il avoit à Rouen, en Normandie, .j. archevesque, frere au compte d'Alenchon, nommé Philippe d'Alenchon [2], lequel estoit .j. bon pro-

---

[1] Hugues Lenvoisye reçu, en 1376, chanoine de Rouen, en remplacement de Henri de la Tour, promu à l'évêché de Clermont; — succéda, peu de temps après, à Nicolas Oresme, comme doyen de Rouen.

[2] Neveu et filleul de Philippe de Valois, fils de Charles II, comte d'Alençon, et de Marie d'Espagne; — archevêque de Rouen de 1359 à 1374.

domme et chaste, et soustenoit au fort à garder les libertez et franchises de sainte eglise à son povoir. Et, en ce temps, [regnoit] le roy Charles de Vallois et premier nommé Karles de la dite lignie, lequel envoya à Rouen .j. bailly nommé Oudart d'Atainville. Aucunz disoient qu'il estoit son filz de bast; qu'il en estoit je ne soy; mais il haoit l'eglise, et o fort la foulloit, et partroubloit au plus qu'il povoit; dont mout despleisoit au dit archeveque, et ne le povoit amender. Et les amis du dit archevesque voulloient le dit bailly tuer, maiz il deffendoit qu'i ne lui faissent mal[1]. Et faisoit entendant au roy que, se il estoit en son archevesquié, qu'i lui gasteroit sa temporalité, et mist le roy en si grant indignation contre son dit cousin, archevesque, qu'il escript au pappe Gringoire .xj$^e$. qu'i le meist hors, et lui donnast autre benefice hors de son royaume. Et le pappe otempera et osbei à sa requeste, et lui hosta son archevesquié, et l'envoya ou patriarchié de Jerusalem, qui estoit petit benefice à tel homme de si noble ligne: dont le pape fist mal, et en fu bien blasmé de ses cardinalz et de tout le monde; car il deust avoir gardé l'estat de sainte eglise, et il la foulla très lourdement. Ainsi fu le bon prodomme bouté hors de son archevesquié pour garder l'estat de sainte eglise. Et puis le roy envoia son dit bailly hors de Rouen; et

---

[1] D'après les dépositions de Du Tertre et de De Rue, il y aurait eu un projet d'alliance entre Charles-le-Mauvais et Philippe d'Alençon contre le roi Charles V. (Secousse, *Mémoires pour servir à l'histoire de Charles II, roi de Navarre*, t. I, 2$^e$ partie, p. 157.)

s'en alla à Mascon¹ estre bailly par crainte des amis au dit Philippe d'Allenchon. Et, quant le dit pape Gringoire fu mort à Roume, et la division vint à l'eglise, et l'archevesque du Bar fu esleu pappe à Roume et nommé Urban Sixte, regarda que le bon prodomme Philippe d'Alenchon, qui, pour garder sainte eglise, fu bouté hors de sa nation et envoié en estrange contrée, et qu'il estoit de la noble ligne de France, et qu'il estoit prodomme et chaste, le retinst de son conseil, et le pourvey de vivre selon son estat et sa ligne, et le fist .j. de ses cardinalz². Et, après la mort du dit pape, il fu esleu des cardinalz pape; maiz il ne le vout aceter, se n'estoit du bon gré du roy de France, son cousin, lequel lui escript que, quant il le seroit et il l'en voulloit crerre, il seroit par autre election où il n'aroit point de division. Ainsi passa le temps; et le bon prodomme fina ses jours³. Diex en ait l'ame en son paradiz! *Amen.*

Or, retourneron à parler de la dite union et du pappe de France Benedic.

Et, quant Pierres de la Lune, qui se disoit pappe de France, sout que le roy, son conseil et tous les clers

---

¹ En 1375. — « Et aussi fut demis Oudart d'Atainville, du bailliage de Rouen, dont le peuple oult grant joye. » — A Mâcon, il fit décapiter un Breton nommé mons. Sevestre, et attira, par cette exécution inopportune, le ravage des gens d'armes sur les campagnes des environs. (*Chronique des quatre premiers Valois*, p. 236 et 282.)

² Cardinal-prêtre, du titre de Sainte-Marie-d'au-delà-du-Tibre.

³ Il mourut en 1397, suivant son épitaphe, qu'on voyait en l'église de Sainte-Marie-d'au-delà-du-Tibre. (D. Pommeraye, *Histoire des Archevesques de Rouen*, p. 528.)

de la noble université de Paris et d'ailleurs lui ourent hosté toute son obeissance ou royalme de France, comme dit est, il regna en celle non obeissance environ quatre anz : dont il estoit bien courché. Si fist tant, par sa malice et sutilité, par devers le duc d'Orlienz, frere du roy Charles .ij<sup>e</sup>. et le duc de Berry, oncle d'icelui, par donz et promesses et aussi par aucunz clers ausquiex il donna dignités et gros benefices, que, à la Penthecoste, l'an mil .iiij<sup>c</sup>. et .ij., son obeissance lui fu rendue du tout, et promettant par sa foy et serement et par bonz instrumens sur ce fais et passés, qu'i procederoit à l'union, à son povoir, et, toute fois que le pappe de Romme voudroit ceder, il seroit le premier; et, avec ce, que tout ce qui bien aroit esté fait, ou temps que son obeissance lui fu ostée, il confremeroit, et ce qui mal aroit esté fait il l'amenderoit à son povoir. Et, de sa mauvese malice, comme faux regnart, [quand il] vit que son obeissance lui fu rendue, et qu'il avoit passé le fort pas, il escript au pappe de Romme qu'il ne venist à nule conclusion de ceder et qu'il gardast au fort sa pappalité à Romme, et qu'aussi feroit il en France; et, se par forche les princes et les clers de Chretienté voulloient par accort eslire place où l'asemblée se feist pour la dicte union, chascun de soy s'y accordast, en feignant et desirant la dicte union : « L'un de nous ira; et l'autre se excusera par maladie ou aultrement; ainsi coullera trousiours (*sic*) le temps avant. » Et ainsi, comme il avoient professié, il avint que journée fu prise asembler à Savonne au premier jour d'octobre l'an mil .iiij<sup>c</sup>. et sept; et furent les .ij. pappes citez à y estre, à laquelle journée fu le pappe de Romme, qui disoit qu'il estoit tout prest de ceder, mais que celui de France faist aussi, lequel n'y ala, ne ne vint, et se excusa par maladie, ainsi comme il estoient à accort. Et, pour ce que les princez et les clers aprechurent que ce n'estoit que quabuserie de leur fait, et que jamès, tant comme il vivroient, union ne seroit en l'eglise, et aussi que le duc d'Orlienz estoit mort, qui soustenoit le pappe de France, le roy, ses onclez, l'université de Paris et d'alleurs et tout le conseil de France firent secondement sustraction au dit pappe de France, laquelle fu publié et nommée le mardi .xv$^e$. jour de moy .iiij$^c$. et .viij., qui omcques puis ne fu rendue, comme vous orrés cy après. Et, le merquedi ensuiant, une escommiche fu senefiée au roy, laquelle avoit esté donnée, .j. an avoit passé, comme il escommichoit le roy et toute sa lignie de lui yssanz et inhabille à tenir telle dignité comme le royaume de France. Et la presenta un nommé Saucium Luppi, lequel en out mallez soudéez. Et, après ce, les bulles furent moustréez as clers de l'université et ou grant conseil, lesquiex trouverent qu'elle estoit iniquez et malvesez, et qu'i ne se povoit soustenir. Et, pour ce, il fu publié et preschié, le lundi .xxj$^e$. jour ensuiant, par .j. mestre en theologie nommé Jehan Courtecuisse, ou palais de Paris, où estoient le roy et tous nosseigneurs du consel, avec les clers et grant quantité de peupple. Et moustra le dit Courtecuisse les grands malvestiés du dit pappe, et mist .vj. conclusionz laides et horribles sur le dit pappe : la premiere, comme il le nomma par son premier nom Pierres de la Lune, qu'il estoit scismatique continué et, avec ce, herese, troubleeur de pais et de l'union de sainte église; — la .ij®, qu'il n'est pas digne d'estre nommé pappe ne nom de nulle dignité, ne n'est digne que l'en obeisse à lui comme gouverneur de sainte eglise, sur paine de heresie; — *item*, la .iij®. que ses fais, ses diz, collationz, provisions ou procez, du temps et date qu'i lui fu publié ou [fait] notification de ses lettrez, et que toutes les sentences, tant temporelles que espirituelles qu'il a donnéez, soient anichilléez sur paine devant dite; — la quarte, que ses dictes lettres de sen esqueminche soient iniques, seditieusez, doullereuses[1] et fraudeuses, et trouberesses de pais et offenseressez de la magestate royalle, et doit estre pugny, pour deffaut de ordination et de excez de posté pappal; — *item, quinta*, que nul ne doit obeir à ses lettres ne à ses mandemens, mais non obeir sur la paine devant dite; — *item*, la desraine, que l'en procede sur ses facteurs, recheteeurs, deffenseurs dudit Pierre de la Lune, et aussi de leur lettrez, ad proceder sur eulz comme sur le dit Pierre. Si requiert le dit Courtecuisse sur les .vj. conclusionz, premierement : que ses lettres soient anulléez du tout en tout; — secondement, que l'en face information diligaument sur les dictes lettres, et soient prises et retenuez avec tous les participanz sur le dit fait pour estre punis selon leur meffait, desquiex il en a en cest royaume pluriex; — la tierche, que le roy fache prescher

---

[1] Entachées de dol, *dolosæ*.

ces .vj. conclusionz en toutes les bonnes villes de son roialme; — la quarte, que le roy ne recheve nulles des lettres au dit Pierre de la Lune; — la quinte supplie le dit prescheeur que l'evesque de Saint Flour, mestre Pierres de Caucella et Saucium Luppi, celui qui apporta l'escomminche et que jugement en soit fais selonc le cas, soient retenus qui porra [1]. Et, après ces choses ainsi faitez, la sustration neutral fu prononchie, le jour de Rouvesonz .xxiiij$^e$. jour de moy ensuiant l'an mil .iiij$^e$. et .viij., et envoier par toute Cretienté messages et embassadours tant à .ij. pappes, nommés en leurs drois nomz de baptesme, c'este assavoir, celui de Romme : Angle Corriat [2] et de pappalité Gringoire .xij.$^e$, et celui de France, Pierre de la Lune et de sa pappalité Benedic .xiij$^e$., avec touz les cardinalz tant de Romme que de Francez, patriarches, archevesques, evesques, abbez, maistrez en theologie, decretitez et touz autres clers de toutez pars qu'i fussent à la chité de Pise en Tousquenne à Noel ensuiant pour eslire pappe .j. pour tous; lesquiex dessus diz, tant de delà comme de chà, furent tout d'acort à y aller, et il furent tous asemblez à Pasques l'an mil .iiij$^c$. et .ix., fors les contendanz estrez pappes qui n'y alerent ne ne vindrent, lesquiex furent apellés par pluriex fois sur la paine qui y apartient, comme vous orrez. Et furent en l'asemblée .xxiiij. cardinalz, trois

---

[1] Il doit y avoir là une interversion. Le sens veut que la phrase soit ainsi construite : « Soient retenus, qui porra, et que jugement en soit fais selonc le cas. »

[2] Angelo de Corrario, Vénitien.

patriarches, de .vij. à .viij. mitrez tant d'archevesques,
evesques, abbez et d'autres clers comme theologiens,
decretitrez et d'autres clers de l'universel paiz, que
c'estoit sanz nombre, qui toujours estoient en prierez
et en oraison à prier Dieu pour la dite unyon. Et, en ce
temps des ditez sustrations, grant quantité de gros benefices tant à Romme comme en France vaquierent, comme Guillaume de Vyane, adonc archevesque de Rouen,
qui trespassa à Paris .xviij<sup>e</sup>. jour de fervier l'an .iiij.<sup>c</sup> et
.vj, et avoit regné archevesque .xiiij. anz; et en vint
très grant debat à eslire archevesque, que le pappe
Benedic il voulloit mettre l'archevesque d'Aus; et, à la
requeste du roy, le capitre de Rouen eslut Loys de
Harecourt, frere du compte de Harecourt et cousin du
roy, lequel escript au dit capitre qu'il ne recheussent
nullez bulles du pappe; lequel y envoya ses bulles,
mais les messages qui les aporterent n'urent omcques
si grant paour qu'il ne seussent raller, ne leur bullez
n'urent point d'effet. Et, pour ce fait, en out de
grossez parolles entre le duc de Berry et le duc
d'Orlienz, frere du roy, qui pour lors vivoit, et vouloit
que les bullez du pappe eussent effet pour le dit archevesque d'Aux. Et fu l'archevesquie gouvernée par
doyen et capitre d'icelle [eglise de Rouen] depuis
le .xviij. jour de fervier .iiij.<sup>c</sup> et .vj. jusques au jour
de la Saint-Michel l'an .iiij.<sup>c</sup> et .viij.

Et, en ce temps, toute l'asemblée des clers estoit à
Pise; et là estoient doucement en pais sanz noize, et
des vivres à planté et bon marchié; mais, à celle alée,
en prist mal à l'archevesque de Rainz qui y alloit, si

comme aucunz disoient, por retarder la dicte union. Si avint qu'i se loga en une ville dont je ne say le nom; et son marescal ala chiez .j. marecal de la ville pour faire ordener ses chevax : si y out noize ; et fu le mareschal de la ville tué, lequel avoit de beax enfanz. Si s'a[sem]blerent euz et leurs amiz; si vindrent à l'ostel de l'archevesque, lequel fu tué, son mareschal et troiz autres de ses gens : dont il en vint as diz amis mout de malz; car .j. homme d'armez, nommé Boursicaut, qui gardoit pour le roy le pais, pour l'asemblée de l'union, le sut : si vint en la ville, et fist mettre à mort tant des amis du mareschal de la ville que ce fu grant pitié. Ainsi va de folement aler par pais estrange et de folle emprise entreprendre[1].

*Item*, en cemps (*sic*) l'evesque de Baieeuz vaca, et fu donné par ellection de capitre. *Item*, l'evesque de Coustancez par semblabe; l'abbé de Saint-Oueyn de Rouen et celui de Sainte-Katherine; et n'estoit pas de souvenue d'omme que l'en eust veu que les capitrez eussent esleus leurs prelas par la defaute de union.

Or, sont tous nos clers de toute Chretienté asemblez à Pise, et tous les jours en oroisonz et prieres; et preschemens et processions par toutes les bonnes villez de Chretienté, chascun dimence depuis Pasques jus-

---

[1] Voir le récit de ce fait dans les *Chroniques de Saint-Denis.* — L'archevêque de Reims était Guy de Roye ; — *l'homme d'armes* était le maréchal de Boucicaut, maréchal de France et gouverneur de Gênes. — Cette aventure se passa dans un village à deux lieues de Gênes.

ques à la sainte journée. Et là ont fait apeller les deux contendanz de pappalité, comme maniere est de ce faire. Et, pour ce qu'ils n'allerent ne envoierent, il furent condampnez par voye de droit, le .v<sup>e</sup>. jour de jung l'an mil .iiij<sup>c</sup>. et .ix., en plain sane et congration (*sic*), et furent mis en deffaut, en la presence des .xxiiij. cardinalz, patriarches, evesques, archevesques, theologiens, decretitez et tous les clers pour ce fait asemblez; et furent tenus scismatiques, hereses, hors de la foy; et commandé que nul n'obeist à eulz, ne roy ne prince, ne ne leur donnent confort, aide en aucune maniere, et qu'i ne soient dignes d'estre appellez nom de nulle dignité. Et quil (*sic*) voudroit mestre en escrit toute leur malvese vie et aussi comme, par la dite sentence, il sont deboutés de toute sainte eglise et les poinz d'icelle condempnacion, il lui faudroit trop de papier et de paine : si m'en passe atant.

Et, après qu'il furent ainssi condampnés, et la copie de la condempnacion envoië en pluriex pais de Chretienté, les cardinalz entrerent en conclave, comme maniere est de ce faire, et furent .xj. jours au dit conclave; et les autres clers qui estoient en la ville estoient tous les jours en jeunez et oroisons, en priant Dieu que les diz cardinalz, d'un accort, sans aucune division, peussent eslire pappe au profist et exaltation de notre mere sainte eglise. Et, à l'onziesme jour, tous les cardinalz, par la grace du Saint Esprit, et tous d'un accort, sanz point de division ne que nul ne le contredisist, si eslurent .j. bon prodomme Cordelier, de l'aage de .lxx. anz ou environ, cardinal de Millen, natif d'aucunez partiez de Grece, nommé de son propre nom en baptesme Pierre de Candye et après nommé nom pappal Alixandre Quint. Et, quant cheulz qui estoient en la ville le surent, furent tous d'une volenté sans contradition, le ratifierent, loerent en merchiant Diex que, en leur temps, il voient union à sainte eglise. Et fu prononcié par le cardinal de Sallebruce; et fu le .xxvj<sup>e</sup>. jour de jung en l'an de grace mil .iiij<sup>c</sup>. et .ix. Lequel scisme avoit duré en Chretienté depuis Noel l'an mil .iij<sup>c</sup>. LXXvij. jusques à ice jour. *Deo gracias*. Et en vindrent les premieres nouvelles lundi .viij<sup>e</sup>. jour de jullet ensuiant à Paris, et en Normandie le joedi ensuiant. Et, quant chascun sout ces nouvelles, omcques, de souvenue d'omme, tel joie ne fut demenée, et non sanz cause. Et, en chascunne cité où ces nouvelles estoient venuez, messes solempnelles du Saint-Esprit et de Notre-Dame estoient chantéez; et, tant comme l'en metoit à dire cez messes, toutez les clochez des moutiers sonnoient, et, après ce, au soir, faire les feulz ès places où l'en les fait à la Saint-Jehan, et faire tel joie, menesteriex corner, esbatemens que omcques l'en ne vit faire si beax esbatemens à la Saint-Jehan; et les religiex des dictes chités, tant rentez que mendianz, faisoient lez feulz en chantant moutez et balladez; et aussi faisoient les prestrez seculiers. Or, merchion Dieu omnipotent, nous qui à ce jour estionz en vie, que en noz jours avonz veu pais en sainte eglise.

Le bon pappe Alexandre .vj., voiant et considerant que mout de malz et sentences d'escomminche, irregularitez, privationz, depuis le commenchement du dit scisme jusques à horez, a donné plaine absolution, et remis en son premier estat, et tout confermé, et rappellé tous les benefices en sa main, et pardonné deniers deuz à la chambre du pappe jusques à horez, et procez anullez. Et, le premier jour de jullet, il tint son conseil general à Pise ouquel estoient les .xxiiij. cardinalz avec les autres clers. *Item*, le tiers jour du dit mois, il nomma Symon, patriarche d'Alixandrie, archevesque de Rainz. *Item*, le septieme jour ensuiant, il fu couronné pappe à très grande solempnité; et l'evesque de Paris fu nommé .xxv<sup>e</sup>. jour; et, ce jour, entra à Pise le roy Lois, cousin frareur du roy de France, et fu recheu à très grant joye, et vint à très belle compagnie, et digna ce jour avec le pappe. Et vesqui son temps saintement, et fist les plus amplez graces que omcques fussent faictes de souvenue d'omme, et estoit acompaignié de Cordeliers et d'autres religieux mendianz, princilpament et par especial, des Cordeliers de son pais de Grece, lesquiex contrefirent son signé, et empetrerent bulles qu'il eussent domination sur les cures de Chretienté d'aconfesser, d'aminystrer sacremens sanz le licence des diz curés, et, avec [ce], d'avoir la disme de la valour des beneficez; et s'en mistrent en fait, quant les clers de l'université de Paris le contredirent, et l'escrirent au pappe, qui de ce ne savoit rien : dont il fu mout courchié, et n'en peut plus faire, que sa vie fu acorchie, et ne dura que depuis le .xxvj<sup>e</sup>. jour de jung devant dit .iiij<sup>c</sup>. et .ix. jusques au .iij<sup>e</sup>. jour de moy ensuiant l'an mil .iiij<sup>c</sup>. et dis qu'il trespassa en la chité de Boullongne la Crasse. Et, le .xiiij<sup>e</sup>. jour du dit mois ensuiant, les cardinalz entrerent en conclave, et eslurent, le .xvij<sup>e</sup>. jour ensuiant, .j. très noble homme pappe, natif de Rome, de noble lignie; et fu nommé Jehan .xxiij<sup>e</sup>., et est janez homme de l'aage de .XL. anz ou environ, et estoit au devant cardinal de la dite Boullongne la Crasse. Et, l'endemain .xviij<sup>e</sup>. de jung, le roy Loys ariva à lui, et lui fist très bonne chere; et de là se parti le pappe à aller à Romme par terre, et le roy Loys par eaue à .xvij. galléez et grant quantité de nés d'arméez afin que le dit pappe n'eust aucun encombrement tant par terre que par eaue.

Cy lairon à parler de l'estat de sainte eglise et de la dite unyon, et retourneron à parler de notre premiere matere devant escripte, si comme chy après orrez.

## CHAPITRE X.

Sommaire. — Les Navarrais perdent la ville de Bernay. — Punition de Pierre du Tertre et de Jacques de Rue, complices de Charles-le-Mauvais. — Explication des termes de convention employés dans la correspondance de ce prince avec eux. — Prise de Pont-Audemer par Du Guesclin. — Les Anglais à Harfleur et à Saint-Malo. — Siége de Cherbourg par les Français. — Engins préparés à Rouen pour cette expédition. — Mort du connétable. — Les Anglais traversent le royaume, de Calais à Bordeaux. — Pillage de Rie en Angleterre par des galères d'Espagne. — Mort de Charles V. — Son cœur est apporté dans la cathédrale de Rouen. — Avénement de Charles VI. — Nouvelle taille qui permet à la Chambre des Comptes de connaître le nombre des feux du royaume.

### 1377—1380.

En l'an mil .ccc. lxxvij., en Karesme, fu aprocheue (*sic*) une soutille maniere de faire du roy de Navarre devant dit contre le roy de France, en maniere de traison, d'escripre couvertement et muer les nomz des prinches, des chastiax et bonnes villes en aultres nomz que les euz propres, si comme il aperra cy après, et fais par la sutilité mestre Pierre du Tuetre, conseillier du dit roy de Navarre; car adonc estoit le dit roy de Navarre en son pais de Navarre, et n'estoient pas encore cez (*sic*) chastiax de Normandie fournis de gens d'armes ne de garnisonz. Sy en ut le roy Charles de France congnoissance, et fist tant subtillement qu'i prist Bernay et le dit mestre Pierre du Tuetre et Jaque de Rue, maistre-conseillés du roy de Navarre. Avec ce l'en prist grant quantité dez fors de Normandie comme Evreeux, Breteul, Gauvray[1] et autrez ; et les fist tous abatre par le conseil du dit mestre Pierre de Tuetre qui dit au roy Charlez de France que, tant comme les fors seroient en estant, il n'aroit pais : et pour tant quida estre delivré de mourir ; mais non fu, et fu mené à Paris lui et Jaques de Rue, et ourent les colz trenchez, lundi après le Sacrement l'an mil .ccc. lxxviij.[2]. Et, en che temps, avoit devant Harefleu environ .vj$^{xx}$. vessiaus d'Englois d'armée qui venoient pour garnir les fors de Normendie ; et ne savoient pas que les Franchois eussent eu congnoissance des choses dessus dictes, et se combatirent as barrieres de Harefleu fort et ferme ; et furent fort repoussez ; et furent les Englois là depuis le mardi de Penthecoste jusques au lundi après le Sacrement ensuiant mil .ccc. lxxviij. qu'i s'en ralerent, et faillirent à leur esme bien et lourdement. Et estoit le siege devant le Pontau de mer avec les enginz, et fu pris, xv$^e$ jour de jung en cel an[3] ; et de là se

[1] Gavray, chef-lieu de canton (Manche), réputé alors le plus beau château de la Normandie. (V. M. Canel, *Lettres sur l'histoire de Normandie*, p. 277.)

[2] Sur le procès de du Tertre et de Rue, voir Secousse, *Mémoires pour servir à l'histoire de Charles II, roi de Navarre*, 1 vol., 2$^e$ partie, p. 156 et suiv.

[3] V. M. Canel, ouvrage précité, p. 279 et 280. — Cet auteur fait observer que la ville de Pont-Audemer avait été mise sous l'obéissance de Charles V avant le 1$^{er}$ juin. Une des lettres du connétable Du Guesclin est datée de Pont-Audemer, du 13 juin.

partirent les enginz et les genz d'armes faire siege à Saint-Guillaume de Morsent[1] (*sic*); et fu pris; et s'enfuioient les Navarrois et Engloiz de fort en fort, et estoient si desconfiz qu'il n'en poient plus : car leur maistre estoit en Navare qui ne savoit rien de ces choses, et ne quidoit pas que son fait fust ainsi apercheu : dont il fu decheu. Et s'en fuirent tous à Chereubourc : car plus ne leur demoura de fors en Normandie qu'i tous ne fussent en subjection du roy de France, enchiez que fust la Magdaleine ensuiant. Et, en che temps, se partirent les Englois sur mer bien à .ij<sup>c</sup>. vessiax, et se departirent en l'entrée d'aost ensuiant; et avoit en la mer des galléez d'Espengne avec des galléez de Franche; et toutes se departirent à la mi-aost ensuiant.

Cy ensuit la maniere comme le roy de Navarre escripsoit à ses privés et conselliers par lengage divers que nul ne peust entendre les sustancez des lettrez, s'il n'eust eu regart en la table qui ensuirra aprez ces lettrez qui ensuient[2].

Charles etc, roy de Navarre etc. S'il est ainsi que *Nommularius* ne laissat partir de lui *Repertum*, il est de neccessité que *Vexatus* pense et ymagine aucune voie comme *Repertus* peust venir en *Bispertite* vers *Capitolium*. Car s'i savoit bien lez productionz, qui de

---

[1] Saint-Guillaume de Mortain (Manche).

[2] V. *Procès criminel fait à Pierre du Tertre, secrétaire du roi de Navarre*, dans Secousse, *Recueil de pièces servant de preuves aux Mémoires sur les Troubles excités en France par Charles II dit le Mauvais*, p. 388 et suiv. — *Ordo et regula occulte scribendi*. (*Ibid.* p. 414.)

piecha sont machinées contre *Calidum* et sa progenie, qui desja commenchent à apparoir, il mettroit toute sa peine qu'i pourroit d'issir hors de *Latibulo*, meesment que, comme l'en tient que lez naufraganz sont tous près de faire leur perelignage; et se eulz passoient avant que *Repertus* fust hors dez mains de *Nommullario*, il est à douter que il retiendroit. Et tout ce est en Dieu. Mais non obstant ce que l'en veist que ainsi fust, il est expedient que *Vexatus* escripse *Robustis* et *Centurionibus*, qui sont avec *Repertus;* et, ou cas qu'il ne pourroient partir, qu'i s'en viennent chascun en sa maison, et le lessassent avec *Nommulario* que, comme *Calidus* tient, il ne lui fera jà mal. *Item,* il est besoing que *Restaurator* visite hastivement *Capitolium*, si seurement se peut faire, afin d'eviter son allée vers *Nommularium*. Et, se il avenoit que *Repertus* et *Restaurator* peussent estre une foiz en *Bispertite*, gardent, si chier que il ont leur vie, que il ne retournent plus vers *Nommularium* jusques à tant qu'il en aient expert mandement de *Callido*, que, depuis que Notre-Seigneur fu vendu, si grant traison ne fu faicte contre personne comme elle est contre *Callidum* et sa progenie tant delà comme dechà. Et, puis que ainsi est, et que *Callidus* en est avisé, il est au port de Saint-Jehan, et se pourvoit de gens dont il aura assés. Et tant qu'il s'en dourra bon conseil par dechà, que, avant qu'il soit .xij. jours, il ara .vuj$^c$. estranges ou plus, et que, à l'aide de Dieu et de son bon effort et aussi des gens de son pais, que il resisteront bien contre *Instrusorem*. Si pensent les *Centuriones* d'aler chascun en sa maison, ne, pour la detention de *Reperti,* ne lessent d'eulz garder et aviser de leur fait. Et, s'il est ainsi que *Nommularius* reteinst les *Robustos* et *Centuriones* qui sont avec *Repertum*, soit tantost escript à tous les estranges des habitationz de *Callido* et que chascun soit avisé de son fait, et prengnent bon cuer et bon effort en eulz, sanz rien baillier ne livrer de leurs logemens, mais soient fermes et estables plus que omques mais, *quia nunc est hora,* et n'aient accune doubte de *Theatro,* que il sera si bien establi que qui y vendra il trouvera bien à qui parler. Et, pour ce que *Callidus* ne soit de certain comme les choses de par dellà vont, il ne peut proprement escripre à *Vexato;* mais il lui prie, comme à celui de qui il se fie entierement, et qu'il soit les choses de par dellà, il lui pourvoie au miex qu'il pourra, tellement que ses habitationz soient bien gardéez ; car autre temps vendra avant que soit lonc temps. Et escripve souvent *Vexatus* à *Callido* tout l'estat de par dellà et les nouvelles. Et, se *Repertus* fait aucun traitié avec *Nommulario, Callidus* tient qu'il ne vault rien, que *Intrusor* s'apareille pour venir contre *Theatrum.* Et pour ce *Callidus* se pourvoit et se tient pour tout reconforté puisque autrement ne peut estre. Et a esperance en Dieu que tout est pour son bien, et cree (?) non plus à Dieu. Escript à Pampellune en Navarre etc., premier jour de moy mil .ccc. lxx viij.

Cy ensuivent les nominations translatéez par quoy les Navarrois se enre-escripsoient couvertement et par quoy vous povés entendre les lettrez devant escriptez et toutez autres à celle maniere :

Rex Francie, Nommularius;
Imperator, Agrippa;
Rex Anglie, Laceratus;
Rex Aragonie, Possessor;
Rex Castelle, Instrusor;
Rex Navarre, Callidus;
Consilium Francie, Publicani;
Concilium Anglie, Seducti;
Consilium Aragonie, Sofistici;
Consilium Castelle, Astrosi;
Consilium Navarre, Robusti;
Parlamentum, Zodyacus;
Cancellarius Francie, Scriba;
Episcopus Baiocensis, Pallidus;
Episcopus Belvacensis, Pugnans;
Comes Salabruce, Bachalarius;
Camera compotorum, Abiscus;
Locus Sancti-Pauli, Jericum;
Palacium, Aquosum;.
Boscus Vimennarum, Claustrum;
Sanctus-Germanus in Laya, Capitullum;
Meldinum [pour Meledunum], Sicamor;
Francia, Latibullum;
Anglia, Nauffragium;
Almannia, Profundum;
Itallia, Baratrum;
Castella, Calculus;
Aragonia, Cilicium;
Navarra, Theatrum;
Dux Andegavensis, Faustus:
Dux Buturicensis, Orpheus;

Dux Burgondie, Artius[1];
Dux Lencastrie, Rubus ;
Dominus T. de Feltonne, Machabeus ;
Dominus de Riparia, Cecus ;
Almirandus (pour Admirallus)[2], Repugnator ;
Constabularius, Auriga ;
Dominus de Cliçonio, Bubulcus ;
Vicecomes de Rohan, Philomena ;
Comes Stampensis, Providus ;
Comes Flandensis, Palustris ;
Dux Barry, Circonventus ;
Dalphinus, Expectans ;
Dominus Vallesii, Sequax ;
Comes Haricurie, Adherens ;
Comes Sabaudie, Palatinus ;
Pappa, Patronus ;
Cardinalles, Pharisei ;
Curia Romana, Centrum ;
Archiepiscopus Auxitanensis, Constantinus ;
Episcopus Abrincensis, Calvus ;
Episcopus Aquensis[3], Facundus ;
Prior Pampilonensis, Orator ;
Ferdinandus[4], Adultus ;
Thesaurarius, Custos ;
M. P. du Tuestre, Colis Vexatus[5] ;
Dominus Leodegarius, Induratus ;
Gentes Compotorum, Municipes ;
Capitanei, Centuriones ;

[1] *Arrius*, dans Secousse, ouvrage précité, p. 414.
[2] L'amiral Jean de Vienne.
[3] L'évêque d'Ax, Jean de Beaufes.
[4] Ferrando d'Ayens,
[5] Ou : Du Tertre (*Collis*), *Vexatus*.

Baillivi, Aratores[1] ;
Vicecomites, Piscatores ;
Regina Blancia[2], Nutrix ;
Regina Francie, Noverca ;
Ducissa Aurelianensis, Prodiga ;
Domina Johanna Navarre, Fortunata ;
Dominus Karolus Navarre infans, Repertus ;
Dominus Philippus Navarre, Restaurator ;
Domina Maria Navarre, Caduca ;
Domina Blanchia, Refulgens ;
Domina Johanna, Solidata ;
Domina B., Servet ipsa ;
Comes Armaniaci, Rotundus ;
Comes Fuxi, Solicitus ;
Dominus Rodericus, Pillosus ;
Remigirus d'Arelano, Hirsutus ;
Dantius Luppi[3], Decrepitus ;
Jacobus de Rue, Munitus ;
Matheus de Coquerel, Jacobita ;
G. Darcy[4], Solidatus ;
Parisius, Vetulla ;
Rothomagensis (sic), Janua ;
Roma, Leona ;
Ebroicencis, Pantheca ;
Passiacum, Cornubia[5] ;
Agnetum (pour Anetum), Centuria ;
Brevaltis (pour Brevallis), Curia ;

---

[1] *Oratores*, dans Secousse, ouvrage précité, p. 414.

[2] Dans Secousse : *Regina B*. En note : « C'est peut-être la reine Blanche. » Ce qui fait doute, c'est que dans la même liste *Refulgens* est donné comme équivalent de *Domina Blancha*.

[3] *Sancius Luppi*.

[4] Guyot d'Arci, chambellan du roi de Navarre.

[5] Dans Secousse, *Connubia* ou *Conubia*.

Nogentum, Cambria ;
Britolium, Esclavonia ;
Conches, Luppa ;
Bellus mons, Stipulla ;
Bernayum, Aurora ;
Auribecum, Silva ;
Pons-Audomarus, Oliva ;
Condetum, Pirus ;
Thinchebroy, Silvestris ;
Morteonium, Corinthon ;
Abrincensis, Effesis ;
Ganceium (sic) [pour Gavreium], Ruppa alta [1] ;
Reniervilla [2], Palludina ;
Constanciensis, Degenera [3] ;
Carentonium, Limphata ;
Pons Dove, Spelunca ;
Valongne, Cruciata ;
Pons-Abbatis, Villa-Ruperta [4] ;
Cesarisburgus, Capitolium ;
Mare, Planicies ;
Naves, Aquatice ;
Monspessulanus, Bipennis ;
Burdegalis, Ambrosia ;
Baiona, Gurgites ;
Aque, Focus ;
Flaudria, Lacus ;
Picardia, Fastus ;
Campania, Artata ;
Burgondia, Detenta ;

[1] Dans Secousse, *Alta rippa*.
[2] Regnéville (Manche).
[3] Dans Secousse, *Degenerata*.
[4] Dans Secousse, *Vallaplata*.

Normannia, Bispertita ;
Britannia, Vulnerata ;
Acquitania, Inscia ;
Provincia, Optata[1] ;
Le Dalphiné, Refutatorium ;
Johannes Mercerii, Elatus;
Mag. Ferricus de Metis, Thimidus ;
Ma. Yvo Darien[2], Obstinatus ;
Ma. Arnaldus de Lar, Adversarius.

Et par celle table devant escripte escripsoient les Navarroiz et Engloiz l'un à l'autre couvertement sanz que nul en peust rien aperchevoir, fors cheulz qui avoient celle table. Et, en ce temps, estoient les Engloiz tous esbahis qu'i ne povoient avoir nulles de leurs ententez, pour ce que le roy de France avoit eue congnoisance des choses dessus dictes, et que adonc estaient jà tous les fors de Normendie que pris que abatus en la main du roy de France, excepté Cherebout où tous lez Navarrois et Englois s'estoient retrais. Et les Englois devant diz, qui estoient à Hareffleu, deschendirent, environ la septembresche l'an .ccc. et .lxxix. devant Saint-Maalou de l'Isle, et y furent bien .xv. jours, et ne firent rien, et s'en ralerent en leur pais.

Et, après tout ce, environ la Toussainz ensuiant l'an .ccc.lxxix., pour ce que tous les Navarrois s'estoient rescousez à Cherenbours, le roy de France fist une très grant armée pour y aler faire siege; et y porta

---

[1] Dans Secousse, *Aptata*.
[2] Dans Secousse, *Ivo Deriani*.

l'en grant quantité d'enginz de plusieurs manierez; et, par especia, l'en carpenta, en la forest de Lyons, .j. grant engin nommé le *Cat*; et, par cel engin, devoit l'en monter tout couvert jusques à guarites du dit fort et prendre par force. Mais de ce que fol pense souvent remaint. Et passa icel engin par Rouen, et convint depechier les barrieres de la porte Beauvoisine et du Bout-du-pont, tant estoit le mesrien lonc; et y avoit à le mener par nombre .LXX. que charrios que charretes; et fu mené à Caen, et la demoura, et encore y est. Et tous les autres enginz demourent ès fors d'entour Cherembourc; et y ut une grande escarmuche devant Cherembourc; et les Engloiz avoient fait une embuche par nuit, et y ut des Franchois bien .L. glesves pris et desconfiz; et à celle escarmuche, le frere messire Bertran, adonc connestable, pris, messire Guillaume de Maugny et plusieurs autres; et fu tout le fait depechié; et s'en ralerent chascun en sa maison [1].

*Item*, le dit connestable mourut environ la Magdaleine l'an .CCC.iiij$^{xx}$.; et dit l'en qu'i fu empoisonné; et fu apporté enterrer à Saint-Deniz en France à grant solempnité. Et bien estoit raison; car aussi si grant domage ne vint en France de mort de chevalier depuis .C. anz passés comme de lui. Et en fu le roy de France très grandement courouchié, et non sans cause. Et qui l'eust lessié faire à sa volonté, il n'eust esté ne

---

[1] Le siége de Cherbourg se rapporte à l'année 1378. (Secousse, *Mémoires pour servir à l'histoire de Charles II, roi de Navarre*, 1$^{er}$ vol., 2$^e$ partie, p. 199. — V. M. Canel, ouvrage précité, p. 285 et suiv.)

Crestien ne Sarrasin qui eust osé rien emprendre sus le royaume de France. Et, en ce temps, quant les Englois surent qu'il estoit mort, firent une très grande armée, et yssirent de Kallès en aost ensuiant l'an .ccc.iiij$^{xx}$., et passerent France, et s'en alerent en Champagnie (*sic*) après la my-aost ensuiant, et s'en allerent le haut païs jusques à Bordiax sans perdre, fors que, tant que quant les diz Englois estoient en Franche, .xx. galléez d'Espaigne estoient sur mer. Et pristre (*sic*) la Rye en Engleterre, et la pillerent et puis lessierent. Et, en ce temps, urent les Bretons discention au roy de France. Et cy lairon à parler du connestable, et parleron de la mort du roy Charles.

Le roy Charles, premier nom de Charles de Vallois, après la mort de son bon connestable, n'ut oncques puis joye; car, en icel an que le dit connestable trespassa, le mal de la mort prist au roy; et trespassa de cest siecle .xxvj$^e$. jour de septembre l'an de grace mil .ccc.iiij$^{xx}$.; et fu son corps enterré à Saint-Denis en France avec ses predecesseurs, et sen bon connestable à ses piés. Ainsi ne vesqui le roy après son connestable, fors depuis la Magdaleine jusques au dit jour du trespassement du roy. Et fist, en son trespassement, mout de lenmentions (*sic*) tant des reses ou arméez que les Englois avoient fait en son royaume, sanz que nul ne leur demandast rien, et son païs essillé, comme du trouble de sainte eglise qu'il avoit soustenu : dont y fremissoit à la mort. Mais il convint qu'il mourut comme les autres ; et fu son cuer aporté en la mestresse eglise de Rouen [1].

Le royaume eschey à son filz ainsné Karlles second de Vallois, en l'aage de .xiij. anz ou environ, lequel avoit .j. frere, lequel fu duc d'Orliens, duquel roy son royaume fu le plus essillé, non pas de guerres, mais de

---

[1] Les restes du cœur de Charles V reposent encore dans la cathédrale de Rouen, sous cette inscription : *Subtus Conditur — Cor — Caroli V — Francorum Regis Sapientissimi — Antea Ducis Normanniæ — Qui Ecclesiam Hanc Metropolitanam — Ut Prae Caeteris Vivus Amaverat — Ita Moriens Melioris Partis sui — Hæredem Fecit. — Depositum — Anno Reparatae Salutis MCCCLXXX — Recognitum Ac Denuo Reconditum — Anno MDCCCLXII.* — V. M. A. Deville, *Tombeaux de la cathédrale de Rouen*, 1833. — M. l'abbé Cochet, *Découverte, reconnaissance et déposition du cœur du roi Charles V dans la cathédrale de Rouen, en mai et juin* 1862, Havre 1862. — *Procès-verbaux de la Commission départementale des Antiquités de la Seine-Inférieure*, t. II, 1849-1866. — L'ancien monument élevé à Charles V dans le chœur de la cathédrale, mutilé par les protestants en 1562, fut supprimé par ordre du chapitre dans la seconde moitié du dernier siècle. Une main barbare, à une époque plus récente, a détaché des registres capitulaires le feuillet où se trouvait la délibération de 1380 relative à la déposition du cœur de Charles V. — Un obit était célébré chaque année, le 16 septembre, en la cathédrale, pour Charles V. — Les religieux de la Madeleine le regardaient comme un de leurs principaux bienfaiteurs, à cause de l'union qu'il avait faite à leur maison de la chapelle de Saint-Julien au Petit-Quevilly. Le souvenir en était consigné en ces termes dans leur matrologe : *Hac die Karolus, illustris rex Francie et excellentissimus princeps, dedit nobis ecclesiam S. Juliani de Aula-Puellarum, que antiquitus Beata Maria de Quevilly, nuncupabatur, cum omnibus suis juribus et pertinentiis, ita quod in perpetuum tenebimur celebrare in dicta ecclesia unam missam omnibus dominicis et singulis diebus.* — Tous les jours, après complies, le prêtre devait exciter, en ces termes, les pauvres à prier pour le roi : « Dévotes créatures, priez Dieu pour l'âme du roy Charles et pour tous les bienfaiteurs de l'église de céans. Dictes *Pater noster* et *Ave Maria.* » (*Archives des Hospices de Rouen.*)

tailles et d'argent levé sur son royaume, non pas qu'il ne fust très vaillant prince et bien amoureux de son peupple, se Diex lui eust envoié santé, si comme vous orrés cy après. Et fu sacré à Rainz, le jour de la Saint-Martin d'yver ensuiant; et le joedi ensuiant, chairent les subventions, qui au devant couroient : dont mout de mal en ensuy au peupple. Et vausist miex qu'il ne fust rien cheu, comme vous orrés après. Et, pour ce que ce devant dist estoit cheu, il failloit argent : sy fu advisé par le conseil que l'en leverent (*sic*) une aide de trois chens milles livres à poier en .j. anz (*sic*), par ainsi que le plus riche ne paieroit que .ij. s. .vj. d. tournois pour sepmaine, et le mendre un blanc de .v. d. tournois; et sembla que ce ne fu rien au pueple. Maiz ce fu la plus mauvese taille qui omcques courut, et qui puis a fait plus de dommage, que, par les escroes bailliez en la Chambre des comptes, il ont eue congnoissance de tous les feulz du royaume : dont mout de dommages sunt puis venus; car, quant ceste aide fu levée, le roy et son conseil, courchiés que les aides estoient failliez, ne savoient comment il les repeussent avoir; si vout l'en accorder .viij. d. tournois pour lb. et vingt lb. pour muy de sel, et le dizime denier sur les brevagez. Mais tout cela ne tinst point, pour cheus de Paris qui le debatirent.

Cy lairont (*sic*) à parler de ceste matere, et retourneron à parler des commotions et rebellionz de tout le royaume de France.

## CHAPITRE XI.

Sommaire. — Emeute à Rouen connue sous le nom de la Harelle. — Charles VI vient à Rouen et abolit la Commune. — Nouvelle commotion dans cette ville à l'occasion des impôts, punie par l'établissement d'une forte taxe. — Révolte des Maillotins, réprimée par le roi. — Condamnation à mort de l'avocat Jean Desmarets. — Guerre contre la Flandre, heureuse pour les Français. — Défaite et mort d'Artevelle. — Armée préparée à Harfleur pour une expédition contre la Rochelle. — Echec que les Anglais font subir aux Français, près de l'Eure. — Nouvelle guerre en Flandre ; — prise de Bourbourg et de Courtray. — Trèves entre la France et l'Angleterre. — Mort du comte de Flandres. — Expéditions du duc d'Anjou en Italie ; — de l'amiral de Vienne en Ecosse. — Ville de bois préparée à l'Ecluse contre les Anglais. — Prise de Dam en Flandre. — Mariage du roi avec la fille du duc de Bavière. — Projet de mariage entre Louis d'Orléans et la fille du roi de Hongrie. — L'abbé de Saint-Nicaise de Reims, nommé commissaire en France, par le pape Clément VI, pour la levée de décimes ; — on s'oppose à l'exécution de sa commission.

### 1384—1386.

En l'an mil.iij$^c$..iiij$^{xx}$. et j., le jour Saint-Mathias, premier lundi de Karesme, en la mairie de sire Robert Deschamps, commencha la commotion en la ville de Rouen par merdaille comme de dignans, drapiers et gens de poure estofle; et avoit avec euz d'aucunz gros marcheanz et vinetiers couvertement qui les soustenoient, et couroient par la ville; et convenoit que lez grans de la ville se muschassent; et les roberent et pillerent : dont grant quantité, qui pour lors estoient riches, sunt à present poures, et chex qui rien n'avoient sunt riches; car par l'amende les riches ont esté essilliez, et chex qui faisoient les malvestiés l'en ne leur demandoit rien. Et commencha pour ce que le roy et son conseil revoudrent avoir toutes les aides comme devant. Et en celle commoction toutes les portes de Rouen furent freméez .iij. jours; et ne sonnoit nullez cloquez en Rouen, ne à Notre-Dame, ne à Saint-Oueyn, fors cheux de la commune de la ville; et n'avoit sergent de la mairie qui osat porter verge aval Rouen. Et faisoient tous les jours leurs assemblées eu chimetière de Saint-Ouein; et n'ut, en tout ce trouble, que .j. nommé Guerart Poullain mort et .j. juis nayé en Saine. Et si delivrerent les prisonniers de la mairie et cheulz de l'official, et depecherent les lettrez de la baronnie de Saint-Ouein, et alerent u revestueire de Notre-Dame de Rouen, et firent tant qu'il orent la chartre des franchises et libertés de Normandie[1]. Et allerent chiés Guerout de Marromme, lequel avoit esté maire de Rouen l'année precedente, lequel avoit fait beaucoup de mal as poures genz de la ville eu temps de sa mairie : si leur en souvenoit encore, et lui jeterent ses bienz sur le pavement en Grant-pont où il demouroit, et lui firent tant de dommage que il purent, et lui depecherent sa maison, et lui burent son vin, et ce qu'il ne po-

---

[1] V. le discours de M. Floquet, sur la Charte aux Normands, dans les *Mémoires de la Société des Antiquaires de Normandie*, XIII° vol., p. 6 et suiv.

voient boire il deffonserent les queuecz plaines de vin, et les laissoient aler aval le chellier; et y out bien dommage de .ij.^m à .iij.^m lib. Et puis s'en allerent chiers sire Guillaume Alorge, Eude Clement, et sire Jehan Le Treffillier qui tous avoient esté mairez de la dicte ville[1], et leur firent très grant dommage ; car il ne se osoient faire voir pour la fureur d'ychelle merdalle; ainz estoient muchiés as Cordeliers et religionz de la ville au miex qu'il poient. Et, en celle premiere nuit, grant quantité de gens furent robés comme prestres, juis, presteeurs à usure, qui pour lors estoient en la ville; et, encore y eust-il esté greigneur [mal], ne fust les bourgois qui s'aviserent que, s'il ne metoient remede ne eulz, il estoient tous gastés : si s'armerent au vespre, et firent si beau guet comme il purent. Et en avoit ou chimetiere de Saint-Ouein une partie, en l'ettre Notre-Dame une autre, à Saint-Lo une autre, et à Saint-Godart une aultre; et pristrent celle nuit grant quantité d'iceulz robeurs; et tout ce estoit fait par l'acort des maistrez de la commotion comme .j. nommé Jehan Le Cras de drapperie, l'autre nommé La Caune, lesquiex s'enfuirent, que omcques puis, en cest paiz, ne furent veuz, et avec eulz .j. nommé Mahiet Beaudouz qui out la sergenterie Pierrez Poolin, lequel ne s'enfui pas : dont il fist que fol ; car il en out le col trenchié. Et là firent ces dessus diz mestres avec leur alliés venir le capistre de Rouen à la crois de Saint-Ouein où l'assemblée se faisoit; et renoncherent à .iij^c. lb. de rente

---

[1] Guillaume Alorge, maire de 1375 à 1376 ; — Eudes Clément, maire de 1359 à 1372 ; — Jean Le Treffilier, maire de 1376 à 1378.

qu'il avoient sur la haulle de Rouen ; et chex de Saint-Ouein semblabement [forcerent] à renonchier à leur baronnie et juridicionz et confesser à tenir la de la ville de Rouen et quitter à la dicte ville .ijc. lb. de despens à quoy la ville estoit condamnée à leur devoir par sentence de parlement : desquelles choses dessus dites, apres toutez les choses passéez, tout revinst en son droit. Et, outre, le merquedi ensuiant, les mestrez dessus dis firent venir à la dicte assemblée ou chimetiere de Saint-Ouein la chartre as Normans seellée en las de soie et chire verte, laquelle avoit esté prise ou tresoir de Notre-Dame de Rouen ; fu leue en general ; et la lut .j. avocat nommé Thomas Pougnant, bailly de Harecourt, où sa maison lui esta [pour *lui eust esté*] abatue, s'il eust desobey. Et là n'ut ne grant ne petit qui ne jurast, sur saintez euuañgilez de Dieu, qu'i la garderoient au miex qu'il pourroient ; et là estoient qui tous jurerent : l'abbé de Sainte-Katherine, doyen et chapitre de Rouen, l'official, son promoteur, les prieurs du Pré, de la Magdeleine, du Mont-as-Maladez avec tous les avocas et bourgoiz de Rouen, et le procureur du roy, qui pour lors estoit ; et oultre, que à tous chex à qu'i l'en avoit fait dommage, ou temps de la commoction, qu'il le pardonnassent et quittassent, ou il aroient pis. Et toutes ses choses dessus dictez passéez par tous les tabellionz de court d'église et de court laye, qui presens estoient, et de ce faire bons instrumens. Et, par ce, fu tout apaisié. Et, après ce, envoierent au roy pour avoir remission ; et y fu l'en par plusieurs fois sanz rien faire. Et leur fu respondu que le roy yroit à Rouen, et saroit qui aroit mengié le lart. Atant me tairay de ceste commoction, et retourneray à parler de la venue du roy.

Le roy se parti de Paris après la commotion, et fu au Pont-de-l'Arche, dimence de *Judica me* en Karesme jusquez au samedi ensuiant, vegille de Pasques Flories. Et, en che temps, tant comme il fu au Pont-de-l'Arche, furent decollés .vj. personnez coulplabes (*sic*) de la commoction enchiés que le roy entrast en la ville, desquiex en fu .j. nommé Mahieu Beaudoulz devant nommé avec .v. aultres; et furent leurs testez mises à l'entrée de la ville en signé de memoire. Et, l'endemain, les cloches de la commune furent deschendues, et les mantiax de la porte de Martainville mises en terre par ouc le roy devoit entrer en la ville, et toutes les caynes des rues et les armeures des bourgois portées eu chastel de Rouen. Et, le samedi ensuiant, vegille de Pasques Flories ensuiant, comme dit est, entra le roy à Rouen en armes descouvertes, et s'en ala à son chastel; et furent les rues depuis la porte de Martainville jusquez à la porte de Grant-Pont toutes encourtinéez; et cryoit le peuppe: *Noel, Noel, vive le Roy!* Et les genz du roy disoient qu'i deussent crier: *Mercy!* la hart au col. Et fist le roy sa pasque à Rouen, et s'en parti, le lundi de Pasquez ensuiant .iijc. .iiij$^{xx}$.ij. Et fu le maire de la ville depposé de sa mairie et de sa juridicion de lors en enchà; et mise en la main du roy, et commise au bailly de Rouen: qui fu grant perte as habitans de la dicte ville; car le maire avoit telle franchise qu'il estoit appelé en la court du roy per à compte¹. Et, quant il estoit esleu à la Saint-Symon et Saint-Jude, pour entrer en sa mairie à Noel ensuiant, il avoit .xxij. sergenz desquiex il en y avoit .xij. à cheval ; et avoient .xx. l. de gages pour le cheval ; et tous les .xij. vestus d'une robe au dit jour de Noel, et les autres .xx. sergenz tous vestus d'unes robes differentes des sergens à cheval ; et tout ce à cousteemens de la ville. Et avoit le dit maire sa juridicion de meuble et de heritaige de toute la ville et banlleue de Rouen avec sa cohue et sez prisonz ; et n'avoit le bailly nulle congnoissance, en toute la ville et banleue, fors de cas de crisme, auquel la haute justice ou nom du roy lui apartenoit ; et povoit le dit maire tenir .j. prisonnier en cas de crisme en ses prisons une nuit et .j. jour. Et avoit le dit maire .xij. bourgois nommés pers avec .xij. autres bourgois nommés preudeshommes pour le conseil cotidian de la dicte ville. Laquelle franchise fu toute mise en la main du roy et gouvernée par son bailli et les gouverneeuz du roy, comme il apert à present. Et out le roy à present, quant il fu en la ville, .vj$^{xx}$. mars de vesselle de fin or, et le duc de Bourgongnē .L. mars ; et pour celle finance furent venduez toute la vesselle d'argent des frariez et charitez, tant de plas d'argent, chandelliers, birettes, pais, serrez à mette enchens : qui fu une piteuse chose de vendre les vessiax où Dieu estoit servi et honnouré. Et, quant le roy s'en fu parti de Rouen, l'en avoit mené

---

¹ Le titre de sire appartenait aux maires de Rouen, et ils le retenaient, comme une sorte de qualification honorifique, après leur sortie de fonction.

.vj. des commoctionnés à Fontaines-le-Bourc[1] qui furent ramenés, et ourent les cols trenchiés ès quiex en avoit .j. nommé Quatremares. Et puis furent les armeures qui estoient ou chastel renduez à chez à qui il estoient, et les chaines des rues de fer raportéez en la garnison de la ville. Et pour ce que l'en dist que c'est trop grant peril à .j. malade de renchoir de sa maladie, et pour ce que tout ce devant dit estoit pardonné du roy, avint que, ou mois de jung ensuiant .iij$^c$ .iiij$^{xx}$. et .ij., le roy vout avoir .j. aide sur les dras et les brevages, et furent mises sus, et fu fort debatu; et se recommencha une seconde commoction. Et ut, en la haulle as dras, le buffet qui estoit mis sus à ceullir cette aide, rué à terre. Et y eust eu grande noise, se n'eust esté messire Guillaume de Bellengues, chevalier et capitaine de la dicte ville, en laquelle besongne out .j. fol nommé lors Cornete, boucher, qui dist : « Comment lairon nous à faire notre emprise pour .j. seul homme? » dont il en out son paiement, car il en out le col trenchié. Et, nonobstant tout, l'aide fu acordée pour .j. an. Et, pour chelle seconde commoction et souvenir de l'autre precedente, laquelle estoit pardonnée, la ville fu taussée à .c. milles livres dont le roy en pardonna .XL. mille. Ainssi ne demoura que .LX. mille qui furent poiez en mainz de demy an, en icelle propre année mille .iij$^c$ .iiij$^{xx}$ et trois, c'est assavoir ou mois de may, .xxv.$^m$; *item*, la premiere sepmaine de jullet en-

[1] Haute justice dépendant de l'abbaye de Fécamp, canton de Cailly.

suiant, .v.ᵐ; *item*, en aoust ensuiant, .xᵐ.; *item*, à la Notre-Dame de decembre, .xᵐ., *item*, à la Tiphayne ensuiant, .xᵐ. Aussi furent poiés les .xLᵐ. livres dessus diz tout en iceli an : dont la ville fu très grandement apovryee. Ainssi est le villain chastié par le cul de sa bourse[1]. Icy lairay à parler de Rouen, et retourneray as Maillés de Paris.

Quant chex de Paris ourent nouvelles que cheulz de Rouen s'estoient revellés, il en ourent grant joye pour ce qu'il avoient commenchié, et avoient au devant [fait] faire tant de maillés de fer et d'achier et de plon; et en estoient la greigneur partie de la ville garnis; et si en avoit, en la maison de la ville, grant garnison, qui fu toute abandonnée; et coururent par la ville, et distrent qu'i ne souffreroient plus que le monde fust ainsi pillé et taillé tant d'aides comme de tailles; et y out si grant commotion que c'estoit grant merveilles. Et n'estoit pas le roy à Paris ne ses conseulz; car, pour le temps, n'y eussent osé arester, jusquez à tant que la fureur de la ville fust apaisie. Et estoit, avec eulz, de leur accort, un des greigniex avocat (*sic*) de Parlement, nommé mestre Jehan Desmarés, lequel dit que le roy ne ses conseulz ne pourroient faire .j. peuple, mais .j. peuple feroit bien .j. roy. Et, quant toute la commoction fu toute apaisie, il se mistrent en la mercy du roy, et se repentirent. Et, le dimence .xjᵉ. jour de janvier mil .ccc. .iiijˣˣ. et deulz, entra à Paris, à armes descouvertes, et mist la ville en grant subjection, nonob-

---

[1] Voir le récit de la révolte de Rouen dans les *Chroniques de Saint-Denis* et dans l'*Histoire de la Commune de Rouen*, de M. Chéruel.

stant qu'il n'estoient pas à seur en chevant, [pour *chevauchant*] par les rues. Et en fevrier ensuiant, refurent les impositions mises sus, .xij. d. pour livre, et pour muy de sel .xx. livres, et le .viij$^e$. denier sur les brevagez; qui ne dura guerez, que le .iiij$^e$. revinst comme devant. Et, le desrain jour de fevrier devant dit, furent decollés le dit mestre Jehan Desmarés, lui .xvj$^e$. Et, le dimence ensuiant, tous les quevetengnez de la dite ville vindrent ou parlès devant le roy, et ourent .j. preschement où il leur fu ramenteu toutes les choses que, depuis .xvj. anz devant passés, avoient fait contre la majesté roial; et en mourut pour ce fait .L. ou .Lij. Et si en retinst le roy .xx. à sa volenté, qui furent delivrés par finance. Et fu la ville, comme Rouen, taussée à .iiij$^{xx}$. millez livres d'amende, c'est assavoir : .xij$^m$. au roy pour son estat, et pour la fortification de la ville .viij$^m$., et pour garder ès fortifications du royaume les autres .Lx$^m$. Ainsi fu tout apaisé. Cy lairon à parler de ceste matere.

En l'an de grace mil .iij$^c$.iiij$^{xx}$. et deulz, le jour de Sainte-Crois, ou mois de moy, vindrent les Ganteis que que [*sic* pour *lorsque*] les bourgois et commun de Burges aloient à la pourchession, qui ne se doutoient de rien. Les dis Ganteis par forche pristrent la ville où estoit le conte de Flandres, qui se eschappa par une fausse porte, et se retray au miex qu'il put à Lisle; car, en cel temps, il avoient guerre au compte, et [allerent] à Burges; et en out bien de ceulx de Burges mors .v$^m$.; et emporterent tout le pillage à Gant par .ij. jours en chars et charetes. Et, pour ce que aussi cheulz du royalme de France, en pluriex parties, avoient commenchié commoction de peuple pour les subventionz qui couroyent oudit pais, aussi les Flamens voulloient ainsi faire. Si avint que le roy et son conseil regarderent que, s'i ne mettoient remede ès choses dessus dictes, que il seroient en peril de perdition du royaume. Si avint que le roy fist sa semonce par tout son royalme pour aler sur les Flamens, veu et consideré que, autres fois au dedevant, avoient euez pluriex contens et porté dommage as Franchois. Et, en cel an propre, avoient pillé Burges et bouté hors leur droit seigneur, comme dit est.

Le roy Karlez de Vallois, deusieme nommé Charles en la fin de son .xiij.me an, accompaignié de Jehan de Vallois, duc de Berry, et de son frere Philippe, duc de Bourgongne et compte de Flandrez, à cause de sa fame, avec tous autres dux, comptez, barons de son royalme, nombrés à .x. mille genz d'armes d'estofle et de fait, entrerent en Flandres à .j. merquedi .xviij.e jour de novembre l'an de grace mil .iij.c .iiij.xx .ij., et vindrent au pont de Commines, où il avoit bien mil Flamens que Philippe Tartevelle, capitaine des Flamens, y avoit envoiez pour garder ce pont, affin que les Franchois ne pussent passer. Et là out grant fait d'armez; et, malgré eulz, le roy et ses gens passerent ce pas; et y mourut, à bon estrienne (*sic*), bien des Flamens .vi.c Ainssi furent Franchois passés, et furent en Flandrez .viij. jours, logiez as chanz; et, le .xxv.e jour de novembre, fu la journée de combatre; et fu Philippe Tartevelle, lui et ses gens, nombrés de nombre à .xl.

mille, d'un costé, et le roy et ses gens, qui n'estoient que .x. milles, d'autre; et fu une très perilleuse journée, que, se les Flamenz eussent eue la journée pour eulz, toute noblesche et jentillesse, clergié et riches bourgois et gens de nom et d'estat eussent esté rués jus, et gouvernés par merdaille et gens de neant, veu que Tartevelle et ses gens, pour la grant multitude de gens, au regart des Franchois, departoient le royaume à leur volenté. Et devoit estre Tartevelle roy de Paris, et du grant au moien et au petit; mais à Dieu ne plut pas; et aussi de ce que fol pense souvent remaint. Et, quant vint au matin de la dicte journée, il fist un beau temps; le soleil levé, si gauchirent les Franchois .j. poy, et mistrent le soleil à l'eul as Flamens. Si approcherent les deux hos d'un costé et d'autre, et Flamens à crier si fort que l'en n'eust pas Diex oï tonner. Et, la merchi de Dieu, Flamenz furent desconfiz; et en mourut bien par nombre, en .i. tas, .xxiiij.$^m$; et les autres s'enfuyoient; les Franchois les parsuioient par les chanz et tuoient. Et sembloit, quant il furent despoullés, que ce fussent terres maalléez qui fussent sur le terres. Et fu leur capitaine Philippe Tartevelle mort ou tas avec les autres. Et plus ne departirent le roialme de France. Ainssi s'en retournerent les François à grant honour et à grant guaen en France.

Cy lairon à parler de ceste baitaille, et retourneron à parler du gouvernement du roialme.

Quant le roi et ses gens furent en Franche, virent et regarderent que la volenté des commoctions n'estoient pas bien apesiez, et le peuple n'estoient bien à leur aise, pour les aides et subventions, qui couroient au royaume : l'en avisa qu'il falloit avoir tailles pour bien tenir le peupple povre en subjection. Fu mis sus une grant taille, en esté l'an .ccc. iiij.$^{xx}$ et .iij., en l'an ensuiant; et ne gouvernet point le roy; et gouvernoit mons. d'Anjou, mons. de Berry, Philippe de Vallois, duc de Bourgongne et compte de Flandres, tous frerez et onclez du roy. Et, pour abreger ceste matere, il ne fu omcques an depuis, jusquez en l'an mil .ccc. .iiij.$^{xx}$ et .viij. que le roy commencha à gouverner, si comme vous orrés après, qu'il ne courut taillez avec la gabelle, .iiij.$^{mes}$ sur les brevages et l'imption (*sic*) .xij. d. pour livre. Et, en ce temps, commenchoient à cair les poullaines; et revint une maniere d'estas de vesteures pippellotées de tantes manierez de desguseeurez qu'i n'est nul qui les peust escripre, avec unez grandez manchez pendantez, passantez la longueur de la robe; et y povoit bien mucher pain, cha, chapons rostis, et, se mestier estoit, tous larrechinz. Et convenoit bien à deux manchez .ij. alnez de drap. Et estoit le royaume gouverné en telle maniere que Diex soit.

Cy lairon à parler de cest gouvernement, et parleron dez resez.

La desraine sepmaine de moy, l'an mil .ccc. iiij.$^{xx}$ et .iij., l'en fist une armée à Harefleu, de bien de .lx. vessiax, à aler à la Rochelle contre les Englois, pour faire siege à .j. fort qu'il avoient priz emprès. Et, quant il furent partis de Harefleu et montés sur mer, la premiere sepmaine de jullet ensuiant, vindrent les Englois à grant quantité de navire et de forche à l'Eure et à

Harefleu, et pristrent une grant carrague rice, chargie de marchandise, et .iiij. grans vessiax ; et si ourent bien des marcheanz que mors que pris, à la some de .ij.$^c$.

En icelui temps, estoient les Englois en Flandrez, qui faisoient guerre à toutez le villes qui faisoient obeissance au roy de France. Et tuerent bien dez Flamens .x.$^m$ ; et faisoient siege devant Yppre. Et le roy de France, le duc d'Anjou, le duc de Berry, le duc de Bourgongne, touz oncles du roy, le duc de Bretaigne, qui fist voie as Englois à eulz en aler sans perte à Kallès, avec estoit le compte de Flandrez le viel, tous les contes, baronz du roialme avec toute la chevalerie et escurie d'icelui ; et estoient bien proisiés à plus de chinquante mille chevax. Et entrerent en Flandres, la sepmaine de Notre-Dame en septembre, l'an mil .ccc. .iiij.$^{xx}$ et trois ; et i furent .iij. sepmaines ; et y aloient pour courre sus as villez qui desobeissoient à la couronne de France, et ausi pour desconfire les Engloiz qui là estoient comme à Bergues, Gravelingnes, le Mont de Cassel et Bourbouc [1], où les Englois estoient, auquiex le duc de Bretaigne leur fit roe de chareite, comme dist est ; et là fu bien apercheu qu'il estoit miex Englois que Franchois. Et fu pris Bourbout par forche, et la ville gastée ; et aussi de ce voiage la ville de Courteroy gastée, et par especial une grant maison où les escus et armeurez et les esperonz dorés des chevaliers estoient d'une victoire qu'il urent contre les Franchois

---

[1] Bourbourg, chef-lieu de canton, département du Nord.

en l'an ccc. et .ij. la sepmaine de la Magdeleine; et puis de ce temps jusquez à present, touz lez anz, les faisoient rafrescir par desrision des Franchois. Et, quant aucun Franchois, marchant ou aultre, estoient en la ville, et il avoient fait bonne chiere lez unz avec les autres, il les menoient par maniere d'esbatement en celle maison et leur disoient : « Congnoissiez-vous point ces armes? » par maniere de moquerie. Et, toutes ses choses ainsi faictes, et le pais de Flandrez bien gasté et mis en grant subjection c'omcques si ne furent, et fu Burges en grant peril d'estre detruite, les Franchois s'en revindrent à grant honnour en leur pais. Et, en ce temps, il fist si très beu (*sic*) temps, c'omcques ne plut tant comme il furent en Flandrez. Et, en celle an- année, fu la grant vinée, et furent vendenges pas- séez à la Saint-Michel. Cy lairray à parler de cest voiage.

Après celle grant armée de Flandrez et que les En- glois virent bien la grant puissance de France, et que les Englois s'estoient partis de Flandrez sauvement par le moyen du duc de Bretaigne, requirent pais. Si vindrent en ce temps le conseil de Franche et celui d'Engleterre à Boullongne; et parlementerent de plu- riex choses les unz vers les autres; tant que, par con- clusion, treves furent, tant d'un costé que d'autre, de l'Escluse jusques à Saint-Maalou, et durerent jusques au premier jour d'octobre ensuiant mil .ccc. iiij$^{xx}$. et quatre.

Et, en cel an, la vegille Sainte-Agathe en fevrier l'an

.ccc. et .iij. (*sic*), trespassa le viel conte de Flandrez, duquel Philippe de Vallois, filz du roy Jehan et duc de Bourgongne, espousa sa fame la contesse de Flandrez, et en out de beax enfanz, .iij. filz et .ij. filles, desquiex filz l'ainsné fu conte d'Ennevers; le second Anthoygne, mons$^r$. duc de Lembourc, et le tiers conte d'Ennevers, après la mort de son pere. Et l'ainsnée fille fu marié à l'ainsné filz du roy Charles. Lequel Philippe, compte de Flandrez, à cause de sa fame, fu bien amé des Flamens. Et l'autre fille fu marié au compte de Pointievre en Bretaigne.

*Item*, en ce temps, le .ij$^{me}$. filz du roy Jehan, duc d'Anjou, après la mort de son pere, prist tout le tresor du roy, et soudoia grant quantité de genz d'armez pour aler conquester le reaume d'Italie. Et, s'il eust bien seu ce qui lui en avint, il ne s'en fust omcques entremis : car il despendi toute la finance qu'il y porta, et si fu si bien ordena (*sic*) que lui et ses gens se mouroient de fain; car il fu si ordené qu'il ne povoit pas avoir .ij. colz pour toute sa refection. Et la mourut de fain et de mesaise, le .xxij$^e$. jour de septembre mil .ccc. .iiij$^{xx}$. et .iiij.

*Item*, apres Pasques l'an mil .ccc$^c$.iiij$^{xx}$. et v. ensuiant, l'amiral de la mer [1] passa en Escosse à l'aide du roy d'Escosse contre le roy Englois, et il mena avec soy .xiiij$^c$. lanches. Et là furent tout l'esté, et ne firent guaire de chose excepté qu'il entrerent en Engleterre,

---

[1] Jean de Vienne, frère de Guillaume de Vienne, archevêque de Rouen.

et pristrent .iiij. chastiax, et puis y bouterent le feu, et s'en revindrent en Escosse. Et attendoient le secours du connestable par traison ou aultrement, lequel n'y vint point : ainsi s'en retournent en France.

*Itèm*, en cel an, le roy fist un grant apareil pour passer en Engleterre; et furent fais à Rouen .xxiiij. moullinz à main à moudre blé; et si fu carpentée, en la forest de Roumare, une ville fermée à lever en Engleterre[1]; et tout ce fu mené à l'Escluse; et le roy parti de Paris en jungnet, à aler en Flandres, acompaignié de .xxiiij.$^m$ gens d'armez d'estoffe, et fu là jusquez en aoust à Tournay où la fille au duc de Bavierez vint acompaignie des gens de son pais; et l'espousa le roy à Tournay; et, en tant que l'en faisoit les festes des noches, les Ganteis pristrent le Dan[2] où toutes les garnisons du roy estoient pour le fait [dessus dit, et le tindrent bien .j. mois; et puis le roy de France le reprist par forche, lundi .xxvij$^e$. jour d'aost ensuiant .iiij$^{xx}$. et .v.; et, la nuit, qu'i fu pris, grant quantité de gens d'armes s'en partirent, et s'en alerent à Gant, sanz perdre; et tous chex qui demourerent furent mis à mort. Et si envoia, après ce, le roy ses gens d'armes ou pais apelé les Quatre-mestiers piller et destruire; et

---

[1] V. *Etude sur une charte relative à une grande ville de bois construite en Normandie pour une expédition en Angleterre en* 1386, par M. L. Puiseux, dans les *Mémoires de la Société des Antiquaires de Normandie*, XXV, 387 et suiv.

[2] Dam ou Damme, ville de Belgique, à peu de distance de Bruges.

puis chevaucherent jusquez devant Gant; mais il n'y purent forfaire pour les esclusez qu'i leverent; et fu tout plain d'eau. Ainssi revindrent; et le fait de l'Escluse demoure pour celle année.

Chi parleron de Loys, second filz du roy premier Charles de Vallois, roy et frere du roy Charles .ij$^{me}$., lequel fu fol, lequel Loys fist mout de mal en son temps, comme vous orrés après. Si vout le roy et son conseil qu'il fust marié à la fille o roy de Hongrye, lequel n'avoit d'enfanz que elle; et lui povoit escheoir le royaume après la mort de son pere; et en fu l'acort fait. Si envoia le dit roy de Hongrie à Paris trois dux, deulz contes et .ij. evesquez à bien .iiij$^e$. chevax, dimence .iij$^{me}$. de septembre l'an mil .ccc. iiij$^{xx}$. et chinc, pour mener le dit Loys espouser la dicte fille; et firent toutes leur aprestez de toutez chosez necessairez à ice jusquez au .xvij$^e$. jour du dit mois; et ad ce jour devoient partir tant d'un costé que d'autre. Si vint lectrez et messagez en la court de France que la fille estoit mariée au frere de l'empereeur d'Allemaigne; aussi s'en rallerent les messagez de Hongrye, tous courchiez; et si fu tout depechié.

*Item*, en ce temps l'an .ccc. iiij.$^{xx}$ et .v. que Clement, le premier pappe en France de la division de l'eglise, renoit, il envoya en Normandie l'abbé de Saint-Nigaise de Rainz commissaire de ceullir et lever le quint de la valeur des beneficez et aussi des richez prestrez; et au desrain vint en Caux et à Rouen; et s'en doulurent les nobles de Normandie au roy, et qu'il ne le souffreroient point, lequel otempera à leur requeste; et fu envoyé querre de par le roy. Et fu fait deffense as baillys et as vicontez qu'i ne lessassent rien lever au pape en son royaume, ne .x.^{mez} ne depors, fors en la maniere acoustumée.

Chi lairon à parler de ceste matere, et parleron du tiers voiage de Flandrez.

## CHAPITRE XII.

SOMMAIRE. — Projets d'expédition contre l'Angleterre. — Charles VI à Rouen. — Tailles. — Le duc de Gueldres défie le roi et bientôt fait sa soumission. — Charles VI prend en main le gouvernement du royaume. — Nouveau voyage du roi à Rouen. — Les Jacobins obligés à des rétractations publiques. — Mariage du duc d'Orléans. — Entrée du roi et de sa femme, Isabeau de Bavière, à Paris. — Voyage du duc d'Orléans dans le Midi. — Mutation des monnaies. — Empoisonnement des fontaines. — Le roi et le conseil à Tours. — Naissance de Charles de France. — Trèves entre la France et l'Angleterre, à Amiens. — Commencement de la maladie du roi, qui empêche de donner suite à l'expédition de Bretagne. — Accusations contre le duc d'Orléans. — Accord entre la Bretagne et la France. — Disgrâce de Clisson et de Bureau de la Rivière. — Accident arrivé à la mascarade de l'hôtel de Saint-Paul. — Sermon de Gilles des Champs. — Mort du roi de Navarre; — du sultan Amurat. — Assemblée pour l'union de l'Eglise. — Mariage de Richard, roi d'Angleterre, avec la fille du roi de France. — Bataille de Nicopolis. — Envoûtements contre le roi. — Supplice de deux Augustins. — Révolution en Angleterre. — Mortalité à Paris. — Le roi vient à Rouen; — liste des seigneurs de sa cour. — Jubilé.

### 1386—1399.

En l'an mil .ccc. iiij$^{xx}$ et vj., en esté, le roy Kalles fist une très grant armée à aler en Engleterre; et partirent de France en septembre, et alerent à l'Escluse; et y avoit bien .cccc. vessiax garnis de ce [qui] mestier leur faisoit. Et, pour ce que France n'estoit pas sanz traistez, il delaierent tout l'iver jusques à la Sainte-Katherine, et pristrent collation qu'il estoit mal temps à passer en estrange terre : si fu le passage alongié jusques au mois de mars ensuiant; et demourerent toutez les garnisons ès vessiax et des gens d'armes à les garder; et les autres s'en revindrent en leur pais, c'est assavoir le roy, ses oncles et tous ses barons. Ainsi fu tout le fait depechié par les bons amis d'Engleterre, laquelle chose fu .j. très grant cousteement pour le royaume de France; mais il failloit faire aucune coulleur pour lever les tailles et les subvenctionz et pour essillier le povre peuple.

*Item*, le roy Charles et la royne vindrent en Normandie; et entra le roy à Rouen le jour Saint-Gervès ensuiant, et y fu .viij. jours; et la royne estoit au Val de Roeul[1]; et chevaucha le roy par le pais; et là se fourmoit une grant armée à Harefleu à passer en Engleterre; et fu tout depechié à la Saint-Pierre et Saint-Pol en jung, pour ce que le duc de Bretaigne prist messire Olivier de Clichon son prisonnier, lequel estoit connestable de France, sur le point qu'il devoit faire le passage; et pour ce tout fu depechié; et aucunez des garnisonz furent renduees as marcheax (*sic*), à qui il estoient. Ainsi se despendoit l'argent du povre peuple. Et, en cel an, environ la Candelleur ensuiant, les Englois, qui pas ne dormoient, pristrent, en guise de marcheans, la ville de Montferrant en Auvergne, et y furent

---

[1] Le Vaudreuil, canton de Pont-de-l'Arche (Eure).

une nuit et .j. jour, et pillerent la ville, et pristrent de bons prisonniers, et puis la lessierent¹.

Cy leroy à parler [de] ces arméez, et parleroy .j. poy des taillez etc...

Depuis l'an mil .ccc.iiij$^{xx}$. et trois jusques en aoust l'an .ccc. iiij$^{xx}$ et. viij. furent ceulliez et levéez en France et en Normandie, par nombre, .xv. tailles, dont tout le povre peuple fu tout essillié et destruit.

Cy lairon à parler de ce, et parleron du duc de Gailles qui deffia le roy de France².

Le duc de Guailles deffia le roy de France; si y pourvoia le roy par telle maniere qu'i fist si très belle asemblée comme il pout, et parti de France à la my-aost mil .ccc. iiij$^{xx}$. et .viij., et ala destruire la terre au duc, et le mist en sujection; et vint à mercy, et ne savoit pas que ce estoit du povoir du roy de France, mais il le sut à celle fois³. Mais s'il eust eu d'aussi bons amis en France comme y a le roy d'Engleterre, il en i eust esté de miex. Et y fu le roy jusques à la Toussains ensuiant, et puis s'en revinst à grant honnour.

*Item*, en chel an mil .ccc. iiij$^{xx}$. et .viij., à la Saint-Martin d'iver, le roy n'avoit omcques gouverné son

---

¹ La ville de Montferrand fut prise par des compagnies irrégulières, à vrai dire, étrangères à la politique et qui n'avaient pour but que le brigandage. Elles étaient commandées par un capitaine nommé *Tête-Noire*.

² Le duc Guillaume de Gueldres, en contestation avec Jeanne, duchesse de Brabant.

³ Le roi pénétra dans le duché de Gueldres après avoir traversé le pays de Juliers, qui appartenait au père du duc. Le fait le plus important de cette expédition fut la réduction de Verdun.

royaume de soy, et commencha à gouverner et à regenter au fort et remuer officiers, et fist son chansselier mestre Pierre de Corbie; et le prevost de Paris déposé[1], tous baillyz, vicontes, officiers nouviax. Et, en ce temps, mourut le compte de Harecourt, lequel avoit espousée l'ante du roy, et mourut joedi .xj[e]. jour de mars ensuiant; et en demoura de lui .ij. fils qui estoient cousinz frareus du roy[2]. Et vint le roy à Rouen en Karesme, joedi après *Reminiscere* jusques au joedi après *Letare* ensuiant, et fu acompaignié d'un cardinal legat, la fame au duc d'Anjou et ses .ij. filz, le compte de Saint-Pol, Pierre de Navarre et autres.

Or, parleron de la punission des Jacobins.

En ycelui Caresme devant dit mil. ccc. iiij.[xx]. viij. que le roy estoit à Rouen, Hugues, adonc doyen de la mere-eglise de Rouen[3], et une partie dez mestrez de l'Université, pour ce temps estanz à Rouen, alerent au roy au chastel à .j. matin, et prescha le dit doyen de-

---

[1] A la suite de la révolte des Maillotins, la charge de prevôt des marchands avait été réunie à celle de prevôt de Paris. Jean de Folleville, titulaire de cette double charge, exposa que les deux prevôtés étaient trop lourdes pour un seul homme. La prevôté des marchands fut rétablie; mais elle resta, comme l'autre, à la nomination du roi. Jean Juvénal des Ursins fut nommé pour l'exercer. (Voir *Histoire de Charles VI*, par Juvénal des Ursins, son fils, édit. Buchon, p. 364.)

[2] Jean VI, comte d'Harcourt et d'Aumale, vicomte de Saint-Sauveur, dont le P. Anselme fixe la mort au dernier jour de février 1388. — Il avait épousé Catherine de Bourbon, sœur de la femme de Charles VI; il laissait deux enfants mâles, Jean VII et Louis de Harcourt, qui devint archevêque de Rouen. (*Histoire généalogique*, V, 132.)

[3] Hugues Lenvoisie.

vant le roy, et moustra toutes les fausses conclusions des Jacobinz[1], comme il erroient contre la foy, et comme il avoient tenu leur erreur l'espasse de chent anz passés, et qu'il commenchoient à metre le peuple en grant erreur contre la foy. Et, pour ce que en iceste cité de Rouen, en avoit .ij. principalz, l'un nommé frere Ricard Marie, et l'autre frere Raol Morel, qui ne doubtoient rien, qui ne se traïrent point arriere, comme de leur compaignons qui s'en alerent hors, après le preschement fait devant le roy, furent envoiés querre en leur ostel, et menés au chastel, en prison, et puis renvoiés as prisons de l'eglise. Et, au preschement qui fu le dimence de la mi-karesme, en la grant eglize, comme accoustumé est, où prescha .j. mestre en théologie, Augustin, nommé mestre Jehan Roumain, fu leur escomminche prononchie en

---

[1] Ils s'étaient permis de soutenir, avec Jean de Montesson ou *de Monlesono*, que la Sainte-Vierge n'avait pas été conçue exempte du péché originel. (V. à ce sujet le récit de la *chronique du religieux de Saint-Denis* et celui de Juvénal des Ursins.) — Le 16 mars 1388, le chapitre de Rouen avait adhéré à la condamnation de Jean de Montesson, comme on le voit par la délibération suivante (16 mars 1387, v. s.) :

*Capitulantibus dominis H. Lenvoisie decano, etc... Domini in capitulo suo congregati et capitulantes unanimiter, via spiritus sancti, adheserunt universitati Parisiensi, modo et forma quibus decanus et capitulum ecclesie Parisiensis eidem universitati adheserunt, in facto cause contra fratrem Johannem de Montesono, ordinis sancti Dominici, et ejus adherentes et fautores, scilicet in causa fidei mota contra dictum fratrem Johannem super XIIII*cim *proposicionibus condempnatis, Parisius die veneris in festo Beati Bartholomei, XXIII die mensis augusti, anno Domini M° CCC*mo *LXXVII, prout plenius continetur in litteris dicte universitatis dominis decano et capitulo hujus ecclesie presentatis.*

plain preschement, oiant tous les assistenz. Et fu deffendu qu'i ne preschassent ny alassent en nulle processions; et les huet on aval la ville, et les appellet l'en les *hués*. Et, pour ce que, en la dicte ville de Rouen, a prossescionz lundi, mardi, merquedi avant Rouvesons, les plus solempnelles du royaume, et a à chascun de cez trois jours, preschement solempnel, le premier à Saint-Elloy, le second à Saint-Gervès, le tiers à Sainte-Katheline¹, et pour ce, fu fait .j. escharfaut postatife en maniere de caere à preschier, qui fu portée à icez trois preschemens, et les .ij. devant diz Morel et Marie mis en celle caere, avec .j. roulle de lonc de deux alnes ou environ, où toutez leur malveses erreurs estoient escriptez, et là lez luisoient devant tout le peupple, et disoient que faussement et malvesement il avoient dit et maintenu, et mis le peuple en grant erreur. Et oultre, pour miex enfourmer la chose, au sane de Penthecostez² où tous les prestres de

---

¹ On trouve sur ces processions des Rogations d'intéressants détails dans des documents publiés, d'après un manuscrit de la bibliothèque Bigot, à la suite du traité de Jean d'Avranches, *De divinis Officiis*, deuxième édition, p. 159 et suiv. — La procession du troisième jour, qui se rendait encore, à la fin du xiv⁰ siècle, au monastère de Sainte Catherine, adopta plus tard, comme station, une église plus rapprochée et d'un accès plus facile, l'église de Saint-Nicaise. — On lit dans Dom Pommeraye, *Histoire de l'Eglise cathédrale de Rouen*, p. 675 : « Les processions des Rogations se font à Rouen avec autant de piété et de grandeur qu'en aucune autre ville du royaume, tant à cause du grand nombre d'ecclésiastiques, séculiers et réguliers qui les composent, qu'à raison de la grande quantité de croix, bannières, châsses, reliquaires qui y sont portés avec bien de la pompe. »

² Il y avait deux *sanes* ou synodes à Rouen, pour tous les curés du diocèse, l'un à la Pentecôte, l'autre à la Toussaint. Il est étonnant qu'il nous soit resté si peu de documents touchant ces assemblées.

l'archevesquié viennent pour oïr les commandemens de sainte eglise, au preschement du dit sane, furent mis en leur dite caere, lurent leur dit roulle devant tous les prestres assistens. Et, se il ourent à Rouen beaucoup de villanie, encore en urent il plus .x. fois à Paris et as autres bonnes villes; et furent ainsi demenez en may mil .ccc. iiij$^{xx}$. et .ix.

*Item*, en cel temps, out treves entre le roy de France et les Englois jusques à .iij. anz du .xv.$^e$ jour d'aost ensuiant .iiij$^{xx}$. et .ix.

*Item*, en ce temps, Guillaume de Vyane, frere à l'amiral de France et adonc archevesque de Rouen, en son nouvel advenement, voult lever en son archevesquié un .x.$^{me}$ et demi., et pour la collation d'une eglise, autant la petite comme la grande, .j. marc d'argent, pour une non residence .l. solz et pour une lettre d'approbation à la deservir .xxv. solz. Si s'en plaindrent les nobles au roy pour les beneficiez qui estoient en leur donnoison[1]. Si y envoya le roy un huissier d'armez faire commandement aux prestres dudit archevesquié qu'il ne poiassent, fors comme il avoient acoustumé ou temps des aultres archevesques. Ainssi demoura son fait, et en fu mout courechié, que son temporel en fu pris en la main du roy.

*Item*, mardi x$^e$ jour d'aost en ce temps mil .ccc. .iiij$^{xx}$. et ix., Loys de Vallois, frere du roy, adonc duc de Tourayne (et puis après fu duc d'Orlyens)[2], espousa

[1] Présentation.

[2] Il eut le duché de Touraine en 1386; il le rendit en 1392 pour celui d'Orléans.

la fille Bernasbosc, sire de Millen en Lambardie, à grant noblesche, à Paris [1]. Et, le jour de la my-aost ensuiant, entra la royne à Paris, et fu couronnée ; et y ut si belle feste que, passé avoit chent anz, n'avoit eue si belle feste à Paris ; et entra à .ij. heures en la ville après mydi, et s'en ala à Notre-Dame de Paris ; et fu nuit enchès qu'elle peust estre au pallez ; et là fu la feste planiere, et les jouxtez au Val des Escolliers, et lichez pour ce faites. Et, toutez ces festez passées, le dit duc de Tourayne se parti de Paris, et s'en ala Avignon, à la Toussains ensuiant, et n'y fu que .j. jour et une nuit, et de là s'en ala au Montpellier et à Toulouse et en ce pais ; et fu enchiez le jour de la caere Saint-Pierre en fevrier qu'il revenist à Paris. Et, en ce voiage, fist adre le mestre conseillier du duc de Berry, son oncle, nommé Betizac [2]. Et, en Karesme ensuiant, les petis blanz nommez Jacobins, de .v. deniers tournois, que avoit fait faire Kalles, pere du roy Kalles, devant dit, sanz cry ne sanz noise, chairent ; et fist le roy faire sa monnoie qui dura son temps, c'est assavoir : florinz de .xxij. sous .vj. deniers tournois nommez escus à la couronne ; *item*, blanz de .x. deniers tournois, petis blanz de .v. deniers tournois, doubles deniers maalles.

*Item*, en esté l'an mil .ccc. iiij$^{xx}$. et dix, se partirent de France bien .viij$^c$. hommez d'armes de la fleur de

---

[1] Valentine de Milan, fille de Jean Galéas Visconti, premier duc de Milan, mariée à Melun, en septembre 1389.

[2] « Un surnommé Betizas, familier et serviteur du duc de Berry, » condamné pour ses mauvaises mœurs. (Juvénal des Ursins, édit. de Buchon, p. 369.)

France à aler contre les Sarrasins ; et estoit le duc de Bourgongne capitaine ; et s'en revindrent à la Toussains, et ne firent rien que despendre le leur, etc. Et estoit le duc de Bourbon capitaine ; et si y estoit l'ainsné filz de mons$^r$. de Bourgonne, oncle du roy, messire Jehan de Vyane, admiral de France, et tant de nobles grans seigneurs que il seroit trop long à lez recorder ; et, par leur orgeul, il furent si laidement desconfis qu'il n'estoit memoire de telle desconfiture ; et ne s'en revinst que poy de nos gens, comme le filz mons$^r$. de Bourgonne, qui fu à grant raenchon, et le duc de Bourbon, capitaine, l'amiral de France ; et la gregneur partie de ceulz qui là estoient allés mors et tuez ; et leur faisoit le soudenc faire coupper le col devant lui ; et qui se peust sauver si se sauvast ; et chex qui se purent sauver, les uns s'en revindrent poures et mescheax, les autres s'en alerent em Pruce. Ainsi va de folle emprise [1].

*Item*, en icel temps, estoient gens en France en maniere de povres querant leur pain, qui empoisonnoient les mares et les puiz. De par qui c'estoit, je ne soy ; mais soy bien que en octobre l'an mil .ccc. iiij$^{xx}$. et .x. out à Paris .iiij. qui orent les cos trenchiés, et à Rouen .vj., dimenche .iiij$^e$. jour de decembre ensuiant.

*Item*, à la Saint-Martin d'iver, l'an mil .ccc.iiij.$^x$ et .xj., furent le grant conseil à Tours en Touraine, c'est assavoir : le roy, ses oncles, le roy de Navarre, le

---

[1] Voyez plus loin le récit du même fait, placé cette fois à sa date et plus circonstancié.

duc de Bretaigne, Monsieur de Touraine, frere du roy, et tous les grans seigneurs de France, le comte d'Alenchon et pluriex autres; et y furent jusquez à la Candeleur ensuiant, et firent apointement de pais, et redevoient asembler, à certain jour nommé, à Amyens, au mois de mars ensuiant.

*Item,* en ce temps, mardi .vj$^e$. jour de fevrier ensuiant, fu né .j. enfant de la royne de France nommé Kalles[1]; et en furent les feulz fais, comme l'en fait à la Saint-Jehan, à Paris et à Rouen; mais ne dura gairez, et fu empoisonné, comme vous pourrés oïr cy après.

Après ce que le grant conseil de Tours fu departi, comme devant est dit, furent à Amiens, la desraine sepmaine de mars ensuiant, tous les seigneurs devant diz; et là fu le duc de Lencastre acompagnié de bien .iiij$^c$. personnes d'estat; et y furent jusquez au lundi .viij$^e$. jour d'avril ensuiant devant Pasques; et furent treves alongies en esperance de pais jusques à la Saint-Michel .ccc. iiij$^{xx}$. et .xiij.; et s'en alerent chascun en sa terre.

Apres toutes ces choses dessus ditez, orrés le commenchement de la maladie du roy Karlles .ij$^e$.; car, tous temps au devant, ne fu que le duc de Bretaigne ne fust miex amy du roy d'Engleterre que du roy de France; et bien y est apparu par pluriex fois, tant en Flandrez, comme dessus est dit, comme aillieurs. Et, par son amonition et conseil, à Paris, où est la meil-

---

[1] Charles de France, duc de Guyenne, mort étique le 11 janvier 1400.

lieur ville que le roy ait, où estoit messire Olivier de Clichon, connestable de France, et [pour *il le*] fist guaitier par messire Pierres de Cleon¹, chevalier, en la dicte ville de Paris entre .ix. et .x. horez au vespre; et fu le jour du Sacrement, l'an mil .ccc. iiij$^{xx}$. et xij.; et fu navré, batu et vituperé très villainement; et, le lundi ensuiant, trois hommes qui furent au fait furent pris, et ourent, le lundi ensuiant, les colz trenchiés à Paris.

Et, pour ce fait, le roy de France fist une très grant armée pour aler sur le duc de Bretaigne et pour le destruire; et se partirent de Paris, et s'en alerent à Saint-Jullian du Manz ou l'asemblée et moustrée devoit estre. Et, pour ce qu'i desplaisoit à son frère, qui estoit de l'aliance au duc de Bretaigne contre le dit son frere, et aussi qu'i contendoit à estre roy et faire mourir son frere, fist empoisonner le roy au Manz²; que, quant out veu ses genz et ses moustres faites et de là partir à aler à Angienz (*sic*), lundi .v°. jour d'aost mil .ccc. iiij$^{xx}$. et .xij., le roy fu armé de toutes armez; et lui fu mis .j. bachinet en la teste, et monté sur .j. grant coursier, son espée en sa main. Et là estoit tout hors du senz³, et couroit, et abatoit chevaliers et escuiers; ny n'estoit nul qui de lui osast aprochier. Et navra bien .XL. personnez; et quidoit l'en que son cheval le mesmenast et qu'i se boutat en aucun desert ou buisson où il se peust

¹ Pierre de Craon.

² En marge : « Le commencement de la malladie du roy Charles VI par poison. »

³ Les mots *du sens* ont été ajoutés.

tuer; et toutes fois il fu pris par force et gardé : dont aucunz furent tous courchiés. Et ainsi fu le fait de Bretaigne depechié. Et le bon roy Karllez, qui tant amoit Loys, son frère, comme homme povoit amer autre ! Et le fist duc d'Orlienz ; et, se tous ses oncles et tous autres de son conseil eussent fait aucun bon apointement, et il ne pleust à son frère, tout fust depechié sur hore, tant l'amoit et le créoit. Et le dit frere ne faisoit que penser comme il peust faire mourir le roy; car omcques si malvese creature ne fu comme il estoit. Et aussi mourut malvesement, comme vous orrés après. Et, après ce que monsr. Olivier de Clichon, ainsi vituperé, fu en len (*sic*) indignation du dit frere d'Orlienz, s'en alla en Bretaigne, et porta grant guerre au duc de Bretaigne, et tenoit les chanz, tant qu'il cesserent par apointement. Et fu deposé de la connestablie, et le compte d'Eu, connestable [1]; et furent prisonniers à Paris messire Buryau de la Riviere, sire Jehan Lemerchier [2] et Guy Crestien [3]; après furent delivrez par leur bonnes escusations qui moustroient par lettrez qu'i n'avoient rien fait fors par le commandement du roy Charles, pere de cest present roy, tant des reses que les Englois avoient fait en France, que de toutez autres choses.

---

[1] Philippe d'Artois, comte d'Eu.

[2] Sire de Noviant.

[3] Guy Chrestien, fut conseiller du roi et bailli de Rouen et de Gisors. Il avait épousé Marie de Clère, dont on voyait l'épitaphe en l'église des Cordeliers de Rouen. (V. Farin, *Histoire de la ville de Rouen*, 3ᵉ partie, p. 268.)

Après toutes ces choses, et que le malvès duc d'Orlians out failly à son aesme du roy son frere à Saint-Jullian du Manz, ne fu omcques puiz, tant comme il vesqui, qu'il n'ymaginast comme il peust faire mourir son frere le roy, qui tant estoit amé de son peuple. Si avint que, mardi de l'endemain de la Saint-Jullian mil .ccc. iiij$^{xx}$ et .xij., après unez nochez, fu fait à Saint-Pol à Paris, .j. qallivally de gens desguysés ouquel estoit le roy et plusieurs autres, comme vous orrés. Le roy et ses compaignons estoient vestus de cuirs par le corps, cuisses, jambes et bras, et justement cousus sus eulz qu'il sembloient estre tous nus; et puis pardessus empesés de pois, et des estouppes de canve atachiés par dessus, en guise d'ommes sauvages. Ainsi appareliés, vindrent en la salle de Saint-Pol, les damez presentez; et menesterieux à corner, et iceulz desguisés à danser; et estoit par nuit as torchez. Le faus duc d'Orlienz cuida faire ardre le roy son frere, et prist une torche en sa main, bouta, en fegnant faire par esbatement, as estouppes des icelz desguisés; et eust esté le roy ars, ne fussent lez damez qui le couvrirent de leur robez, et estainnent le feu. Et n'ut mal, comme Dieu le voust; mais en y out quatre perdus et ars qui ne purent avoir point d'aide, et furent estainz en ces curiez dont il estoient vestus, desquiex .iiij. le compte de Jouany[1] en fu l'un, le batart de Fois le .ij$^e$., Eurart de Potiers[2] le tiers, et un aultre escuier le quart, lequel

---

[1] Joigny.

[2] Aymeri de Poitiers.

estoit à mons. de Bourbon[1]. Et de ce fu la ville de Paris esmeue; et esconvinst qu'il veissent le roy, lequel se monstra l'endemain aval les rues, ou aultrement il fussent allés courre sus mons. d'Orlienz. Et ainsi failly secondement à son entente. Et, le samedi après la Purification Notre-Dame ensuiant, .j. des grans theologiens de Paris, natif de Rouen, nommé mestre Gylles des Chanz[2], prescha devant le roy, et lui monstra comme Dieu l'amoit et monstroit miracles sus lui et qu'il ne voulloit pas qu'il mourut encore, et pour Dieu qu'il meist en son povoir unyon en sainte eglise. Adonc dit le roy qu'il y metroit cuer, corps et poissance à son povoir; mais le grant meschief qui estoit venu à lui et en son royaume, lequel son frere lui avoit fait à Saint-Jullian du Manz, le destourboit bien.

*Item*, en esté ensuiant, ala le roy, tout son grant conseil et le grant conseil d'Engleterre, [et] furent asemblés à Amyens, pour traitier de pais, et là, reprist au roy sa maladie devant dicte; et, pour ce, l'en ne fist rien; et fu en chelle maladie jusquez à la Sainte-Katherine; et le dut garir .j. fizicien de Leon sur le Rone, mais non fist; car, por terminez (*sic*), lui dura jusques à la mort; et disoit le peupple qu'il estoit sain ou malade quant monsieur d'Orlyens voulloit.

---

[1] Huguet de Guisay.

[2] Il avait été reçu chanoine de Rouen le 8 juin 1380. Il devint évêque de Coutances et cardinal. Il sortait du collége de Navarre et avait été élève du fameux Pierre d'Ailly. — V. sur ce personnage Dom Pommeraye, *Histoire de l'Eglise cathédrale de Rouen*, p. 218. — « Maistre Pierre d'Ailly et maistre Gilles des Champs, qui estoient deux solemnels docteurs en theologie. » Juvénal des Ursins, p. 386.

*Item*, en ce temps, out accort de pais et treves par traitement de mariage, comme vous orrés aprez; et passerent chevaliers de France en Engleterre, où estoit le compte de Tancarville et pluriex autres, et ne purent gaire de chose explecter pour la maladie du roy.

*Item*, en ce temps, environ la Notre-Dame en septembre, l'an .iiij$^{xx}$. et .xij., le roy de Navarre, filz au malvès roy dont mention est faicte cy devant, acheta Chierembourc as Englois, qui le tenoient, et leur en poia les deniers; et s'en alerent en leur pais; et en out grandement de noiez en la mer, par fortune de temps. Et, après ce, le dit roy le vendi au roy de France, comme vous orrez en son endroit.

*Item*, en ce temps, estoit en France grant nouvelles d'un Sarrasin nommé Amourat Baquin[1] qui voulloit que touz Chrestianz obeissent à lui et lui faissent tenage, et tenissent quelle lay qu'i vousissent; et regna environ trois anz, et fu desconfist du roy de Hongrie, et tué en sa tente par nuit d'un de ses chevaliers.

En esté, l'an mil. ccc. iiij$^{xx}$. et .xiiij. avoit très grant guerre entre le duc de Bretaigne et mons. Olivier de Clichon et ses aliés; et estoit le dit Olivier fort, et tenoit les chanz à grant quantité de genz d'armez. Et avint que mons$^r$. de Sempuy[2] y envoiet à l'aide de Clichon bien .LXX. hommes d'armes qui furent trais et boutés en estroite ruelle, et furent tous pris des gens au duc et touz miz à renchon; et y estoit messire Guillaume de Clere, filz puisné de mons$^r$. de Clere, et fu à grant

---

[1] Amurat I$^{er}$, 3$^e$ sultan ottoman.
[2] Le sire de Saimpy.

renchon avec les autres; et furent vendus par une fausse guide qui les bouta en celle cauchie près de Dignant. Et, à la my-aost ensuiant, monsieur de Bourguongne les mist à acort; et s'en revindrent Picars et Normanz en la fain d'aost, lesquiex y estoient alés à l'aide de Clichon; et durent le duc et Clichon venir par accort à Paris. Et, après, le duc se fist excuser, et ne voult venir à Paris, en disant qu'il n'estoit point tenu à respondre à son parlement à Paris. Et pour ce, fu crié l'eschequier à Rouen, à Pasques ensuiant .iiij$^{xx}$. et .xv., et là, par procuration, fist hommage au roy de la ducée de Normandie.

*Item*, en esté, l'an mil .ccc. iiij.$^{xx}$ et xv., les dux de Berry, Bourgonne, Orliens et de nobles grant quantité, avec des clers de l'université de Paris, estoient à Villenoefve-jouxte-Avignon, pour le fait de l'union de l'eglise; et ne se voulloit le pappe mettre en nulle bonne conclusion; et avoit avec lui .j. Jacobin qui le conseilloit, qui estoit son confesseur; et envoia à Paris .viij. conclusionz contenant que le pappe estoit sainctement et loialment esleu, lesquelles furent prouvéez faussez et malveses par clers de la dicte université. Et, en aost ensuiant, tous nos seigneurs, tant dus, nobles, clers, s'en retournerent, sanz rien faire, à Paris; et très ce temps M$^r$. d'Orlianz estoit alié au pappe, et en avoit, chascun an, ses gagez.

Et, en ce temps, joedi .ve. jour d'aost .ccc. iiij.$^{xx}$ et .xv. entrerent à Paris, de par le roy d'Engleterre, .ij. contes, deux evesques, avec grant quantité de chevaliers, escuiers et archiez pour traitier du mariage du roy Ricart, roy d'Engleterre, et de la fille du roy Charlles de Vallois .ii^{me}., roy de France, et aussi pour l'union de l'iglise, lesquiex Englois furent noblement festiez et richement, et ourent en don toute la vessele, tant dorée comme blance, en quoy il furent servis; et puis ourent congié, et s'en ralerent en leur pais. Et, après ce, le roy de France envoia des clers à l'emperiere d'Alemangne, pour la dicte union, lesquiex s'en revindrent sanz rien faire, pour une mortalité qui estoit ou pais.

*Item*, le duc de Lencastre, Englois, qui estoit en Bretaigne, s'en vint au sauves treves parmy Normandie, et ariva à Rouen l'endemain de la Conception Notre Dame, en decembre ensuiant, et fu ostellé au pallès de l'archevesque de Rouen; et le conduisoit messire Jehan de Viane, admiral de France et frere du dict archevesque. Et s'en ala tout droit à Callèz, pour là passer en Engleterre, et estoit bien accompagnié à .iij.^c chevax et .iiij. charrios bien estofflés, qui portoient son sommage.

Cy après parleron du mariage à Ricart d'Engleterre.

En l'an de grace mil .ccc.iiij.^{xx} et .xvj, le mariage de Ricart, roy d'Engleterre, et de la fille Charlles de Vallois second, roy de France, joedi, vendredi, samedi, dimence et lundi en la desraine sepmaine d'octobre en icelui an; et l'asemblée faite à Saint-Osmer et as partiez environ et à plainz chanz. Et parti le roy d'Engleterre de Kallès, acompaignié de .iiij.^c chevaliers, tous vestus de vermeil, à une barre bien large blanche;

et le roy de Franche et sa fille, partanz de Saint-Osmer, aussi à bien .iiij.ᶜ chevaliers, tous vestus de veloux et satinz indez, à une petite barre blance et inde bien estroite; et là fu le mariage fait et confremé, et trevez jusquez à .xxx. anz. Et oultre firent accort et fiance qu'il metroient à leur povoir union en sainte église, et si ourent les .ij. roys foy et fiance d'alliance perpetuelle contre tous; et fu crié, sur la hart, que nul ne se comparust à fa feste, s'il n'estoit de la livrée à .ij. roys. Et fu le mariage de la fille fait par finance d'argent: dont une grant taille fu levée ou royaume de France, tant que le peupple s'entrevoulloient tuer : dont c'estoit grant pitié; mais tout ce se passa; et valloit miex celle voye que assiette de terre pour eschiver à pluriez inconvenienz, comme du roy de Navarre devant dit, etc.

*Item*, en ycelui moyz, le roy de Hongrie requist en France aide et secours pour aler contre les Sarrasins. Si s'en parti de France une grant partie de la noble chevalerie et escurie, d'Engleterre et de Bourgongne, et en noble estofle. Et, quant il furent avec le roy de Hongrie, il out grant joie de si noble compaignie, et leur dit : « Seigneurs, ordenon nouz sagement, et vous promet que nous destruirions les Sarrasins, nonobstant qu'il soient bonz guerriés; nous par mon conseil nous metronz mes gens devant, qui occuperont nos adversaires; et si ne s'en pourront fuir, pour nous qui les suivron; car, se nous alionz devant, et il voient male part tourner, touz s'enfuiroient, ne jà nul ne ferroit coup de collier. » Si respondirent Franchois et

Englois : « Sire, nous sommez venus de si loing pour acquerre honnour; et que ces povres gens cy aient l'honnour de la bataille, jamais nous ne souffrerion. » Atant n'en voudrent rien faire. Si s'asemblerent qui miex miex, et se desrunnerent; et voult chascun aler devant. Si se fierent entre Sarrasinz, mal ordenez tant... Que vouz feroie je lonc compte? Chretienz furent desconfiz si lourdement et si villainement que, de souvenue d'omme, si laide desconfiture ne fu veue, et n'en eschappa pas, de vingt, un qu'i ne fussent mors ou pris. Et les (sic) faisoit le soudenc trenchier le col devant lui. Et là estoit l'ainsné filz Philippe de Vallois, duc de Bourguongne, et compte de Flandres, qui pour lors estoit conte d'Ennevers, lequel fu delivré par finance; et le conestable conte d'Eu, mons$^r$ de Coussy, le senescal d'Eu, l'amiral de France, et pluriez autres qui tous demourerent et furent mors.

A Pasques l'an mil .ccc.iiij$^{xx}$. et xvij., fu ordené à l'eschequer qui seoit à Rouen, que tout homme ou fame qui seroient jugiés à mort par leur deserte, enchiés qu'il mourussent, aroient à la justice confession de prestre, s'i la requeroient [1].

*Item*, en aoust mil .ccc. .iiij.$^{xx}$ xviij., maistre Jehan de Bar, natif de Champagne, lequel estoit mestre fizicien du roy Karlles de Vallois deusiesme, fu trouvé en certainz

[1] Pierre de Craon, à la sollicitation de qui fut rendue cette ordonnance, fit dresser auprès du gibet de Paris une croix de pierre où les criminels étaient invités à se confesser avant l'exécution. (*Chronique du religieux de Saint-Denis.*) — On lit en marge de ce passage dans le ms. : « Ordonnance de confesser les condempnez à mort. »

bois en Brie où il faisoit certainz caraux, c'est assavoir : un autel, le prestre avec tous les paremens qui [à] ce appartenoit, et à .ij. cornes de l'austel deux louz tous vis à ce contraints par art, un vout de cuivre et .ij. de chire; et là le prestre disoit la messe; et faisoient leur caraux; lesquiex furent amenés à Corbeul; et là furent envoiez de Paris .iiij. mestres de parlement, .viij. clers de l'Université des quiex fu l'un mestre Gylles des Chanz, né de Rouen; et là furent examinez et amenez à Paris en la cour de l'evesqué, et furent ars en greve etc.

*Item*, en ce temps, fu une très grande taille excersive ou roialme de France pour le fait de l'unyon de sainte eglise et pour secourre les Christiens en Grece contre les Sarrasinz.

*Item*, merquedi penultime jour d'octobre .ccc. .iiij.$^{xx}$ xviij., .ij. Augustinz et cabuseeurs qui disoient qu'i gariroient le roy de sa maladie : si fu aprocheue leur malvestié; et furent decollés et escartellés à Paris ice jour. Ainsi furent poiez de leurs gages.

Cy lairon à parler de ceste matere, et retourneron à parler du mariage de la fille au roy de France et du roy Ricart d'Engleterre[1].

Quant Ricart, roy d'Engleterre, eut espousée la fille de France et menée en son pays, il out volenté d'aller en Yllande pour acomplir ce qu'il i avoit à besongnier. Si passa mer, et y alla. Et, tantdiz qu'i fu là, Henry de Lencastre fist certainz alliancez pour avoir le royaume.

---

[1] Voir le récit de cette exécution dans la *Chronique du religieux de Saint-Denis*.

Et, quant il senti que le roy Ricart out acompli son fait, et qu'il s'en revenoit, qui de tout ce rien ne savoit, encontra Henry de Lencastre très grandement acompaignié de genz d'armez, lezquiex lui coururent sus, et furent les plus fors. Et fu le roy Ricart desconfis, lui et ses gens; et le fist Henry de Lencastre mourir; et fu couronné à Londrez roy d'Engleterre ou moys d'octobre .ccc.iiij.$^{xx}$.xix. Ainsi fu bien perdu l'argent du peupple de France, car omcques bien ne vint de fille de France menée en Engleterre. Laquelle fu ramenée en France à Karllès vestue de noir comme une religieuse, dimence .vij$^e$. jour d'aost mil .cccc. et .j.; et la rechut Philippe de Vallois, duc de Bourgongne et conte de Flandres et oncle du roy; et [fut] menée à Paris à son pere acompaignie de grans seigneurs et recheue à grant joye; et les Englois qui l'avoient amenée s'en ralerent en leur pais.

*Item*, en icelui temps, à la Saint-Jehan mil .ccc.iiij$^{xx}$..xix., commencha une très grant mortalité ou royaume de France, tant que l'estude de Paris se parti; et s'en aloient en leur pais, ou en lieu où il n'avoit point de mortalité. Et le roy et tous les grans seigneurs de Paris s'en partirent de Paris, et aloient et vaucroient lez pais où il n'avoit point de mortalité; et passerent Pontoise, et vindrent en Normandie, à Maante et à Vernon et en pluriex plachez pour eschiver à celle mortalité. Et, le samedi après la Saint-Denis, .xj.$^e$ jour d'octobre, vindrent à Rouen et y furent jusques à la premiere sepmaine de decembre ensuiant que tout se departi.

Si vous nommeray par ordre tous les seigneurs et damez, prelas et autrez, tous par leurs nomz, et premierement : Le roy Charles second; le roy de Cesille, son cousin; le prince de Tharente, son frere; le duc d'Orlienz, frere du roy; le duc de Berry; le duc de Bourgongne; le duc de Bourbon; messire Pierres de Navarre; le conte d'Ennevers; monseigneur Anthoine, son frere; le conte de Saint Pol; le conte d'Eu; le conte d'Eustrebergue; le conte de la Marche. *Item*, son frere; le conte de Clermont; le conte de Tamquarville; le conte de Longueville; le sire de Labret; messire Charles, son filz; le sire de Chastellon; messire Jaques de Harecourt; messire Charles du Bar; messire Guy Dalphin; le chanselier de France, et tout le grant conseil de France; l'asmiral; les generaulz; le tresorier de France, et pluriex autres baronz de plusieurs paiz. *Item*, l'egllise : le cardinal de Poitiers; le cardinal de Tury; le cardinal de Saluce; le patriarche d'Allixandrie; l'archevesque de Rouen; l'archevesque de Senz; l'archevesque d'Aux; l'archevesque de Vyane; l'evesque de Paris; l'evesque de Chartrez; l'evesque de Noion; l'evesque d'Arras; l'evesque de Luysiez; l'evesque de Myax; l'evesque de Senlis; l'evesque de Poitiers; l'evesque d'Ausseurre; l'evesque d'Angiers; l'evesque d'Oque (*sic*); l'evesque d'At en Prouvence. *Item*, quatre procureurs de l'université. Ysabel, royne de Franche; Mademoiselle de Luxembourc. *Item*, plusieurs autres damez, et plusieurs demoiselles selonc son estat; la contesse de Foys; madame de Creon.

*Item*, l'alée du pardon de Romme fu à Noel ensuiant; et fu deffendue pour ce que trop de monde y voulloit aller et partir la greigneur partie de l'argent du roialme. Et envoia le roy, par tous les passagez à yssir du roialme, grant quantité de gens d'armes qui les faisoient retourner, et aussi qu'il avoit en l'église trop grant division; et aucunz y allèrent au devant de la deffense, et les autres s'en revindrent.

# CHAPITRE XIII.

Sommaire. — Dissensions entre les oncles du roi et le duc d'Orléans. — Taille nouvelle imposée par le conseil de celui-ci, et retirée à cause de l'opposition du duc de Bourgogne. — L'évêque de Liége à Paris. — Combat, à Bordeaux, entre sept Français et sept Anglais. — Défaite des Anglais en Bretagne. — Echecs subis par le comte de Saint-Pol dans l'île de Wight ; — par le même devant Marck. — Défaite et mort de Guillaume du Chastel. — Descente des Anglais en Basse-Normandie ; — des Français en Angleterre, où ils allaient au secours du prince de Galles. — Suite des rivalités des ducs d'Orléans et de Bourgogne. — Cherbourg rendu au roi de France par le roi de Navarre. — Campagnes du duc d'Orléans en Guyenne ; — du duc de Bourgogne à Calais. — Mariages des princes. — Mort de Philippe, duc de Bourgogne. — Querelle entre Jean de Graville et Boucicaut. — Description de l'équipement du sire de Graville, quand il sortit de Rouen pour aller rejoindre l'armée de Calais.

## 1401 — 1406.

Or, commencheron à parler de la contemption de nos seigneurs de France, c'est assavoir, de monsseigneur de Berry, Philippe duc de Bourgongne et conte de Flandres, onclez du .ij$^e$. Charlez de Vallois, roy de Franche, contre le frere du dit roy et duc d'Orlienz, pour ce qu'i voulloit avoir la gouvernance du royaume pour ce que le roy estoit trop souvent malade de sa maladie. Et les dessus diz oncles le contredisoient, et aussi o consentement du dit duc d'Orlienz et de la royne, les quiex ne contendoient fors à essillier le peupple, par grosses taillez à lever sur le dit peupple. Les quiex firent grans alianchez les unz vers les autres ; et avoit le duc d'Orlienz à son alianche Normanz et Bretons ; et les autres avoient Bourguenous et estrangiez grant quantité et l'evesque du Liege qui entra à Paris à bien .c. et .l. hommez d'armes à armes descouvertez. Et devoient asembler pour combatre o dehors de Paris as plainz chanz[1]. Et sur ce ourent accort ; et ourent les gens d'armes congié d'un costé et d'autre, et s'en ralerent chascun en son pais. Et fu ce descors à Noel l'an mil .cccc. et .j.

Et, après ce, ou moys de moy ensuiant .cccc. et .ij., le dit duc d'Orlienz et le duc de Berry et la royne mistrent sus une grant taille ; et quidoit le peuple que ce fust de par monseigneur de Bourgongne, lequel n'y avoit coupes, si comme vous orrez. Laquelle taille fu crié à Rouen, samedi vegille de Penthecoste ensuiant ; et en estoit l'eslection du bailliage à .xl<sup>m</sup>. lb. ; et, pour ce que monseigneur de Bourgongne savoit bien que ce li estoit mis sus et que c'estoit par luy, en la dicte sepmaine de Penthecoste, fist lire ou pallès de Paris, à l'us de parlement, unez lettrez contenant ces parolles ou semblabes : « Philippe, filz de roy, par la grace de Dieu, duc de Bourgongne et conte de Flandrez. Il est

---

[1] Jean de Bavière, fils d'Albert, duc de Bavière et frère du comte de Hainaut, allié du duc de Bourgogne. Suivant la *Chronique du religieux de Saint-Denis*, il serait venu de Paris avec 7,000 gens d'armes, sans y comprendre les archers et les arbalétriers.

venu à notre congnoissance que grans tailles et excesivez sunt mises sus ou roiaume et que le peuple dit que c'est par nous, et par notre accort; si sagent tous que ce n'est ne par nous, conseil ne consentement, et l'avons tousiours debatu en notre pover, et encore debatons, et, jà piechà, se nous les eussonz voulu consentir et mettre notre seel, nous en eusson eu à notre part .c$^m$. escuz, les quiex avons refusés par plusieurs fois. Si faisons commandement à tous nos suggés que de la dicte taille rien ne poient, sur l'amende qui ad ce appartient. » Et, ces choses ainsi faitez, la royne et mons$^r$. d'Orlienz firent crier, ou moys de jung ensuiant, partout, que l'en ne paieroit point la dicte taille, à celle fin qu'il en eussent l'onneur [1].

*Item*, en ce temps .xx$^e$. jour de moy .cccc. et .ij. out une bataille à outrance, à Bordiaux, de .vij. Franchois [2] contre sept Anglois. Si firent les Franchois tant de fait d'armes qu'il vainquirent les Englois; et estoit Herpendende [3] leur chevetaigne; et puis vindrent à Paris, vestus de blanc à une barre, et furent festiez de mons$^r$. d'Orliens, etc...

*Item*, le roy de Navarre, frere de la royne Blance qui fist tant de mal en France, avoit une fille qui fu mariée au duc de Bretaigne, celui qui deserita le compte de

---

[1] Le duc de Berry et l'archevêque de Reims s'étaient également élevés contre cette taille.

[2] Le fameux Barbasan, le sire du Chastel, Guillaume Bataille, Archambaud de Villars, Clignet de Brabant, Jean de Champagne, et *Carius*. (*Chronique du religieux de Saint-Denis.*)

[3] Le sire de Harpedenne était maréchal du champ de bataille pour Français; le comte de Rutland était maréchal pour les Anglais.

Pointieure de la dicte ducée. Et le dit compte de Pointieure out espousée la fille de mons$^r$. de Bourguongne[1]. Et, après la mort du dit duc de Bretagne[2], Henry[3], roy d'Engleterre, espousa sa fame malgré ses barons, et la mena en son pais ; et son filz qui fu duc de Bretaigne, out à mariage la fille du .ij$^{me}$. Charles roy de France[4] ; et le frere de la dicte royne d'Engleterre, roy de Navarre[5], vint à Paris demander assiete de sa terre que son pere avoit forfaite en Normandie. Pour pais et amour il out argent ; et si out assiette de terre en Guastinaiz ; et fu à Noel mil .cccc. et .iij.

*Item*, en icelui an, coururent les amendes du royaume et en Normandie des polliciez sur usuriés, acheteeurs de rentes à vie ; et eut l'en très grant finance.

A la Saint-Andrieu ensuiant, le compte de Saint-Pol[6] fu gagié à faire une armée à aler contre les Englois ; et avoit bien .xv$^c$. hommes d'armes, et monterent sur mer en .xxix. bargez, et deschendirent à l'isle de Nuit[7], et n'y furent que .iij. jours. Et quidoient avoir renchon ; mais les Englois vindrent si fors : si s'en retournerent sans rien faire, fors qu'i firent tant de mal

---

[1] Isabelle de Bourgogne, mariée à Arras, au mois de juillet 1406 à Olivier de Châtillon ou de Blois, comte de Penthièvre.

[2] Jean V, dit *le Vaillant*, duc de Bretagne.

[3] Henri IV.

[4] Jean VI, duc de Bretagne, épousa, en 1396, Jeanne de France fille puînée de Charles VI.

[5] Charles III, dit *le Noble*, roi de Navarre.

[6] Waleran de Luxembourg, capitaine général en Picardie. Il avait envoyé des lettres de défi au roi d'Angleterre.

[7] Ile de Wight.

en pais de Caux d'aller et de venir, que ce fu grant merveille; et les maudisoit chascun. Ainsi se despendoit l'argent du royalme; et si se moquoit le peuple de lui pour le beau fait qu'il avoit fait.

*Item*, environ Noel ensuiant, l'an .cccc. et .iij., la guerre fu ouverte entre les Franchois et les Englois; et out pluriex arméez; perdu et gaignié d'un costé et d'autre; et, la sepmaine de Pasques l'an .cccc. et .iiij., monsr. de Crasmesnil¹, les .ij. filles messire Guillaume Martel, sire de Basqueville², et le filz au senescal d'Eu³, firent une armée à aler sus les Englois, et monterent en mer et arriverent en Engleterre, et ardirent une ville. Et ne se tindrent pas à tant, et allerent outre : si furent pris des Englois, et furent menés au roy Englois, lequel en out mout grant joye, et leur fist très bonne chere; et furent à raenchon.

*Item*, en ce temps, les Bretons firent une très grant armée à aler sur les Englois; et là estoient pluriex chevetaignez et capitaines; et estoient .c. et .l. vessiax; et messire Guillaume du Chastel, lequel estoit tenu .j. des fors et entrepegnant (*sic*) des [chevaliers] chrestiens, faisoit l'avant-garde⁴. Et estoient en .ij. vessiax bien

---

¹ Probablement Guillaume de Cramesnil, chambellan, et plus tard maître des Arbalétriers. (Anselme, VII, 84.)

² Probablement Guillaume Martel, chambellan du roi, porte-oriflamme de France. (*Ibid.*, VIII, 208.) Le religieux de Saint-Denis cite dans sa chronique, comme ayant pris part à cette entreprise, les seigneurs normands de La Rocheguyon et de Bacqueville.

³ Le Seneschal, sénéchal d'Eu, seigneur de Bondeville, près Rouen.

⁴ Guillaume du Chastel, chambellan de Charles VI et duc d'Orléans, fils d'Hervé du Chastel et de Mencie de Lescoet.

.ij<sup>c</sup>. hommez d'armez. Et deschendirent en Engleterre. Et fist tant de vassellage d'armes comme l'en pourroit dire, et quidoit que l'autre navire les (*sic*) suist, et deschendit pour lui aidier; lesquiex le laissierent en la Quitrappe; et si l'envoierent pour ce qu'il avoit l'ennour de tous leurs faits : si le tuerent lez Englois; et toutes sez gens pris et mors [1].

Philippe de Vallois, filz du roy Jehan, duc de Bourguongne et compte de Flandres, trespassa en la fin d'avril en l'an mil .cccc. et .iiij. : dont ce fu grant dommage. Lequel avoit trois filz : le compte d'Ennevers qui fu son ainsné, nommé Jehan, et tinst la terre; Antoine mons<sup>r</sup>., le second; et le tiers [2]. Et furent très bons chevaliers, et firent de beaux fais, si comme vous orrés cy après. Et, très che qu'i fu mort, une taille fu mise o royaume de .xvij. chens mille et v lb.; et là n'avoit quil la debatit, que son filz de Bourguongne estoit encore trop nouvel à terre tenir.

*Item*, le roy de Navarre qui tenoit la ville et chastel de Cherembourc. Fu rendue o roy de France .xxvij<sup>me</sup>. jour de jullet l'an .cccc. et .iiij.; et en out le roy de Navarre .ij<sup>c</sup>. milles lb [3].

*Item*, l'ainsné filz du roy de Franche espousa la fille au duc de Bourguongne, filz du desrain duc

---

[1] Du Chastel fut tué en l'île de Jersey, en 1404. — Voyez le récit de son expédition dans la *Chronique du religieux de Saint-Denis*. Il y est fait un grand éloge de ce personnage.

[2] Philippe de France mourut à Hall, en Brabant, le 27 avril 1404.

[3] Voy. le récit du religieux de Saint-Denis.

trespassé, en septembre ensuiant l'an .cccc. et .iiij[1].

En l'an mil .cccc. et trois que la guerre estoit ouverte entre le roy Franchoiz et le roy Englois, iceulz Englois firent une armée, et, le jour de la Saint-Jehan en l'an dessus dit, deschendirent en Bretaigne entre Saint-Pol du Leon et la chité de Venne, et chevaucherent une leue sur terre. Et messire Guillaume du Chastel, chevalier, et ses gens de Bretaigne le surent, et les encloirent entre eulz et la mer, et les combatirent; et en eurent, que mors et prisonniers, bien .cccc. Englois. Et, ce fait, l'amiral de Bretaigne et le dit du Chastel et leur aliez firent une grant armée, et entrerent en mer, le .viij.$^{me}$ jour de jullet ensuiant, en .xxx. vessiax d'armée; et estoient environ .xij$^c$. hommes d'armée; et trouverent les Englois le joedi ensuiant .xij.$^{me}$ jour du dit mois, qui estoient à grant quantité de vessiax, et se combatirent fort ce jour, tant que les Bretonz gagnierent la bataille, et y desconfirent bien .ij$^m$. Englois; et si amenerent .xl. gros de leur vessiax et une carrage[2] avec mil prisonniers.

*Item*, à la Saint Jehan l'an mil .cccc. et .iiij. ou environ, se commencha une très grant armée pour aller aidier au prince de Gallez[3] contre le roy Henrry d'Engleterre, auquel y portoit guerre, de laquelle armée estoit capitaine le compte de la Marche[4] acompaignié

---

[1] Louis de France, duc de Guyenne, danphin de Viennois, épousa, le 31 août 1404, Marguerite de Bourgogne.

[2] Une carraque.

[3] Owen Glendor.

[4] Jacques de Bourbon, grand chambellan de France.

de grandement de grans seigneurs, nobles, grant quantité de jeunez gens, arbalestiers et archiés. Et commencherent les unz à asembler à Harefleu, à la myaost, et les autres à Bret en Bretaigne. Et là vint .xx. grosses nés d'Espaigne et des Bretons grant quantité, et là rechurent leur garnisons, et ourent .c$^m$. lb. Et fu enchiés la Saint-Martin d'iver qu'il partissent de Bret; et furent .viij. jours sus mer, et arriverent en Engleterre, et ardirent .j. povre village où il y out fait grant quantité de chevaliers en ce beau fait; et puis s'en retournerent sans plus rien faire. Ainsi furent les .c$^m$. franz despendus. Ainsi se despendoit l'argent du propre [pour *povre*] peupple de France.

En caresme l'an mil .cccc. et .iiij., une grosse taille fu levée ou royalme, de .xvij.$^c$ mille livres.

*Item*, le compte de Sainct-Pol estoit ès partiez de Guynes à grant quautité de genz d'armes; et les Englois de Callès et du pais s'asemblerent; et s'entr'encontrerent devant Marque[1], vendredi .xv.$^e$ jour de may .cccc. et .v.; et fu le compte de Sainct-Pol desconfist, et eust esté pris, s'il ne se fust retrait. Et oust bien de ses gens, que chevaliers que escuiers, mors et pris, .cccc. ou environ.

En ce temps et ou dit mois, l'ainsné filz au duc d'Orlienz, frere du roy, espousa la fille dudit roy, celle qui se disoit royne d'Engleterre, et fame de Ricart, roy d'Engleterre; et furent les nochez faitez au Chastel-

---

[1] Marck, Pas-de-Calais, arrondissement de Boulogne-sur-Mer.

Tyerry [1]. Et aussi jour *(sic)*, le duc de Guelles espousa l'ainsnée fille du compte de Harcourt [2].

*Item*, la desraine sepmaine de jung ensuiant .CCCC. et .v., une armée d'Englois deschendirent à la Hogue de Sainct-Vaast [3], et coururent le paiz environ sept leues de lonc et de lé, et pillerent, ardirent, et pristrent prisonniers, et s'en retournerent franchement atout leur proiez, et entrerent en leur vessiax, et s'en ralerent en leur paiz.

*Item*, en ce temps, le jour de la Magdeleine ensuiant, messire Jehan de Hangest [4], mettre des arballestiers et le Borgne de la Heuse dit des Ventez [5], capitaines d'une grant armée faicte et assemblée pour aller aidier au prince de Gualles contre le roy d'Engleterre; et partirent ce jour .xvj. gros vessiax et .ij. carraquez garniez de gens d'armez et de vitallez, et passerent la mer, et là furent ou pais, jusques à la Toussains ensuiant; et firent de belles besongnez et de fait d'armes et merveilles, et puis s'en revindrent.

[1] Isabelle de France, fille de Charles VI, roi de France, veuve de Richard II, roi d'Angleterre, épousa (à Compiègne, 29 juin 1406) Charles, comte d'Angoulême, puis duc d'Orléans. Anselme I, 114.

[2] Renaud, duc de Gueldres, épousa, en mai 1405, Marie de Harcourt.

[3] Arr. de Valognes, canton de Quettehou.

[4] Jean de Hangest, seigneur de Heuqueville, fut pourvu de la charge de maître des Arbalétriers le 7 décembre 1403. Les dépenses qu'il fit dans cette expédition contre le roi d'Angleterre l'obligèrent à vendre au chapitre de Paris sa terre d'Ayencourt, près Mont-Didier. Anselme VIII, 63.

[5] Robert de la Heuse, dit le Borgne, fils de Pierre de la Heuse, dit Hector, seigneur des Ventes (d'Eavy), de la Mailleraye, et châtelain de Bellencombre, chambellan du roi, avait épousé Marguerite d'Esneval. Tabelli. de Rouen, Reg. 8, f° 199 v°.

En ce temps, mons^r le duc d'Orlienz, frere du roy, pour ce que le roy n'estoit pas en son bon sens, contendoit à avoir la gouvernance de Normendie, et de ce en avoit lettre du roy. Et parti de Paris pour venir en Normandie et metre ses lettrez à effect, et prendre la possession des chastiax et bonnez villes d'icelle, et chevaucha, et fu jusques à Vernon [1]; et, estant là, nouvelles lui furent apportéez que le roy estoit en bon point : si out paour que aucunz ne meissent empeschement en ses besongnez; si retourna, comme Diex le vout, car s'il eust parsuy son fait et son voiage, il eust euez toutez les clés et obeissanchez des coses dessus dictez, que nul ne lui eust contredit. Et cependant, le dalphin, ainsné filz du roy, fu introduit par aucunz de malveullans du dit duc d'Orliens que le dit duc le voulloit deseritier de la ducée de Normendie, qui est une des plus belles du royalme de France : dont le roy fu tout esbahy, et ne pensoit point qu'il contendist à avoir la ducée. Si fist venir son frere, et lui demanda les lettrez qu'i lui avoit faitez : si les prist le roy, et les parti par my, et en bailla à son frere une partie, en lui disant : « Beau frere, prenez ceste

---

[1] Délibérations de la ville de Rouen, aux archives municipales :

« 12 juillet 1405, ou manoir de la ville, devers nous Jehan Legier, lieutenant general du bailli de Rouen....

Tous illec assemblés par notre commandement, pour ce que Mons^r le bailli avoit escript que Mons^r le duc d'Orleans devoit venir bref en la dite ville, pour savoir, conseller et deliberer quel don pour l'estat de la ville l'en lui presenteroit, en fin conclusion, tous ad ce, conssentans, fu délibéré estre presenté audit seigneur .vj. queues de vin, les plus excerlentes que l'on pourra finer; *item*, iv escarlates, deux vermeilles et deux brunes. »

moitié, c'est votre part », et l'autre bailla à son ainsné filz l'autre moitié, en disant : « Tout vous demourra. » Ainsi chascun s'en ala son voiage.

Et, ce fait, le frere du roy pensa comme il seroit reparé de cest fait. Et son cousin duc de Bourguonne, qui toutes ces choses savoit, non obstant qu'il n'estoit pas à Paris, à cez fais ne dormoit pas. Ainsi chascun d'eulz pensoit à ses besongnes. Et si ne s'entr'emmoient pas .j. bouton de haye. Et si sout le frere du roy que son cousin de Bourguongne faisoit granz aliancez pour venir au roy à Paris, pour ce que sa fille aisnée estoit fame au filz ainsné du roy, et attendoit à estre royne de France, quant il plairoit à Dieu; et aussi le filz au duc de Bourguongne avoit espousée la fille du roy l'une, et le duc de Bretaygne l'autre ainsnée.

Or, avint que le duc d'Orliens, frere du roy, sut que le duc de Bourguongne, son cousin, devoit estre à Paris à la my aost ensuiant, l'an mil .cccc. et.v., et que il lui pourroit bien mettre empeschement en ses besongnes : si s'avisa que, s'il pouvoit avoir le dalphin et sa fame en sa garde, en sa terre, en une de ses forteresches, qu'il esploiterent bien. Si fist tant qu'il out la litiere à la royne, menée ou portée de .ij. mulles, en laquelle estoit le dalphin et sa fame, conduis du frere à la royne et par le vydame [1]. Et furent eslongiés de Paris; et le duc de Bourguongne qui venoit à Paris. Si lui fist l'en asavoir ceste allée. Si se hasta tant, lui et ses gens, à pointe d'esperon qu'i vint à Paris, et chevaucha parmy

[1] Jean de Montagu, vidame de Laon. Louis de Bavière, frère de la reine.

Paris sanz deschendre lui et ses genz, et poursuierent le dalphin tant qu'ils l'ategnirent, et le firent retourner, malgré que cheulz qui les menoient en eussent. Et vindrent disner à Paris au Louvre ; et, à l'entrée de Paris, chascun crioit *Noel*, de joye qu'il avoient qu'il estoit retourné. Et avoient paor qu'il ne fussent menez à Montargis[1], en la seigneurie du duc d'Orlienz, et que les autres enfanz ne fussent menés après, et le roy mort, ou enmuré, pour contendre à avoir le royalme.

Et, l'endemain, Anthoine, frere du duc de Bourgongne, entra à Paris à belle compaignie, et se loga à à la bastille de Sainct-Anthoine, et en bouta hors le frere à la royne qui la gardoit. Et de par mons' de Bourguongne, le Louvre fu enforchié, et les rues de Paris freméez de bonnes liches et caynes, et les auvenz des maisons abatus. Et n'avoit à Paris que .iij. portes ouvertez, et que chascun se gardast sur sa garde ; et fu crié de par le roy que nul ne s'armast, ne pour le frere du roy, ne pour mons' de Bourguongne, pour les inconvenienz qui s'en pourroient ensuir, et chascunz gardassent leur villez et chastiax, et nul n'y entrast, se n'estoit par le commandement du roy. Et voulloit Bourguoigne que le royalme fust gouverné pas les trois estas, comme autrefois a esté fait, et que le duc d'Orlens rendist compte de la revenue du royalme, qu'il avoit gouverné .iij. anz, tant du demaine comme dez aides, et de .ij. taillez de quatre millions qu'il avoit ceulliez en ces trois anz, et que le royaume fu gouverné au pro-

---

[1] Ancienne capitale du Gâtinais.

fist du roy et du peuple, et que les bons laboureeus, marchanz, peussent vivre em païs par bon gouvernement. Et dura cest contemps grant temps. Et estoit monsʳ de Bourguongne gardien de Paris; et le duc d'Orliens estoit à Meleum où il faisoit ses aliancez contre le dit de Bourguongne; et ne povoient estre à accort, s'i ne gouvernoit comme devant. Si se parti de Meleum atout sa forche, et s'en vint à Corbeul, et après o boys de Vicennes; et, le .ixᵐᵉ. jour d'octobre ensuiant, fist ses monstres de ses gens d'armes entre le boys et Paris, et chevaucha pardevant Paris : lesquiex ourent grant paour; et furent les portes closes, les maisons ferméez, les auvenz abatus, et crian *(sic)* alarmez et envoier chascun en leur gardez. Et messire Anthoyne, frere de monsʳ de Bourguongne, yssi de Paris par la porte Sainct-Michel, à très grant quantité de gens d'armez, plus sanz compreson que les [gens] monsʳ d'Orlienz, et se mist en trois belles grosses bataillez; et, quant Orliens vit qu'il estoit le plus fieble, si se recully au boys lui et ses gens.

Et, quant Orlienz vit que son adversaire de Bourguongne estoit à accort avec tous les autres, comme les .ij. roys, Loys, Navarre, Berry et tout le conseil, il se mist à accort avec eulz au traitié qu'ilz avoient tousjours continué; et, le vendredi .xxijᵐᵉ. d'octobre, la royne et Orlienz viendrent à Paris, et les autres qui estoient à Paris yssirent, et alerent en l'encontre bien et noblement.

Cy ensuit la maniere de l'entrée tous ensembles : Premierement, la royne et son filz le dalphin tout devant; après, les deux roys Loys et Navarre; après, le duc de Berry et les .ij. adversairez, Orliens et Bourguongne. Et furent longuement à Paris, que Bourguongne ne pouvoit venir à son entente; et voulloient tous, fors Bourguongne, qu'une taille de .vj$^c$ milles [livres] fust mise sus pour deffreer les genz d'armes tant d'un costé comme d'autre, ceulliez sur les bonnes villez; mais le dit de Bourguongne le destourba. Et voulloient oster une fille du roy, qui estoit nonnain o Poissy et marier à .j. seigneur estrangier. Et y ala le roy en personne, et lui dit qu'il et son conseil voulloient qu'elle fust mariée : si respondi à son pere le roy qu'il l'avoit là mise pour Dieu proier; et aussi en avoit fait le serement, et que là vivra jusques à la mort. Et ce n'estoit fors pour avoir cause d'avoir celle taille avec ce dessus dit.

Cy lairon à parler de ceste matere, et parleron de Messire Jehan de Gueralville.

En ce temps, en la premiere sepmaine de decembre ensuiant, l'an mil .cccc. et .v., le filz ainsné d'un chevalier du pais de Caux, de très noble lingne, nommé monsr. de Grarville [1], fu villané en la court de la royne, le duc d'Orlienz present, d'un des mignons de ladicte court, nommé le petit Boursicaut, pour le fait d'une des demoiselles de la cour de la royne, nommée Charlote; et voulloit que le dit filz de Gueratville la preist à fame : si ne vout; et sy n'estoit pas à son pareil. Si y out parolles et desmenteys. Si lui courut le dit Boursi-

---

[1] Jean Malet, sire de Graville et de Marcoussis, plus tard maître des Arbalétriers de France, fils de Guy Malet. Anselme VII, 869.

caut sus; et l'autre monta sur sa robe en reculant; si chay à terre; et ledit Boursicaut le preist par les chevex, et traina aval la salle, et le vitupera villainement. Et Orlenz et la royne ne s'en faisoient que moquier. Si se leva, quant il put, et se parti d'illec; mais sachés que, au partir, dit au dit Boursicaut qu'i se gardast, et, enchiez que l'en (*sic*) fust passé, il s'en vengerent. Et l'autre lui en fist la figue, par son orgeul. Et le dit Gueratville ne dormy pas, et veigela en ses besongnes.

Si avint que, la vegille du jour de l'an ensuiant [1], le dit Boursicaut soupoit en la ville : si s'en vint après souper, monté sur sa mulle, son page après qui portoit son espée, et un vallet à pié qui portoit une torche, et commanda à Dieu chelz où il avoit souppé, en disant: « Or, voit Gueratville chier! S'il ne m'encontre en ceste nuit, je le tieng pour parjure, et que ses convenanz ne sont pas de gentille homme.» Si ne savoit que à venir lui estoit. Si encontra son adversaire plus tost qu'i ne quidoit, au carrefourc d'une rue, et là fu assailly; et dit: « Ribaut, deffent toy! » et fu rué jus de dessus sa mulle, et batu et rebatu, trayné par le milieu de la boe du regnel, et out deux horions d'espée sur sa teste (encore y pert) et le tallon coupé et une main afollée. Or, se venge quant il pourra! Ainsi orguelliex sunt aucune fois punis par leur orgeul. A tant lairay à parler de cest endroit; mais je puis bien dire que au mainz

---

[1] M. Vallet de Viriville, p. 375, fait remarquer, à cette occasion, que dans le langage usuel l'année commençait au 1ᵉʳ janvier. On voit, en effet, ce jour appelé le premier de l'an dans les anciens registres du tabellionage de Rouen.

mist-il plus de .iiij. anz enchiès que la revenge fust prise ; et si ne soy si elle sera jamez [1].

Or, retourneron à parler de notre matere de devant, de nos seigneurs etc.

Entre la Saint-Michel et la Toussains l'an mil .cccc. et .vj., se forma une très grant armée à aler en Guyenne, dont estoit chevetaigne mons$^r$. d'Orlienz, et une autre à aler à Karllès, dont estoit chevetaigne mons$^r$. de Bourguongne, en *(sic)* laquelle armée fu la plus belle que l'on eust pieça veue. Et estoient bien de Bretaigne et de Normandie .iij$^m$. hommez d'armez de estofle, et là ne furent que .xv. jours, et sans rien faire retournerent, par les lettrez du roy qui leur escripsoit qu'i s'en revenissent ; et estoit par la petition d'Orlienz qui ne voulloit pas que tel honnour avenist à mons$^r$. de Bourguongne. Et le duc d'Orlienz s'en alla en son voyage en Guyenne, aussi à très grant et belle compaignie de gens d'armez, et y fu tout l'iver devant Bourch, et s'en retourna à grant honte sanz rien faire, fors qu'i perdi grant quantité de ses genz, les uns mors de fain et de mesaise, et les autres pris des Englois. Et s'en revint à la Candeleur ensuiant. Et pour ces .ij. voyages fu levée une très grande taille ou royaume, mal emploié ; et en out le duc d'Orlienz à sa part .viij$^c$. milles [livres], desquiex ses gens d'armes n'en urent que six-vingt millez.

Et memoire que messire Jehan de Guerartville, après ce qu'il se estoit vengié de Boursicaut, fut en l'armée

---

[1] Écrit vers 1410.

devant dicte de Kallès, et se partit de Rouen en la manière qui ensuit : En belle compaignie de charrios, sommage et de gens d'armes soubz lui. Et pour son corps avoit .iiij. chevaus enharnesquiés de quatre harnois de cuir, couvers d'escarlate et de blanchet fin, et la cloueure d'argent souroré d'or ; et pour son abit ouquel avoit en chascune manche atachiez chent escus d'or, somme pour les manches, .ij$^c$. escus ; *item*, en la pate de son chaperon, chinquante noblez d'Engleterre atachez en maniere de trefflez ; *item*, en son housel senestre, .L. escus, et en son estendart, chent escuz. Ainsi se parti de Rouen, voiant toz cheux qui le povoient voir ; et moy, qui cy escripz, le vy. Somme toute : .CCC. L. escuz avec .L. noblez.

Or, lairon à parler de ceste matere, et parleron de la mort de monsr. d'Orlienz.

## CHAPITRE XIV.

SOMMAIRE. — Meurtre du duc d'Orléans par ordre du duc de Bourgogne et par les mains d'un gentilhomme normand. — Joie du peuple de Paris à la nouvelle de ce meurtre. — Le duc de Bourgogne se vante de son crime devant le Conseil et se retire pour un temps dans ses états. — Assemblée à Amiens. — Arrivée à Paris du duc de Bretagne et du duc de Bourgogne. — Apologie de la conduite de ce dernier par Jean Petit, maître en théologie, dans la grande salle de Saint-Paul, en présence des princes.

### 1408.

En ce temps, monsr. Johan de Bourguongne, filz au duc de Bourguongne frere du premier roy nommé Karlles de Vallois, et le duc d'Orlienz, frere au roy Charles .ijme. de Vallois, lesquiex chascun de soy desiroit de fait la mort l'un de l'autre. Et le dit d'Orlienz ne savoit comme il peust faire mourir son cousin de Bourguongne pour ce qu'il desiroit à avoir taillez et à destruire le royaume et en avoir par devers lui toute la finance, et Bourguongne lui contredisoit en son povair, et aussi que, à la mort de son pere, duc de Bourguongne, [celui-ci] lui fist enconvenancher que, à son povair, il feroit abatre touz les aides, subventions qui, en son temps, avoient estez allevez ou royalme de France, et en sentoit son ame bien carchie; lequel fils lui accorda; mais il avoit à trop forte partie affaire.

Si avoit Orliens .j. serviteur nommé Raolin d'Anquetouville, normant, lequel avoit esté nourry avec mons<sup>r</sup>. de Bourguongne le viel; si fist tant le dit duc d'Orlienz, par dons et promesses qu'il s'accorda à tuer mons<sup>r</sup>. de Bourguongne le jane; et quant il out la finance, il s'en alla par devers le dit duc de Bourguongne, et lui conta son affaire, et comme il avoit eu la finanche, et comme il lui avoit juré et affermé la mort du dit de Bourguongne. Sy lui dit : « Sire, je suy votre serviteur; et votre pere m'a nourry, et m'a fait tel comme je suy; et Orlienz oncques ne me fist fors destruiere : si aime miex à moy parjurer que de faire ce que je lui ay enconvenanchié. » Si fu le duc de Bourguongne tout en malese et esbahy; si lui demanda s'i vouldroit emprendre l'opposite, et qu'i le satifacerent à son povoir. Et lui respondi qu'i le feroit très volentiers. Ainsi fu ceste alianche faicte, et provision sur ce faicte. Si avint que, merquedi jour de Saint-Clement .cccc. et sept, au vespre, à huit orez devant mienuit, si comme Loys de Vallois, frere du roy fol, alloit souper chez la royne, fu gaitié du dit Raolet d'Anqueteville et de sa brigade, emprès les Blans Mantiax de Paris, lequel Raolet *sache beau fanchon fiert sur bonne teste*[1]; et le duc jeta son bras au devant : si chay le horion sur le bras, et le coupa tout oultre, et deschendi sur la teste; et fu fendue jusquez aus denz, tout d'un coup; ainsi chay à terre tout mort.

Or, en fu la guerre finée; et quant il fu seu, chas-

---

[1] M. Vallet de Viriville (p. 331) voit dans ces paroles « une espèce de sentence d'argot ou le refrain de quelque chanson de soudart. »

cun de Paris et d'ailleurs disoient : « Beneet soit qui tel coup y rua! Car, s'il eust plus vesqui, il eust destruit tout le royaume. » Car il avoit ordené que, à la Candeleur ensuiant, une taille de .xvij$^c$. milles [livres] seroit mise sus. Or, en a sa part. Et fu enterré en Cellestinz à Paris. Et, ce fait, l'endemain, n'en ne savoit qui ce peust avoir fait; et mons$^r$. de Bourguongne, cousin du trespassé, bien accompaignié, l'endemain, vint devant le conseil en general, et dit que nul ne fust mescreu de sa mort que lui, et : « Qui le voudra vengier si le venge; et à Dieu vous commant! » Et, ses chevax et son fait apresté, monte sus, et s'en va en son pais, et enmena avec lui Raolet d'Anquetonville, et chevaucha bien ce jour .xx. leueez.

Et, après, quant il fu receulli en son pais, certainz journéez furent prises asembler à Amienz à la my-jenvier ensuiant; et là out très grant asemblée; et y fu le roy Loys, duc d'Anjou, mons$^r$. de Berry et grant quantité de noblez pour oyr les excusacions au duc de Bourguongne; et n'y furent gaires de temps; et ce qu'il firent nul ne le sut que le roy Loys, Berry et Bourguongne; et journée prise asembler à Paris au .xx.$^{me}$ jour de fevrier ensuiant. Et à celle journée il vint le duc de Bretaigne à grant quantité de gens d'armes, le roy Loys, Berry, dux, comptes et barons de mons$^r$. de Bourguongne, bien accompaignié pour estre le plus fort, se mestier estoit. Et entra à Saint-Denis, samedi .xxv$^{me}$. de frevrier; et là alerent à luy le roy Loys et le duc de Berry, et disnerent ensemble, et firent très bonne chere, et parlerent ensemble de ce qu'il voudrent; et, le mardi ensuiant, jour de Caresme-pregnant, entra à Paris à .ix. horez, fort acompaignié de gens d'armes à armes descouvertez, archiers et arbalestriers; et entour lui avoit .xij. hommes armés, à pié, fors et hardis, qui le costioient. Et ala tout droit au Louvre voir le dalphin, mari de sa fille, lequel lui fist très grant feste; et si n'avoit point de paour du commun de Paris qu'i lui faissent nul mal, et de là travessa Seine, et ala disner avec mons$^r$. de Berry.

Et, lui estant à Paris, il emprist une grande hardiece de faire prononchier en la grant salle de Saint-Pol ses excusationz de la mort du dit d'Orlienz, si comme vous horrés cy après la teneur du preschement, en la presence de l'ainsné filz du roy, duc de Guyenne et dalphin de Vyane, du roy Loys, duc d'Anjou, le roy de Navarre, le duc de Berry, le duc de Bretaigne, le conte de Clermont, le grant-mestre d'ostel, le chansselier, chevaliers, escuiers et bourgois de la ville de Paris, tant et si grant nombre que à peine se povoit l'en contourner en la dite salle, prononchié en maniere de predication, joedi .viij$^{me}$. jour de mars l'an mil .cccc. et .viij., par la bouche d'un maistre en theologie, nommé maistre Jehan Petit, natif du paiz de Caux en Normandie [1] : dont ce lui fu grande hardiece à enprendre tel chose à preschier publiquement devant tous nos seigneurs de Franche et la grant multitude de gens qui là estoient, tant noblez que non

---

[1] En cette qualité, il avait été admis à faire ses études au collége du Trésorier, à Paris; il passait pour un des bienfaiteurs de cet établissement.

noblez. Et là estoit monsr. de Bourguongne et ses freres en personne, en disant et affirmant que : « Tout ce que le dit Petit dira, c'est de par nous; et lui faison dire et prononchier pour nous et en notre nom; et que nul ne lui en sache mal gré. » Et, ce jour, le roy estoit malade.

Si lairon la premiere partie [1], et vendron à la seconde qui touche le fait.

Cy ensuit la copie du dit preschement :

« Je aferme, en la seconde partie de mon propos, touchant au fait de la matere, que feu Loys, nagairez duc d'Orlienz, embrasé de male couvoitise d'onnour et de richesse mondaine, de tollir à son frere le roy son royalme et de le faire mourir et destruire sa personne, ses enfanz et generation, et tant qu'il fu si espris de couvoitize, de tyrannie et temptation de l'anemy d'enfer, qu'il y commist crisme de lese-majesté divine et humaine; c'est assavoir : la divine apartient à Dieu etc. Crisme de lese-majesté humaine en .iiij. manieres :

La premiere se devise en deux manieres : la premiere d'ymachyner la mort de son souverain prince; la seconde est quant l'en fait considerationz (*sic*) et alianches à l'ennemy mortel contre son dit seigneur. La premiere se peut diviser par pluriex especez; mais, quant à present, je la deviseroy en .iij. : la premiere est d'ymachiner la mort de son prince par sortillieges et superstitionz; la seconde par poisonz venimeux et in-

---

[1] On peut lire en entier dans Monstrelet (éd. de M. Douët d'Arcq, I, 223 et suiv.) le discours de Jean Petit, dont notre chroniqueur ne donne que la seconde partie.

tocicationz; la tierche, ochire ou faire ochire par armes ou autrez violencez criminelz.

« Quant à la premiere, je le prouve, qu'i vouloit faire mourir son frere en langour, et par sutille manière que nul ne s'en peust aperchevoir. Il fist tant, par sa forche et par finanche d'argent, qu'il fina de .iiij. hommes : .j. mongne apostat, .j. chevalier, .j. escuier et .j. vallet ausquiex il bailla sa propre espée, .j. badelare et .j. anel, par le conseil du dit mongne apostat, pour consacrer au nom des dyablez. Et, pour ce que tiex malefices ne se povoient faire fors en liex solitairez qui fussent loin de toute gent, il porterent ces choses en la tour de Montgay vers Laigny sur Marne, et là se logerent, et y furent par l'espace de pluriex jours; et le dit mongne, maistre de celle euvre dyabolique, fist pluriex invocationz de dyables par pluriex fois et par pluriex jours, dont il en fist .ij. entre Pasques et l'Ascention, à .j. dimence soleil levant, en une montaigne près de la tour de Mongay; et là fist .j. cerne avec pluriex caracteres et superstitions requises à faire telles invocationz de dyablez; et fu emprès un buyssun; et, en faisant les dictez invocations, il se despouilla tout nu en sa chemise, et se ficha les dictez espée et badelare par les pointez en terre ès extremitez du dit cherne, et le dit anel il mist parmy le dit cherne, et puis se mist à genouz, et dit pluriex oroisons en invocant et appellant les dyablez.

« Et tantost vindrent à lui .ij. diablez en forme d'omme, vestus comme de brun, dont l'un avoit nom Hynars, et l'autre Astramon; et lors leur fist reverence si grant comme il put faire, et, ce fait, il se trahy deriere .j. buisson près d'ileuc; et icelui dyable, qui estoit venu pour l'anel, le prist et l'emporta; et celui qui estoit venu pour l'espée et badelare prist le dit badelare, et le mania, en faisant plusieurs choses, et puis le coucha ou dit cherne, et autant fist de l'espée, et puis se esvennuy.

« Et tantost le mongne vint après ou dit cherne, et trouva iceulz espée et badelare couchiez à terre de plat, et les prist, et trouva que l'espée avoit la pointe rompue, en signe que c'estoit fait, et trouva la poudre où celui dyable l'avoit mise, et après ce, il attendy l'autre dyable bien demie hore, qui avoit aporté l'anel, lequel retourna, et lui bailla le dit anel qui estoit devenu rouge comme rose, se sembloit, et lui dist : « Ch'est fait; il ne faut maiz que tu le mettez en la bouche d'un homme mort despendu, et l'espée et le badelare dedenz le corps d'icelui mort, en la maniere que tu sés. » Et lors le dyable s'esvennuy. Et, pour ce faire, iceluy mongne, l'escuier et le vallet s'en vindrent au gibet de Montfaucon jouxte Paris, par nuit, et là despendirent le plus nouvel pendu, et le carcherent sus un cheval pour le porter à la tour de Mongay. Et, pour ce qu'i leur sembla que la nuist estoit trop courte, et que le jour aprochoit, et qu'i ne pourroient parvenir à la dicte tour de nuit, si le porterent à Paris chez le chevalier de leur compaignye, et le mistrent en une estable, et lui mistrent le dit anel en la bouche, et l'espée et le badelare lui fischerent ou corps par le fundement jusquez à la poiterine, et là demourerent par plusieurs jours comme le dyable leur avoit ordené.

« Et puis après, iceulz espée et badelare et anel ainsi dedyés et consacrés furent baillez au dit duc d'Orlienz pour en faire et parfaire les diz maleficez en la personne du roy, pour parvenir à sa malvese intention et dampnable. Et, avec ce, lui baillerent un des os de l'espaulle du dit mort despendu, ouquel le dit mongne avoit escript, du sanc du dit mort, certainez parolles, lequel os, envollepé en .j. drapel, le dit duc d'Orlienz le portoit atachié à la manche de sa chemise à une aguillette. Et encore l'eust plus porté, ne fust .j. de ses chevaliers d'onnour, parent du roy et de luy (et si estoit son principal conseillier) lequel lui osta, et le porta au roy en la presence de messire Pierres de Navarre, messire Henry du Bar, le chanselier de France et plusieurs autres. Et, pour ce que che chevalier avoit ce fait et revelé aucunes choses secretes, icelui duc d'Orlienz le prist en si grant hayne qu'i le persecuta et destruit en honnour et en chevance, et le fist banir du royalme, nonobstant qu'il fust cousin germain des Flours de Lys. Et, quant les autres mendrez serviteurs de lui virent qu'il avoit ainsi chevy de haut homme, n'en oserent puis parler, et lui lessierent faire toutes ses malvestiez ; mais bien par derriere en murmuroient.

« *Item,* icelly duc d'Orlienz fist faire à iceluy mongne .j. autre sortilliege d'une verge de bosc de cornollier et du sanc d'un rouge cochet et d'une poullete blanche, laquelle verge, ainsi sortilogie par art dyabolique (car qui la toucheroit à une fame, il en feroit toute sa volenté), laquelle fu bayllie au dit duc; et en usoit; et lui fu baylliée la semaine peneuse [1] pour plus faire plaisir au deable.

« *Item*, que les diz sortilliegez ayent sorti leur effect en la personne du roy, je le monstre par trois moyenz : le premier est des deux grieves maladies qu'il a euez tantost après les choses devant desclairiez. La premiere fu à Beauvez, qui fu si engoisseuze qu'il en perdi les onglez et la greigneur partie de ses chevex. La seconde fu o Manz, greigneur sanz compreson que la premiere, en tant qu'il n'estoit creature humaine, s'i le veist, quil n'en eust grant pitié et grant doulour; et fu .j. grant temps qu'il ne parloit à homme ne à fame, ainz apperoit miex mort que vif.

« Le secont moyen fu les parolles qu'il prist à dire, quant il pout parler, c'est assavoir : « Pour Dieu, ostez moi ceste espée qui me tresperche le corps? Ce me fait beau frere d'Orlienz. » Et cez meismez parolles a yl plusieurs fois repliquiez en santé et en maladie, en adjoustant ceste parolle : «Il faut que je le tue, » aussi comme s'i vousit dire : « Si je ne le tue, il me fera mourir sanz nul remede. » Hailas! Qui le povoit mouvoir iceluy duc d'Orlienz à ceste extermiée et dampnable malvestié en la personne de son dit seigneur et frere, qui omcques ne lui avoit fait nul mal, fors tout plaisir?

« *Item*, il est tout cler que autre chose ne lui faisoit

---

[1] La semaine-sainte.

faire, ne maiz la grant malvestié dont il estoit espris et enbrasé, pour avoir et parvenir à la couronne et très grant hautesche de la seigneurie du royaume de Franche.

« Le tiers moyen est que par une parolle qu'il dist une fois, le sire de Millen, pere de la ducesse d'Orliens, à .j. messagier qui lui portoit lettrez de par le roy, auquel il demanda en quel point le roy estoit; et le messagier lui respondi : « Il est, la mercy de Dieu, en bon point. — Il est le dyable, » se dit le sire de Millen; et, par grant admiration, dit : « Comment peut ce estre qu'il soint en bon poinct? » C'est bien evident signe qu'il estoit consentant avec son gendre d'Orlienz à mettre le roy en tel point. Lequel sire de Millen desiroit bien à avoir haute seigneurie pour lui et pour sa lignye, comme il apparut especialement en la personne de messire Bernabosc, son oncle, qu'il prist malicieusement, deceptivement et par maniere de traison, soubs ombre de sainte vie; et, pour avoir sa seigneurie, le fist mourir malicieusement.

« Ainsi appert il, pour ce qu'il convoita mervellesement que sa fille fust royne de France. Et, pour quidier à parvenir à ce, fist tant qu'il treita le mariage d'elle et du duc d'Orlienz, adonc duc de Tourayne, seul frere du roy, considerant que le roy n'avoit encore nul enfant, et que il n'y avoit que une bouce à clorre. Ainsi ne failloit que une bougle bien asize pour parvenir en son entente. Et, qu'il appere qu'il eust celle volenté, la commune renommée est que, quant sa dicte fille se parti de lui pour venir en France, il lui dist : « Adieu, belle fille, je ne vous quier jamès voir jusques à tant que vous soyé royne de France. » Et, pour parvenir à ce, les dessus'diz sire de Millenc et le dit duc d'Orlienz, par diverses voyez et manieres, ont depuis continuelment machiné à la mort du roy et de sa generation.

« Desquelles choses fu moyen entr'eulz comme faux ypocrite, [un] nommé Philippe de Mesieres, chevalier, qui estoit maistre et le pere de faire traisonz, lequel fu chancellier du roy de Cippre et d'Itallie, faussement et malicieusement, et puis s'en vint demourer avec Bernabosc, et là demoura avec lui, et aida au sire de Millen à traïre et destruire le dit Bernabosc, son seigneur et maistre, et après fist serement et familiarité, et [fu] amy du sire de Millen, et aviserent eulz .ij. aucunz instructions que apporta icelui au duc d'Orlienz.

« Et, pour faire la chose plus subtillement et couvertement, icelui chancelier de Mesieres s'en vint à Paris, et se rendi [1] aux Celestins par ypocrisie. Et ainsi, comme il fegnoit sainte vie pour dechevoir le roy, et [2], par celle coulour, alloit le duc d'Orlienz aux Celestinz touz les jours, et là ooit, chascun jour, .v. ou .vj. messes par très grant devotion, se sembloit; mais ce n'estoit que fausse ypocrisie. Car, soulz ombre de ce, il faisoient en une oratoire leurs conjurations et deliberations de la maniere à parvenir à leurs fausse et malveze intentionz.

---

[1] Se rendre à un monastère, c'était en devenir pensionnaire moyennant abandon de ses biens. Les lettres de *rendue* sont assez communes dans les archives.

[2] Le mot *et* est de trop et serait à supprimer.

« Et, nonobstant que icelui duc se monstrast ainsi devot par jour, il menoit par nuit dissolue vie; car, presque toutes les nuis, il s'enyvroit, et gesoit avec les ribaudes; et finablement sa dissolution qu'il avoit menée par nuit et secretement par lonc temps, il expleta tellement et tant la continua que son fait fu tout notaire.

« Or, avon nous .ij. choses : la premiere, que le duc d'Orliens fu acteur des diz invocations des dyablez, conjurations, exercitationz, sortillieges et malleficez; la seconde, que les dictez invocations, conjurations, operationz, sortillieges et malefices sortisoient leur effect en la personne du roy : desquelles choses s'ensuit expressement que le dit duc d'Orliens fust cryminex de lese majesté humaine, pour ce que les diz malefices sunt ydollatoires et falseres et corruption de la foy catholique, si comme il appert par ce que j'ai desclairié par devant.

« *Item*, lese majesté humaine du premier degré et en premiere espoisse : parce que, en faisant les diz maleficez, il machinoit à la mort et destruction de son souverain segneur.

« Aprez, je veul monstrer qu'il a commis crisme de lese majesté de la premiere matere du premier degré. Car lui, voyant que les diz malefices n'avoient pas encore esté obtenueez de toute la dampnable intention de la mort du roy, la seconde vertu (*sic*) à le faire empoisonner par choses venimeuses. Pour ce faire, il vout faire marchié avec plusieurs gens, desquiex il en out .ij. auquiels il promist, à l'un .iiij. $^m$ escus d'or et à l'autre .L^m., desquiex .xxv^m. lui seroient bailliés avant les mains, mais qui, bons et loialz, les refuserent. Mais aucunz des autres ne les refuserent pas; et, le marchié fait et les poisons ordenées, ilz ne sortirent pas tout leur effect, par la grace de Dieu et d'aucunz bien voulans du roy qui aperchurent les choses. Et, pour plus monstrer evidaument qu'i fust attenu des dessusdiz sortillieges, charaux et malefices et aussi des empoisonnemens dont j'ay parlé, il est vray que plusieurs des diz mallefacteurs et des plus prochainz après le dit duc d'Orliens furent mis en prison en plusieurs lieux, et contre eulz procès formés et d'aucuns ordenés, de par le roy, de quelle mort il devroyent mourir. Il, par sa forche et subtilité, delivra les unz et les autres, empescha l'execution de justice, affin que sa traison et malvestié ne fust apercheue et descouverte.

« *Item*, je veul monstrer qu'il a commis crisme de lese majesté à l'espouze du roy. Car il est vray que, quatre anz a ou environ, à .j. certain jour que le roy estoit rencheu en sa maladie, et [comme] le dit criminel duc ne cessoit de jour en jour de machiner comme il peust parvenir à sa malvese intention, pensant que, se il povoit tenir la royne et ses enfanz hors du royalme de France, il vendroit de leger en son entente, si fist entendant à la royne, faulsement et contre verité, que le roy estoit indigné contre elle mervelleusement, et, pour ce, lui conseloit, si cherement comme elle s'amoit, [que] elle et ses enfanz se meissent hors de la voye du roy en tel lieu qu'il fussent hors de sa poissance, tendant de les faire mener, elle et ses enfanz, en la ducée de Lucembourc, afin que, quant il les eust tenuz là, il eust fait sa volenté. Et promettoit faintement à la dicte royne que là la tentroit bien et seurement et ses enfanz aussi, en disant que, se il voiet le roy en santé, et qu'elle peust retourner seurement, qu'i les ramesroit bien et seurement, et, s'il ne voiet qu'i lui peust metre remede, ne la oster de son indignation, il la garderoit là en son noble et riche estat et à ses despenz, qui que le voudroit voir, fust le roy ou aultre. Et, afin de coulour de sa fausse traison et malvestié, faisoit entendant à la royne qu'il failloit que la chose fust chaudement faite et tellement que ou chemin elle ne ses enfanz ne peussent avoir empeschement. Et, pour ce faire, avoit avisé que la royne et ses enfanz iroient en pelerinage à Saint-Fiacre et d'illeuc à Notre-Dame de Lucembourc, et lui feroit baillier l'estat d'elle et de ses enfanz honorablement, comme à leur estat appartient. Et de ces choses aucunes en furent aprocheues pourquoy le voiage ne fu nul; et de ce failly en son entente, comme Dieu le vout.

« Après che, il ymagina une maniere de faire : il fist empoisonner une pomme, et la quida faire mengier à l'ainsné filz du roy qui mort est, et la fist bailler à .j. enfant, en disant : « Va, porte ceste belle pomme à icelui fis du roy, et garde que tu ne la baillez à nul fors à lui. » Si avint, par la grace de Dieu, que, comme il passoit par les gardinz de Saint-Pol, il encontra la nourriche d'un des enfanz au dit duc d'Orlienz qui tenoit son enfant entre ses bras; et, pour ce que la pomme sembla belle à la dicte nourriche, [elle] lui dist : « Balle chà celle pomme pour mon enfant. » Il lui repondi : « Non feray ; il m'est deffendu que je ne la baille fors au filz du roy. » Elle fu la plus forte : si lui hosta, et la fist mengier à son filz ; et quant il out mengié, il chay en une grant maladie, et en mourut. Ainsi avint qu'il quida empoisonner son nepveu, et il empoysonna son fil [1] ; si fu bien employé.

« *Item*, le dit duc d'Orliens, courchié qu'il ne povoit venir à son entente, par la grace de Dieu, il est vray que, en perseverant à sa malvese malvestié et dampnable malice, a, par plusieurs fois, envoié par devers le pappe Benedic, tendant à fin de faire priver le roy son frere de sa posté et seigneurie et dignité de son royaume. Et, pour venir en son entention, faussement proposa plusieurs cas et crismes detestables contre la personne du roy, lesquiex il donna à entendre au dit pappe, en lui requerant que il le vousist tenir inhabille à tenir telle dignité comme le royaume de France, lui et ses enfanz, et qu'il vousist absouldre lui et les nobles du royaume du serement de fidélité en quoy il estoient astrains par seremens vers le roy, et tenir le dit duc d'Orlienz le plus prochain d'avoir, venir, et subceder au dit royaume. Et, pour miex conduire son fait et plus tost incliner le pappe et (*pour* à) condescendre à sa malvestié, et comme il a tousjours soustenu par plu-

[1] « Louis, duc d'Orléans, dit à cette occasion M. Vallet de Viriville, p. 393, avait eu, en effet, deux fils qu'il perdit tous deux jeunes, mais l'un et l'autre n'avaient pas plus d'un an lorsqu'ils moururent, et ne pouvaient, à ce qu'il semble, par conséquent, manger des pommes. On peut juger par ce spécimen de la vraisemblance et de la bonne foi qui distinguaient les arguments de Jean Le Petit. »

sieurs fois, comme de cession, de la sustraction et de l'epistre de Toulouze, lequel duc a tousjours esté pour ledit pappe encontre toute l'eglise de France.

« Après ce, je veul monstrer et desclairier le quart et desrenier article, c'est à savoir : que le criminex duc d'Orliens a commis crisme de lese majesté ou quart degré. Car, combien que ency appere assés, par les cas dessus declairiez, des alliancez qu'il avoit avec les anemis du royaume, qui est expressement estre traistre et deloial de la chose publique, touteffoiz je le veul desclairier à avoir commis le dit crisme de lese majesté en .ij. manieres : La premiere, en ce qu'il a tenu genz d'armes sur le pais du royaume de France par l'espasse de .xv. anz ou de .xiiij., qui ne faisoient autre chose que mengier et essillier le povre peuple, pillier, rober, renchonner, murdrir et prendre famez à force; et mettoit capitaines ès chastiax, forteresches, pons et passages du royaume de France, pour parvenir à la malvese, fauce et dampnable intention, c'est assavoir : ursuper la seigneurie du royaume. La seconde maniere est, en ce qu'il a fait mettre sus tailles intolerables sur le peuple du royaume, en fegnant que c'estoit pour mener la guerre du royaume; et, après ce qu'il ont esté ceulliez, levéez et mises ou tresor du roy, les a embléez, prisez et ravies par forche, c'est assavoir : .ccc. ᵐ. qui estoient en la tour du palès de Paris et chent mille qui estoient à Meleum. Et en donnoit d'icelles peccunes aux anemis du royaume, adversaires et mal veullanz du roy et de son royaume, pour apovrir le roy et soy rendant plus fort et poissant pour obtenir sa malvese et dampnée entreprise pour parvenir à la couronne et seigneurie du dit royaume. Ainsi appert declarié comme il a commis ou quart degré crisme de lese majesté en plusieurs manieres.

« *Item*, plusieurs autres crismes de lese majesté très grans et très horribles, non pas tant seullement en quart degré, mais en tiers, second et premier, en plusieurs manierez et diverses especez, le dit duc a commis et perpetrez pour parvenir à sa malvese et dampnable intention, c'est assavoir à la couronne et haulte seigneurie de France et la tollir et substraire au roy et à sa generation. Lesquiex autres crismez mon dit seigneur de Bourguongne reserve à desclairier et dire en temps et en lieu, toute fois que mestier en sera.

« Et, avec ce, ma dite *minor* desclairiée jointe avec ma *major*, si ensuit clairement et en bonne consequence que mon dit seigneur de Bourguongne ne doit en rienz estre blasmé ne repris du cas qui est avenu en la personne du dit d'Orlienz, et que le roy en doit avoir mon dit seigneur de Bourguongne du fait aggreable et lui autorisier, en tant que mestier seroit; et avec ce, l'en doit guerredonner et remunerer en troiz choses, c'est à savoir : en amour, honnour et ricesse, à l'exemple de la remuneration qui furent faictes à monsr. Saint Michel l'angle. Et m'est avis en mon gros entendement que le roy le doit plus amer que il ne faisoit pardevant, et sa loialté et bonne renommée faire prescher et publier par tout son royaume et hors de son royaume, par lettrez patentez, prieres ou aultrement. Icelui Dieu veulle que ainsi soit. *Amen*.

« Suppliant très humblement et requiert (*sic*), les choses dessus dictes consideréez, attendu que ce que mondit seigneur de Bourguongne a fait faire en ce present cas dont j'ay parlé, che a esté pour l'amour qu'il avoit ou roy et à sa generation et au bien de royaume et pour nulle autre cause, il lui plaise à estre de ce content qu'il a fait faire, et ordené (*sic*) qu'il et ses successeurs en demourent à tous jours maiz paisiblez et mander à tous chex à qui il appartient que, pour occasion dudit fait, ne les molestent ne empeschent en quelcomcque maniere que ce soit » [1].

Chy fine le preschement de maistre Jehan Petit; et retourneron à parler d'autre matere.

---

[1] Que penser de l'esprit d'une assemblée où se débitèrent et furent écoutées gravement de pareilles absurdités? Quel triste réquisitoire que celui où l'on ne trouve qu'invraisemblances, accusations odieuses et pas l'ombre d'une preuve?

## CHAPITRE XV.

Sommaire. — Intermittence dans la maladie du Roi. — Assemblée à Melun, où le duc de Bourgogne refuse de se rendre; — il demande que le dauphin soit ramené à Paris. — Le duc de Bretagne gardien de la capitale. — Les Bretons chassés de Paris. — Le duc de Bourgogne va au secours de Jean de Baviere, évêque de Liége, défait les Liégeois, et leur impose de dures conditions. — Inquiétude causée à la Reine de France par le succès de ce prince. — La Cour s'éloigne de nouveau de Paris et se retire à Tours. — Arrivée à Paris du duc de Bourgogne; demande le retour du Roi. — Accord fait à Chartres. — Joie des Parisiens en voyant rentrer au milieu d'eux Charles VI. — Mort de la duchesse d'Orléans. — Ses enfants. — Condamnation de Jean de Montagu. — Assemblée des nobles du royaume à Paris. — Les partisans du duc d'Orléans à Gien-sur-Loire.

### 1408 — 1410.

Après le dit preschement, vendredi .cccc. et .viij., le roi fu gary si con sy jusquez au samedi nonne ensuiant; et cependant le duc de Bourguongne se vint excuser au roy des choses dessus dictes; et lui pardonna tout, et out son fait aggreable; et fu journée prize à asembler tout le grant conseil de France à Meleum, au dimence .xviij$^{me}$. jour ensuiant; et là alerent la royne, le dalphin, le roy Loys[1], Berry, le duc de Bretaigne, le

---

[1] Louis II, duc d'Anjou, roi de Sicile.

compte de Tanquarville, et Montagu avec plusieurs autres. Et n'y ala point monsr. de Bourguongne, ainz demoura à Paris; car il avoit en la dicte asemblée plus de ses anemis que de ses amis. Si leur manda qu'il ramenassent le dalphin, ou il l'ui yrroit querre. Si n'en firent rien pour son mandement; et là furent jusques au .xxvje. jour d'aost ensuiant, et essillerent bien le pais. Et entrerent à Paris, ce jour, tout le barnage à grant quantité de gens d'armez, à armes descouvertes; et fu le duc de Bretaigne gardien de Paris; et n'y avoit que .iiij. portes ouvertes; et les gardoient les jenz du duc de Bretaigne qui avoit espousée la seur du dalphin[1]. Et, au devant de celle entrée, monsr. de Bourgongne c'estoit parti de Paris pour aller secourre l'evesque de Liege; et si savoient bien que à ce estoit embesongnié. Et toutes voiez chex de Paris furent en très grant meseze et meschief et en doulte que les diz Bretons ne voussissent faire aucun mal à la ville, veu que la royne ne les amoit point, ne encore ne fait. Mistrent remede en leur fait, et bouterent les Bretonz hors de la garde des portez et de la ville, tant que les clers de l'Université s'esmurent et armerent; et furent les Bretons très bien batus, et de tuez et cachiez hors de la ville, mescheax, povres et truanz. Et vendirent leur chevax à grant meschief et à grant marchié, et s'en alerent en leur paiz à pié, fors ce qu'i purent pillier en chemin.

---

[1] Jeanne, neuvième enfant de Charles VI, mariée à Jean VI, duc de Bretagne, le 13 septembre 1396.

Or, lairon à parler de ceste matiere, et retourneron à parler le (*sic*) desconfiture des Lyegais.

En ce temps, mons^r. de Bourgongne estoit en son paiz de Flandres, et faisoit ses grans alianches pour aidier à son parent evesque du Liege, que les Lyegois avoient assegié ou Tret[1], laquelle ville est moitié à l'evesque et l'autre moitié au duc [de] Breban. Si avoit le dit de Bourguongne très grant et noble asemblée de très noblez et grant seigneurs, c'est assavoir : Beurbenchons, Henuyers, Almanz, Flamens, Holandais, Boullenois, Artoiz, Picars et Bourguegnonz, tous nobles et genz d'eslite. Si avint, par la grace de Dieu, qu'i se mistrent sus chanz, et aprocherent du siege. Et il le surent; leur capitaine qui les gouvernoit, nommé mons^r. de Perve, chevalier, duquel il avoient son filz fait evesque du Liege et debouté l'autre, fist sonner la cloche de la commune de Liege et crier que tout homme qui pourroit porter armez tantost s'armast. Et yssirent, tant de la ville comme du siege, bien .xl^m. hommez, et vindrent courre sus à mons^r. de Bourguongne et à ses genz, et faire si grant brayrie que n'en n'eust pas oy Dieu tonner. Et quiderent avoir tout gaignié; mais de ce que fol pense souvent remaint. Si trouverent si forte encontre; et y out si forte bataille que, passé cent anz, l'en n'en avoit oy parler de si forte ne de si perileuse. Et, par la grace de Dieu, les Liegois furent desconfiz et mis en subjection si grande comme vous orrez après. Et mourut bien des Lyegeiz, en canp, de .xxviij. à .xxx^m.;

---

[1] Utrecht, *Trajectum*.

et les autres s'enfuyrent. Et fu la bataille devant Tongre, le .xxj$^e$. jour de septembre l'an mil .cccc. et .viij. Et refu l'evesque mis en sa premiere possession du Liege et de tout le pais.

*Item*, le .xxiiij$^{me}$. jour ensuiant, sentence fu donnée par monsr. de Bourguongne en la ville de Lylle contre eulz en la maniere qui ensuit :

« Premierement, la forteresse de la ville de Liege demourra entiere; maiz toutes leurs lettrez, franchises et libertés seront abolies et abatuez; et seront tenus de porter icelles lettrez et tiltrez de leurs loys et franchises au palais du Liege; et là seront arses et mises en feu.

« *Item*, toutes les portes, murailles et forteresches de Dignam seront demolies et abatues, et les fossés remplis, sanz jamès y avoir forteresches; et leurs loys et franchises abolies de touz poins.

« *Item*, semblablement de la ville de Huy.

« *Item*, la porte de Tongre, du costé de devers la ville du Trait, sera demolie et abatue; et les murs, d'un costé et d'autre, jouxte celle porte, abatus jusquez à .LX. toisez, et lez fossés emplis, sans jamès y avoir forteresches; et les franchises abolies.

« *Item*, il seront tenus de faire au chastel de l'evesque emprez le Liege une grande et notable forteresche et icelle soustenir; et la nouvelle par eulz faicte depuis poy de temps sera abatue.

*Item*, il seront tenus de faire fonder une chapele ou lieu où la bataille fu, de quatre chapelains, chascun de .XL. lb. de rente, et quatre clers, chascun de .x. lb.

de rente, et des ornemens à ce appartenans, et d'aller, chascun an, à tel jour comme la bataille fu, .ij. eschevinz de chascunne d'icelles villes tenanz .ij. banieres des armes de France et de Bourguongne et de Holande, et prier pour les amez des trespassés du costé des diz Bourguongne et Holande.

« *Item*, il seront tenus de faire tout ce que dessus est dit; et, ou cas qu'il defaudront ou yront en l'encontre, pour chascune desobeissance, il poieront au roy de France .LX$^m$. lb; em l'epereeur (*sic*) autant, et au dit de Bourgongne .XL$^m$. lb., et autant au duc de Holande.

« *Item*, tous les biens des decapitez sont forfais et confichiez à mons$^r$. de Bourgongne, etc...

« *Item*, poier à mons$^r$. de Bourguongne, pour soy deffreer et desdommager, pour une fois, .xij$^c$. milles lb. »

Or, lairon à parler de ceste confusion du Liege, et retourneron à parler de la royne et de ses alliez estans à Paris.

Quant la royne de France et ses aliez sut que si belle et noble victoire estoit venue à mons$^r$. de Bourguongne, s'i le dobtoient par devant, encore fu yl plus doubté après; car aucunz quidoient que la bataille fust contre luy; et en y out de bien courchiés. Si estoit encore la dicte asemblée à Paris, quant la desconfiture fu. Si aviserent qu'i feroient, et ourent paor qu'i ne venist à Paris. Si firent tant que la royne, le dalphin, le duc de Berry, le duc de Bretaigne, le duc de Bourbon, le compte de Clermont, le grant mestre d'ostel et la ducesse d'Orlienz, lesquiex avoient fait grans alianches contre monsr. de Bourgongne, et ne quidoient pas que la chose alast telle voye, firent tant que, le samedi .iij^me. jour de novembre l'an .cccc. .viij., firent partir le roy de Saint-Pol, estant en sa maladie, et le firent entrer en .j. batel en Saine couvert, et fort escliperent, que la ville de Paris ne s'esmeut. Et, quant il furent hors de la subjection de ceulz de Paris, le firent monter à cheval, acompaigné de bien de .vj. ou .vij. chenz hommes d'armes, et le menerent à Montargis, et de là le menerent à la chité de Tours en Touraine. Et, le merquedy .xxvij^me. jour de novembre ensuiant, monsr. de Bourguongne entra à Paris, et n'y trouva fors chex de la ville, et fu recheu à très grant joye, et reconforta très grandement chex de Paris; et là fu bien .j. mois, et puis rala en Flandrez.

Après ce, retourna à Paris le .xxvj^e. jour de fevrier ensuiant, acompaignyé de ses frerez et de si grant multitude de gens d'armes que c'estoit merveilles, et manda à ceuz qui estoient à Tours qu'i s'en revenissent, et amenassent le roy, ou il lez iroit querre à leur honte. Si ourent paor, et firent apointement qu'il vendroient à Chartrez, et là feroient leur apointement. Et là l'acort [et] apointement, à la grant honnour de monsr. de Bourguongne, fu fait et passé, et tout entierement pardonné. Mais je me dout que ce fust pais fourré[e] ou par crainte. Et, cela fait, tous ensembles, par bon acort, s'en vindrent à Paris, le dimence .xxvij^e. jour de mars l'an mil .cccc. et .viij. devant Pasques. Et, quant le peuple de Paris sourent que l'acort estoit fait, et que le roy et touz nos seigneurs de France venoient, crierent : *Noel;* et les feuls comme à la Sainct-Jehan; et demenerent grant joye.

*Item*, la ducesse d'Orliens, fille au sire de Millen et fame de monsr. d'Orlienz, frere du roy Charles .ij$^{me}$, trespassa, .iij$^e$ jour decembre l'an mil .cccc. et .viij., laquelle quidoit en son temps estre royne de France [1]. Mais, par la grace de Dieu, elle failly à son entente. Laquelle out, du dit duc son mari, trois filz dont l'aisné out nom Charles, lequel après la mort de son pere, fu duc d'Orleenz et de Valloys, compte de Blays et de Beaumont et seigneur de Coucy [2]. Le second filz out nom Philippe, et fu compte de Vertus [3]; et le tiers out nom Jehan, et [fu] compte d'Angoulesme [4].

Lequel Charles ainsné, par le conseil des barons de France, out à mariage la fille ainsnée de son oncle Charles .ij$^{me}$ roy de France [5], laquelle au devant avoit esté mariée au roi Richart, adonc roi d'Engleterre, laquelle trespassa le .xiij$^e$. jour de septembre l'an mil .cccc. et .ix., et n'ut omcques nul enfant. Et le pleuppe, clers et lays, s'en tenoient mal contens pour ce ce qu'ilz estoient cousinz frareux, l'une fille du dit roy et l'autre filz de son frere.

[1] Suivant l'*Histoire généalogique* du P. Anselme, Valentine de Milan mourut au château de Blois, le 4 déc. 1408, et fut d'abord inhumée aux Cordeliers de cette ville.

[2] Né le 26 mai 1391.

[3] Né en juillet 1396. C'était le quatrième fils du duc d'Orléans et de Valentine de Milan ; mais les deux frères qui l'avaient précédé n'avaient vécu que peu de temps.

[4] Chef de la branche des comtes d'Angoulême.

[5] Isabelle de France, seconde fille de Charles VI et veuve de Richard II, roi d'Angleterre.

Or, retourneron à parler de l'estat et de la paiz devant diete.

En icelui temps regnoit en Franche un chevalier nommé messire Johan Montagu, grant mestre d'ostel du roy, lequel gouverna le royaume par l'espasse de .xx. anz et de plus, et fist en son temps un chastel nommé Marcoussi, lequel cousta à faire plus de chinc chenz milles livres. Et si fist deux freres qu'il avoit, l'un archevesque de Senz en Bourguogne, et l'autre evesque de Paris[1], ou temps du bon pappe Alixandre Sixte, lequel pappe ne vesqui que .ix. mois pappe, et trespassa en moy l'an mil .cccc. et diz; et fu celui de cui l'union fu en l'eglise du cisme qui avoit duré .xxxiij. anz. Et fist le dit mestre d'ostel à son frere, evesque de Paris, faire la plus noble et plantureuse feste qui eusté (pour *eust esté*) faite à Paris puis lonc temps; et out en la dicte feste le roy et tout le noble estat de France. Et y out plus de .xviij[c]. plas de viande à la dicte feste, laquelle lui fu trop grevable. Et voult le conseil du roy qu'i rendist compte du gouvernement de son temps, et Fortune lui couru sus. Si fu pris et emprisonné et examiné, que, le .xvij[e]. jour d'octobre l'an mil .cccc. et .ix., out le col trenché; et mené le corps au gibet. Ainsi fut poié de ses gages[2].

*Item*, après ce fait, tous les noblez du royaume, ou mois decembre ensuiant, furent assemblez à Paris

---

[1] Gerard de Montagu, évêque de Paris, 25 juillet 1409, — 25 septembre 1420.

[2] Voir la *Biographie de Jean de Montagu, grand maître de France*, par M. Lucien Merlet, dans la *Bibliothèque de l'Ecole des Chartes*, 3ᵉ série, t. 3ᵉ, p. 248 et suiv.

pour le gouvernement du royaume, c'est assavoir : le roy, son filz ainsné, la royne, le roy de Cesille, le roy de Navarre, .vij. dux, .xxiiij. comptes, sanz l'autre noble chevalerie et escuirie. Et fist le roy à iceulz, le premier jour de l'an ensuiant, en son pallès, feste planiere, en laquelle feste la .ij$^{me}$ guerre recommencha, si comme vous orrez. Car, après icelle feste, le roy, son filz, la royne, mons$^r$. de Bourguongne demourerent à Paris; et tout l'autre partie se partirent, et s'en alerent à Gyen sur Laire.

# CHAPITRE XVI.

SOMMAIRE. — Reprise des hostilités entre les deux partis. — Trèves de peu de durée. — Renfort conduit par le duc de Bourbon dans son château de Clermont en Beauvoisis. — Ravages commis dans la Beauce par les Orléanais ; Chartres appelle à son secours le comte de Saint-Pol et le prévôt de Paris. — Lettres du duc d'Orléans aux bonnes villes, et son défi à Jean-Sans-Peur. — Réponse de celui-ci. — Régence du duc de Guyenne que l'hostilité des Parisiens oblige à s'éloigner. — Succès momentané des Orléanais ; paraissent sous les murs de la capitale ; prennent le pont de Saint-Cloud et Saint-Denis. — Arrivée à Paris du duc de Bourgogne, qui reprend le pont de Saint-Cloud et force les Orléanais à se retirer dans les villes de Dreux, Étampes, Montargis, qui sont bientôt assiégées. — Maître de la personne du Roi, le duc de Bourgogne va mettre le siége devant Bourges, qu'occupe le duc de Berry, et pendant ce temps, à son appel, les Anglais débarquent à la Hogue. — Levée du siége de Bourges à la suite d'un accord. — Paix conclue à Auxerre. — Assemblée des notables à Paris. — Ordonnances pour la réforme du royaume. — Révolte ouverte des Parisiens, qui adoptent en signe de ralliement des chaperons blancs, prennent la bastille de Saint-Antoine, violent l'hôtel du duc de Guyenne et mettent à mort Jacques de la Riviere et Pierre des Essarts.

## 1411—1413.

Or, sunt les enfans d'Orliens et leurs aliés à Gyen, recommenchanz la seconde guerre et eulz à ralier ensemble. Et escripsirent au roy, eulz complegnans qu'il ne leur faisoit pas droit ne justice de la mort de leur pere, ésquellez lettrez avoit pluriex articlez, qui seroient longues à escripre, et lesquelles furent envoiéez à Rouen et ès bonnes villes de France et de Normendie pour donner coullour d'avoir bon droit. Et le roy et son conseil leur respondoit que au traitié, pais et accort et (pour *ou*) tout [fut] pardonné par certaines ordenanches sur ce faictes, fust tenu de point en point; lequel avoit esté fait à Chartrez, comme cy devant est dit et declairé.

Et, pour ce que le roy savoit bien qu'il faisoient grans alianches contre les choses dessus dictes, le mois d'auost ensuiant .cccc. et .x., se mut si grans guerrez, les unz contre les autres, que les enfanz d'Orlienz essilloient tout vers Chartres et ès partiees d'environ, et les gens du roy, d'autre part, en leurs terres de Clermont en Beauvoisin et ès partiez, que c'estoit grant pitié. Mès toutes fois lez adversairez avoient tous jours du puis (*sic*) parti, comme à Dreeuz et en pluriex autres lieus. Et, pour che qu'il voient qu'il n'estoient pas assés fors, firent, à la Sainct-Martin d'iver ensuiant, certainz apointemens en maniere de treves pour enforchier leurs fors, tant en Beauvoisin comme allieurs. Et fu l'apointement tel que chascun se departiroient, et s'en yroient en leur terrez sans rienz enprendre l'un sur l'autre : Bourguongne s'en yroit en sa terre, et les autres en la leur; et ne vendroient à Paris, et ne se armeroient l'un vers l'autre, de Pasquez prochainnez venantez .cccc. et .xj., jusquez à Pasquez ensuiant .cccc et .xij., se n'estoit par le mandement du roy. Et, à cel apointement, tout fu pardonné l'un vers l'autre, et toutes prises de fieu, faictez de par le roy, remises en leur premier estat.

Ainsi se departirent tous les seigneurs, chascun où il vouldrent : le duc de Berry, les enfanz d'Orliens et leur bende¹ à Gyen sur Laire, et le duc de Bourguongne en Flandres ; et toute fois ce fu une pais fourrée, que tous les adversairez [de] Bourguongne ne pensoient fors de faire alianchez contre Bourguongne, et [disoient] que le roy n'estoit pas justicier, et qu'il ne leur voulloit faire justice. Et, pour ce que leurs terres de Beauvoisin n'estoient pas assez fourniez de gens d'armes, mons. de Clermont² chevaucha, le vendredi et samedi de devant Pasques, .XL. leeuez par une quide filz messire Hector de Chartres, adonc mestre dez eauez et des forez³. Et passerent au port de Muyez⁴, le jour de Pasques, bien .viij$^c$ hommes d'armes, l'an .CCCC. xj., à mener à Clermont, son chastel. Et, quant il out ce fait, s'en retorna, en guise de marchant, en Normandie, à mons. d'Orlienz ; et là refirent granz alian-

---

¹ Les ducs de Berry et de Bourbon, les comtes d'Alençon, de Richemont et d'Armagnac, Charles, duc d'Orléans, Philippe, comte de Vertus, et Jean, comte d'Angoulême.

² Jean, I$^{er}$ du nom, duc de Bourbon et d'Auvergne. Il avait succédé à son père Louis II, duc de Bourbon, décédé à Montluçon, 19 août 1410. Le comté de Clermont en Beauvoisis appartenait à sa famille, en vertu de la donation faite par saint Louis, mars 1268, à Robert de France, son sixième fils.

³ « Hector de Chartres, seigneur de Ons, chevalier, maître enquêteur des eaux et forêts du roi en Normandie et en Picardie. » C'est à lui que l'on doit le *Coutumier des forêts de Normandie* dont une ancienne copie est déposée aux archives de la Seine-Inférieure. M. Léopold Delisle, *Études sur la condition de la classe agricole*, etc., 338-343.

⁴ Non pas Mouy-sur-Seine, canton de Bray, arr. de Provins (Seine-et-Marne), comme l'indique M. Vallet de Viriville, p. 406, mais Muids-sur-Seine (canton de Gaillon, Eure).

chez; et repassa Saine au port de Courval[1], à bien .xv.ᶜ chevax, premier jour de juillet ensuiant .cccc. xj.

En icel temps, monsʳ. de Berry, le duc d'Orlienz et ses aliés estoient à Chartrez, et destruéent le pais[2], et voulloient faire forche à chex de Chartrez. Si le manderent au roy; et il leur envoia le compte de Saint-Pol et messire Pierres des Essars, adonc prevost de Paris[3], à grant quantité de genz d'armez; et en pristrent d'iceulz bien .j. chent, et amenerent à Paris; et les autres s'en fuirent, ès quiex avoit .iij. grans routiers, dont l'un avoit nom Pollifer, l'autre Radigot[4], et le tiers ne soy comment, fors que les trois furent pendus au gibet de Paris, desquiex leurs mestres en furent bien courchiés; mais plus ne povoient faire. Et fu ce fait en moy .cccc. et .xj. Or, retourneron à parler de Bourguongne.

Quant le duc de Bourguongne fu parti de Paris, par l'apointement devant dit, s'en ala à sa terre de Flandrez,

---

[1] M. Vallet de Viriville a mis en note à propos de ce mot : « Courvend? Abordage situé près Vernon entre Orgeval et Giverny, proche l'embouchure de l'Epte. » Il y a là, je crois, une erreur. Courval était le nom d'un petit port sur la Seine, au delà de Quillebeuf. De la Vicomté de l'Eau de Rouen, p. 90. — Il est assez souvent fait mention de ce port dans les aveux de fiefs.

[2] « La Beauce avoit énormément souffert du séjour des troupes orléanaises, et l'agglomération des hommes d'armes à Chartres avait engendré une peste qui fit pendant longtemps de nombreuses victimes. » M. E. de Lépinois, Histoire de Chartres, II, 6.

[3] Créature du duc de Bourgogne, rétabli par le duc de Guyenne dans la charge de prévôt de Paris, en remplacement de Bureau de Saint-Cler.

[4] Polifer et Rodrigo, qualifiés par Jean Juvénal des Ursins, p. 447, « capitaines principaux, lesquels avoient plusieurs larrons et meurtriers en leur compagnie. »

lequel savoit bien que ses adversaires machinoient alianche contre lui. Lequel de Bourguongne semblabement refaisoit ses alianches en l'encontre, et pensoit bien qu'i seroit deffié. Or, retourneron à parler des enfanz d'Orliens.

Et quant les diz enfans d'Orliens et leurs aliez surent que Bourguongne s'en estoit allé en sa terre de Flandres, pensoient bien qu'il faisoit grans alianches contre eulz : escriprent au roy unez lettrez de complaintez contenant une grant peau de parchemin[1], qu'il ne leur faisoit pas justice de ce fort traiste, larron, murdrier qui faussement avoit fait murdrir leur seigneur de pere, et aussi fist faussement mourir le grant mestre d'ostel nommé Montagu. Es quellez lettres avoit tant de laidez choses que ce seroit trop longue chose à escripre. Lesquellez lettrez furent envoiez à Rouen[2] et ès bonnez

---

[1] M. Vallet de Viriville fait remarquer que « cette peau subsiste dans les archives royales, cartons des rois de France K n° 56, pièce 18, à la direction générale des archives » de l'Empire. Le texte en est rapporté par Jean Juvenal des Ursins, p. 450.

[2] Les lettres du duc d'Orléans furent lues à l'Hôtel-de-Ville de Rouen à la fin de juillet.

« Le xxx. jour de juillet .cccc. xj., devant nous Karados des Quesnes, chevalier, conseiller du roi et son bailli de Rouen, ad ce presens Robert La Vasque, messire Robert d'Esneval, chevalier, Jehan d'Orleans, esleu, Roger Mastel, Colin de Baudribosc, H. Gueloquet, Guillaume Toulousen et Jehan Le Clerc, conseillers, Robert Alorge, le procureur du roy, Nicolas Lenglaiz, esleu, Thomas Pougnant, Jehan Auber, vicomte de Rouen, Jehan Cavelier, son lieutenant (plus 29 personnes dont les noms sont cités), en la presence desquels, les lettres du duc d'Orléans, données à Gergeau-sur-Laire le xiii°. jour de juillet, furent leues lesquelles s'adrechoient à nous bailli et autres officiers du roy et aux bourgeois et habitans de la ville de Rouen, et demoureront ycelles lettres devers nous bailli. »

villez de France et de Normendie, comme autrefois avoit fait. Et, pour l'instruction du dit de Bourguongne, le roy ne leur voulloit faire droit ne justice. Et, pour metre le roy en indignation vers le dit de Bourguongne, lui escripsoient icellez lettrez, escriptes à Gerjau-sur-Laire, le .xiiij$^{me}$. jour de juillet l'an mil .cccc. et .xj.

*Item*, tant après, les dis enfans deffierent ledit de Bourguongne par lettrez patentes desquelles la copie s'ensuit :

« Charles, duc d'Orleanz et de Vallois, conte de Bloys et de Beaumont et Coucy, Philippe, conte de Vertus, et Jehan, conte d'Agoulesme, freres à toy Jehan, qui te diz duc de Bourguongne. Pour le très horrible murdre par toy commis, en trahison d'aguet apensé, par murdriez affaitiez, en la personne de notre très redoubté s$^r$ et pere mons$^r$. Loys, duc d'Orleanz et seul frere germain de mons$^r$. le roy, notre très redouté et souverain s$^r$ et le tien, nonobstant alianchez et compagnie d'armes que tu avoiez à lui, et pour plusieurs traisons et malvestiez que tu as perpretéez contre mons$^r$. le roy et contre nous en plusieurs manierez, te faisons savoir que, de ceste heure en avant, nous te nuironz de toute notre notre poissance, en toutes les manierez que nous pourrons, et contre toy, ta desloialté et traison appelonz Dieu en notre aide et toutes les bonnes [villes] du royaume et du monde. — En tesmoing de verité, nous avons fait seeler chez lettrez du seel de moy Charles dessus nommé. — Donné à Jargueau-sur-Laire, le .xviiij.$^e$ jour de juillet l'an mil .cccc. et .xj. »

Laquelle lui fu prononchie à Lisle en Flandres, joedi .xiij⁰ jour d'aost ensuiant¹.

Or, se voit le duc de Bourguongne deffié, et, ce propre jour, envoia à diz enfanz response sur ce, dont la teneur s'ensuit :

« Jehan, duc de Bourguongne, compte de Flandrez, d'Artoys et de Bourguongne, palatin, seigneur de Salinz et de Malignes, à toy Charles, qui te dis duc d'Orleanz, à toy Philippe, qui te diz conte de Vertus, et à toy Jehan, qui te diz compte d'Angoulesme, qui nagairez nous avez envoié lettres de deffianchez, vous faisonz savoir, et voullons que chascun sache que, pour abatre les très horribles traisons par très grants malvestiés appenséez, conspiréez et machinéez et fais fellonnement à l'encontre de monsʳ. le roy, notre très redoupté et souverain seigneur et le vostre, et contre sa noble generation par feu Loys votre pere, en plusieurs et diverses manierez, et pour garder ledit votre pere, faulz et desloial traistre, de parvenir à la final excecupsion detestable à laquelle il contendoit contre notre dit très redoubté et souverain seigneur et le sien et aussi contre sa noble generation, si faussement et noctoirement que nul prodhomme ne le devroit plus laissier vivre sus terre, meismement nouz, qui sommes cousin de notre dit seigneur et doyen des pers et deulz fois per et plus astrainz à lui et à sa dicte generation que nul autre quelconque de ses parens et subgis, ne devionz un si faulz, desloial, cruel et felon traitre laissier sur terre

---

[1] Ces lettres se trouvent dans Monstrelet, et dans la chronique des Cousinot, publiée par M. Vallet de Viriville.

plus longuement vivre, que ce ne fust à notre très grant carche, avons, pour nous acquittier et loialement faire notre devoir envers notre très redoupté et souverain seigneur et sa noble generation, fait[1] ainsi qu'il devoit, le dit faulz et desloial traitre. Et, en ce, avonz fait plaisir à Dieu et service loial à notre très redoupté et souverain seigneur, excecuté raison. Et, pour ce que toy et tes diz freres ensuiez la trache falce et desloial, et felonnie de votre dit pere, cuidanz venir aus dampnables et desloiaulz faits à quoi il contendoit, avonz très grant leesche au cuer des dictez deffianches. Mais du souplus (*sic*) contenu en icelles, toy et tez diz freres avés menti, et mentez faulsement et desloialment, comme faulz, malvez et desloialz traitres que vous estez. Donc, à l'aide de Dieu, notre sire, qui soit et congnoit la très entiere et parfaite loialté, amour et vroye entention que tousjours avonz eue, avons et aurons, tant comme nous vivronz, à mon dit seigneur le roy et à sa dicte generation, au bien de son peuple et de tout son royaume, vous feronz venir à la fin et punition telle que tiex faulz, malvez et desloyaulz traitrez, rebellez, desobeissanz et felons, comme toy et tes diz freres estez, doyvent venir par raison. — En tesmoing de ce, nous avons fait seeler ces lettrez de notre propre seel. — Donné à notre ville de Douay, le .xiij[e] iour d'aost l'an mil .cccc. et .xj..[2]

---

[1] *Faire*, euphémisme pour dire *faire mourir*.

[2] Le texte de ces lettres se trouve dans Jean Juvénal des Ursins, p. 459. — 11 août 1411, assemblée à l'Hôtel-de-Ville de Rouen, 52 personnes sous la présidence de Karados des Quesnes, bailli, en présence de Guillaume de Grasmesnil, capitaine de la ville, de Robert La Vasque,

Or, lairon à parler de ceste matere, et retourneron à paller dez adversairez au duc de Bourguongne.

En celui temps, tous iceulz adversairez estoient à Paris, et firent tant au roy que son filz duc de Guyane seroit regent le royaume; et fu esleu, le dimence .xxiij$^{me}$. jour d'aost ensuiant mil .cccc. et .xj. Et, le lundi ensuiant, chevaucha par Paris en guise de roy. Et voulloient les dessus diz aversaires avoir les plus beax logeys et les plus fors, comme le Louvre et la bastille Saint-Anthoine, pour miex tenir la ville en subjection. Lesquiex ne le purent soufrir. Et, quant il virent qu'ilz ne povoient avoir nullez bonnes conclusionz à tenir la ville en subjection, se partirent de Paris, et s'en alerent à Meleum, où la royne estoit, avec grant quantité de grans seigneurs qui se disoient du costé du roy. Et là firent leur apointement comme il acompliroient leur fait des desfialles dessus dictez. Et de là se partirent, et s'en allerent en Beauvoisin en leur forteresches, où leur genz estoient, qui estoient passez Saine, comme devant est dit. Et, quant il furent tous assemblés, se trouverent de .x. à .xij$^m$. genz d'armes pour courre sus à mons$^r$. de Bourguongne.

Si lairon à parler d'eulz, et retourneron à parler du duc de Bourguongne propre.

Le duc de Bourguongne et compte de Flandrez

avocat du roi : « En la presence desquielx un vidimuus des lettres du roy accordées au duc de Bourgogne furent leues. *Item*, des lettres closes du duc de Bourgogne avecu une cedule, qui dedens estoit enclose, de la responce des deffialles par lui faicte au duc d'Orleans, furent semblablement leues. » — *Archives municipales de Rouen*, A. 8.

est en sa compté dessus dicte, et se voit deffié, et se pourvoit de genz d'armes à se deffrendre (*sic*) de ses anemis, tant de nobles comme de communez. Si est de commun en Flandrez que, quant leur seigneur a besongnez contre .j. autre prinche, il le doivent servir de certaine quantité de genz d'armez à leur despenz, par l'espace de .XL. jours, et depuis le jour qu'ilz partiront de leur villez, ilz n'y rentreront jusques à tant que les .XL. jours seront acomplis. Et, que le dit duc de Bourguongne ne voulloit pas que ses anemis lui venissent essilier ne gaster sa terre, il assembla tant de genz d'armes, de noblez et de communes que c'estoit grant merveille. Et yssi de Flandrez, au moys de septembre .CCCC. et .xj., et s'en vinst logier à une abbaie nommée le Mont-Didier [1], et entour et environ par les chanz. Et là fu .v. jours pour attendre chex qui l'avoient deffié; car il estoit deffenseur, et ne les devoit pas assaillir. Et, quant il vit qu'ilz ne le venoient assaillir, et que ses communes l'avoient servy, et acompli leur quarantaie, demanderent congié, et qu'i les remenast en leur pais à sauveté, et il si fist; et ses adversairez disoient qu'il s'en estoit fuy. Et, cela fait, s'en retourna à Arras, et là refist garnison de genz d'armes grant quantité pour retourner en France, quant temps et leu seroit.

Or, retourneron à parler de ses adversairez.

Or, sunt les enfanz d'Orleanz et leurs aliés en leurs terres et forteresches de Beauvoisin, et ourent connois-

---

[1] Abbaye de Bénédictins, du diocèse d'Amiens (Somme).

sance que leur aversaire de Bourguongne estoit si fort et qu'il refesoit alianchez contre, et que les passagez de la riviere d'Aise estoient gardez qu'ilz ne rapassent : il firent faire carpenter un pont de bosc, de cordes et de clayez, et passerent Aise, joedi premier jour d'octobre ensuiant .cccc. et .xj., et s'en vindrent logier entre Saint-Deniz et Paris, à Mont-Martre et à la noble maison de Saint-Ouain [1], et venoient touz les jours escarmucher à la porte de Paris, en disant : « Issiés, truanz bourgois, bouchiez, tripiez [2], » et assés de villanieez : dont tout le peupple du royaume estoient bien esbahis comme ilz osoient ce faire.

Et, le merquedi .xiiij$^{me}$. d'octobre ensuiant, vindrent, au point du jour, devant le pont de Saint-Clout; et [le] leur livra Colin de Pizeuz, capitaine du dit pont, et leur vendy. Et après il out son paiement; car il en out le col trenchié, comme vous orrez après. Et, quant il furent maistres du pont, le compte d'Arminach, qui n'est pas encore avec les autres, passa, et vint avec les autres; et firent qu'il pristrent la ville de Saint-Denis et l'abbaye; et ne povoit aler à Paris nul vivrez du pais de Normendie ne dez partiez d'environ.

Quant le duc de Bourguongne, qui estoit à Arras, et (*sic*) vit que ses adversaires se demenoient ainsi, et qu'il portoient guerre au roy, leur prinche, et as siens,

---

[1] Village des environs de Paris, sur la rive de la Seine, entre Clichy et Saint-Remy.

[2] Les principaux séditieux de Paris étaient des bouchers, tels que « les Gois, les Sainctyons et les Tibers, et estoient assez grande compagnie. » Jean Juvénal des Ursins, p. 461.

fu mout courchié. Se parti d'Arras à très grant quantité de gens d'armez, acompaignié de .iiij$^m$., que gens d'armez, que archiés, des genz au compte d'Arondel de Engleterre, et s'en vinst par ses journéez à Pontoize, vendredi .xvj$^{me}$. jour d'octobre ensuiant ; et là fu, en atendant ses gens, jusques au joedi .xxvij$^{me}$. du dit mois. Et de là parti, et s'en vint passer par Meullent, pour ce qu'i ne povoit avoir nullez nouvelles du roy ne de Paris, pour ses anemis qui estoient entre lui et Paris. Et chevaucha outre, lui et seuz gens, et entra à Paris par la porte Sainct-Jaque, au point du jour, le samedi ensuiant ; et là fu grant joie demenée, en criant *Noel;* et, au soir, les feulz comme à la Saint-Jehan.

Or, est le duc de Bourguongne à Paris, dolent et courouchié de ses adversairez, qui ainssi sunt devant Paris, et du pont de Saint-Clout, que ainsi par traison ont pris, et qui ainssi guerrient leur prinche et la noble ville de Paris. Si cuide bien que ce soit pour lui et pour son fait, et pour ce que le roy ne leur veult acomplir telle justice comme il demandent. Et, quant le dit duc de Bourguongne vit le demené, si assembla ses gens secretement, tant de Paris que d'ailleurs; et yssirent par nuit, et furent devant Saint-Clout, et fort l'assaillerent, tant que par forche il reffu pris, ville et pont. Et y mourut et noya, des adversairez au duc de Bourguongne, bien, que chevaliers que escuiers, tous flours de genz d'armez, en nombre .xij$^c$. et plus. Et y fu repris le traitre Colin de Pizeuz, lequel out le col trenché, et escartellé, lui .v$^e$. Et, ce fait, celz de Paris, pour ce qu'ilz estoient trop foullez, s'en retournerent à Paris sans rien perdre ; et fu ceste desconfiture, le lundi .ix⁰ jour de novembre .cccc. et .xj.

Et estoit leur entente que, l'endemain, qu'il alassent asaillir les autres à Saint-Denis. Maiz de leurs amis qu'ilz avoient à Paris, comme messire Pierres des Essars, adonc prevost de Paris, et d'autres leur manderent qu'il vuidassent, ou il seroient tous mors et pris. Et se partirent de Saint-Denis ledit lundi emmy nuit, et passerent Saine au dessouz de Saint-Denis, par un pont qu'il firent de bosc et de cordez ; et s'en noya la plus grant quantité de haste. Et qui eust esté avisé d'avoir gens d'armes de l'autre costé, tout [eust] esté pris. Et, eulz passés, chascun se franchy[1] au miez qu'il pout, les unz à Dreeux, les autres à Estampes, et le compte d'Alenchon en ses forttereschez. Et, l'endemain, le mardi ensuiant, quant chex de Paris oirent dire qu'il estoient passés Saine, comme dit est, yssirent de Paris à les parsuir .x<sup>m</sup>. hommez d'armez. Mais ce fu trop tart, qu'il estoient espartis chascun en leurs fortteresches. Et s'en alla mons<sup>r</sup>. de Berry à Montargis ; et leur sommage et charroy demoura à Saint-Denis, qu'il ne le purent recullir, de haste qu'il ourent de partir ; et lez vint querre le dit prevost de Paris, et mena tout à Paris en la garde du roy, fors ce qu'il en retinst pour lui.

Après chez choses ainsi faictez et que icelz adversaires s'estoient rescousez en leur forttereschez, le duc de Guyane, mons<sup>r</sup>. de Bourguongne et chex de Paris,

---

[1] Se mit en franchise.

avec les enginz, alerent à Estampez où estoit .j. de leurs gregneur routiers nommé Lourdon[1] et plussieurs autres; et fu si fort assailly que par forche y fu pris et le dit Lourdon et ses compaignonz. Et fu le dit Lourdon delivré pour autre prisonnier : dont ce fu très grant dommage. Et fu ce fait, lundi .vij$^e$. jour de decembre ensuiant.

*Item*, le .ix$^e$. jour ensuiant, en un autre pongneis, le compte de Larmache[2] fu pris des diz adversairez. Aufunz dient que ce fu de sa bonne volenté. Et eussent tous les gens du roy esté desconfilz, ne fust le sire de Hambuye[3] qui vint à la rescousse. Et perdirent iceulz adversaires, que mors que pris, le nombre de mil hommez d'armez : dont le dit seigneur y recovra très grant honnor.

*Item*, le joedi .xvij$^{me}$. jour de fevrier ensuiant, en .j. autre pongneys, le mareschal de France nommé Loys...[4], et Enguerren de Bourneville[5] trouverent les adversairez Bourguongne entre Bonneval et Char-

[1] Louis de Bosredon. « Les ducs de Bourgogne et Guyenne allerent assegier la ville d'Estampes, laquelle estoit au duc de Berry ; et en estoit capitaine un gentil chevalier nommé messire Loys Bourdon. » *Mémoires de Saint-Remy*, p. 332.

[2] Jacques de Bourbon, II$^e$ du nom, comte de la Marche et de Castres, grand chambellan de France.

[3] « Le seigneur de Hambuye, » *Mémoires de Saint-Remy*, p. 332 ; — Jean Juvénal des Ursins, p. 468. — M. Vallet de Viriville croit qu'il faut lire, avec Monstrelet, « le seigneur de Rambures. » Ce seigneur, cette même année, fut nommé maître des arbalétriers, en remplacement de Jean de Hangest, sieur de Heugueville.

[4] Louis de Longny.

[5] Enguerran de Bournonville, « qui estoit un des principaux capitaines du duc de Bourgogne. » Jean Juvénal des Ursins, p. 470.

trez, et acomplerent ensemble; et y out des diz adversairez, que pris que mors, plus de .xiiij<sup>c</sup>., avec un grant prisonnier, mons<sup>r</sup>. Dancourt[1], qui fu amené au roy.

*Item*, le merquedi .xxiij<sup>me</sup>. de mars ensuiant, sire Pierres des Ersas[2], adonc prevost de Paris, yssi de Paris pour aler devant Montargis où estoient recueullis le duc de Berry et plusieurs autres; et mena le prevost dez enginz de Paris, à grant quantité de genz d'armez, à cousteementz de Paris. Et, quant Berry sut la venue, se partirent, et s'en alerent à Bourges en Berry. Et, pour ce que le roy faisait ses semoncez pour aler contre ses anemis, retournerent à Paris; et fu levée une grant taille ou royaume, dont le bailliage de Rouen en fu à .xxx<sup>m</sup>. lb.

*Item*, le joedi .vij<sup>me</sup>. jour de moy ensuiant .cccc. et .xij., le roy, mons<sup>r</sup>. de Guyane, le duc de Bourguongne yssirent de Paris à aler à Meleum faire leur palement[3], acompaigniés de .xx. à .xxx<sup>m</sup>. hommes d'armez à aler contre leurs adversairez. Et de là partirent, le samedi .xiiij<sup>me</sup>. jour du dit mois, à aler à Chygnon[4], et de là chevaucha, et tinst les chanz, et prenoit villez et chasteaux qui douchement se rendoient à lui; et vindrent devant .j. fort chastel nommé Dumroy[5] qui se tinst

---

[1] Il s'agit ici, suivant M. Vallet de Viriville, de Jean de Gaucourt.

[2] Pierre des Essarts.

[3] Ce n'est pas la première fois que notre chroniqueur, suivant l'usage cauchois, supprime la lettre *r* dans les mots.

[4] Chinon.

[5] Dun-le-Roy ou Dun-sur-Auron, chef-lieu de canton (Cher).

fort contre le roy et longement; et fu fort asailly et deffendu; et toutezfoys, le mardi .vij$^{me}$. jour de jung ensuiant, par forche il fu rendu, et tous en la merchy du roy.

*Item*, le roy et ses gens aryverent devant Bourgez, samedi ensuiant ix$^e$ jour de jung, et mist siege devant. Et demanderent Berry et ses aliez treves jusques à .iij. jours par traison. Et cependant yssirent, par une fausse porte, par nuit, grant quantité de genz d'armez; et, pour les dictez trevez, que le roy et ses gens fussent desarmez, vindrent au logeis du roy courre sus. Et, par la grace de Dieu, il fu aprocheu; et trouverent l'avant-guarde en si bon arroy qu'il mourut bien là six-vingts hommez, et .iiij$^{xx}$. prisonniers; et les autrez se receullirent au miex qu'il purent, à leur mal avanture.

Et, en icelui temps que le roy estoit devant Bourgez, les communz de Paris, de Rouen, d'Evreeuz et du plat pays, le mareschal de Franche, le capitaine de Rouen[1] estoient devant Dreeuez; et si fu si fort asailly et tampesté que par forche pristrent la ville et la basse court du chastel, et le dit chastel miné. Et prist de mettre le feu ès estoies, ne fussent les noblez qui y estoient, et aussi qu'i vint lettres du roy que l'en se sessast, en esperance d'accort.

Et, la desraine sepmaine de juillet, le siege de devant

---

[1] Antoine de Craon, chevalier, chambellan du roi; il avait été nommé capitaine de Rouen, en remplacement de Jean de Calleville, et avait pris possession, par procureur, de sa *capitainerie*, le 6 octobre 1411, et en personne, le 25 novembre, même année. A son entrée, la ville lui offrit deux *écarlates* de Montivilliers et six tasses d'argent du poids de 9 marcs. *Archives municipales de Rouen*, A. 8.

Bourges fut levé, en esperance d'accort, par l'apointement de monsr. de Guyane; et cependant Artus, compte de Richemont, frere au duc de Bretaigne, à grant quantité de gens d'armes, et les genz au compte d'Alenchon[1] estoient en Normendie, et destruoient la terre du roy, et pristrent Glos-la-Feriere[2] et Laigle[3], et les pillerent, et y guaignerent tant de finance que ce fu grant merveille. Et attendoient les Englois, pour estre en leur aide, que avoient fait venir les dessus [diz] adversairez, lesquiex deschendirent à la Huogue-Saint-Vast, le .x^me jour d'aost ensuiant, où estoit Thomas, filz au roy d'Engleterre[4]. Et estoient nombrez .vj^m. hommez d'armes et .iiij^m. archiez, et tindrent les chans, et passerent et allerent en Guyane, et y furent tout l'iver, et pristrent proiez, chastiax et villez[5], etc.

Or, retourneron à parler de la pais dessus dicte.

Touz nos seigneurs, c'est assavoir: le roy, son ainsné filz, le duc de Berry, le duc de Bourguongne, les enfans d'Orleanz, le duc de Bourbon, le compte d'Alenchon et tous les autres s'en vindrent à Ausserre, la desraine sepmaine d'aost ensuiant .cccc. et .xij.; et là

---

[1] Jean, I^er du nom, comte d'Alençon, pair de France, tué à Azincourt, en 1415.

[2] Commune du canton de la Ferté-Fresnel (Orne). La forteresse en avait été prise et démolie par Duguesclin.

[3] Chef-lieu de canton de l'arrondissement de Mortagne (Orne).

[4] Thomas, duc de Clarence, second fils de Henri IV et de Marie Bohun.

[5] Par le traité qu'il fit, le 18 mai 1412, avec les princes confédérés de la maison d'Orléans, Henri IV s'était engagé à leur fournir un secours de 1000 hommes d'armes et de 3000 archers.

fu le parlement fait, et la paiz acordée, et tout pardonné d'un costé et d'autre, et tout remis en son premier estat; et criée à Paris, à Rouen et ès bonnes villes du royaume; et les feulx faits en criant *Noel*. Et fu la tierche pais etc....; et fu enchiés le .xxv<sup>e</sup> jour d'octobre ensuiant que le roy et son filz fussent retournés à Paris. Et le duc de Berry y entra, lundi après la Saint-Clement ensuiant [1]; et lui fu deffendu le partir.

*Item*, ou mois de fevrier ensuiant, le roy et son conseil firent assembler à Paris tous les noblez et des bourgois dez bonnez villez de son royaume avec l'université de Paris, à ce apellée, en demandant à tous icelz conseil, confort et aide. Et preschemens fais devant le roy plusieurs, lesquiex profitoient poy, et que *voiz oye est tost perie*. Les dessus diz firent faire un roulle pour le gouvernement du royaume, gros comme le bras d'un homme, seelé et acordé du roy et des dessus [diz] conseillers; et la copie envoié par les bonnes villes du royaume. Et fu icel roulle fait, lundi .xiij<sup>me</sup>. jour de fevrier ensuiant, en la presence du roy, son filz duc de Guyane, le duc de Bourguongne, le compte de Saint-Pol, le chanselier, le prevost de Paris et tous chex de l'université, avec touz lez autres conseillers à ce apellez, et que lez ordenanchez contenuez en icelui roulle seroient tenuez d'ores en avant.

Or, pour ce que cheulx de Paris, tant de l'université comme de la communiauté de Paris, virent

---

[1] 23 novembre 1412.

que ledit roule n'aroit point d'effet, voudrent avoir le gouvernement du roy, de son filz et du royaume, vouldrent garder la dicte ville de Paris contre tous et tenir le roy, son filz et Berry, sanz yssir de ladicte ville, comme prisonniers. Les noblez du sanc royal ne le povoient endurer, et faisoient granz alianches comme ils peusent metre chex de Paris en subjection, et que le royaume estoit gouverné par telle maniere de genz; cuiderent avoir la bastille Saint-Anthoyne. Si ourent chex de Paris congnoissanche de che : si s'armerent, et firent qu'il la pristrent par forche et chex qui la gardoient, c'est assavoir : le frere de la royne, le duc du Bar, sire Pierres des Essars, adonc prevost de Paris, et plusieurs autres seigneurs et damez, jusques au nombre de .xv., et tous mener em prison. Et, pour ce qu'il virent qu'il estoient ainsi trais, s'allierent tous ensemble, et qu'il garderoient la ville contre tous Chrestianz, et firent livrée de chaperonz blans, et [manderent] à cheux de Rouen qu'il les preiessent, et qu'il fussent de leur aliance. Lesquiex respondirent, se le roy leur mandoit, il y obeiroient, et non aultrement. Et osterent à mons<sup>r</sup>. de Guyane tout son tinel[1] ; et out un caperon blanc. Et, le samedi .x<sup>e</sup> de moy .cccc. et .xiij., il firent decoller de chex qui furent pris à ladicte bastille, messire Jaques de la Riviere, chevalier, et un escuier qui estoit trenchant

---

[1] Les gens de son hôtel : « son chancelier, le duc de Bar, Jacques de Rivière, les deux fils du sieur de Boissay, Michel de Vitry et son frère, les deux fils de messire Regnault d'Angennes, les deux frères du Maisnil, les deux frères de Gerasme et Pierre de Naisson. » *Mémoires de Saint-Remy*, p. 342.

devant mons. de Guyane, nommé Mesnille[1]. Et, le samedi premier jour de juillet, messire Pierres dez Essars, adonc prevost de Paris, fu decollé. Et chy lairoy à parler de ceste matere.

[1] « Un gentilhomme nommé le Petit Maisnil escuyer trenchant du duc de Guyenne eust le teste tranchée ès halles. » *Mémoires de Saint-Remy*, p. 346.

# CHAPITRE XVII.

Sommaire. — Entrevue de Vernon et nouvelle paix entre les Bourguignons et les Orléanais. — Ceux-ci s'introduisent à Paris; réaction orléanaise; destitutions; prédication contre Jean Petit. — Le comte d'Alençon, gouverneur de Normandie. — Portes de Paris fermées à Jean-sans-Peur qui se retire à Compiègne où les troupes royales le poursuivent; bataille de Soissons; prise de Bapaume; siége d'Arras. — Traité entre le duc de Bourgogne et Henri V, roi d'Angleterre. — Ce dernier débarque à la Fosse-de-Leure, prend Harfleur et défait l'armée française à Azincourt. — Bernard d'Armagnac, connétable de France, bat les Anglais dans le pays de Caux, mais les laisse se réfugier à Harfleur. — Nouvelle descente de Henri V en France; débarque à la Hogue, prend Caen et Evreux, passe la Seine à Bonport et s'empare, après un long siége, de la ville de Rouen, où il fait élever une nouvelle forteresse; — prend Vernon, Mantes et Pontoise, conclut le traité de Troyes qui fait de lui le gendre et l'héritier de Charles VI, conduit sa femme en Angleterre, est rappelé en France par la défaite et la mort du duc de Clarence à Baugé, assiége Dreux, se rend à Chartres en pélerinage, s'empare de Meaux, meurt au bois de Vincennes; ses obsèques.

## 1413—1422.

Or, retourneron à parler du gouvernement de nos seigneurs du sanc roial et du gouvernement de la communité de Paris, des choses dessus dictez et faictez.

Apointement fu que les adversairez du duc de Bourguongne seroient à Pontaize, et le dit de Bourguongne et les sienz à Vernon, et embarsadeus d'un costé et d'autre, sur ce. Lesquiex firent tant que la paiz fut confremée si com si, et la plus couverte de toutez les autres. Et fu criée à Paris et à Rouen et [dans] les autres bonnes villes du royaume de France, la premiere sepmaine d'aost l'an mil .cccc. .xiij.; et en escrip[vit] le duc de Guyane à Rouen, en les merchiant qu'il n'avoient point voullu prendre, sanz le congié du dit duc, des chaperonz blanz de la livrée de Paris, ne d'estre de leur alianche. Et fu la quatrieme pais. Et, le .xxiij$^{me}$. jour du dit mois d'aost, le duc de Bourgongne prist congié de court, et s'en alla en son paiz, pensant que la dicte paiz n'estoit point affiable, et que il aroit encore à besongnier.

Or, retourneron à parler de l'autre partie.

Le joedi desrain jour d'aost ensuiant, les adversaires de Bourguongne, c'est assavoir : les enfanz d'Orleenz, le duc de Bourbon, le duc d'Alenchon etc., entrerent à Paris à grant joye que leurs adversaire n'y estoit pas, et trouverent le roy, la royne, le duc de Guyane, le duc de Berry, l'archevesque de Senz et de Bourges, l'evesque de Paris et de Chartez[1] et le duc de Bretaigne, et firent tenir au roy lit de justice, mardi .v$^e$. de septembre ensuiant, et pristrent tel apointement, comme il voulrent. Et Bernard d'Armygac[2] entra à Paris, le jour de la Saint-Michel ensuiant.

[1] Jean I$^{er}$ de Montagu, archevêque de Sens; Guillaume III. de Boisratier, archevêque de Bourges; Gerard de Montagu, évêque de Paris; Martin Gouge de Charpaignes, évêque de Chartres.

[2] Bernard, VII du nom, comte d'Armagnac, connétable de France en 1415. Il était considéré comme le chef du parti d'Orléans; de là le nom d'Armagnac donné à ce parti.

Or, retourneron à parler de ceste ban[d]e.

« Quant tous nos seigneurs dessus diz se sunt trouvés ensemblez avec le roy, et que Bourguongne estoit en son pais, firent tant qu'ilz orent le gouvernement du roy et de son filz ainsné, de Paris et du royalme. Et virent qu'il estoit temps de besongnier, et firent tant que toutes les officez que le duc de Bourguongne avoit donnéez au devant, comme capitaines, chastelains, bayliz, furent tous hostez et reversés et mises au neant. Et, que aussi, comme le duc de Bourguongne avoit eu son temps et sa regalle d'avoir eu le roy et son conseil, et comme il mena le roy devant Bourges et devant Dreeuez et autres forteresches, et comme il avoit fait prononchier et publier par les bonnez villes et preschier que tous chex qui s'armoient contre le roy [1] par la vertu d'une bulle, que avoit donné en son temps, le bon pappe Urban Quint [2], et confermée du pappe Jean .xxiij$^e$., ainsi,

---

[1] Il faut sous-entendre ici ces mots : *étaient excommuniés*.

[2] La bulle du pape Urbain avait été transmise par l'Université de Paris à toutes les bonnes villes du royaume. — Assemblée à l'Hôtel-de-Ville de Rouen, 1. déc. 1411, sous la présidence du bailli Karados des Quesnes : « Leues les lettres de l'Université de Paris adrechans aux habitans de la ville de Rouen faisans mention de l'excuminche du pape Urban comme il octroye aux roys de France comme il excommunie toutes manieres de compagnies de gens d'armes qui porteront guerre au royaume. » *Archives municipales de Rouen*, A. 8. — En vertu de cette bulle, dont les deux partis abusèrent, Etienne Grasset, secrétaire des ducs d'Aquitaine et de Berry, fut nommé, par l'archevêque, Louis de Harcourt, au canonicat d'Etienne Le Chien, et à l'archidiaconé du Vexin dont était titulaire Antoine Courant, sous prétexte que lesdits Etienne et Antoine « *notorie et manifeste, ut fertur, adheserunt nonnullis dominis nostri regis rebellibus et suis adversariis, et cum ipsis manifeste versati fuerunt, et, ut dicitur, conversantur, propter quod, tam per certa privilegia à sacrosancta sede*

semblabement, le roy et la bande d'Orleanz firent faire preschemens au contraire, comme le dit duc de Bourguougne, et tout reversé au contraire, ce dessus desouz, en disant que le roy avoit esté mal conseillé de tant cresre le dit duc de Bourguongne, et aussi les clers de l'université, d'avoir tant creu le dit duc : dont mout de genz se tenoient mal contenz que la dicte université se povoit dire mal conselie, qui doit estre lumiere de toute verité.

*Item*, il fu aussi presché que qui aroit copie aucune d'un preschement que un mestre en theologie, nommé mestre Jehan Petit, natif du paiz de Caux, prescha en la grant salle de Saint-Pol à Paris, fussent arses en feu, afin qu'il n'en fust jamez memoire. Et aussi lui en sa personne, s'il eust esté en vie, et il eust peu estre trouvé, il [eust] esté ars[1]. Et aussi fu crié que toutes les lettrez royales, qui furent donnéez en son regallez, fussent mises au neant et anichilléez.

Et en ce temps, à la Saint-Andrieu[2], le compte d'Allenchon fu gouverneeur et capitaine de Normendie.

*Item*, espiez par les bonnes villes assavoir lesquiex

*Apostolica domino nostro Regi indulta, quam per ordinationes regias super hoc editas et solempniter publicatas, penitus inhabiles ad quecunque beneficia ecclesiastica ulterius obtinenda se reddiderunt indignos.* — De même, le 29 mars suivant, le chapelain Pierre Beaugieu fut privé, par le chapitre, de la chapelle Saint-Eustache en la cathédrale, *ex et pro eo quod ipse notorie et manifeste adhesit nonnullis dominis nostri Francorum regis rebellibus.* — Arch. de la Seine-Inf., *Registres capitulaires*.

[1] M. Vallet de Viriville (p. 422) rappelle, d'après Monstrelet, que Jean Petit était mort à Hesdin, le 15 juillet 1411.

[2] 30 nov. 1413.

estoient Bourguenonz ou non; et prins à reenchon les unz, fuitiz [les autres]; et ne savoit l'en comme soy maintenir.

Or, lairon à parler de ceste matere, et retourneron à parler des enfans d'Orleen et de leur bende.

Les dis enfans et leur bende estans à Paris horent nouvellez, le .ix{e}. jour de janvier .cccc. .xiij., que le duc de Bourguongne estoit sur les chans. Si orent chex de Paris, les uns paor et les autres joye; et y out grant noise et grant effray; et fu crié banz et arriere ban. Et, à la Candeleur ensuiant, le dit duc se vint logier à Saint-Denis, et le prist par force. Et avoit tant de pleupe *(sic)* que c'estoit merveilles à regarder. Et s'en vint devant Paris, à la porte de Saint-Denis, et dit que l'en lui ouvrist, et qu'i venoit servir le roy. Et l'en lui respondi qu'il n'y entreroit point; et là ficha son estendart, et vit qu'il n'y povoit rien faire, et ne voulloit pas faire forche, pour le roy qui leanz estoit. Si se parti, et s'en revinst à Saint-Deniz, et de là à Senlis et à Compiegne où il lessa de seus gens; et crié ban et arriereban; et aprez il s'enfuit.

Or, lairon à parler de ceste matere.

Or, est Bourguongne en sa terrez *(sic)*, qui se garnist, et soit bien que la pais n'est point faicte. Et le roy de France et toute sa puissance partirent de Paris, la sepmaine peneuse .cccc. xiij., et alerent droit à Senlis et à Compiengne où les Bourguegnons estoient. Et s'enfuirent quant il virent la grant forche du roy, le roy, la royne, le duc de Guyane. Et dinerent à Compiegne, mardi .viij{e} jour de moy .cccc. .xiiij. Et, pour ce, fu levée une taille de .vj<sup>c</sup>. milles lb. Et le duc de Bourguongne envoia un sien bien amé d'Arras [porter] lettrez à cex de Rouen qu'i ne poiassent point de icelle taille, lequel fu envoié à Paris, et là out le col couppé : dont ledit duc en fu trop courché; mais plus n'en put faire.

Or, s'en vont nos Franchois veir Bourguongne, et vindrent devant Septsonz[1]; et fu assailly de tout costez. Et, pour abreger, les Franchois le pristrent par forche, et là gaignerent tant de richaisse que nul ne le seroit nombrer; et de gens mors tant que à merveille. Et là un des melieurs routiers du dit duc de Bourguongne [fu] pris et decollé, nommé Enguerren de Bourneville avec un autre chevalier[2]. Et messire Guyane du Plaise[3],

---

[1] Non pas Septsaulx, canton de Versy, ainsi que l'a cru M. Vallet de Viriville, mais Soissons. Il est question du siége de Soissons dans Monstrelet, liv. I<sup>er</sup>, ch. cxxvii : *Comment le roi et sa puissance alla de Compiègne à Soissons et la fit assieger et enfin prendre de force et fu du tout pillée et robée.*

[2] Furent décapités avec Enguerrand de Bournonville : « Pierre de Menau, capitaine du commun de Soissons ; M<sup>e</sup> Antoine Bassiel, avocat, avec quatre autres gentilshommes, sans compter ceux qui furent exécutés, en dehors de Soissons, à Laon et à Paris. » Monstrelet, liv. I<sup>er</sup>, ch. cxxvii.

[3] Gilles du Plessis, chevalier, *Ibidem*. On ne compte pas moins de sept ou huit fiefs du nom du Plessis, dans le pays de Caux. Je ne saurais dire lequel appartenait à ce chevalier. Je suis porté à croire que c'était un fief du Plessis à Penneville, près de Pavilly. — Le nom du personnage en question était Pierre du Plesseiz dit Guinaie; il en est fait mention dans les registres du *Tabellionage de Rouen*, 1395, *Reg.* 6, f<sup>o</sup> 173. — Le 18 mai 1419, Henri V donna à Robert de Stafford, jusqu'à concurrence de 300 fr. de revenu, les biens ayant appartenu, dans le bailliage de Caux, à Guinaie de Plesseys, dont les hoirs étaient hors de son obéissance. *Mémoires de la Société des Antiquaires de Normandie*, xxiij<sup>e</sup> volume, *Rôles de Brequigny*, n° 572.

natif de Caux, fu envoié à Paris, et là fu decollé, et sa teste aportée et mise sur la porte où y fu né; et y fu un poy; et ourent ses amiz remission avec leur terrez. Et, après ce qu'il orent pillé la ville, partirent à aler à Batpaumes¹, qui se rendirent, et entrerent ens. Et de là se partirent à aler devant Arras, qui estoit fort guarnie de bienz et de genz d'armez, et là furent lonc temps, et n'y purent rien; mais y furent très bien batus. Et fu l'acort et pais entr'eulz fait, mardi .iiij°. de septembre .cccc. .xiiij., et la pais criée, et les feux comme devant; et s'en revindrent nos seigneurs de France, sainz et sauf, à Saint-Deniz et à Paris, etc.

Or, lairon à parler de ceste matere.

Quant Jehan, duc de Bourguongne, vit et aprochut qu'il avoit à trop forte partie à faire, et qu'il ne povoit venir en son entente, si s'en alla à Karlès, et là trouva Henry, roy d'Engleterre. Et là firent leur apointement et alianches ensembles; et, ce fait, chascun s'en ala en sa terre; ledit roy d'Engleterre veilla en ses besongnes, et fist toutez ses aprestes de toutes choses neccessaires à partir de sa terre et venir conquerre terre en Franche, et savoit bien qu'il y trouveret foison de ses amis, et se mist sur mer, etc....

Lequel Henri Quint de Lencastre, roy d'Engleterre, deschendi à la Fosse-de-Leure², et prist terre, sanz ce que nul lui contredist. Et lui, deschendu, se mist tenir

---

¹ Bapaume, chef-lieu de canton (Pas-de-Calais.)

¹ Petit port, sur la rive droite de la Seine, à l'embouchure de la Lezarde, dont il est souvent question au xiv° et au xv° siècle. Les vaisseaux s'y arrêtaient ordinairement avant d'entrer à Harfleur.

siege devant Harefleu, vendredi .xvj°. jour d'aost l'an de grace mil .cccc. xv. Et fu fort batu et deffendu; et là furent jusques au joedi .xix°. jour de septembre ensuiant; et en fu en pocession, et y mist, de par lui, garnison de genz d'armes à garder la ville. Et, ce fait, le roy se party de Harefleu pour son (*sic*) aller à sa ville de Karlès. Et, en ce temps, estoient à Rouen les seigneurs de France, une grant partie, comme le duc d'Alençhon, et grant quantité d'autrez seigneurs, lesquiex parsuirent lez, avec grant quantité d'autrez granz seigneurs espartiz par le paiz, en alant ès partiez de Hedinc, en parsuiant les Englois jusques à un village nommé Gycourt[1]. Et là furent asemblés les Franchois et les Englois, le vendredi jour de Saint-Crespin, .xxv°. jour d'octobre ensuiant .cccc. .xv. Et, la nuit, fist fort temps de pluie, que la boe estoit si grande que les genz d'armez y estoient jusques à un pié de haut. Et asemblerent les os d'un costé et d'autre; et quidierent les Franchois avoir tout gagnié, veu leur grant forche, et par orgueul firent crier en leur ost que nul n'alast en la bataille, s'i n'estoit noble, et furent tous les gros vallès boutez ariere, qui estoient assez pour desconfire les Englois. Et, avec che, y avoit division entre les aliés du duc d'Orlienz et duc de Bourguongne. Si aprocherent les deux os si fort les unz vers autres que, en conclusion, les Englois desconfirent les Franchois.

Cheux qui moururent en ladicte bataille : Premierement, les deux freres de Philippe de Vallois, adont duc

[1] Azincourt, arrondissement de Saint-Pol-sur-Ternoise (Pas-de-Calais).

de Bourguongne¹ ; et si il eusté², il en eust eu au pris ; — le duc d'Alenchon, le sire de Labret, adonc connestable de France³, le frere Montagu, adont archevesque de Senz en Bourguongne; aveques très grant quantité des noblez de France et de prisonniers, c'est assavoir : le duc d'Orlienz, neveu du roy Charles .ij⁰., le duc de Bourbonz et grant quantité d'autres grans chevaliers banerets et autres⁴. Et fu la pluz laide besongne et plus malvese que, puis mil anz, avenist au roialme de France.

Or, est ceste batauille passée, et le cueur du dit roy d'Engleterre grandement enorguely d'avoir eu si belle fortune. Et Dieu soufry que ainsi fu. Et les trespassez en la bataille chascun porta en son paiz enterrer; et chex qui demourerent en vie, le roy les fist mener en sa terre, au grant honour pour lui et à très grant confusion pour le roialme de France, comme vous orrés après. Et toutez voiez, se le duc de Bourguongne eust seu celle aventure, il n'eust pas euez les alianchez au roy d'Engleterre, telles comme il furent ; mais quant le fait est fait, le conseil en est pris⁵.

---

¹ Notre chroniqueur veut parler d'Antoine, duc de Brabant, et de Philippe, comte de Nevers, fils, non pas de Jean, duc de Bourgogne (c'était leur frère), mais de Philippe de France, IIᵉ du nom, duc de Bourgogne.

² Pour : *et s'il y eust esté.*

³ Charles d'Albret, connétable de France.

⁴ Monstrelet donne la liste des principaux seigneurs tués à Azincourt.

⁵ On voit clairement par là que, si notre chroniqueur penchait pour le parti Bourguignon, il n'avait, du moins, que de l'antipathie pour les Anglais.

Or, lairon à parler de ceste matere.

Après toutez chez choses ainsi faitez, tous les adversairez de Bourguongne vindrent à Paris, et firent apointement qu'il iroient devant Harefleu, et là faire siege, et firent Bernart d'Armygnac, connestable; et lui fu l'espée baillé de connestablie, .cccc. .xv. premier jour de janvier; et passerent Rouen couvertement, et s'en alerent en Caux emprès le chastel des Logez[1], et trouverent grant quantité d'Englois des provenz[2], et, en chelle bienvenue, en tuerent de .xviij$^c$. à .ij$^m$.; et puis fu nuit, et demanderent trevez jusques en l'endemain : qui fist perdre le fait des Franchois, que les Englois, toute nuit, se receullirent, et s'en alerent à Harefleur. Et, l'endemain, le connestable et ses gens les parsuirent, et perdi grant quantité de sez genz; et, si n'eust esté les trevez dessus dictes, le connestable eust pris Harefleu. Et, pour ce fait, la ville de Rouen envoia audit connestable .vj$^c$. hommes d'armez à cousteemenz de la ville, avec la Chinquantaine[3], avec .viij. charioz de vitaille; et de ce fu levée une grant taille.

Or, est le roy englois en son paiz, lui et ses prisonniers, lequel ne dormy pas tousjours, ainz veilla à ses

---

[1] Les Loges, commune du canton de Fécamp (Seine-Inférieure); avait donné son nom au doyenné des Loges.

[2] Peut-être faut-il lire *desproveus* pour *dépourvus*.

[3] Garde de cinquante hommes, d'institution ancienne, et qui subsistait encore à Rouen au dernier siècle. — En 1426, Guillaume du Feugueray, maître du collège des arbalétriers de la Cinquantaine de Rouen et les autres frères prirent à fieffe, au nom de leur collège, des religieux de la Madeleine de Rouen, un jardin en la paroisse Saint-Godard. *Tab. de Rouen*, Reg. 22, f° 233 v°.

besongnes, et fist si granz allianchez et provisions de tout ce que mestier lui estoit, tant de janes et fors de pluriex pais, Yllandes, tous nus piés, sanz cauches, vestus de meschans pourpoins de viex coustiz de lit, unez poures coyffeites de fer sur leur testez, un arc et une trousse de soyetes en leur main et une espée trenchante en leur costé (et estoit toutes leurs armures) avec très grant quantité d'autres menues merdailles de pluriex pais à grant quantité. Et fist toute son assemblé[e] en sa terre; et se mistrent sus mer, en l'an mil .cccc. xvj., et deschendirent à la Hogue-de-Saint-Vast, ès partiez d'environ, et deschendirent à terre sur la terre de Franche, et mistrent grant temps à deschendre, eus et leurs charios, avec leurs provisions, dimence premier jour d'aost en l'an dessus dit.

*Item,* en iceluy temps, estoit le dalphin de Vyane à Rouen avec sa forche, et de là se parti à soy retraire à Paris, et lessa Jehan, Monsieur ainsné filz du compte de Harcourt, chapitaine du chastel et de la ville[1] et monsr. de Gamachez[2], bailly de ladicte ville, aveuc grant quantité d'estrangiez qui gardoient la ville. Et la

---

[1] Jean VII. du nom, comte de Harcourt et d'Aumale, qualifié Monsieur, comme fils aîné (par suite de la mort de Charles de Harcourt, comte d'Aumale, son frère) de Jean VI, comte de Harcourt, frère de Louis de Harcourt, archevêque de Rouen. — Anselme, *Histoire généal.*, v. 132, 133.

[2] Il faut lire, croyons-nous, Gaucourt au lieu de Gamaches. Nous voyons, en effet, que Raoul de Gaucourt, chevalier, chambellan du roi, seigneur de Maisons-sur-Seine, était bailli de Rouen dès le 5 mars 1416. *Arch. de la Seine-Inf.*, F. de l'abbaye de Fécamp (prieuré de Saint-Gervais.) *Idem*, 10 juin 1416. *Ibidem*, F. de l'archevêché.

quiderent piller; mez l'en aprochut, et y out sur ce proveanche[1]. Mais, nonosstant tout, fu levé en la ville une taille de .xvj$^m$. lb., et un prest de .xij$^m$.; et tout poyé dedenz la my-aost ensuiant. Et fu commenchement de malvese estrienne. Et puis touz s'en alerent au dyable. Et, après eulz, il vint mons$^r$. Guy Le Boutellier, capitaine de la ville, de par le duc de Bourguongne, avec .xiiij$^c$. ou .xv$^c$. Bourguenonz et estrangiés, pour garder la ville contre les Engloiz (mais il estoient miex Englois que Franchois), lesquiex estoient à gages de la ville, et si destruient la vitaille et la garnison de la ville.

Or, lairon à parler de ceste matere, et retourneron à parler du roy d'Engleterre.

Or, est ledit roy deschendu ès parties de Normandie, luy et [sa] forche, et chevauche, sanz qu'il treuve qui lui contredie, où il veut, en conquestant, en prenant bonnez villez, chastiax, à sa volenté, tant qu'il vinst devant Caen, et fist siege devant, et, par malvese garde ou traison, prist la ville d'assaut, et là out perde et grant occision de peuple et deperdition des bienz de la ville, lez unz mors et lez autres prisonniers; et le demourant fu en la merchy du dit roi. Et fu ceste ville prise, samedi au matin, .iiij$^e$ jour de septembre mil .cccc. xvij.[2].

*Item*, l'abbaye du Bec fu englesquée, merquedi .v$^e$. jour

---

[1] Il faut voir là, sans doute, une accusation injuste, inspirée par l'esprit bourguignon du chroniqueur, et une allusion au meurtre du bailli.

[2] V. la dissertation de M$^r$. L. Puiseux: *Prise de Caen par les Anglais en 1417*, dans les *Mémoires de la Société des Antiquaires de Normandie*, xxii, 431 et suiv.

de moy .cccc. xviij..[1] Et povoient chevaucher partout, que nul ne leur contredisoit. Et ourent Evreeuz, Loviers, le Pont de l'Arche. Et estoit le roy logié à l'abbaye de Bonport; et le Pont-de-l'Arche fu rendu paiseblement, merquedi .xx°. jour de jung ensuiant. Et passerent Saine endroit Bonport, voiant tous les [gens] d'armez de France, qui estoient bien .ij$^m$., sanz ce qu'il y meistent nul remedi. Et vindrent et chevaucherent toute la vallée[2], et pristrent le chastel de Douville[3] et de Logeempré[4] jouxte le Pont-[Saint]-Pierre, et puis vindrent chevaucher devant Sainte-Katherine[5], et deschendirent à Ni-de-Quien[6], et s'alerent logier [les uns] à Fontaine-le-Bourc[7], et les autres par tout le paiz d'entour Rouen.

Or, parleron du siege de Rouen.

Quant le roy Henry d'Engleterre out bien advisé les

---

[1] La capitulation du monastère du Bec, conclue entre le comte de Salisbury et Jean du Fay, lieutenant de l'abbaye pour les religieux, porte la date du 4 mai 1418. — *Rôles normands et français*, p. 19 dans les mêmes *Mémoires*, xxiii° volume.

[2] La vallée d'Andelle.

[3] Douville, commune du canton de Fleury-sur-Andelle, sur la rive gauche de l'Andelle.

[4] On voit encore les ruines de ce château dans les prairies qui s'étendent entre le château de Pont-de-Saint-Pierre et l'abbaye de Fontaine-Guérard. — Le château de Logempré, qui appartint à Talbot, eut une certaine importance pendant l'occupation anglaise.

[5] Sainte-Catherine ou la Trinité-du-Mont, abbaye et forteresse sur une côte escarpée entre Rouen et Bonsecours.

[6] Le Nid-de-Chien, ham. de l'ancienne par. de Saint-Gilles de Repainville, près de Rouen. Les Chartreux y possédaient un fief. Un chemin menait du Nid-de-Chien à Blosseville, dit plus tard Bonsecours.

[7] Fontaine-le-Bourg, canton de Cailly, Seine-Inférieure.

plaches d'entour pour asseir son siege, et baillay à chascun sa plache, à eulz ediffier et fossoyer, à mettre leur tentes, assistrent la dicte ville tout entour, à un trait d'arbailleste prez, et tousjours par nuit s'aprocheoient de la ville. Et estoit le dit roy à Chartreus[1], les autres jouxte la porte de Martainville et la Fontaine Jacob, les autres au Val de la Guate, au bout de Bouvereul, à Saint-Mor et à Saint-Gervais[2]; et les aultres oultre Saine, vers Sainte-Katherine de Grantmont[3]. Et firent un pont de piex fichiez en Saine, de clayes et de ce que mestier il failloit à passer de Lescure[4] ent[r]e Soteville et Saint-Étienne[5]. Et aussi, à Croisset[6] et à Deeville, les vessiax de mer estoient ancrez en Saine; et ne povoit rien venir à la ville. Et [fu] cest siege assis, comme dit est, vendredi .xxviij⁰ jour de juillet l'an mil .cccc. .xviij., et dura jusques au premier jour de janvier ensuiant[7], ainsi comme il est contenu cy devant au .xxj⁰. foillet, à cest signe ✠[8].

---

[1] C'est-à-dire près du Nid-de-Chien.

[2] Lieux tout près de Rouen, sur la rive droite de la Seine.

[3] Sur la rive gauche, commune de Sotteville.

[4] Ham. de la commune de Blosseville, sur le bord de la Seine, rive droite.

[5] Sotteville près de Rouen et Saint-Etienne-du-Rouvray, communes sur la rive gauche de la Seine.

[6] Croisset, ham. de la commune de Canteleu, en aval de Rouen sur la Seine.

[7] V. le savant mémoire de Mr. L. Puiseux: *Étude sur le siège de Rouen par Henri V, roi d'Angleterre*, dans le xxvi⁰ vol. des *Mémoires de la Société des Antiquaires de Normandie*.

[8] Le chroniqueur renvoie à une sorte de chronique, purement rouennaise, placée au commencement du manuscrit, et que nous avons rejetée à la fin de ce volume.

Or, est entré le dit roy en Rouen le .xix⁰. jour du dit mois de janvier, et s'en ala gesir ou chastel de Rouen, et fist ses ordenanchez comme la ville seroit gardée et n'ut en la ville que la porte d'Aubevée[1], Martainville, le Bout-du-Pont ouvertez; et toutes les autres freméez et gardéez par ses gens et toute la ville; et le gait sur les murs par nuit des gens de la ville; et visites par les diz Engloiz, en prenant d'iceulz grans emolumens, des defaillanz. Et fu la dicte ville lonc temps en chel estat. Et, che temps, fu commenchié le pallais emprès Saint-Jaque[2] et la bastille des Bouglites, qui ne dura à faire de .ij. anz.

Quant le dit roy out faitez ses ordenanches et ses recheveeurs de sa grant renchon, comme devant est dit, le roy se parti de Rouenz, et ala à Vernon et Mante, et tantost les out; et, après, ceulz de Paris, de Pontaize, de Franche virent qu'il gaygnet tout, et qu'il en pourroient bien avoir au pris, et qu'i contendoit à avoir Katherine, fille du roy de Franche, à fame. Et, sur ce, embarsadouz, d'un costé et d'autre, firent asemblée que les Franchois seroient à Pontoize, et les Englois au dechà, sur les chanz jusques au Bordel de Vignoy[3]; et là furent un poy, et ne firent rien. Et estoit, en ce

---

[1] Porte Beauvoisine. La rue qui conduisait de Rouen au Beauvoisis portait primitivement le nom d'Aubevoie.

[2] Il prit le nom de Vieux-Palais quand le palais de l'échiquier (actuellement le Palais-de-Justice) eut été construit.

[3] Bordeau-de-Vigny, ham. de la commune de Vigny (Seine-et-Oise). Georges II d'Amboise, archevêque de Rouen, y avait un château qui paraît avoir été, pendant quelques années, son séjour de prédilection.

temps, pour les Franchez, un mestre de paiement, nommé mestre Jehan Doulle [1], qui, après ce, fu un des plus avanchiez d'entour le roy d'Engleterre. Et, pour ce qu'i ne purent estre à acort, le roy franchois fist deffier le roy englois, lequel, quant il se vit deffié, ne dormy pas, mais veilla en ses besongnes, et fist son assemblée, et s'en ala devant Pontoize, laquelle estoit desgarnye, et def fait l'assaillirent; et fu prise d'assaut; et orent les Englois le greigneur pillage qu'il eussent [eu] en France. Et fu prise le penultieme jour de jullet .CCCC..xx [2].

*Item*, quant Pontoise fu prise et pilliée des Englois, le roy des Englois s'en ala à Gisors. Et fu tantost prise; et se parti[3], et se vint rafreschir à Rouen, et entra en la ville, vendredi .xv[e]. jour decembre ensuiant; et alerent tous les curés, chaignongnes, mongnes contre lui au dessus de Sainct-Pol [4]. Et là, tout à cheval, tous les crois des gens de sainte eglise qui estoient alés contre lui, beisa les dictes crois, en merchiant Dieu

---

[1] Il fut privé d'une partie de ses biens par Henri V. (*Rôles de Bréquigny*, *Mémoires de la Société des Antiquaires de Normandie*, XXIII, n° 573); mais, ayant ensuite fait acte de soumission, il fut nommé maître des requêtes du roi d'Angleterre (V. *De l'administration de la Normandie sous la domination Anglaise*, dans les mêmes *Mémoires*, t. XXIV.

[2] « *Et in prima die obsidionis, Pontisera subjicitur in manus Anglicorum.* » — *Gesta Henrici Quinti*, p. 130.

[3] D'après l'auteur du *Gesta Henrici Quinti*, p. 131, la ville de Gisors fut assiégée, le dernier août 1419, et prise par capitulation, le 18 septembre suivant.

[4] Paroisse de Rouen, dépendant autrefois de l'abbaye de Montivilliers, située au pied du Mont-Sainte-Catherine, en dehors des fortifications.

des victoires dessus dictez, et s'en vint tout droit au passage du chimetiere de la mere eglise par devers Saint-Erblant. Et là avoit une belle oratoire bien ordenée de riches dras d'or, avec les plus dignes reliques de la dicte eglise et les chaignongnez et chapellains de la dicte eglise, arengiés à destre et à senestre. Et, quant il entra ou dit chemetiere à cheval, très noblement ordené, et là deschendi, et vint baisier à genoulz toutez les reliques, en merchiant Dieu, et lui levé entra en la dicte eglise, et là oy la messe, et, la messe oye, se parti de la dicte eglise, et s'en ala disner à son chastel. Et fu en la dicte ville jusques au .xv<sup>e</sup>. jour d'avril mil .cccc. .xx. [1]. Et son frere, le duc de Bethfort, vint d'Engleterre, et entra à Rouen, joedi ensuiant, et, l'endemain, se parti de Rouen à aler au roy son frere.

Après toutes ses choses, apointement fu fait du roy, de chex de Paris, qu'il aroit la fille du roy à mariage, et seroit gouverneeur general de Franche, et seroit roy après la mort du dit roy, pour lui et pour ses heirs, ou cas où elle aroit her maale de lui yssant. Et, ches apointemens ainsi fais, se parti, et s'en ala à Troies en Champaigne, où estoit la dicte Catherine, fille de France, et entra à Troyes, .xxj<sup>e</sup>. jour de moy mil .cccc. .xx., et espousa la dicte Katherine de France, le dimence ensuiant, à grant joye et très grant solempnité

---

[1] Les registres capitulaires de la cathédrale de Rouen ne disent pas un mot des cérémonies de cette réception, pas plus que de celles des obsèques du même prince. On est fondé à penser que le notaire secrétaire du chapitre n'eût pas été si réservé s'il se fût agi d'un prince français.

avec tout ce qui y appartenoit. Et, tout ce fait, se partirent de Troyes, et joyeusement s'en vindrent à Paris; et là fu la grant feste.

Et lairon à parler de ceste matere, et retourneron à parler de notre nouveau prinche Henry.

Et quant le dit Henry, gouvernceur du royalme de Franche et roy d'Engleterre, avec ses consseliers, tant de Paris que d'ailleurs, regarderent qu'il avoit en Franche grant quantité de grosses foresteschees qui estoient du costé du dalphin, filz du roy Charlez, qui occupoient bien le fait du dit Henry, gouverneur du dit royalme de Franche, ordenerent d'aler faire siege sus les dictez villes et foresteschees. Et premierement alerent devant Meleum, et là mirent le siege. Et estoit le dit Henry d'Engleterre outre l'eaue, et le duc de Bourguongne d'un autre costé vers Franche, la premiere sepmaine d'aoust mil .cccc. .xx.; et là furent jusques à la desraine de novembre ensuiant. Et là, de jour en jour, attendoient secours, et point n'en urent, et n'avoient mais nul vivrez, et furent afamez comme fu Rouen[1]. Et là estoit capitaine un noble hommes d'armes, nommé Barbasen[2], acompengnié de bien .vj$^c$. hommes d'armes d'eslite, lesquiex furent menés à Paris; et firent là chertainz appointemens, etc..

Chy lairon à parler de ceste prise, etc...

Or, parleron du nouvel roy marié et qui, à sa bonne venue, avoit conquis Meleun. Si lui prist volenté de

[1] Melun fut pris en novembre 1420.
[2] Arnaud Guilhem, sieur de Barbasan en Bigorre, l'un des capitaines les plus renommés du parti de Charles VII.

mener madame Katheryne de Franche en son pays en Engleterre et faire couronner Si partirent de Paris, et s'en vindrent à Rouen, mardi desrain jour de decembre ensuiant .cccc. .xx., et s'en allerent partir à Kallès, et furent en Engleterre recheue (*sic*) à si grant honnor comme l'en pourroit escripre. Et furent à Londrez; et fu couronnée comme royne; et la ville de Rouen donna à la dicte royne une escreppe d'or[1] et rohe[2] de pierreries qui cousta .x$^m$. nobles; et les monnoiers lui donnerent une nef d'argent finiement dorée[3].

*Item*, au partir de Rouen, envoya son frere, premier né après luy, ès partiez de la Basse Normandie pour savoir s'i pourroit rencontrer le dalphin, frere à la dicte royne d'Engleterre. Mais, s'il eust seu l'aventure qui lui avint, il ne l'y eust point envoyé, car il trouva le dalphin plus tost qu'il ne voulut. Et là fu pris et tué en bataille, lui et bien .xv. ou .xvj. grans seigneurs engloys, dux, contez et barons de grant nom, qui tous y demourerent. Et, en ce temps, estoit encore le roy son frere à Londres, qui fu bien courchié, quant il en out les nouvelles, et non pas sanz cause; lequel frere es-

---

[1] « ESCHARPE. Bande d'étoffe portée en baudrier qui était devenue au moyen-âge, par les broderies d'or et les pierres précieuses qu'on y attachait, un joyau et un objet de prix. Aussi disait-on une écharpe d'or dans le même sens qu'une ceinture d'or. » M. de Laborde, *Notice des Émaux*, II$^e$ partie, p. 266.

[2] Roue? M. Vallet de Viriville a lu riche.

[3] « NEF. — ... on appelait plus particulièrement la nef un vase allongé et de vaste capacité qu'on plaçait sur la table en face du seigneur. » M. de Laborde, *Notice des Émaux*, p. 403.

toit duc de Clarence. Et fu ceste rencontre faite, le samedi de la grant Pasquez l'an .cccc. .xxj. [1].

*Item*, or est le dit roy d'Engleterre à Londres, courchié et marry, et non pas sanz 'cause. Et luy, oyes ches nouvelles et que le dit dalphin avoit eue cheste victoire et qu'il s'en venoit pour faire siege devant Chartres, le dit roy englois fist ses aprestes en sa terre pour retourner en Franche; et fu enchiés ou moys de jung [2] qu'il fust à Rouen .cccc. .xxj. Et de là s'en ala à Vernon et à Maante; et y vint le duc de Bourguongne en son al[i]anche; et quiderent chertainement à avoir la baitalle; (et de ce avoient grant joye) pour vengier son frere. Et le dalphin se doubta de la forche de ses anemis : si s'en ala; et ne trouverent à qui parler. Si s'en ala le duc de Bourguongne en son pais; et le roy d'Engleterre s'en vint devant Dreueez tenir siege, à la Magdaleine [3], et y fu jusques à la my aost, et de là le roy s'en ala à Chartres em pelerinage, tous nus piés.

Quant Dreeus fu rendu au dit Henrry, roy etc.... cheulz de dens s'en alerent, sauf leurs cors et leur biens, et furent eslongiés. Ils ourent très malvese compagnie, car il furent gaytiés du bastard de Thierry [4] qui les prist

---

[1] Le duc de Clarence fut tué à la bataille de Baugé (Maine-et-Loire), le 16 mars 1421.

[2] Et l'on fut au mois juin avant que le roi vînt à Rouen. Cette manière de parler est habituelle à notre chroniqueur.

[3] 22 juillet 1421. — On voit ailleurs, *Gesta Henrici Quinti*, p. 153, que le siège fut mis devant Dreux le 18 juillet.

[4] Ne faudrait-il pas lire : le bâtard de Thien? Ce personnage avait été « grand capitaine avec les regents des compagnies sous le duc Jean de Bourgogne », et fut fait chevalier à l'assaut de Meaux. Monstrelet, liv. I, ch. cclxx.

eulz et leurs biens; et si les mistrent à mort. Et estoient bien, que de cheval que de piés, .iiijᶜ.

*Item*, quant le dit roy Henry out achevé son pelerinage de Chartres, il s'en aala à une autre forteresche sur Saine oultre Meleun, nommée Nove-ville-le-roy [1], qui estoupoit [2] les biens à avaler de Bourguongne à Paris, laquelle fu tantost prise.

Et, quant le dit roy Henry vit qu'il venoit en son entente de che qu'il entreprenoit, s'en ala devant la chité de Myax en Brye [3], là tenir siege; et là fu juré. Laquelle estoit une des fortes plaches du royaume et riche et bien garnie de bonnez gens. Et fu le dit siege assis à la Saint-Michiel mil .cccc. .xxj. Et fu fort batu, et aussi fu fort deffendu; et là y mourut de grans seigneurs d'un costé et d'autre. Et là fu .j. des meleurs hommes d'armez et du gregnieur renom afollé du cuisse, nommé Cornoalle [4], et aussi le fis du dit Cornoualle fu tué à chel assaut [5] (ainsi va de guerre!) : dont le dit Henry fu bien courché. Et, en la fin, il n'urent point de se-

---

[1] Villeneuve-le-Roi, canton de Longjumeau (Seine-et-Oise).— « *Ad oppidum vocatum Villam Novam, xxij° die mensis septembris, obsidionem applicuit et statim obtinuit.* » — Gesta Henrici Quinti, p. 154.

[2] C'est dans le même sens que l'on disait à Rouen la *rue* et la *porte Étoupée*.

[3] Meaux.

[4] Les mots *nommé Cornoalle* ont été ajoutés en marge (d'une main qui n'est pas celle du chroniqueur), pour tenir lieu d'un mot graté dans le texte. — Jean Cornwallis.

[5] « Et aussi devant icelle ville fu tué un jeune chevalier, fils du seigneur de Cornouaille, qui étoit cousin germain du dessus dit roi Henri, et fut tué d'un coup de canon. » Monstrelet, liv. Iᵉʳ, chap. cc.lxx.

cours, et n'urent mais nul vivrez, et se rendirent comme Rouen; et fu rendu, dimence .x$^{me}$. jour de moy .cccc. xxij. Et les gens du dalphyn, durant le siege devant dit, pristrent la ville de Mellent[1], et ne la tindrent que poy, et ourent argent pour la lessier; et fu le jour de Pasques flories .cccc. .xxj.

*Item,* en ce temps prist au dit roy Henry une maladie, qui, en la fin, mourut, comme vous orrés cy après.

Or, parleron que, quand Miax fu pris, le dit Henry fist ses aprestres pour aler tenir siege devant le Crotay[2] et fors de Picardie, et fu jusques à Senlis. Si ourent nouvelles que le dalphin estoit en Bourguongne, et essilloit la terre du duc. Et là estoit la royne Catherine qui estoit venue en Franche voir son pere, sa mere. Et vindrent par Rouen, joedi .xiiij$^{me}$. jour de moy .cccc. xxij. Et estoit grosse. Et se partirent de Rouen, et s'en alerent à Corbeul pour aprocher du dalphin; et estoit le dit roy Henry encore malade; et furent ses genz jusques à Ausserre. Et le dalphin se retray à la Charité-sur-Laire, et fu suy des Engloiz jusquez au dit lieu, et ne trouverent à qui parler. Ainsi les Engloiz s'en revindrent sanz rien faire[3].

Après toutes les choses dessus dictes, parleron du roy Henry, lequel estoit au boys de Vinchennes, malade de la maladie dont il mourut, lundi desrain jour d'aost l'an mil .cccc.xxij. Lequel fut richement ordené

---

[1] Meulan.

[2] Le Crotoy.

[3] Voir le récit de l'arrivée de Catherine en France dans Monstrelet, liv. I$^{er}$, chap. cclxxii.

selonc son estat, et fu aporté à Rouen, et entra en la dicte ville, samedi .xix<sup>e</sup>. jour de septembre ensuiant, en une noble lyctiere richement ordenée, vestu et couronné en maniere de roy tout envers, tenant en sa main destre une pomme d'or; et devant le corps aloient .iiij<sup>xx</sup>. Englois, tous d'estat et vestus de noir, tenans chascun une torche en leur mainz, et les chapellainz du dit roy après, chantanz. Et, entour le corps, avoit .xx. des bourgois de Rouen, des plus notables, portant chascun une grant torche. Et ainssi entrerent à la mere eglise, compaignez de .ij<sup>c</sup>. autres bourgois de la dicte ville, chascun sa torche en sa main, et tous vestus de noir. Et, très donc que le corps aprocha de Rouen, à .j. leue près de la ville, la sompnerie de la mere eglise commencherent à sonner avec tous les moustiers de la ville jusques à la nuyt. Et, en celle nuyt qu'i reposa en la dicte mere eglise, les religyeus de Sainct-Ouein, les .iiij. ordes mendiantes, l'un après l'autre[1], ne cesserent, toute la nuyt, de chanter les sautiers et oroisons[2]. Et, l'endemain, oult son service en la dicte mere eglise. Et, ce fait, parti de la dicte eglise en .j. litiere branlante, tout à pié portée de nobles barons au chastel de la ville. Et là avoit, au devant de la biere, deux banier[e]s, l'une de la Trinité, et l'autre de Notre Dame, avec son estendart, et, bas, as piés, la ba-

---

[1] C'était l'usage autrefois de convoquer les religieux mendiants aux enterrements. Aussi, dans la plupart des testaments, voit-on quelques dispositions en faveur de ces religieux.

[2] Les mots *toute la nuyt* ont été répétés dans le texte de la chronique après *oroisons*.

nière Sainct George avec la banière de ses armes escartelléez de France et d'Engleterre, avec toutez nouvelles torches[1]. Et la royne sa fame entra à Rouen, joedi ensuiant, .xxiiij^me. jour du dit moys, et avoit, de son estat, .xviij. charryos chargiés de bagages, et quatre pour luy, et tout couvert de noir. Et partirent de Rouen pour aller à Kallez, lundi .v^me. jour d'octobre .cccc. .xxij. Et mons^r. de Bethefort compaignoit la royne.

Cy layron à parler de ceste matere.

En ichelui an, prist au roy de Franche, nommé Kalles .ij^me, une maladie, qui ne dura gaires; et trespassa le merquedi .xxj^e. jour d'octobre ensuiant l'an .cccc. xxij. Et, après sa mort, fu mons^r. de Bethfors eslu regent le royaume.

*Item,* mons^r. de Graville[2] secondement prist Meulent avec ses aides, la desrene sepmaine de decembre. Et la tindrent jusques à la .ij^me. sepmaine de mars en-

---

[1] « Savoir est que les seigneurs du sang royal le mirent sur un chariot que menoient quatre grands chevaux ; et avoient fait sa semblance et représentation de cuir bouilli peint moult gentillement, portant en son chef couronne d'or moult précieuse ; et tenoit en sa main dextre le sceptre ou verge royale, et en sa main senestre avoit une pomme d'or ; et gisoit en un lit sur le chariot dessus dit, le visage vers le ciel. » Monstrelet, livre 1^er, chap. cc. LXXV. — « *Cum post aliquot moderatas dietas usque prope civitatem Rothomagensem perventum fuisset, majores ac nobiliores burgenses quos omnes consimilis nigredo vestiverat, in manibus propriis magna luminaria deferentes, facies suas uberrimis lacrymarum exterminantes fluviis, honorando corpori processerunt obviam.* — *Gesta Henrici Quinti*, p. 162.

[2] Jean Malet, V du nom, sire de Graville et de Marcoussis, grand maitre des arbaletriers de France.

suiant. Et avoient grant esperanche d'avoir secours du dalphin qui estoit vers Chartres à très grant compaignie; et estoient assés fors pour compatre monsʳ. de Bethfort, regent le royaume qui, là (*pour* lui) et sa forche, à sa bien entrée du gouvernement de Franche, mist le siege devant. Et aussi certainement cuidoient avoir la baitaille; et journée prise et place esleue. Si i out division, si comme l'en disoit, des grans seigneurs, d'aveques le dalphin, pour avoir la premiere l'onnour de la prime baitaille, tant que tout l'ost du dalphin se departirent lourdement et malvesement. Et, quant le dit regent vit che, ala à la plache, et là planta son estendrat. Et, quant monsʳ. de Guerartville vit qu'il n'aroient point de secours, et qu'il n'avoient nul vivres, il se rendi, lui et ses aliés au dit regent, et fist serement qu'il obeirént à lui, et par l'acort feroit rendre le chastel d'Ivry avec .iij. autres [1]. Et, ce fait, le regent s'en vint raffreschir à Rouen.

Or, parleron de la royne qui est à Londres.

Madame Katherine de Franche, fame de Henry de Lencastre, roy d'Engleterre, estant à Londres, enchainte d'un filz qui fu né ou moys decembre, nommé en baltesme Henry Sixte, l'an de grace mil quatre chenz .xxj. Et en vindrent les nouvelles, la vegille Saint-Thomas devant Noel; et, en ce temps, fu la joye grande, et les feulz fais comme à la Saint-Jehan.

Or, parleron de notre regent.

Le duc de Bethfort, regent de Franche et de Nor-

[1] Meulan se rendit le 2 mars 1423. — V. sur la défense de Meulan M. Vallet de Viriville, *Histoire de Charles VII*, I, 371 et suiv.

mandie, par certains embassadouz de lui et du duc de Bourguongne, acompaigné du duc de Bretagne et de son frere le compte de Richemont, partirent de Rouen, joedi et vendredi d'après Pasques .CCCC. xxiij. à aler à Amiens; et fu le parlement que ledit regent et le compte de Richemont aroient à mariage les deux seurs au duc de Bourguongne, lequelles estoient à Troyes en Champaigne; et l'en y envoia le compte de Salbry[1] querre les dictes fames à amener à Paris. Et, ce fait, les dessus diz partirent d'Amyenz, et s'en revindrent à Rouen, à la Saint-George ensuiant, en faisant grans joyes d'icelui apointement; et les feulz fais comme à la Saint-Jehan[2]. Et, par l'apointement fait, chascum d'icelz jurerent sur le livre qu'ieroient contre le dalphin et contre tous ses aliés. Et, en ce temps, se partirent de Rouen, à aler à Paris faire leurs nochez et apointemens.

Or, lairon cy à parler dudit dalphin, jusques à tant que ma matiere y reviengne, et parleron dudit regent duc de Bethfort.

Or, est le dit regent à Paris, et là espousa la seur du dit duc de Bourguongne[3] à grant joye, etc. Et, la feste

---

[1] Le comte de Salisbury.

[2] On allumait des feux dans les rues, non-seulement à la Saint-Jean, mais à l'occasion de toutes les fêtes civiles ou religieuses. — Poursuites contre des habitants de Rouen, en 1450, pour être entrés dans une danse qui se faisait, par manière d'amusement, auprès d'un feu allumé près de la cour d'église, en l'honneur de saint Etienne, malgré les danseurs, et revêtus d'habits de mommerie. — *Archives de la Seine-Inférieure*, G. 258.

[3] Anne de Bourgogne, morte en 1433.

faite, s'en vint à Vernon, et là amena sa fame, en faisant grans joyez. Et là firent .j. conseil où furent grant quantité de seigneurs et les bourgois de Rouen[1]. Et de là se parti ledit regent et sa fame, et s'en allerent à Caen, où tous les diz conseliers furent mandés. Et là fu ordené .j. taille en la duchée de Normandie, tant sus l'église, sans le congié du pappe, comme sur tout le demourant : .ij$^c$. mille livrez, lesquiex furent poiez à Noel l'an mil .cccc. xxiij.[2] Et, ce fait, s'en vint à Rouen, lui et sa fame, et puis s'en alerent à Amyens où tout le grant conseil fu assemblé. Et, en l'entrée de mars ensuiant, fu rendue la forteresche du Crotoy audit regent par certain apointement sur ce fait. Et, tout ce fait, se partirent, et s'en alerent à Paris, la premiere sepmaine d'apvril ensuiant devant Pasques .cccc. xxiij.

Et, en che temps, le jour de Pasques flories, pristrent les Franchois le chastel de Gaillon ; et y envoia ledit roygent grant quantité de gens pour tenir siege ; et fu fort assailly et fort deffendu ; et le tindrent jusques o .viiij$^{me}$. jour de juillet .cccc. xxiiij. ensuiant, qu'i le rendirent audit regent, et se mistrent en sa grace et merchy. Et les gens d'armes qui tenoient le siege s'en alerent tenir siege devant le chastel d'Yvry. Et, en ce temps, ledit regent vint à Vernon pour estre plus près du siege ;

---

[1] Le 28 janvier 1423 (n. s.) le chapitre de Rouen députa à Vernon Jean Guérin, archidiacre du Vexin français « pro comparendo in concilio quod per dominum regentem celebrabitur. » *Archives de la Seine-Inf. Registres capitulaires.*

[2] V. les *États de Normandie sous la domination anglaise*, p. 16 et suiv.

et y out apointement jusques à la mi aost ensuiant; et se parti ledit regent de Vernon, et s'en vint à Rouen, joedi .xx<sup>e</sup>. jour de juillet .cccc. xxiiij.

L'an .cccc. .xxv., le jour de Rovesons, ne fu point le prisonnier, en la maniere acoustumée, rendu aux gens de l'eglise ; et ne vouloient les con[s]ieulx du roy baillier les clefs des prisons pour examiner les prisonniers, comme accoustumé estoit, sinon en leur presence : laquelle chose eust esté irregularité aux gens de l'eglise. Et furent les gens de l'eglise aux processions continuelement en portant la fierte Saint Romain, depuis le jour de Rovesonz jusques au jour de Penthecoustes, auquel jour le prisonnier fu rendu, en la maniere acoustumée, à grant solemnité, et predicacion faicte du privilliege Saint Romain. Et, à ce jour de Rovesons, fu grant murmure de peuple contre les gens et justice du roy, et eust à poy commocion de peuple. Et faisoient les gens du roy crier que ce n'estoit point par eulx, mès par les gens de l'eglise qui vouloient avoir greignieur priviliege que autrefois; et ce faisoient pour eviter commocion de peuple[1].

Après, eu mois d'aost .cccc. .xxv., en la presence de mons<sup>r</sup>. le regent duc de Bethfort, fu ung nommé Pierres Poolin, lieutenant general du baillif de Rouen[2],

---

[1] V. M. Floquet, *Histoire du privilége de saint Romain*, et aux *Archives de la Seine-Inférieure* les *Registres capitulaires*, délibérations du dernier avril, 14 et 18 mai 1425, et la liasse G. 1893.

[2] Lieutenant général du bailli Jean Salvaing. Il possédait la seigneurie du Mesnil au Cauf, et celle d'Amfreville sur Iton. — *Tabell. de Rouen*, 3 janvier 1432 (n. s.) et 1<sup>er</sup> oct. 1433.

par très reverend pere en Dieu, Jehan, archevesque de Rouen¹, très fort blasmé et reprins pour plusieurs excès qu'il avoit fais contre l'eglise. Et s'en astint aucunement, mès non pas du tout. Et fu adont icellui Poolin tout courchié et mary. Et lui dit le dit archevesque que, s'i lui en faisoit plus, que il le puniroit grandement. Et après, en la presence de grant quantité de gens notables, tant d'église, bourgoys et autres gens de la ville de Rouen, entre lesquiex estoient mestre Raoul Roussel, adonc tresorier de l'eglise de Rouen² et autres chanoines, mestre Jehan Boissel, mestre Guillaume de Lyvet, mestre Guieffroy Du Crotoy, advocas de la court; Raoulin Le Normant, et P. Cochon, prestre, notaire, et plusieurs, en la chambre de parement³ du dit archevesque, vint le dit Poolin, comme estoit apointé, crier merchy au dit monsr. l'archevesque, et fu agenouillié devant le dit archevesque. Mès des paroles, nul, fors le dit archevesque, rien ne ouy. Et tantost prist le dit archevesque le dit Poolin, et mena en sa chambre, et apella plusieurs notables avec lui; et là firent leur appointement, tant que il se departirent bien amis, comme il aparoit.

En l'an mil .cccc. .xxvj., la vegille de la nativité Saint-Johan-Baptiste, vindrent et deschendirent grosses eaues du pais de Bourgongne par orage de temps qui

---

¹ Jean de la Rochetaillée, qui succéda à Mgr Louis de Harcourt.

² Plus tard archevêque de Rouen.

³ Et non de *parlement* : c'était une chambre parée ou de réception.

eu dit pais avoit esté, et ariverent en la ville de Paris tant et si grandement que, à l'occasion de ce, le feu acoustumé estre fait à Saint-Jehan en Greve à Paris fu destaint : dont plusieurs gens furent mout esbahis, et non sans cause Et, après ce, icellez eaues se continuerent et deschendirent par la riviere de Saine jusques à la mer, et entroirent jusques dedens les portes de Rouen, estantes sur Saine, et tant et en telle maniere que grant quantité de grains et de fains auprès de la dicte riviere de Saine furent gastés et destruis : dont fu grant pitié et dommage; et durerent icelles eaues jusques à la translation Saint-Beneet[1] après la dicte feste Saint-Jehan-Baptiste.

En icelui an, fu l'alée des fevres en Alemengne si grande et si notable que ce fu une grande merveille[2]. Et là aloirent plusieurs gens de plusieurs contrées, et, par especial, ceulx de Caux, de Rouen et d'entour Rouen. Et, pour l'ocasion du dit pelerinage, fu si grant chierté de logeys que qui voulloit estre couché en lit, en aucuns endroits du dit voyage, et, par especial, à Saint-Pierre de Corbie, où plusieurs gens aloirent, il paiet .x. sous tournois. Et auxi, quant aucune fois amis disnoient ou bevoient ensembles, il estoient incontinent d'acort, après boire, d'aler eu dit pelerinage : dont plusieurs gens, comme granz clercs, prestres et autres, estoient mout esbahis. Et en avoit aucuns qui, pour

---

[1] 11 juillet.

[2] M. Vallet de Viriville croit qu'il s'agit ici « de la foire périodique ou pardon d'Aix-la-Chapelle, ou d'autres assemblées analogues qui avaient lieu sur les bords du Rhin. »

faire le dit pelerinage, empruntoient l'argent: dont c'estoit grant esbahissement.

L'an mil .cccc. xxvj., le vendredi devant la Trinité, fu apointié en l'eschiquier lors seant à Rouen sus une cause que avoit monsr. de Rouen contre le procureur et advocat du roy, sur ce que, en l'eschiquier precedent, une verge d'argent que l'en avoit acoustumé porter devant monsr. l'official, quant il aloit à la ville ou ailleurs, avoit esté deffendue audit monsr. l'official à faire porter devant. Laquelle verge, eu dit eschiquier mil .cccc. xxvj., fu restituée par ledit apointement, et ordené que ledit official et ses successeurs auroient auctorité de la porter partout où il plaira audit official; et de ce furent lettres faites et données pour ce dit official[1]. Et aussi, à icellui vendredi mesmes, gaigna, audit eschiquier, ledit monsr. l'archevesque une cause sur le fait de certainz prisonniers, prestres et clercs, lesquieulx

---

[1] Lettres de l'échiquier de Normandie, Pâques 1426. Permission par provision, et jusqu'à ce que autrement en soit ordonné, à l'archevêque et à son official de faire, « se bon leur semble, par honnesteté, pour honneur, reverence de Dieu et de l'eglise porter la dite verge d'argent devant le dit official par ung de leurs appariteurs ou autre telle personne que bon leur semblera, en allant icelui official de sa chambre ou de l'ostel où il demourra ou d'ailleurs où il sera en la ville de Rouen [pour] tenir sa court et jurisdiction espirituelle, et en s'en retournant dudit lieu de sa court en sa dicte chambre ou hostel, et semblablement en allant en visitations, aux processions, sermons et autres faiz solempnelz et ailleurs en la dicte ville pour le fait et exercice de son dit office, et s'en retournant des dis fais et lieux, moiennant, parmy ce, que le dit archevesque baillera ses lettres au procureur du roy notre sire, que soubz umbre ne par le moyen de portement de la dite verge d'argent devant son official... ne pourra faire, pretendre ne exercer sur flef lay. » *Arch. de la Seine-Inf.*, *Cartulaire de Philippe d'Alençon*, f° VII$^{xx}$ XV.

estoient ès prisons du roy pour crime de lesce majesté, comme l'on disoit; et fu par sentence dudit eschiquier. Et après furent amenés à la court de l'église en prison et bailliés chargiés des dits crimes. Desquelles choses estoit courchié ung nommé Jehan Segueult, advocat du roy[1]; mès n'en povoit plus; car ce estoit par sentence. Et aussi fu dit que icellui archevesque et ses officiers aroient leur justice comme acoustumé estoit, sans prejudice des parties. Et fu dit que il prendroient les clers mariés et non mariés, se ils faisoient aucun crime; ou, se ilz estoient en escommiche, seroient pris par les sergens de la court de l'église, sans contredit, comme estoit acoustumé; et aussi, quant aucuns clers seroient mis ès prisons seculieres, ilz seroient restitués après la monnicion.

L'an mil .cccc. xxvij., environ Pasques, furent à Rouen et estoient demourans aucunez personnez qui voulurent livrer la ville de Rouen aux Franchois. Mès faillirent al leur entente. Et en fu soupechonné ung nommé Ricart Mitez[2]: pour laquelle cause s'en alla avec lesdits Franchois, et perdy tous ses biens meubles et héritages. Et en y out plusieurs qui, pour ce, furent emprisonnez, et aucuns decapités.

L'an mil .cccc. xxviiij., devant Pasques, fu mis le siege des Anglois devant la ville d'Orliens; et là se fortefierent les dits Anglois très fort de fossés, bosclevers

---

[1] Condamné en matière de foi peu d'années après. V. *Recherches sur le procès de condamnation de Jeanne d'Arc.*

[2] V. M. Chéruel, *Histoire de Rouen sous la domination anglaise*, p. 84.

bastilles, et y furent jusques au mois de juing l'an .cccc. xxix., euquel mois yssirent ceulz de dens la dicte ville, avec autres grant quantité de gens d'armes et une jeune fille que l'en apeloit la Pucele. Et disoient plusieurs qu'elle estoit envoié, de par Dieu, pour aidier à Charles, daulphin filz de Charles, roy de France, trespassé, à reconquester son royaume que avoit conquis ledit Henry, roy d'Engleterre, dont devant est fait mencion. Et iceulx gens d'armes et Pucelle, ainsi yessus, assaillerent à force les bollevert[s] des dits Anglois, et y boterent le feu, et tuerent une grant quantité d'Anglois, tant qu'i fallu que les dits Anglois levassent ledit siege, et s'enfouissent. Et ainssi furent tous esbahis [1].

*Item*, en icellui an et eu dit moys de juing, environ la Sainct-Jean, se ralierent les dits Englois pour aller contre les dits Franchois qui les avoient ainsi capponnez, et les trouverent plus tot que mestier ne leur estoit ; car les dits Franchois prindrent deux forteresses, l'une nommée Gargiau[2], et l'autre Bojency[3], et y tuerent grant quantité des dits Anglois, et si y gaignerent grossez finances et des canons, bombardes et autres abillements de guerre. Et incontinent vindrent lesdits Franchois vers une forteresse nommée Yenville[4], et trouverent et rencontrerent les dits Anglois à grosse compaignie, et là

---

[1] Ce paragraphe et tous ceux qui concernent les exploits de la Pucelle ont été publiés par M. Quicherat, *Procès de Jeanne d'Arc,* IV, p. 339 et suiv.

[2] Jargeau, chef-lieu de canton (Loiret).

[3] Beaugency, chef-lieu de canton (Loiret).

[4] Janville-en-Beauce.

defferirent sur eulx si aprement; car les dits Anglois ne se savoient comme deffendre, et là furent plusieurs tués, et les autres prisonniers. Et demeurerent Franchois les maistres Et là furent prins .iij. grans seigneurs anglois, c'est assavoir : le conte de Sufford, mons<sup>r</sup>. de Scallez et ung nommé Tallebot[1], lequel estoit .j. des bons routiers des Anglois. Et n'eschappa des Anglois, sinon ung nommé messire Jehan FFalstof, avec environ .vij. ou .viij. cens Anglois qui estoient à cheval, qui s'en fuirent, quant il vidrent que mal part tournet. Et, se ilz eussent estoié à pié, comme estoient ceulx de la grosse bataille des dits Anglois, il n'y en fu jà demouré pié qui n'eust esté mort ou prisonnier. Et là furent Anglois très bien catrés, plus que onques mès n'avoient esté en France. Et s'en vouloient retourner en Angleterre et leissier ainssi le pais, se le regent leur eust souffert. Et estoient adonc Anglois si abolis que ung Franchois en eust cachié trois.

*Item*, en icellui an, tant eu dit moys de juing que eu moys de juillet ensuiant, prindrent les dis Franchois deux forteresses, l'une nommée Meun[2], et l'autre Yenville; et auxi, au dit mois de juillet, conquirent plusieurs forteresses comme Troès, Ausseurre, Rains et plusieurs aultres. Et se fit le dit dauphin sacrer à Rains par l'archevesque du lieu qui estoit à sa compaignie. Et eust mout de grant seigneurs au sacre. Et

---

[1] Guillaume de la Pole, comte de Suffolk et de Dreux, — Thomas Scales, sénéchal de Normandie, — Jean Talbot, comte de Shrewsbury, furent faits prisonniers à la bataille de Patay.

[2] Meung ou Mehun-sur-Loire, chef-lieu de canton du Loiret.

après conquit plusieurs forteresses comme Compiengne, Senlis et plusieurs autres; et doubtoit chacun le dit Charlez. Et conquit en .ij. mois ce que les Anglois avoient mis à conquerre plus de .iij. ans. Et cregnoit l'en mout celle Pucelle; car elle usoit de soumassions, et disoit que, se l'en ne se rendoit, elle prendroit d'assaul[1]. Et avoit avec elle grant quantité de gens de pais à pié, lesquielx faisoient très bien leur devoir, et avoient fait ès batailles contre les Anglois. Car les Anglois les avoient menachiés d'ardoier : par quoy ilz estoient plus indignez contre eulx.

*Item*, en icellui an .cccc. et .xxix., eu moys d'aoust ensuiant, prindrent les dits Franchois la cité de Beauvès. Après laquelle prinse, les Anglois firent leur crié, et allerent emprès Senlis. Et y estoit le dit duc de Bedford, regent, atout grant compaignie d'Anglois. Et fu le dit Charles atout son ost, et mit les dits Anglois en telle subjecion, car ils estoient tous en ung trouppel, et n'eussent osé iceulx Anglois partir place et ne eulx separer la longueur d'un trait d'arc. Et avoient les dits Anglois pieux de haie agusfiquiés entour eux; et ne les povoient les dits Franchois grever ne courre sur eulx pour les dits pieux. Et n'eussent esté iceulx pieux, les dits Anglois eussent eu assés à souffrir[2]. Et finablement, par deffaulte de vivrez, pour la multitude des

---

[1] On voit par là qu'en dehors du parti français le sentiment que la Pucelle avait inspiré était, avant tout, un sentiment de terreur. Le siège de Paris ne fit que l'accroître.

[2] Cette manière de se retrancher était particulière aux Anglais; et leur avait été favorable en plus d'une circonstance.

dits Franchois, il a fallu qu'ils se retr[a]issent; et, iceulx retrès, les Anglois s'en vindrent; et n'y eut point de bataille; et s'en vint le dit regent à Vernon.

*Item*, ès dit an et mois d'aoust, fu livré le chastel d'Aubmalle aux Franchois par un presbtre [1], lequel ne fit onques si mauvese journée; et lui vausit mieulx, après ce que il fu baptisié, que sa mere lui eust jeté la teste contre la paroy; car il i ut une maniere de larons qui apatichoient [2] les villez, et prenoient gens prisonniers de tous estas, et les mestoient à grosses finanches. Et s'allerent rendre avec eulx plusieurs gens du pais de Caux, merdalle et truandalle, qui faisoient tant de maulx que c'estoit mervaille. Et fallu que les riches hommes de Caux, especialment d'Auffay, des parties d'environ et du Val-de-Dun, se retraissent, les ungs à Rouen, les autres à Dieppe, et les autres à Caudebec. Et couroient celle merdalle-là jusques emprès Rouen, non obstant ce qu'i leur fust deffendu de par le dit Charles, roy de France [3]. Car, comme l'en disoit, il ne leur avoit abandonné sinon à prendre les Anglois et les officiers dessoulx eulx et à les pillier, et leur avoit def-

[1] Aumale fut prise par le seigneur de Longueval « par le moyen qu'il eut d'un prêtre demeurant en cette ville. » Monstrelet, liv. second, chap. LXVIII.

[2] *Apaticher* une ville, c'était s'engager à l'épargner moyennant finance.

[3] Ce titre de *roy de France* donné par notre chroniqueur à Charles VII est remarquable. Ce qui ne l'est pas moins, c'est le soin qu'il prend de signaler l'humanité de ce prince. — Si le siège de Paris n'aboutit pas à un succès complet, c'est que Charles VII et la Trémouille voulurent épargner la capitale du royaume et reculèrent, dans la crainte d'une trop grande effusion de sang.

fendu les bonnes gens du païs; mès c'estoient les varlès au diable: ils faisoient plus que commandement.

*Item*, en cel an et eu dit mois d'aoust, se mistrent eu moustier de Blangy[1] une maniere d'estrangiés, Lombards et autres, de la compaignie des dits Franchois, lesquieulx faisoient plus de mal que ceulx d'Aubmalle, et trestoient les prisonniers inhumainement: dont c'estoit pitié, tant que les nouvelles, comme l'en disoit, en allerent au dit Charlez, roy de France, qui lors estoit vers Laigny-sur-Marne. Si leur fit mandement qu'i s'en allassent; et ainsi lessierent la place: qui fu ung grant bien. Et, en ce temps, se mistrent aucuns des dits Franchois dedens .j. chastel nommé Baucen[2]; et là furent assegiés des Anglois, desquieulx estoit cappitaine .j. nommé messire Raoul Le Boutellier[3], à qui appartenoit le dit chastel pour lors. Mès n'y furent les dits Anglois que .ij. jours, comme cheux d'Aubmalle les vindrent asaillir, et firent lever le dit siege hativement. Et, s'i ne s'en fussent allez si tost, je doubte qu'il ne leur eust esté de pis. Mès, ce non obstant, les dits Franchois lesserent le dit chastel, par appointement fait entre le dit Boutellier et .j. chevalier de la compaignie des dits Franchois, qui disoit la terre

---

[1] Blangy, chef-lieu de canton, sur les limites de la Normandie (Seine-Inférieure).

[2] Beaucamps, commune du canton d'Hornoy (Somme), à peu de distance d'Aumale. — Le château de Beaucamps fut démoli peu d'années après.

[3] Plus tard bailli de Rouen. Ce fut lui qui condamna la Pucelle à périr sur le bûcher.

et chastel à lui appartenir; et se fu fait pour eviter ap perdicion de pais.

*Item*, l'an dessus dit, eu mois de septembre, fu livré le chastel d'Estrepaigny[1] au dit (*sic*) Franchois. Et s'allerent rendre plusieurs merdallez du païs avec eulx ; et falloit estre apatichié à eulx comme à ceulx d'Aubmalle; et faisoient autant de maulx comme ceulx d'Aubmalle. Mès n'y furent gaires; car le siege il fu mis, eu mois d'octobre ensuiant, des Anglois; et furent tous esbahis ceulx de dedens, et envoierent devers le dit Charlez et ses capitaines pour avoir secours. Mès leur fust respondu, comme l'en disoit, que point n'en auroient, pour les maulx qu'ilx avoient fais au peuple, et que l'en vouldroit que les dits Anglois les eussent tous pendus, et qu'il l'avoient bien deservi, et avoient vilenné le roy[2]. Et alors, quant ilz ourent celle response, ilz se composerent aus dits Anglois, et s'en allerent tous en pourpoins, ung batonnet et .j. piece d'or à leur main; mès les dits Anglois retindrent ceulx qui c'estoient allez rendre avec eulx, et qui autreffois avoient fait le serement aus dits Anglois, et à aucuns coupperent les testes au dit lieu d'Estrepaigny, et les autres amenerent à Rouen, qui furent mis em prison[3].

*Item*, l'an dessus dit, la sepmaine de devant le Par-

---

[1] Etrépagny, chef-lieu de canton (Eure). Cette place fut prise par le seigneur de Rambures. — Monstrelet, livre second, chapitre LXVIII.

[2] Voy. ce que nous avons dit plus haut, p. 301.

[3] Il y eut, au sujet de quelques-uns de ces prisonniers, de graves difficultés entre la justice ecclésiastique et la justice séculière. V. *Recherches sur le procès de condamnation de Jeanne d'Arc.*

don¹, le dit regent duc de Bedford et le duc de Bourgongne firent appointement que ledit duc de Bourgongne seroit regent de France, et ledit regent gouverneroit Normandie, et partirént les Anglois tous de Paris, et n'y demouroit que Bourguegnonz. Et ainsi fu fait; et n'y demoura onques Anglois à Paris qu'i ne s'en vensit à Rouen par terre ou par eaue. Et amenoirent leur bagages et tout ce qu'ilz y avoient, et arriverent à Rouen, c'est assavoir: l'evesque de Wyncestre d'Angleterre², qui estoit cardinal, et avoit autant de gens d'armes comme ledit duc de Bedford, lequel cardinal venoit de Paris, le mercredi devant ledit Pardon; et ledit duc de Bedford, le jeudi ensuiant³; et entrerent par la porte de Martainville. Et, en ce temps, arriverent à Rouen, par Saine, tant de ribaudes que c'estoit mervelles; et croy qu'i suaient les dits Anglois.

Or, leron à parler des dits Anglois, et retournon à parler dudit Charles et de ses cappitaines.

En ce temps, ou moys d'aoust l'an .CCCC. XXIX. dessus dit, en la fin dudit mois d'aoust, vint ledit Charlez, avec le duc d'Alençon, messire Charlez de Bourbon, la

---

¹ Le Pardon saint Romain, 23 octobre, jour de l'ouverture de la plus importante foire de Rouen. Ce jour était pris très souvent, autrefois, comme terme de paiement.

² Le cardinal de Winchester, appelé communément le cardinal d'Angleterre, avait fait son entrée à Rouen quelques années avant l'arrivée de Henri VI. *Archives de la Seine-Inférieure*, G. 27. — Il alla au devant de Henri VI à Calais; il s'y trouvait avec les seigneurs du Grand Conseil, le 22 juin 1430. Stevenson, *Wars of the English in France*, vol. II, p. 147.

³ Bedford résida à Rouen pendant toute la fin de l'année 1419 et la plus grande partie de l'année 1430.

Pucelle dont devant est fait mencion, le duc du Bar, acompaigniés de .xxx. à .xl. milles hommes, tant Franchois, Henniers, Liegois comme Barreis, [et] mistrent le siege devant Paris. Et estoient logiés à Saint-Denis, à Montmartre et autres lieux entour Paris, et mistrent la ville en telle subjecion qu'il n'y venoit vivrez de nul coté, et estoient vivrez si chiers en la ville que c'estoit grant mervellez. Et y furent bien près de .vj. sepmaines. Et, quant ilz virent qu'il ne se rendoient point, avisa ledit Charles et ceulx de sa compaignie que l'en leur feroit assault, lequel leur fu fait si appre et si merveleux que ceulx de dens furent tous esbahis, et n'y avoit homme qui se osast descouvrir dessus le mur pour le trait de ceulx qui assailloient. Et avoient les dits assaillans une maniere de instrumens nommés couleuvres qui jetoient pierres et plombées, mès ne faisoient point de noise, sinon ung poy siffler, et jetoient auxi droit comme ung arbalestre. Et fu l'assaut si fort que ceulx de dens avoient comme tout desemparé le mur. Et estoient les dits assaillans si près des murs qu'il ne falloit mès que lever les eschielles, dont ilz estoient bien garnis, comme ilz eussent esté de dens.

Mès fut avisé par ung nommé messire de la Trimoulle du coté dudit Charles; car il auroit [eu] trop grant occision; car les dits assaillans avoient intention, comme l'en disoit, d'ochire et d'ardre. Et auxi l'en disoit que mons$^r$. de Bourgongne avoit envoié .j. herault devers ledit Charlez, en disant qu'il tendroit l'apointement qu'il avoit fait avec le dit Charlez, et qu'il sesast lui et ses gens. Mès, s'il ui avoit appointement entre eulx, ne quel il estoit, je n'en seroie parler[1]. Mès, toutes vois, ill ui eut treves jusques à Nouel ensuiant. Et ainssi fit ledit Charlez, audit assault, sonner de retraite; et si se retrirent; et croy qu'ilz eussent gaignié la dicte ville de Paris, se l'en les eust lessié faire. Et en y eut plusieurs, de la compaignie dudit Charlez, qui de ce furent mout courchiés, comme le duc d'Alenchon, et par especialement le conte d'Armignac; car il heoit ceulx de Paris pour ce qu'ilz avoient tué son pere pieça. Et, en faisant ledit assault, le dit conte d'Armignac et ses gens estoient en .j. des costés où il n'avoit point d'assault, affin que, se aulcun de la dicte ville s'en fust voulu issir ou fuir, qu'i l'eust prins ou mis à mort. Et, durant ledit siege, ilz firent .j. pont au dessoubz de Paris pour garder la Saine. Et, ce fait ainssi, s'en retourna ledit Charlez et ses gens par les moyens dessus dits, comme l'en disoit.

L'an dessus dit, le mercredy .xxvj<sup>e</sup>. jour du mois d'octobre, furent mis les Franchois ou chastel de Torchy[2] par les plastriers et machons qui y besoigniéent, lequel chastel estoit .j. très forte place[3]. Et, le vendredy en-

---

[1] M Quicherat a publié dans la *Revue de Normandie* (livraison du 30 juin 1866), deux documents relatifs à la trève conclue entre le duc de Bourgogne et Charles VII, trève qui devait s'étendre du 18 août 1429 au 25 décembre même année, et dans laquelle furent comprises la ville de Paris et les places environnantes.

[2] Torcy, commune de l'arrondissement de Dieppe (Seine-Inférieure).

[3] « Fu prise et mise en la main des François la forteresse de Torcy par le moyen d'aucuns du pays qui avoient repairé dedens avecque les Anglois, lesquels ils trahirent. » Monstrelet, livre second, chap. LXVII.

suiant, les Anglois y firent le siege; et n'y fu que jusques au lundy ensuiant, que le dit regent, estant à Rouen, les manda, comme l'en disoit, pour aller à Verneul en Perche où estoient entrés les Franchois; mès n'avoient point gaignié certain fort qui y estoit. Mès je ouy dire à .j. compaignon, qui estoit ou dit siege de Torchy, qu'il leverent le siege pour la paour des Franchois. Et y demourerent toutes les garnisons des dits Anglois.

L'an dessus dit, eu mois de decembre ensuiant, pristrent les dits Franchois d'assault la ville de Loviers; et y out seulement .iij. gens tués, comme l'en disoit. Lesquieulx François firent grant dommage à la dicte ville; car il detindrent grant quantité de gens de la dicte ville prisonniers.

L'an dessus dit, eu mois de janvier, fu mis le siege des Anglois devant le chastel de Torchy; et fu bien assegié. Mès ceulx de dens ledit chastel faisoient moult de fais d'armes, et tiroient de gros arbalestes à roue; et n'estoit homme qui se osast descouvrir; et en tueoient plusieurs et murdrierent.

Or, lairon à parler de Torchy jusques à tant que le siege de devant aura prins fin.

Le vendredi, .xxiiij[e] jour eu dit an, prinstrent les dits Franchois le chastel de Gaillart près Andely, d'assault; et fu le cappitaine dudit lieu prins prisonnier et mené à Loviers. Et là estoit prisonnier aux Anglois ung bon et notable chevalier, nommé Barbasan, lequel avoit esté pris à Melun, quant le roy Henry d'Angleterre le prist par siege. Et estoit le dit Barbasan cappitaine dudit lieu de Melun, et avoit bien esté prisonnier aux Anglois l'espasse de .vij. ans. Et fu le dit Barbasan mené à Loviers à grant joie et solemnité, avec .iij. ou .iiij. autres chevaliers qui avoient esté pris audit lieu de Melun ; et les avoient là mis les dits Anglois comme ung des plus fors lieux de Normandie[1] ; et de ce furent moult courciés lesdits Anglois.

L'an mil .cccc. xxix., eu mois de fevrier, le .xxviij[e] jour, mistrent les Anglois le siege devant Gaillart ; et furent fais fossés autour du chastel, des Anglois, pour paour de la survenue des François. Et firent ceulx du chastel moult de fais d'armes, et tuerent plusieurs Anglois.

L'an dessus dit, eu mois de mars ensuiant, vindrent aucuns des dits François devant Paris; et yssirent, de ceulx de la ville, grant quantité de gens, entre lesquieulx estoient le bastart de Sainct-Pol, ung nommé mons[r]. de Saveuse, lesquieux furent prins prisonniers. Et y mourut grant quantité des gens de Paris qui ne furent pas plains, car ilz ne savoient riens de fait de guerre[2].

L'an mil .cccc. xxix. dessus dit, eu mois d'avril, passerent parmi Rouen de .ij. à .iij[c]. des Picars qui estoient à mons[r]. de Bourguongne ; et portoient la crois Sainct Andrieu, et partirent de Rouen, et se logerent à Saint-Denys[3]. Et les François, qui pas ne dormoient,

---

[1] « D'autre costé fut aussi reduite en l'obeissance du roy Charles, la forteresse de Château-Gaillard, qui est excellentement située en forte place, dedans laquelle étoit prisonnier de long temps par avant ce vaillant et notable chevalier le seigneur de Barbasan. » Monstrelet, livre second, chap. LXVIII.

[2] Monstrelet, livre second, chap. LXXV.

[3] Non pas S.-Denis-le-Thibout, comme l'a cru M. Vallet de Viri-

le surent : si y entrerent par nuit, et les tuerent presque tous, fors ceulx qui se pourent eschaper. Ainsi va de guerre.

L'an mil .cccc. .xxx., eu mois d'avril, après Pasques, se mistrent les dits François à .j. chastel près de Laigny-sur-Marne, et le commencerent à fortifier. Mès les Englois et Bourguegnons de Paris le surent, et y alerent à leurs despens : car les dits François en ourent les nouvelles, et les actendirent en telle maniere que, tant de Bourguegnons que d'Englois, il en demoura, de mors et de prisonniers, bien .viij<sup>c</sup>.; et ainsi furent tous camus et courchiés. Et furent ceulx de Paris en telle necessité de vivres que le muy de blé valoit .XL. livres tournois[1].

L'an dessus dit .cccc. .xxx., le jour Saint-Marc, furent les feus fais, à Rouen, comme à la Saint-Jehan, pour les nouvellez qui vindrent à Rouen que le roy d'Engleterre, qui n'avoit que .ix. ans estoit descendu à Kalès. Et fu le regent et sa femme par les rues à veoir qui faisoit joie. Et sonna l'en les cloches de tous les moustiers. Et estoie moult esmerveillié que l'en faisoit telle solemnité, actendu que le roy estoit encore si loing comme Kalès[2].

---

ville, mais S.-Denis-en-France, où s'était porté Jean de Brimeu « atout certain nombre de compagnons qu'il avoit amenés du pays d'Artois. » Monstrelet, *ibidem*.

[1] *Journal de Paris*, 132, 133.

[2] Il en fut de même à Paris. « *Item*, en cellui moys de juing n'estoit encore aucune nouvelle du roy Henry d'Angleterre qu'il fust point passé la mer, et les gouverneurs de Paris firent entendant au peuple, dès le jour S. Georges, qu'il avoit passé la mer par deça, dont

L'an mil .cccc. .xxx., au mois de juing, refu prins le chastel de Gaillart des dits Anglois par composition; et s'en ala le cappitaine du dit lieu, sauf son corps et ses biens, lui et ses gens [1].

L'an dessus dit, eu mois de juillet, refu pris le chastel de Aumalle, des dits Anglois [2]; et fu par composition; mès elle fu fourrée; car l'en en amena grant quantité de ceux de dens prisonniers à Rouen. Et puis vint le

ils firent faire des feux parmy Paris, dont le menu peuple n'estoit pas bien comptent, pour la buche qui tant estoit chere et que bien sçavoient les aucuns qu'il n'estoit point passé deça la mer. » *Journal de Paris*, p. 132.

[1] Le Château-Gaillard fu repris après 6 ou 7 mois de siege par Jean FFastolf et par le comte de Mortain. — Lettres de Thomas Bourgh à MM. du conseil du roi à Rouen; il les presse d'envoyer les fonds nécessaires pour le paiement des ouvriers employés, par son ordre et par celui de Thomas de Beaumont, sous la direction de Jean Lambery, au siège de Gaillart, 13 avril (Pièce publiée par M. Stevenson, *Wars of the English in France*, vol. II. p. 136). — Quittance de Guillaume le Fuysellier, artilleur de Rouen; a reçu 18 l. pour 4 arbalètes et 200 et demi de grosses doudaines empanées de bois, portées au siège de Gaillart, 22 avril; — au dit siège, le comte de Mortain, 2 mai; — 2 baleniers sous la conduite du capitaine Percheval de Gaillartbosc, le 4 mai; — Jean de Sommerville ordonné, par le régent, capitaine de son grant balenier, 5 mai; — Jean FFastolf, grand maître d'hôtel du régent, 18 mai; — Robert Barow, capitaine du neûf galiot du régent ordonné avec autres bateaux à la garde de la rivière de Seine, 19 mai; — Thomas Bourgh, maréchal de l'ost, Jean Lambery, sous-maréchal commis sur le fait des fortifications, 24 mai 1430. — *Bib. Imp. Pièces nouvellement classées par M. Léopold Delisle.* — Monstrelet, livre II, chapitre LXXIV.

[2] Au mois de novembre 1429, les États de Normandie avaient voté 140,000 l. pour le paiement des gens d'armes et de trait des garnisons, tant *pour le siège des places de Torcy, Aumale, Conches et autres forteresses d'environ et non ailleurs....* — V. les *États de Normandie sous la domination anglaise*, p. 39. — Aumale, défendu par le sire de Rambures avec 100 ou 120 combattans fut pris, après 24 jours de siège, par le comte de Suffolk. — Monstrelet, livre second, châpitre LXXVI.

roy, comme vous orrés après, qui en delivra aucuns.

Le samedi xxixe jour de juillet, l'an dessus dit, arriva à Rouen le roy Henry de France et d'Angleterre, en ses terres, en la ville de Rouen, agié de .ix. ans ou environ. Et fu amené en ung car jusques à l'ostel messire Jehan Bracques, au Boscguillaume [1]; et là le vy. Et puis fu monté à cheval; et vindrent les bourgois de Rouen contre lui, à robes de livrée perses et chapperons de vermeil. Mès le roy ne leur avoit pas donné celle livrée; mès l'en leur avoit fet commandement qu'ilz les feissent faire [2]. Et estoient à cheval et rengiés au delà du gibet [3], et crierent tous : *Nouel*, quand ilz virent le roy, lequel estoit .j. très beau filz. Et estoient les rues de Rouen, là où le roy devoit passer, mieulx tendues qu'ilz ne furent onques le jour du Sacrement. Et y avoit à la porte Cauchoise draps où estoient les armes de France [et] d'Angleterre, la baniere Saint-George, et estoient sur le bosclevert de devant et à à l'entrée de la

---

[1] Jean Braque, chevalier, seigneur pour partie de Claville (*Tab. de Rouen*, 24 avril 1428). — Son manoir du Boisguillaume, avec colombier, jardins, préau fermé d'une haie de coudres *planteifs*, était situé près de Bihorel, au haut de la côte; la grande porte ouvrait sur le chemin de Cailly, comme on le voit par un bail fait, en 1414, par Jean Braque à Huet et Pierre Bauchart. *Tab. de Rouen*, Reg. 14, f⁰ 73 v°.

[2] Il en était généralement ainsi à toutes les joyeuses entrées de princes.

[3] Les fourches patibulaires étoient situées à Bihorel, au haut de la côte de Boisguillaume. La justice ménageoit de ces sortes de spectacles aux voyageurs, dans les lieux les plus fréquentés, aux abords de toutes les villes.

.j^{re}. porte. Et, sur la seconde porte, estoit .j. drap qui couvroit depuis [le] hault sur la tarrache jusques à la bée de la porte; et là estoient figurées .ij. grans bestes nommées antelopes; et avoient .ij. cornes, .j. couronne, et chascun une caine au col. Et auprès d'eulx estoient ou deulx lions ou deulx liepars, je ne soy lequel; et, entre les piés, estoient les armes de la ville et autres armes que je ne congnois. Et estoient dorées et asurées, si bien fais que c'estoit merveillez à regarder de loing. Et puis y avoit, à la porte Machacre¹, angres qui enchensoient, et à la porte de Grantpont .j. autre mistere, je ne soy quel; car je ne le vy point pour la foulle des gens. Et ala le roy à l'église de Notre Dame et les gens de l'eglise encontre lui, comme il est coustume devant ung prince. Et crioit *Nouel*, telement qu'il dit que l'en cessat pour la noise que l'en lui faisoit. Et avoit devant l'enseigne de l'*Estrief* à Saint-Pierre l'Onnouré², .j. chastel figuré; et avoit .j. seraine qui peignoit ses cheveulx, et se miroit, et jetoit vin et lait par les mamelles; et auprès d'elle .ij. petites seraines. Et estoit cela très bien fait, et le regarda le roy. Et cousterent ces mirelifiques et fatras beaucoup d'argent; et fu à despens de la ville. Et entra ainsi en son chastel³; et sonnoient les cloches plus fort que se Dieu fut deschendu du

---

¹ Porte Massacre, à présent la Grosse-Horloge.

¹ Enseigne de l'Estrief, rue Écuyère; *Tab. de Rouen*, 1394, Reg. 5, f° 307. *Domum* de l'estrief, par. S.-Pierre-l'Honoré. *Archives de la Seine-Inférieure*, 1519-1520, G. 222.

² L'ancien château fort de Philippe-Auguste. Le nouveau palais n'était, sans doute, pas achevé.

chiel. Et furent les feux fais, au vespre, comme à la Saint-Jehan [1].

Or, lairon à parler du roy, et parleron des guerres jusques à ce que notre matiere y retournera.

Le vendredi.... jour d'aoust, l'an dessus dit, fu reprins le chastel de Torchy, des dits Anglois [2]. Et se

---

[1] Le 5 juin 1430, on reçut, au chapitre de la Cathédrale de Rouen, des nouvelles de la prochaine arrivée de Henri VI. Les chanoines décidèrent qu'on écrirait à Pierre Maurice pour le prier de faire le propos devant le roi; ils chargèrent, par la même délibération, un autre de leurs confrères, Nicolas Couppequesne, de rédiger à loisir un discours qu'il pourrait prononcer, en cas de refus de la part de Maurice.— 27 juillet, même année : « *Auditis novis de proximo adventu domini nostri regis ad hanc Rothomagensem ecclesiam, concluserunt et deliberaverunt ipsam ecclesiam mundari et de pannis sericeis et aliis, honestius quam fieri poterit, vestiri et decorari, processionem que solemnem per prefatos canonicos, cappellanos et clericos ejusdem ecclesie fieri usque ad ingressum seu introitum atrii, versus ecclesiam Sancti Ermelandi, etiam reverendis in Christo patribus, dominis Abrincensi, Baiocensi et Ebroicensi episcopis, in hac villa Rothomagensi existentibus, significare ut intersint in dicta processione, pontificalibus induti, si eisdem placuerit, ad finem quod per ipsos aut aliquem ipsorum dicto domino nostro regi presentetur thus, crux et textus evangelii, ut est moris, et quod cantetur et organizetur, prout solemnius fieri poterit.* » *Archives de la Seine-Inf., Registres capitulaires.* — « *Item*, le samedi xxixe juillet, pour donner à dîner aux gens de monsr. le trésorier, à l'avènement de notre sire le Roy, comme il est accoustumé, xii s. vi. d. » *Ibidem*, G. 31. *Compte de l'archevêché, du 3 décembre 1429 au 3 décembre 1430.*

[2] Torcy fut pris au mois d'août par le bâtard de Clarence. — Mandement au vicomte d'Arques pour le paiement des manouvriers du pays de Caux employés au siège de Torcy, 23 janvier.— En avril, assiette sur les paroisses des vicomtés de Caudebec et de Montivilliers pour le paiement des mêmes manouvriers. — Stevenson, vol. II, p. 128, 145. — Jean Kygley, chevalier, et autres tenant le siège devant Torcy, 17 avril. — Paiement à Guillaume d'Appilby, écuyer, maître des ordonnances du roi en Normandie, de 40 l. pour la solde d'aucuns de ses gens étant au même siège (un canonnier, 3 maçons,

composerent ceulx de dens si folement; car ilz furent amenés à Rouen comme prisonniers, et les aucuns furent après decapités, et les autres delivrés, qui autrefois n'avoient pour fait le serement au roy. Et recommencherent Anglois très fort à conquester ce qu'ilz avoient perdu, et François à reperdre ce qu'ilz avoient conquesté.

2 charpentiers ; 1 baril de poudre), 12 juin. — Jean Kygley (et non Brinkeley), n'était pas sans inquiétude sur l'issue des opérations. Il craignait d'être attaqué par les Français de Beauvais, comme on le voit par les lettres closes qu'il expédia à Calais (Stevenson, vol. II, p. 146). Lui-même, pour hâter l'arrivée du secours qu'il croyait nécessaire ne tarda pas à se mettre en route pour cette dernière ville, ainsi que le prouve une quittance du messager qui fut chargé de porter des dépêches audit Kygley et au bâtard de Clarence, 2 juin 1430. — Le château de Torcy fut démoli peu de temps après; 32 charretées de pierres de grès furent tirées des fossés de ce château et portées à celui d'Arques ; quittance des manouvriers employés à cette besogne, 12 août 1430. *Arch. de la Seine-Inf*.

# CHRONIQUE ROUENNAISE.

## 1371—1434.

CHY ENSUIT AUCUNZ MEMOIREZ AVENUEEZ A ROUEN ET ÈS PARTIES D'ICELLY.

Samedy, .xxj<sup>e</sup>. jour de jung, l'an mil .ccc. lxxj., l'abbé de Saint-Ouein de Rouen fist lever une fourquez dessouz son boys de Bihorel; et il firent pendre .j. larron, comme eulz disant leur baronnye. Lesquelles furent abatuez; et le larron despendu et pendu au gibet du roy, en la presence du maire et très grant quantité des bourgois. Et, sur ce, à la requeste du dist abbé, .j. commissaire de Paris vint faire information; et envoyé en parlement à Paris; et là plaidierent longuement, tant que, par arestz de parlement, les fourques furent restituées en la dicte place, environ la Sainct-Jehan l'an mil .ccc. .lxxix. Encore y sont[1].

*Item*, .viij. jours devant Noel, l'an mil .ccc. .lxiij., commencha une gellés (*sic*) si grandes que, puis .c. anz au devant, si grandes ne furent. Et, le jour de la

---

[1] M. Chéruel, *Histoire de la commune de Rouen*, II. 415.

Sainct-Jehan, ès feriez de Noel, Saine fut gellée et prinse du tout jusques au .vij<sup>e</sup>. jour de fevrier ensuiant, tant que les Englois, qui pour lors estoient logiés à Roulleboize[1], .XL. hommes d'armes, tous à chevalz, menés par les pages par dessus la glace, passerent outre l'eaue, et coururent sus le pais, pillerent, et amenerent prisonniers, et reppasserent la glace atout leur proie, sanz rien perdre, et se logerent en leur fort de Roulleboise. Et desgela si douchement, sanz pluye, que l'en ne sut que la gellée fust devenue Et dura ce jusques au .xij<sup>e</sup>. jour de mars. Et vallut le blé .xx. s., .xxx. s., et puis .XL. s. la mine[2]. Et, puis ce temps, amenda très grandement.

*Item*, unes grandes ventines furent la vegille Sainct-Mor, l'an mil .CCC. .LXVII.[3]; et en chay une grant quantité de maisons et cheminéez; et, par especial, le plon

---

[1] Rolleboise, commune du canton de Bonnières (Seine-et-Oise). — « A Roleboise, près de Mantes, estoyent Navarrois en garnison qui les destrois de Sayne et les ports gardoient tellement que, par la riviere, ne descendoient à Rouen nulles marchandises. — » *Chronique de sire Bertrand Du Guesclin*, édition de Buchon, p. 17. — « En icelui an, courant la date mil trois cens soixante trois, furent les plus grans gelées et le gregnieur yver que l'on eust oncquez veu ne ouy parler de plus de cent ans au devant. Et furent les rivieres si fort engelées que les Anglois à grosses routes passerent à cheval la riviere de Seine et coururent en Venguessin et emmenerent plusieurs prisonniers en leurs fortz et rappasserent par dessus la dicte riviere de Seine. » Siméon Luce, *Chronique des quatre premiers Valois*, p. 136, 137.

[2] « En 1363, hiver long et rigoureux. La gelée détruit beaucoup de vignes, et tue un grand nombre de brebis et d'agneaux. » M. Léopold Delisle, *Études sur la condition de la classe agricole*, p. 641.

[3] « En 1367, le 22 décembre, ouragan. » M. Léopold Delisle, *Études sur la condition de la classe agricole*, p. 641.

de la chappele de Sainte-Katherine¹ fut reversé par devers Saint-Pol et toulleté comme .j. roullet, etc.

L'an mil .ccc. lxviij., dimence .xxiijᵉ. jour de juillet, .ij. arches du pont de Saine de Rouen chairent en Saine, et n'y demoura que la bordeure par devers Eauepleut.

*Item*, Jehan Drieu, herese, lequel ne creoit point ès sacremens de saint eglise, fu ars, le .ijᵉ. jour d'octobre .ccc. et .lxxj., en la seconde mairie de sire Eude Clement.

*Item*, les granz eauez furent l'an mil .ccc. .lxxiij., et durerent lonc temps. Et aloient les batiax par derriere les En-Muréez jusques à la crois du bout de Saint-Salver par devers le Pré². Et abatirent les murs de Grantmont, vers la cauchie de Saint-Sever³; et la cauchie fu toute depechie, et fu en cel estat jusques en l'an .cccc. et .vij. qu'elle fu refaite.

*Item*, messire Guillaume de Bellengues, chevalier et chambellenc du roy Karles .ijᵉ., fu mis en possession de la capitanye de Rouen à mil lb. de gagez par an, à Pasquez l'an mil .ccc. .iiij^{xx}. et .j.; et ceully les gagez dessus diz .xx. anz; et puis luy furent apetichez; et n'ut que .vjᶜ. par an, et les ceully jusquez à la Notre-Dame en septembre l'an mil .cccc. .ix. qu'il trespassa⁴.

---

¹ Sur la côte Sainte-Catherine, au-dessus de Saint-Paul.

² Le monastère de Bonne-Nouvelle (O. S. B.)

³ Chaussée allant, à travers les prairies, du pont de Rouen à Saint-Sever.

⁴ « Guillaume de Bellengues, chambellan du roi, nommé capitaine de Rouen et de Sainte-Catherine, le jour de Paques 1382, fut le premier après l'anéantissement de la commune et succéda au dernier

Et, en cel an, monsr. de Cramesnil fut mis en possession de la dicte capitanye en la mi-mars ensuiant[1].

*Item*, l'an mil .ccc. .iiij$^{xx}$. et .iij., fu la grant vynée et hastive; et out à Rouen, la vegille de la my-aost, .vj. baris de moust. Et de icelle vinée n'ut si grande jus-

---

maire Robert Deschamps, qui avait en même temps, dans ses larges attributions, l'administration civile et le commandement militaire de la ville. Il mourut le 16 sept. 1409. » M. Ch. Richard, *Recherches historiques sur Rouen*, p. 195, 196. — Il possédait les seigneuries de Bellengues et de Beusemouchel. Je crois que c'est de lui qu'il est question, dans un acte du tabellionage de Rouen, 1366, Reg. 2, f° 282 v°, où l'on voit Mgr Guillaume de Bellengues, chevalier, seigneur des dites seigneuries, confesser devoir à Ricard de Cormeilles .LXviij. frans d'or tous sés, prestez à son grans besong pour aller eu saint voyage d'oultre mer. » — Il maria sa fille à Regnaud de Trie, seigneur de Sérifontaine, plus tard amiral de France. Sa veuve épousa Jean de Graville, qu'elle ne voulut pas suivre, lorsqu'il se retira de Normandie pour s'attacher à Charles VII. Elle resta à Rouen et fit acte de soumission à Henri V. Elle donna au chapitre de Rouen les dîmes de la seigneurie de Beusemouchel, et leur confirma la donation des bois du Grippel près de Maromme. La chapelle dite des Brienchons ou de Notre-Dame-du-Jardin en la cathédrale avait été fondée par ses ancètres. C'était là que son mari avait été enterré, conformément à un contrat de fondation de 1400 (*Tabellionage de Rouen*, Reg. 9, f° 186). — Ce fut là aussi qu'elle fit rapporter les ossements de son père et de sa mère, enterrés à Beusemouchel. (Contrat du 16 mai 1419) *Ibid*. — V. *Archives de la Seine-Inférieure*, Cartul. n° 8 de la cathédrale.

[1] Guillaume, sire de Crasmesnil, chambellan du roi ; un certain temps s'écoula entre la mort de Bellengues et la prise de possession de Crasmesnil, temps pendant lequel les fonctions de capitaine furent remplies, par intérim, par Jean d'Orléans, lieutenant de Bellengues. La nomination de Crasmesnil ne peut guère remonter au delà du 2 juillet 1410, comme on le voit par la délibération de la ville de cette date. *Arch. municipales de Rouen*, A. 8. — Le 30 août, Crasmesnil était encore capitaine. En 1415, il était maître des arbalétriers de France. Anselme, *Histoire généalogique*, VII, p. 875.

ques en l'an .cccc. et .xiij. qu'i oult à Rouen, le .xxvj$^e$. jour d'aost, du vin à plenté.

*Item*, en cel an mil .ccc. .iiij$^{xx}$. et .iij., maistre Eustache de Maldestour fu pris, en sa cure d'Oynville en Caux, du commissaire du chastellet, et mené à Paris, comme .j. murdrier, en chastellet, et y mourut pour ce qu'il creoit et affermoit le pape Urbain de Romme vray pape, et avec plusieurs autres aussi qui y furent menez; mais pas ne moururent. Et estoient leurs biens vendus par la justice laye.

*Item*, la vegille du Sane d'esté l'an mil .ccc. et .iiij$^{xx}$. et .iiij., le bailly de Caux et les .iij. fils mestre Jehan Justice[1] et les bourgois se partirent de Caudebec, armés, et vindrent à Saint-Vandrille, à hore de couchier, et entrerent ens par forche; et là fu le prieur tué, et des mongnes grant quantité navrez, pour [ce] que aucuns des mongnes avoient fait desplaisir as enfanz au dit Justice, qui, puis, en ont eu mout à souffrir.

*Item*, en l'an mil .ccc. iiij$^{xx}$. et .vj., les Chartreux[2] furent commenchiez, et ourent dedicasse, .xviij$^e$. jour mars .cccc. et .ix.., par .j. jacobin[3].

[1] Je crois que le personnage en question était Jean Justice, maître des requêtes de l'hôtel du roi, lequel fonda deux chapelles en l'église du Trait, à Yainville, *Arch. de la Seine-Inf.*, G. 1374. — Un autre membre de la même famille avait fondé, à Paris, pour les étudiants du diocèse de Rouen, un collège dit *Collège de Justice*.

[2] Monastère des Chartreux ou de Notre-Dame-de-la-Rose, au faubourg de Saint-Hilaire, fondé en 1386, par l'archevêque Guillaume de Lestrenges.

[3] A cette époque, il y avait à Rouen plusieurs évêques *in partibus*, suffragants de l'archevêque : les évêques d'*Argolicence*, de *Nassone* et d'*Hipponence*. *Arch. de la Seine-Inf.*, G. 272.

*Item*, en l'an mil .ccc. .iiij^xx. et .vj., environ .iij^c. des bourgois de Rouen furent .ix. jours em prison ou manoir de la ville, pour une taille de .xvj^m. lb dont les trois pars furent poiez; et le roy avoit donné l'autre tiers. Et, quanque les dis bourgois estoient en prison, Hasay, pour lors recheveeur, fist faire vendre les biens des dis bourgois. Et fu ce quart poyé; et y out de grans moz entre le capitaine Belengues et le dit recheveeur, et coutiax sachiez, etc.

*Item*, en l'an mil .ccc. iiij^xx. et .vij., un des greignieurs reformateur[s] du roy nommé Estienne Du Moustier trespassa de cest siecle, tout esragié [1].

*Item*, les grant ventinez furent par tout le royalme l'an mil .ccc. iiij^xx. et .ix.

*Item*, en l'an mil .ccc. iiij^xx. et .xj., .j. eschequier fu à Rouen où avoit .j. escuier de noble ligne, nommé Port-Pinché, pour ce qu'il avoit batu .j. paisant qui estoit en sauvegarde et trevez de lui. Par le jugement d'eschequier, fu pendu au haut gibet de Rouen; et l'estrenat Port-Pinchié [2].

---

[1] Il est question de ce personnage dans la *Chronique des quatre premiers Valois*, p. 293. Assistant *au parlement des Normands* comme capitaine de Harfleur et vice-amiral, il engagea l'assemblée à consentir à une imposition de 12 d. ou 8 d. pour livre. « Mais tout le peuple et grant partie des nobles distrent: rien, rien. » Il assista à un nouveau *parlement des Normands* tenu à Pontoise, peu de temps après la Trinité 1382. *Ibidem*, p. 303. « Il est qualifié vice-amiral, réformateur en la province de Rouen dans une ordonnance du roy du 29 juillet 1383 et vice-amiral du roi et commissaire député sur le fait d'une seconde armée de mer, dont le connétable devoit être le chef dans un ordre qu'il donna pour l'armement de deux galées à Rouen le 23 juin 1385. » Anselme, *Histoire généal.*, VII. 759.

[2] Texte cité par M. Floquet, *Histoire du Parlement de Normandie*,

*Item*, en cel an mil .ccc. iiij$^{xx}$. et .xj., fu commenchie la nouvelle forte[re]sche de Harefleu.

*Item*, en l'an mil .ccc. iiij$^{xx}$. et .xj., mons$^r$. Robert de la Chapelle, chevalier, sire de la Vaspailliere et de Lindebeuf, pour ce que sa vie ennuyoit à son filz ainsné, nommé comme lui, qu'il vivet tant, pour avoir sa seigneurie, non obstant qu'il estoit brumen de la fille de mons$^r$. Jehan de la Heuse, chevalier, seigneur de Quevelly, ymagina tant à sa mort que, le dimence de *Quasimodo*, le fist gaitier en certaine plache; et là fu tué et murdi par Croismaret, filz de la femme Robin de Bernabosc, de Saint-Victor en la Campaigne, lequel en demoura fuistif avec .j. autre malvez garchon de Pavelly, nommé Dentart, lequel fu pendu au gibet de Rouen. Et accusa le dit son filz ainsné, lequel fu emprisonné au chastel, et puis fu requis à la court l'official, et puis mené à Loviers, et mourut en la fosse, et mis sur le carlet, comme il appartient, en avril l'an mil .ccc. .iiij$^{xx}$. et .xij. etc.[1]

I, 174. — Port-Pinché était un fief de haubert, de la vicomté de Pont-de-l'Arche et de la paroisse de Portijoie sur la Seine, mouvant du roi, à cause de sa terre de Léry. V. aveux de Pierre et de Jean de Jeucourt, chevaliers, 1419, 1457. Aux *Arch. Imp.*, P. 305. n$^{os}$ C. iiij$^{xx}$. viij, C. iiij$^{xx}$ v. — Le nom du seigneur de Port-Pinché, pendu en 1391, était, je crois, Guillaume Le Chambellen. *Tab. de Rouen*, 1391, Reg. 5, f$^o$ 65 v$^o$.

[1] Texte cité par M. Floquet, ouvrage précité, p. 175. — Pour s'expliquer que Robert de la Chapelle ait été transféré à Louviers, il faut se rappeler que l'archevêque avait, dans cette ville, des prisons affectées au même usage que celles de l'officialité de Rouen. La fosse, véritable fosse, était le lieu où étaient descendus ceux qui étaient condamnés *au pain de douleur et à l'eau d'angoisse*. Fut-ce pour effacer cette tache de sa famille, que Robert de la Chapelle, seigneur

*Item*, en l'an mil .ccc. .iiij$^{xx}$. et .xij., l'eschequier fu à Caen etc...

*Item*, en l'an mil .ccc. .iiij$^{xx}$. et xij., pour ce qu'il avoit contens entre messire Olivier de Clichon et messire Pierres de Cleon, grans seigneurs de la ducée de Bretaigne, le dit Clichon venoit de souper d'avec le roy : Cleon le sut, et le gueta couvertement par traison; si le bati et vitupera, et le cuida avoir tué : dont maint malz en naquirent etc...

*Item*, en l'an de grace mil .ccc. .iiij$^{xx}$. et .xv., la porte de Martainville fu commencie; et dura l'euvre à fichier les pieux et faire le fundement jusques en moy l'an mil .cccc. et .j. Et, le .xviiij$^e$. jour du dit moys, fu la premiere pierre assize, en la presence de monsieur de Bellengues, capitaine, et Hue Donquerre, bailly, lesquiex mistrent les mainz à ycelle pierre asseer avec les conselliers de la ville. Et puis vindrent à .j. beau diner ou manoir de la dicte ville etc. [1].

---

de la Vaupalière et de Lindebeuf, alla, en 1396, « en Honguerie et en Turquie contre les Sarrasins et ennemis de la foi chrestienne?.... Ouquel pais a eu bataille et aucune desconfiture : parquoy l'en supposa et tint communément que le dit de la Chapelle et plusieurs autres étoient allés de vie à trespassement. » Avant son départ, il avait engagé pour 5,000 l. la terre de Belestre à Robert de la Heuse dit le Borgne, chambellan du roi, et avait délaissé à son beau-frère Jean Martel le manoir et motte de Lindebeuf. — Il ne laissait pas d'enfants. Sa succession fut réclamée par Jean de Lonchamp dit Brunet, seigneur de Bupaien, et par Raoul du Plesseiz dit Guinaie, etc. *Tab. de Rouen*, 1397, Reg. 8, f° 33.

[1] Ce renseignement complète ceux que fournit M. Ch. Richard dans ses *Recherches historiques sur Rouen, Fortifications*. — *Porte Martainville*, p. 33 et suiv., et p. 195 et suiv.

*Item*, en cel an, en Karesme mil .ccc. .iiij$^{xx}$. et .xv., la cloche de la loge (*sic*) commencha à sonner[1].

*Item*, en l'an mil .ccc. iiij$^{xx}$ et .xvj. .iiij$^{me}$. jour d'aost, Colin Philippe, natif de Courvoiserie[2], orfevre de bonne ligne, pour ses demeritez, fu mené au gibet, et fu en l'eschielle .iij. horez. Cependant, sa lettre de grace fu aportée; et puis fu ramené du gibet, et remis en prison. Et depuiz fu mené au Goullet[3], et là mourut, etc.

*Item*, en l'an mil .ccc. iiij$^{xx}$. et .xvj., le jour Saint-Vinchent, fu le tiers enfant maale du roy Kalles .ij$^{me}$. né, lequel de present est duc de Guyenne et dalphin de Vyane et ainsné filz du roy; et a espousé la fille de monsr. de Bourguongne.

*Item*, en l'an mil .ccc. iiij$^{xx}$. et .xvij., en l'eschequier qui pour lors estoit à Rouen, ordené fu que d'orez en avant nul ne seroit pendu sanz confession de prestre, à la petition de maistre Jehan Houart, maistre en theologie, qui ce prescha en son preschement, ou chemetiere de Saint-Laurens[4], le jour de Pasquez floriez precedentez. Et en icelui eschequier soiant, out .x. per-

---

[1] La cloche de l'*auloge* (horloge) de la ville. — V. M. De la Quérière : *Notice historique et descriptive de l'ancien Hôtel-de-Ville de Rouen*, p. 44. — « L'an mil ccc. .iiij$^{xx}$ix fut commencée la tour ou befroy là où est la grosse orloge de Rouen, et ès ans ensuivantz jusques à mil ccc. iiij$^{xx}$ xviij, fut achevée; et estoit pour lors capitaine de la ville, messire Guillaume de Bellengues, chevalier, et chambellan du roy; et Jehan de la Tuille estoit bailly. » *Ms. de la Bibliothèque impériale*, F. S. Germain, Fr. 1488.

[2] Rue de Rouen, aujourd'hui rue de la Grosse-Horloge.

[3] Le Goulet, château près de Vernon.

[4] Une prédication avait lieu là chaque année à l'occasion de la fameuse procession du *Corps Saint*.

sonnes jugies à estre pendus, et .j. ars pour ce qu'il out à faire à une juyze, Avignon, lequel avoit esté à .xj. murdres, etc.[1].

*Item*, en l'an mil .ccc. iiij$^{xx}$ et xvij., il avoit à Rouen .j. bourrel, très fort larron et mudrier ; et avoit pendu un homme dont il en avoit fait le fait, et si fu à tuer et rober les meziax de Bourdeny[2], et si empoysonnoit les eauez dont .j. Jacobin luy bailloit les poudres. Et si fu à rober le prior de la Magdeleine de Rouen. Si out le chief trenchié, et puis pendu, et avec luy .j. nommé Pinchonnet.

*Item*, en l'an mil .ccc. iiij$^{xx}$ et xviiij., madame Blanche, jadiz fame au roy Philippe de Vallois, trespassa à Neaufle[3], samedi .vme. d'octobre. Et fu son service fait en la grant eglise de Rouen le jour de Sane d'yver. Et tous prestrez, qui vouldrent chanter messe pour l'ame d'elle, ourent .iij. s. de parisis.

*Item*, en l'an .cccc. et .ij., Busquet, adonc bailly d'Eu, out le poin couppé, et puis fu pendu au gibet de Rouen pour ce qu'il estoit fausserez de lettrez, et pour aultres plusieurs malefices. Et fu le jour de la Saint-Martin d'esté.

*Item*, en l'an mil .cccc. et .iiij., le bastart de Navarre rendi au roy le chastel et ville de Cherenbourc, en la

---

[1] Ce texte a été publié par M. Floquet, *Histoire du Parlement*, t. I, p. 117 et suiv.

[2] Léproserie de S.-Marguerite de Bourdeny pour les lépreux des paroisses de Saint-Maclou, Saint-Cande-le-Vieux et Saint-Paul de Rouen.

[3] Neaufle-Saint-Martin, canton de Gisors (Eure).

main au compte de Tancarville, pour et ou nom du roy, et mons^r. de Torchy en fu capitaine[1].

*Item*, en l'an mil .cccc. et .iiij., les clers de l'université faisoient unes processionz bien notables, et aloient à Sainte-Katherine du Val-des-Escoliers, .ij. et .ij. bien arunnez d'un costé et d'autre. Et les pagez de messire Charles de Sauvoysi menoient leur chevax boire, et aloient parmi les clers, et faisoient leur chevax regiber la boe sur les clers. Si en out de desmontez et batus : si s'en plaindrent à leur ma[i]stre. Si leur commanda qu'i fussent les plus fors : si s'armerent, et vindrent à Sainte-Katherine où l'en disoit la messe pour la santé du roy, qui estoit fort malade, et pour l'union de sainte eglise, en très grant devotion. Lesquiex commencherent à traire par my le moustier; et en out beaucoup de blechiez; et convint que le prestre qui disoit la messe se muchast desriere l'autel; et fu la messe dicte à grant paine, etc... La plainte en fu faicte, etc... L'amende tauxée, etc... que sa maison seroit abatue jusquez à terre, et si fonderént (*sic*) .iij. chappellez perpetuellez de .c. lb. de rente amorties, et si poieroit pour une fois pour depors etc. .ij^m. lb., et bany du royaume comme il plairoit au roy. Lequel estoit riche, et prist sa finance, et s'en ala à Marcellez au roy Loys. Et là, en .xl. jours, fist faire .iij. galléez; et le roy Loys lui bailla des gens de sa terre; et s'esclippe en mer. Et d'avanture trouverent navire de Sarrasins : si en ourent victoire, et guen-

---

[1] Ce paragraphe a été publié par M. Vallet de Viriville en note, p. 369.

nerent très grant avoir, et puis vindrent ès ysles et costierez d'Engleterre, et là firent grant fait d'armes, et guengnerent, et, pour l'yver se vindrent raffreschir à Rouen en la fin d'octobre .cccc. et .v., et aporterent tan de finance, et se vestirent, etc... et lessierent bien à Rouen de .vj. à .vij$^m$. escus d'or. Et fu rapellé à Paris, et sa pais faicte[1].

*Item*, en l'an mil .cccc. et .v., vendredi .xv$^e$. du moy, à .ix. hores devant disner, prist le feu à l'ostel de Sainte-Katherine de Grantmont, et fu ars montier et tout.

---

[1] Vers le même temps plusieurs galées d'Espagnols vinrent à Rouen. « 27. septembre 1405... Devant nous Guillaume sire de Bellengues, etc... capitaine de Rouen, etc... présens... ilec venus par notre ordonnance et commandement de nous cappitaine, pour leur exposer et dire comme .iij. ou .iiij. gallées d'Espagnols devoient arriver bref devant lad. ville, où il y avoit moult de merveilleuses gens, si comme l'en disoit, et, pour ce, les avions ilec fait venir pour nous conseller et avoir leur advis que bon estoit sur ce à faire pour le bien du roy notre sire et la seurté du peuple de la ville, après plusieurs parolles dictes, et oyes leurs oppinions, fu deliberé que bon estoit que l'on impetrast un mandement du roy faisant mencion en effect que, se les gens d'icelles gallées voulloient sejourner devant ycelle ville, que l'en leur faist commandement que ils meissent devers nous leurs armeures, arbalestres et deffence, etc... — *Item*, que l'en faist deffence fortifier et clorre et emparer les murs sur la riviere et que l'en n'y lessast que certaines allées pour le fait de la marchandise, et aveuc ce que ycelles allées fussent fermées, quant mestier seroit. — *Item*, que l'en faist guet de jour et de nuit. — *Item*, que en plusieurs maisons sur la riviere y eust garnisons de trait et semblablement aux gardes, et aussi y fussent mis des arbalestriers de la ville. — *Item*, l'en meist en chemin gens ou varlés allant et venant à Harefleur pour savoir de leur contenance, et quand ils arriveront en ladicte ville. — *Item*, semblablement à Paris, pour savoir des nouvelles. » Ces galées commandées par Peron Ygne, capitaine, arrivèrent le 14 novembre, et furent aussitôt désarmées. — *Archives municipales de Rouen*, A. 8.

*Item*, en l'an mil .cccc. et .vj , joedi .ij^e, jour de décembre, sire Guillaume Alorge trespassa; et estoit le desrain de touz les maires qui omcques furent à Rouen.

*Item*, en l'an mil .cccc. et .vj., certains prisonniers yssirent du chastel et se vindrent rendre à Notre Dame de Rouen. Et messire Donquerre, adonc bailly[1], les vint querre en l'eglise, et les voulloit avoir par forche : dont il ne fist oncques si grant folie. Et encore, l'endemain, fist prendre des chapellains de l'eglise en l'abit d'eglise et mené o chastel. Si e[n] fu escommenié: ne omcques puis n'ut joye. Et li prist maladie : de quoy il mourut en Bouvereul[2], tout escomminchié. Ainsi fina ses jours.

[1] Hue, sire de Donquerre, chevalier, chambellan du roi et son bailli de Rouen, du 15 février 1399 (tout au moins) jusqu'en 1405. — Il mourut, au mois de juin 1406, laissant plusieurs filles, l'une, Perrine qu'il avait mariée à Mons. Jean de Caux, chevalier, seigneur du lieu et de Canteleu, neveu de Martin d'Yvetot, sieur de la Rivière-Bourdet et cousin de Robert de Sorenc, chevalier, sieur de Bondeville, en lui promettant 400 l.; une autre, Marguerite, qu'il avait mariée à Mons. Regnault de Rieux, le jeune, chevalier, en lui donnant 1,000 l.; une autre, Jeanne, qu'il maria, à Rouen, à Guillaume Le Mecteor, simple écuyer, et qu'il garda avec lui, probablement par suite de l'impossibilité où il se trouvait de lui fournir une dot. Il laissa de plus un fils, nommé Guillaume, lequel n'accepta sa succession que sous bénéfice d'inventaire. Celui ci refusa de reconnaître une datte de 120 l. que son père avait contractée envers un boulanger de Rouen pour bail et livrée de pain. Il ne voulut lui payer que 60 l. pour le pain qui avait servi à ses noces. *Tab. Rouen*, 1412, Reg. 14, f° 245... Il donna à sa sœur Jeanne le petit fief de la Margaise, au bailliage d'Amiens. *Ibid.*, 1407, Reg. 12, f° 152.

[2] Rue Bouvreuil. — C'est ainsi que notre chroniqueur dit : en *Grand pont*, en *Courvoiserie*. — *In Corvaseria, ante Sanctam-Mariam-Rotundam; — in parr. S. Viviani, apud Cokereaumunt. — Arch. de*

*Item,* en l'an mil .cccc. et sept, Jehan Ybert, bourgois de Rouen, out xv^ne. queues de vin deffonséez, à son de trompez, pour ce qu'il n'estoient ne bonnes ne lealz, une devant sa maison de l'*Espée* en *Grand-Pont*, l'autre au carrefour de la *Poulleterie*, et au bout du pont deux (et avoit en une un ponchon plain d'eaue), et le demourant au cay du *Crucifis*.

*Item,* en l'an mil .cccc. et vij., fu la communyauté de la ville crié par touz les carrefoux de Rouen. Et estoit sire Jehan Davy bailly de la ville [1].

*Item,* merquedi devant la Toussainz l'an mil .cccc. et sept, .j. escolier breton et .j. de Rouen, filz de Jehan Mouchiel, maistrez en ars; pour leur desertez, le prevost de Paris les fist pendre au gybet; et les clers de l'université les porchassierent au for tant que le dit prevost les fist despendre et apporter enterrer as Maturyns, le .xvj^e. jour de moy .cccc. et .viij., à très grant solempnité. Et, pour ce, le dit prevost fut deposé de sa prevosté; et y fu sire Jehan des Essars.

En l'an mil .cccc. et sept, .xv. jours devant Noel, commencherent unes gellées que, puis l'an mil .ccc. Lxiij. ne furent si grandes. Et l'endemain de Noel, la riviere de Saine fu si gellée que, le dimence après la Thiphagne

---

la Seine-Inf., *Obituaire de la Cathédrale,* du xiii^e siècle, f^os xv, xxx v°, Lxx., — *Apud Rothomagum in Grandi ponte,* 1238. — Ibid. *Cartul.* n° 8 *bis,* f° 267 v°.

[1] Jean Davy, seigneur de Saint-Père-Avy, conseiller du roi, bailli de Rouen du 29 septembre 1406 (tout au moins) jusqu'au mois d'avril 1409. — M. Ch. Richard, *Recherches historiques sur Rouen,* p. 215. — Dans une délibération de l'Hôtel-de-Ville de Rouen, du 28 avril 1409, il est qualifié chancelier de M. le duc d'Orléans.

ensuiant, les gens aloient ribler, chouller, en travessant la riviere de costé en autre, tant qu'il fu deffendu, de par le roy, que plus n'y alast. Et estoit la terre as chanz gellée de .ij. piés en la terre. Et, après ce, en la my jenvier, commencha sur celle gellée unez negez si granz qu'i n'estoit nul memoire d'omme qui si granz les eust veuez en son temps. Et, pour ce que il gelloit tousjours et que la terre qui soustenoit la noif estoit si fort gellée, la noif poudroit comme la poudre à la Saint-Jehan d'esté[1].

Si avint que le vendredy .xxvij[e]. jour du mois de jenvier, après disner, commencha à desgeller; et, le samedi ensuiant, si fort et si soudeinement que la terre estoit si fort plommée de gellée que l'eaue ne povoit entrer ens ; et convenoit que l'eaue trouvast son cours. Si vint si grant ravine ès vallées et rivieres, par toute France et Normendie, qu'il n'estoit plus de pitié, de jour en jour, oïr les plaintez de par tous païs que les dictez eauez faisoient, tant de moulinz, maisons, chaussiez, pons, bestez, hommez, enfanz, tout alant à val l'eaue. Et fu enchiés la vegille de la Candeleur que la glace fu demonie. Et furent les .iij. ponz de Paris et les moulinz depechiez, et s'en aloient à val l'eaue; et n'est nul

[1] Cette année fut appelée l'année des grandes gelées. A l'approche du carême des chariots de marchandises, expediées de la fosse de Leure et destinées à l'approvisionnement de Rouen, traversèrent la Seine sur la glace au port de Jumièges *De la Vicomté de l'Eau*, p. 29. — V. *Chronique du religieux de S. Denis*, éd. de M. Bellaguet, t. 3, p. 744 : *De asperitate hiemis et glaciebus dampnosis.— Et si quis velit predicta considerare attencius, seniorum assercione et quibus prisci temporis plenior adhuc famulabatur memoria, annum istum annum algoris aliàs inaudite nominabit.*

qui peust proisier le dommage qu'il firent, ny n'est trouvé en nullez croniques c'omcques les eaues faissent si grant dommage ou royalme de France, nonobstant les eaues qui furent en l'an mil .cc. iiij$^{xx}$ et .xvj.[1], ne chellez qui furent l'an mil .cccc. et Lxiiij., lesquelles furent plus hautez que icellez sans comproison[2].

*Item*, en l'an mil .cccc. et .ix., Pierrez Du Busc, enseigneeur des choses trouvéez, par l'instrucion d'un dyable d'enfer nommé Belyal, fu pris et pardonné, et promist sur le feu que jamez ne rencherroit. Si renchey, et fu ars ou *Viel Marchié*, pour ce que l'en ne destruisist les biens de terre à le mener au gibet, lundy .viiij$^e$. de juillet.

L'an mil mil .cccc. et .viij., la cauchie de Saint-Se-

---

[1] « L'an mil .cc. iiij$^{xx}$ xvj. fut une telle avalasse d'eaue à Rouen que le pont fut rompu. Mais on feist une procession, en portant le bras S. Romain, et tout en ung instant visiblement et miraculeusement l'eaue se retira. » *Bib. Imp. F. S. Germain Fr.* 1488.

[2] Sur une feuille de garde d'un ms. des archives de la Seine-Inf., D. 249, il est fait mention, en ces termes, d'une autre inondation : *Anno Domini millesimo trecentesimo quadragesimo secundo, magna inundatio aquarum fuit super terram, et incepit octavo idus februarii, duravit que usque a sexto (sic) Kl. marcii, quarum innundatione et habundacione quatuor arche pontis Rothomagi penitus repleverunt, et multe gentes, tam magne quam parve, in maximum dammum cum multis aliis bonis perierunt, certissime credentes quod predicte aque subito per dimidium pedem et amplius in monasterio, in claustro, in refectorio istius prioratus Beate Marie de Parco, ordinis Grandimontensis* (Notre-Dame-du-Parc, près de Rouen), *apparuerunt taliter quod, in predictis locis et per alia loca inferiora predicti prioratus, oportebat intus exterius intrare et exire periculose cum planchis maximis et batellis; et per portam vocatam archiepiscopi batellus ponderis sex tonnellorum intrabat pariter et exibat. Hoc epytaphium fuit repertum in uno antiquo libro.*

ver fu commenchie à paver et à reffaire, laquelle n'avoit omcques esté pavée.

*Item*, en l'an mil .cccc. et .viij., le chastel de Rouen fu commencié à hauchier, ainsi comme il apert.

*Item* .xxj. prisonniers eschaperent des prisons de l'archevesque de Rouen, à hore de prime, par une fenestre estant sur le *Portail as boursiés*[1], la vegille de la Saint-Michel .ccc. et .ix., èsquiex estoient Robin Pitement, Robin de Moy et pluriex autres.

*Item*, en l'an mil .cccc. et .ix., regnoit à Rouen messire Jehan Davy, sire de Saint-Pere de Avy, conseiller du roy nostre sire et son bailly de Rouen, lequel estoit .j. noble clerc, bon justicier ; et si amoit l'église. Mais n'y regna que environ .iij. anz : dont la ville et bourgois et clergié furent bien dolens qu'il se parti si tost comme il fist. Car, en son temps, il fist commenchier la cauchie de Saint-Sever[2], vuidier les ordrez (*sic*) placez de la ville comme : les *Petits-Camps*, la *Rougemare*, le *Marchié as chevax*, le cay de la ville au *Viel pont*, paver la *Vieille Harenguerie*, le *cay à tieullez*, refourmer la *Renelle* et beaucoup d'autrez bellez choses, clorre vuide placez, etc.

---

[1] Appelé depuis le Portail aux libraires.

[2] Le 18 novembre 1408, il se rend sur le pont de Seine et fait venir les voituriers d'eau tant de mer que de Seine, ayant vaisseaux, « pour avoir leur adviz sur ce que les aucunz estoient d'oppinion que le pont leveys de la porte dudit pont seroit mieulx et plus profitablement à l'arche d'euprès la maçonnerie de ladicte porte [que] à celle desraine où autreffois il a esté et où derrainement il avoit esté deliberé estre fait pour le passage des vesseaux. » *Archives municipales de Rouen*, A. 5.

*Item*, en l'an mil .cccc. et .ix., regna une mortalité de flu de ventre ; et en trespassa en France et en Normendie et en pluriex lieux grant quantité de grans seigneurs et menu peuple.

*Item,* après la mort monsr. Guillaume de Belengues[1], chevalier et capitaine de Rouen, monsr. de Crasmesnil fu après sa mort capitaine, et la vendi à .j. chevalier de surnom de Cailleville[2], lequel en vint prendre la possession à grant estat, et donna à disner as bourgois de la ville, etc... en l'ostel du dit de Belenguez[3]. Et puis se party de Rouen et s'en ala par devers monsr. de Bourguongne, et là fu retenu pour ce que l'en le tenoit du costé monsr. d'Orlienz etc. Et pour luy monsr. Anthoyne de Creon fu capitaine de Rouen à la Saint-Michiel .cccc. et .xj., et empetra par devers le roy que les chaynez de fer pour la fortification de la dicte ville, lesquelles furent forfaitez et portéez au chastel de Rouen, pour la

---

[1] Guillaume, sire de Crasmesnil, chambellan du roi et capitaine de Rouen, seigneur au droit de Jeanne, sa femme, petite fille de madame de Pantouf, de la terre de Taillanville. — *Tab. de Rouen*, 1410, Reg. 14, f° 97, et, 1414, Reg. 16, f° 141.

[2] Jean de Calleville, chevalier, fils aîné et héritier de noble et puissant seigneur messire Philippe de Calleville, jadis chevalier, chambellan du roi et seigneur de Douville, et de Madame Jeanne de Clere. (*Tab. de Rouen*, 1403, Reg. 10, f° 45 v°). C'est le même que Jean de Douville, capitaine de Rouen, nommé postérieurement au 30 août 1411, mais antérieurement au 4 septembre de la même année, et remplacé par Antoine de Craon lequel prit possession, par procureur, de la même capitainerie, nonobstant l'opposition du procureur de Jean de Douville, le 29 octobre suivant. Dans un acte, Jean de Calleville prend le titre de chambellan de mons. le duc d'Orléans. *Tab. de Rouen*, 1406, Reg. 12, f° 50.

[3] L'hôtel habité par Bellengues était l'hôtel de la Fontaine, depuis l'hôtel du Bec, rue du Bec.

commotion qui fu en la dicte ville, l'an mil .cccc. et .iiij.ˣˣ .j , lesquelles furent renduez et retenduez avec grant quantité d'autres faictez noefvez en ladite ville[1].

*Item*, la desraine sepmaine de juillet .cccc. et .ix., les Englois deschendirent à Fescamp, et ourent grant quantité de prisonniers et de pillage, et si ardirent tout le hable au nombre de plus de .ijᶜ. maisons etc... et puis s'en ralerent sans perdre[2].

*Item*, Robert Alorge, .j. des plus richez bourgois de Rouen, ne qui y eust esté puis la mort de sirez Jacques Le Lyceur, jadis capitaine de Rouen, qui estoit mort, passé avoit près de .lx. anz, lequel Alorge trespassa le mardi d'après Pasques .cccc. et .xij. Et fist mout de biens, c'est assavoir : le chanchel de Saint-Martin; as Cordeliers, la capelle de dessus la fontaine; lez maisons du Bout-du-pont à l'eglise des Augustins, et grant quantité d'autres biens. Lequel out .j. filz, nommé comme luy Robert, et malvez à son pere. Et plaida à luy, et s'en courcha tant qu'il en mourut. Lequel, après la conqueste du roy englois, de Normendie, lequel fist serement audit roy, et le faussa, et s'alia au filz du roy de France, et fu pris à Rouen, et emprisonné, et le col trenché au *Viel-Marchié*, vendredy .xiijᵉ. jour de jung mil .cccc. xxj.

[1] La ville avait réclamé ses chaînes et avait même envoyé pour cela un message à Paris dès le temps de M. de Grasmesnil. (Délib de la ville, 18 juillet 1411.)

[2] V. *Recherches sur l'état des campagnes de la Haute-Normandie dans les derniers temps du moyen-âge*, p. 139 et suiv.

*Item*, en l'an mil .cccc. et .xij., .j. nommé Jehan Mignot, lequel avoit pere et .j. frere, lequel estoit pour le temps clerc des conseilliés de la ville de Rouen demourant eu manoir de la ville, par la temptacion du deable, se pendi, et là mourut, et fu porté en terre en Thabouret[1], la premiere sepmaine de caresme; et là fu jusquez eu mois de moy ensuiant .cccc.xiij. que, par la requeste de ses amiz, firent tant par devers .j. nommé mestre Jehan Vipart[2], adonc official de Rouen qu'il fu desterré et raporté en terre ou chemetere de la Roonde de Rouen, dont il estoit parroissien pour lors[3]. Et fu à .xij. hores de nuit. Quant le capitre et les parroissiens le surent, en murmurerent, et s'en plaindrent aus vicaires de l'archevesque, qui de che n'en savoient rien. Et, pour abregier, l'official, à ses despens, le refist

---

[1] Rue du quartier Saint-Gervais, auprès du cimetière Saint-Maur, conduisant de la rue Crevier, autrefois Quevrière, à la route du Mont-aux Malades. « Rue qui maine du Tabouret à S. Gervais. » *Tab. de Rouen*, 1422, Reg. 20, f° 32. — « Chemin qui tend du cymentiere de S.-Gervais à Tabouret; — Chemin qui tend du Mont-aux-Malades à Tabouret; — Un jardin près Tabouret tenant d'un bout la rue Quevrière; 2 acres de terre à campart assises au Mont-Hellet; d'un costé le chemin de la cavée qui tend au Mont-aux-Malades passant par le bout de Tabouret.... » *Arch. de la S.-Inf. Déclaration de la haute justice de S. Gervais*, 1464. — Il est à croire que c'était dans ce lieu, peuplé d'anciens tombeaux de l'époque du paganisme, qu'étaient enterrés ceux auxquels était refusée, au moyen-âge, la sépulture ecclésiastique.

[2] Nous voyons qu'un Jean Vipart, chanoine, fut envoyé par l'archevêque Louis de Harcourt comme député au concile de Bâle (Pommeraye, *Histoire des archevesques de Rouen*, p. 544). Jean Vippart avait succédé, comme official, à Jean Gobelin. Il est qualifié, en 1412, licencié en droit canon, prêtre du personnage de Prédauge.

[3] L'ancien Hôtel-de-Ville était situé sur la paroisse de Notre-Dame-de-la-Ronde.

porter en Thabouret par le vallet au bourrel de la ville, si solempnement et à plaine hore de jour que plus de .vᶜ. personnes le virent. Et, la desraine sepmaine du dit mois, fu le chimetiere reconsilié par l'evesque augustin, penanchier de l'archevesque [1], à heure de prime, et tout à despens du dit official, avec le grant deshonnour qu'il y recouvra etc... Et, pour ce fait et de pluriex autres, fu bouté hors de son office, à sa grant desonneur.

*Item*, le dimence .vjᵉ. jour de decembre .cccc. et .xj., fu leue et prononchie une esqueminche [2] en l'eglise Notre-Dame de Rouen, à plain preschement [3], par Hugez le Renvoisié [4], adonc doyen de Rouen, laquelle esqueminche estoit donnée de Grimouart, pappe, nommé Urban Quint, et reconfermée de Jehan, pape .xxijᵉ., de tous ceux qui s'armoient contre le roy.

*Item*, la desraine sepmaine de decembre .cccc. et .xj., mestre Pierre Fresnel [5], evesque de Noion, fu allé

---

[1] Mathieu Le Sauvage ou *Silvestris*, évêque d'Hippone, suffragant de l'archevèque de Rouen, 1412-1424. *Arch. de la Seine-Inf.*, G. 25 et 272. — Enterré aux Augustins de Rouen.

[2] Excommunication.

[3] Sermon pour le peuple, par opposition au sermon *ad clerum*.

[4] Le nom de ce doyen s'est écrit de bien des manières. Il signait Lenvoysie. *Arch. de la Seine-Inf.*, G. 498.

[5] Il avait été, en 1386, pourvu d'un canonicat en l'église de Rouen; mais il le garda très peu de temps. Il assista au concile de Pise et mourut évêque de Lisieux en 1420. — (Pommeraye, *Histoire de l'église cathédrale de Rouen*, p. 239). Je ne fais aucun doute que ce prélat ne fût originaire de la Haute-Normandie, ainsi que le fait conjecturer ce passage de notre chroniqueur. Je crois qu'il était fils de messire Guillaume Fresnel, chevalier, dont on cite comme fils et comme

querre en son manoir emprès Clere en Caux, par les gens Anthoyne de Creon, capitaine de Rouen, et mené à Paris, et tous ses biens pillez, pour ce qu'ilz disoient qu'il avoit esté arminagrois; et puis r'ut sa pais.

*Item*, le jour de Sainte-Anne en juillet, l'an mil .cccc. .xij. et que l'acort et pais furent faite entre le roy et les adversaires du duc de Bourguongne, d'avanture le feu prist à Paris en Greve en un grant fenil de fain; et y out à Paris si grant effroy que la ville s'arma, et quiderent estre trais etc.

*Item,* dimence .xxviij⁰. jour de moy .cccc. xiij., le tonnerre chay sus la tour de Saint-Martin du bout du pont de Rouen.

*Item,* dimence .xij⁰. jour de jung .cccc. et .xij., pour ce que la grant guerre [estoit] entre les aliez du duc d'Orleanz et monsʳ. de Bourguongne, la ville de Rouen [fu] meue à faire procession pour la pais. Et estoit pour la pais le preschement à Saint-Eloy de Rouen; et cependant messire Pierre de la Porte¹, frere à .j. des chagnongnes de Rouen, vout entrer par la porte Saint-Hillaire par forche etc... Et là fu le grant effroy; et la ville tout esmeue, et sembloit que les anemis fussent dedenz la ville.

*Item,* le merquedi ensuiant, les plus belles processionx qui eussent à Rouen, puis .XL. anz, furent et par-

---

héritier Mons. Raoul Fresnel, prêtre. *Tab. de Rouen,* Reg. 2, fᵒ 8 vᵒ. — Pierre Fresnel avait certainement pour frère un nommé Raoul Fresnel, auquel il résigna son canonicat de Rouen. (Pommeraye, ouvrage précité, 239).

¹ Jean de la Porte, chanoine de Rouen et curé d'Estouteville. Le fief de la Porte était situé en la paroisse d'Ypreville.

tirent de la mere eglise, en alant droit au bout du
pont de Saine, en alant tout droit par les Augustinz,
tout droit à Saint-Oueyn et à la porte de Grant-pont,
en retournant à la dite mere eglise, c'est assavoir :
tout le colliege de la dicte mere eglise, tant chagnoines
que chapellains, les religieux de Saint-Oueyn, les religieux de Sainte-Katherine, touz les officiers de la court
l'official, chex de Saint-Lo, de la Magdaleine, les .iiij.
religions mendiantes, tous les prestez *(sic)* des paroisses de Rouen, touz revestuz comme dyacres, en chantant par les rues anthoynez, responz etc... Et y out, en
la dicte procession, portéez, tant de la dicte mere
eglise comme dez autres, par nombre, .xxxij. fiertes
de corps sainz et .lxvj. reliquieres. Et estoit la procession, nombrée à bien, que d'ommes que fames, à .l<sup>m</sup>.
personnes, et toutes les personnes, tant d'iglise que
d'autres, tous nuz piés.

*Item,* en l'an mil .cccc. et .xiij., fu la plus plantureuse année de touz biens qui omcques à ce jour
homme vivant n'avoit omcques veue, tant de blez,
vinz, fruitage, nonobstant tribulations, guerres, qui
lonc temps avoient esté au royalme etc... *Item,* en
icelle année, ou mois de mars, regna une grant maladie de ryeume par tousserie, par tout le royaume
de France. Et de celle maladie il n'en y avoit pas,
de .xl., .j. qui n'en fust malade; et de celle en
mourut mout de peuple, tant de grans comme de
moiens.

Bernard d'Arminach out l'espée de connestablie, le
premier jour de janvier .cccc.xv., après la mort du sire

de Labret boiteux, au devant connestable, qui mourut à la malvese journée en Picardie [1].

*Item*, le .xxᵉ. jour de septembre l'an mil .cccc. et .xv.; fu Harefleu pris de roy englois, si comme plus à plain est contenu cy après. Et le roy de France, son ainsné filz, nommé Charles; le duc de Berry, le roy Loys, duc d'Anjou; le compte de Pontieu, puizné enfant du roy, et tout le grant conseil de France et leurs genz d'armez espartiz à une lieue près de Rouen. Et essilierent tant le pais, et que hommez, fames, enfanz lessierent leur mesnagez. Et les diz gens d'armes prenoient quanque il demouroit ès maisons, et ardoient les uz et fenestrez; et n'estoit plus de pitié, quant ilz se partirent, de veoir les leux où il avoient habité, comme as Amurées, à Saint-Saver, Soteville et toute la valée jusques Mouliniax; et de l'autre costé de Rouen, comme Yonville, Deeville, le Bosc-Guillaume, Saint-Hillaire, à .j. leue près de la ville, tout essillié, comme dit est [2]. Et, en chel an prope (*sic*), les boz-

---

[1] La journée d'Azincourt.

[2] *Arch. de la Seine-Inf.*, Délibérations capitulaires: *Cum propter guerras Anglicorum, inimicorum antiquorum regis et regni Francie, et alias gentes armorum, patria de Caleto et alia patria, in quibus redditus ecclesie Rothomagensis situantur, fuerint et sint depredata et devastata adeo et taliter quod dicti redditus non sufficiunt ad supportandum onera assueta, et propterea domini de capitulo dicte Rothomagensis ecclesie, domino decano absente, pluribus diebus nuper lapsis, et per plures vices simul tractaverint de eorum statu, et tandem, anno domini 1415, die veneris, que fuit dies septima mensis februarii, auditis et intellectis oppinionibus omnium dictorum dominorum Rothomagi existentium, tam sanorum quam infirmorum, concorditer deliberaverunt quod, transacta die dominica proximo veniente, de cetero, donec et quousque tempora meliorantur, non facient laborari nisi, qualibet die, septem boissellos bladi.*

rever de la porte Caucheise et de la porte Biauvoisine furent fais, et touz les murs de dessuz Saine refaiz, et portes freméez de bosc ès diz murs[1].

*Item*, en l'année ensuiante, à la Saint-Jehan .cccc. .xvj., commencha une si grant mortalité, qui dura jusques à Noel ensuiant [à Rouen] et ès parties d'entour Rouen, que, puis l'an .ccc. xlviij., ne fu si grande, et ès partiez de Caux, vers Foville et as Banz-le-Compte, etc...

Le roy Charles .ij<sup>e</sup>. ou[t] .iij. filz desquiex l'ainsné mourut, merquedi .xviij<sup>e</sup>. jour decembre l'an mil .cccc. .xv. — *Item*, le ij<sup>e</sup> filz trespassa en Flandres, le .vij<sup>e</sup>. jour d'avril l'an .cccc.xvj. ensuiant... — *Item*, mons<sup>r</sup>. de Berry trespassa à Paris, .xvj<sup>e</sup>. jour de jung .cccc. .xvj. — *Item*, le roy Loys trespassa, premier jour de moy .cccc. xvij.

Messire Raol d'Ancourt[2], adonc bailly de Rouen, fu tué en la maison où il demouret emprès l'ospital de Saint-Ouein, en la rue Beauvoisine, .xxiij<sup>e</sup>. jour de jullet .cccc.xvij.; et ne fu omcques nouvelez qui ce fist jusquez au merquedi, vegille de la Thiphane, l'an .cccc. .xxiij., que Guillemot Le Clerc en fu decolé ce jour.

Les Bourguenons entrerent à Rouen par la porte Saint-Hillaire, merquedi .xij<sup>e</sup>. jour de janvier .cccc. .xvij[3]; *item*, messire Guy Le Boutelier, adonc capitaine

---

[1] Publié par M. Vallet de Viriville, p. 428.

[2] Raoul de Gaucourt.

[3] Ce paragraphe et les deux précédents ont été publiés par M. Vallet de Viriville, p. 425, 431 et 432. — A la suite dans le ms:
 « *Item*, il entrerent à Paris, dimence .xxix<sup>e</sup>. jour de moy. cccc. xviij.
 « Martin pappe fu esleu le jour Saint-Martin d'yver .cccc. xvij; et la sonnerie et les feulz fais à Rouen, le vegille Saint Pierres, en fevrier.»

soubz mons^r. Jehan de Bourguongne; et d'icelle prise furent seigneurs de Rouen et du chastel. Et adonc vivoit le .iij^e. filz du roy d'environ l'aage de .xviiij. anz ou environ, auquel il desplaisoit que l'en lui tenoit sa ville et chastel de Rouen. Et vint, lui et sa forche, au Pont-de-l'Arche, et là jut, lundi .xxij^e. jour de jullet .ccc. xvij et le mardi, à Sainte-Katherine, et le merquedi, à Saint-Mor[1]. Et ne le voulloit l'en lessier entrer à Rouen; et sur ce ot apointement; et entra, lui et sa forche, et pardonna tout; et ne firent ses genz d'armez nul mal : dont il leur desplesoit bien; et s'alerent logier hors de la ville. Et les ruez par lesquellez ilz passoient paréez de biax doubliers, de pain et de vin, et bevoit quil voulloit boire. Et le roy s'ala logier en son chastel, et en fist le compte de Harecourt chapitaine des ville et chastel. Et, après, le dit compte y mist, pour le dalphin[2] et lui, Jehan monsieur son filz[3].

*Item*, dimence .xij^e. jung .cccc. xviij., Bernart d'Arminal, connestable, le chanchelier de France, l'archevesque de Rainz, Ernoul des Guerres furent tuez, à Paris, des Bourguenonz, et furent, le lundi et mardi ensuiant, sus la table de marbre au palez, tous mors; et furent, en la compagnie, en nombre, bien de mors, .xxij^e. et plus.

*Item*, le dalphin et Jehan, duc de Bourguongne rechurent ensemblez le corps Notre Seigneur par bonne

---

[1] Sainte-Catherine et Saint-Maur, tout près de Rouen, sur la rive droite.

[2] « Ici le chroniqueur avait commencé d'écrire *le roy*, mais il s'est repris et a mis *le dauphin*. » Note de M. Vallet de Viriville.

[3] En qualité de lieutenant.

paiz et alianche, par sy qu'i (le duc de Bourgogne) feroit les Engloiz partir de France, vendredi .viij<sup>e</sup>. jour de septembre l'an mil .cccc. xviij. Et, le dimence ensuiant, assemblerent sus le pont de Fautyonne; et là fu murdi traistement : dont mout de malz en sont ensuiz, etc.

*Item*, le merquedi .xx<sup>e</sup> jour de jullet l'an mil .cccc. xviij, le roy englois nommé Henry, prist le Pont-de-l'Arche, et de là se parti, et vint tenir siege devant Rouen, vendredi .xxviij<sup>e</sup>. jour de jullet ensuiant. Et là furent jusques au premier jour janvier ensuiant mil .cccc. xviij. Et fu la ville rendue au dit roy par composition faicte à lui par .cccc. millez lb., .j. escu pour .xxij. solz .vj. d., ou nobles pour .xLv. s., à paier dedenz l'an. Et entra à Rouen le jour du past[1], .xix<sup>e</sup>. jour dudit mois de janvier ensuiant. Et fu la ville si affamée qu'i convenoit mangier les chevax, chiens, chas, ras à bonne saveur. Car il avoit en la ville trop de peuple de hors de la ville qui estoit venu à reclain, qui y furent enfremés. Et aussi mons<sup>r</sup> de Bourguongne y envoya, de ses Bourguenonz, de .xiiij. ou de .xv<sup>c</sup>, tous traitez. Car le dit duc avoit promis à secourre la ville : dont il ne avoit nulle volonté. Et messire Guy Le Boutellier, de par lui, envoié chapitaine à guarder la ville avec lez diz Bour-

---

[1] Les anciens calendriers et obituaires ne mentionnent point de fête particulière à l'église de Rouen, qui soit désignée sous le nom de *past*. On ne voit pas non plus qu'à la date indiquée il y ait eu un *past* offert au chapitre de la cathédrale de Rouen par un évêque de la province de Normandie, nouvellement nommé. Je suppose qu'il s'agit ici du dîner annuel des notaires de la cour d'église, dîner qui fut fixé plus tard au jour de la Nativité de la Sainte-Vierge.

guenonz. Et savoient bien que la ville ne seroit point secourue.

Or, fu la ville en si grant meschief, et la taille si grande et si excessive (la taille se montoit à .iiij$^c$. m. lb. forte monnoie, tant sur les gens de l'iglise, noblez en la ville demouranz par le siege, avec la communiauté de la ville) que tous en furent essiliez. Et, non ostant tout, chex qui poierent les premiers, de malvez marchié orent le meilleur marché. Car il fu enchiés deux ans ensuians que tout fu poié pour la mutation des monnoyes. Car il failloit poier en forte monnoye : dont il estoient touz essillez. Et fu la monnoie si fieble, en l'an mil .cccc. xxj., toute l'année, que un noble valloit .xvj. livres, un escu .viij. et .ix. lb., et la monnoie enfourchie. Et ne tint point, fors que le roy estoit poié tout à forte monnoie. Et, en cel an, le roy out deux dixiemes sur l'église, dont le premier fu poié à Pasques .cccc. xxj., et le .ij$^{me}$. à la Saint-Michel ensuiante. Et tout poié à forte monnoie : qui greva trop le clergié[1]. Et les visitations des archediacres[2] aussi furent à celle forte monnoie ; et la court l'official et les plez du roy sont à forte monnoye.

*Item*, après la Candeleur .cccc. xxj., la dite monnoye fu crié, comme devant, à .xxij s. .vj. d. etc. et

---

[1] Les dixièmes accordés à Vernon et à Caen furent mal payés. — Dans les diocèses d'Evreux, de Séez, d'Avranches, on ne trouva personne qui voulût se charger d'opérer cette perception. *Arch. de la Seine-Inf.*, G. 26.

[2] Droit que les archidiacres percevaient des curés à l'occasion de la visite qu'ils devaient faire des églises paroissiales de leur archidiaconé.

couroit monnoie blanche de .ij. d. la pieche, et aussi d'icelle .j. d. blanc, et les gros de .xx. d. à .ij. d. obole.

La bastille du bout du pont de Rouen, en l'entrée du pont devers la ville, fu commenchie en l'an mil .cccc. xix., et toute parfaicte à Penthecouste l'an mil .cccc. .xxj.[1].

*Item*, le pallès fu commenchié ou *Marchié as chevaz* emprès les Frères Jacobins, en l'an dessus dit mil .cccc. xix[2],

*Item*, l'an mil .cccc. xxj., fu la plus forte année à passer, en France et en Normendie, que omcques homme veist, de tous vivrez et de toutez autres choses neccessaires à corps d'omme, que omcques en l'aost en-

---

[1] C'est cette bastille que précédemment notre chroniqueur a appelée la bastille des *Bougliles*.

[2] *Tabellion. de Rouen*, 13 mars 1419 (n. s.) — « Comme très hault, très excellent, très puissant et victorieux prince et notre très redoubté et souverain seigneur Henry, par la grace de Dieu, roy de France et d'Angleterre et seigneur d'Irlande, fust venu mettre siege devant la noble cité de Rouen pour celle mectre et reduire en son obeissance, dont elle et tout son pais et duchié de Normandie avoient esté substraictes par avant et occupés par les adversaires, pendent lequel siege lui eust esté suplié et requis très humblement plusieurs fois par les gens d'église, nobles, manans et habitans d'icelle ville qu'i lui pleust avoir d'eulx pitié et compassion raisonnable, tieulx que eulx peussent bonnement porter et endurer, à laquelle supplication et requeste, le roy notre dit seigneur, aiant d'eulx pitié et compacion, voullant à son povoir, en la reverence de Dieu, notre createur, evader à l'effusion du sang chretien et profferer misericorde à rigueur de justice, eust incliné, et les eust à ce receubz, et sur ce eust esté fait certain appointement entre le roy notre dit seigneur, d'une part, et les habitans, d'autre, par lequel appointement eust esté dit et accordé par iceulx habitans, entre les autres choses, que, après ce que la dicte ville seroit rendue et mise en l'obeissance d'icelui seigneur, il airoit dedens ladicte ville une place en quel lieu qu'i lui plairoit pour

suiant si malvès ne fust, de biens ne de fruitages, nois, pommez, poires, prunez, cherises et de touz autres choses, avec les mutations des monnoiez qui par destruicet tout. Et valoit .j. noble d'Engleterre, tel hore fu ¹, .xx. lb., et .j. escu .x. lb. Et valoit, en ce temps, .j. mine de blé escu et demi en or; une mine de pois et de fevez .ij. escus en or. Et estoit, en ce temps, une maniere de vivre que cex qui souloient estre riches vindrent povres, et les povres riches, comme taverniers, boulengiers, bouchiers, par especial, cordouennniers, revendeeurs, et revenderesses, coconniers ², formagiers. Et pluriex autres devindrent si riches qu'il ne savoient qu'il avoient vaillant. Et chex quilz se vivoient de leur

---

faire construire et ediffier ung pallais.... après laquelle rendue et que le roy notre dit s' fu entré dedens la dicte ville il lui ait pleu prendre et eslire une place seant en la paroisse Saint Eloy de Rouen auprès de la *Tour Maussefrote* et de la rivière de Seine, en laquelle place soulloit estre anciennement le *Marchié aux chevaulx*, avec aucuns autres heritages, tant ediffiés que non ediffiés, estant d'un costé et d'autre de la dite place. » L'estimation des terrains expropriés se fit par Alexandre de Berneval, maître Jençon Salvart, maçons, et autres et fut certifiée par eux au bailli de Rouen, Gaultier de Beauchamp. — L'indemnité fut fixée à un capital de 2630 l. représentant 260 l. de rente, sur quoi le roi déduisit 278 l. représentant la valeur de l'hôtel du seigneur de Clères par devers la Seine, parceque ce seigneur était son prisonnier en Angleterre. Le terrain exproprié comprenait le *Clos aux arbalétriers* et une « vide pièce » qui avait servi d'emplacement à une maison ayant appartenu au seigneur d'Yvetot. Sont mentionnés dans cet acte : Mons. Henri Fitz-Heu ; — Pierre Poolin, alors procureur général de la ville, et Ricard Mites. Poolin devint lieutenant du bailli. Mites paya de sa tête son dévouement à la cause nationale. — Reg. 18, f⁰ 227 v°. .

¹ Telle heure qu'il fût, pour dire : en tout temps.
² Marchands d'œufs.

rentez se vivoient à grant paine et à grant doulour. Et, nonobstant tout ce, chascun labouroit si fort à son poier que c'estoit grant merveille. Et, en ce mois de moy .cccc. xxij., les bouchiers vendoient la char par pois à la livre; et, sur ce, avoit certains commissaires à faire mettre la char à certain pris pour livre. Et couroit, en ce temps, forte monnoye et doublez blanchis pour .ij. d. la pieche.

Et, en celle année .cccc. xxij., fu tant habundanche de tous bienz universelement, tant blés, vinz si bonz et si fors que c'estoit grant merveille, et semblabement de touz frytages. Et fist si sec, cet esté, que les bonnes genz des haux villagez ne povoient avoir point d'eaue, s'il n'allassent ès rivierez. Et ainssy se passa le temps jusques en la my octobre. Environ le Pardon Saint-Romain, commencha à geler et negier; et fist si grant yver et si fel que, passé lonc temps, l'en n'en avoit [vu] si grant ne si long; et dura ce tempz jusques à mois de moy l'an mil .cccc. xxiij.

Et, en ce temps, en la dicte Pasques, les bouchiers recommencherent à vendre la char sanz peser, pour ce qu'il faisoient trop de tromperiez en vendant la char, comme si l'en eust acheté ung poy de livre, char au pais, si ilz n'y boutassent les os à bouter et à peser avec, pour avoir greigneur pois. Et enchierirent le pois de la moitié et de plus. Et, après che, à la dicte Pasques, pour ce que le pois leur [estoit] osté, il vendoient la char si chier que nul n'y poiet habiter[1]; et n'avoit

---

[1] Pour *biter*, nom encore employé dans le patois normand.

sur eulz point de regart; et valloit uug braon de beuf .x. s., et un quartier de mouton .x. s. de forte monnoye, et porc et veel aussi chier comme l'autre char. Et n'avoit point en la ville de bonne pollicie; et ne pensoit chascun fors de soy. Et, en ce temps, avoit si grant quantité de fruytage et de poirez, pommes, peré, sidres, vin de Quonyhourt[1] que c'estoit grant beauté. Et, en che temps, toutes les fleurs dez arbrez furent toutes bruyes de gellée à Pasques .cccc.xxiij.

Après la mort du roy Henry Quint qui conquist Normendie, son frere duc de Bethfort demoura regent du royaume de Franche et de la duchée de Normendie, pour et ou nom du filz dudit roy Henry, lequel, en che temps, n'avoit d'aage que environ .xvj. moys etc... Le dit regent avec son conseill ordena à estre tenu à Rouen, à la Pasque mil .cccc. xxiij., l'eschequier, non obstant toutez fortunez de guerrez qui estoient si grandes pour les genz du dalphin, filz et seul heritier pour le tout du roy Charles .ij$^{me}$. desrain trespassé, qui couroient tous les jours par le pais Et, pour ce temps, que les prisonz du roy et quohues du chastel estoient arses, abatuez et anichillez, pour le fait des guerrez devant passéez, l'eschequier dessus dit fu tenu au grant pallez de l'archevesque de Rouen, que omcques homme n'avoit veu ne oncques n'y avoit esté. Et dura jusques à la Trinité, que omcques puis n'y fu, ne jamès n'y sera. Et fu ordené et la place esleue as haulles à peletiers

---

[1] Conihout, hameau de Jumiéges, renommé dans la Haute-Normandie pour ses vignobles.

en la *Viel-Tour ;* et y fu la prime assize au dit leu en jung .cccc. xxiiij.

*Item,* Jehan, naguairez evesque de Paris, prist en personne la possession de l'archevesquié de Rouen, vendredi jour de Saint Mellon .xxij⁰. jour d'octobre l'an mil .cccc. xxiij., et dit, ce jour et l'endemain, la grant messe en la dicte eglise, acompagnié du comte de Bethfort, regent le royaume de France. Et dina avec le dit archevesque [1].

*Item,* les gens au dalphin entrerent ou chastel de Gaillon, dimence de Pasques floriez, à heure de la grant messe mil .cccc. xxiij [2].

---

[1] *Arch. de la Seine-Inf.*, G. 26.

*Archives de la Seine-Inférieure,* aux *Reg. capitulaires,* à la date du 22 octobre 1423 : « *De jocunda receptione reverendissimi in Christo patris ac domini domini Johannis de Ruppe-Scissa, miseratione divina, Rothomagensis archiepiscopi.* »— Furent présents à cette cérémonie les évêques de Londres et d'Avranches. — *Ibidem,* G. 26 : « Paié à Michel Durand, vicomte de Rouen, pour certains poissons que ledit vicomte fist acheter à Caudebec par Jehan Basin, son parent, pour la feste de l'entrée de monseigneur de Rouen, x l.; — *Item,* à Perrin Roque, pour et ou nom de Thomasse La Tellière, pour plusieurs espices, torches et aultres choses prises à diverses foys en son hôtel pour ladicte feste, LIIII l. x s.— *Item,* baillé à messire Jehan Bertin, pour le parpaiement de certainnes mises par lui faictes pour le disner de la dicte feste pour Monsʳ. le Regent, xxv s. x d.— *Item,* baillé à Guillaume Le Rouge, Ollivier Rabel, etc., pour le parpaiement de plusieurs poissons à eulz achetés pour ladicte feste, LXXIII l. » — *Ibid.* G. 151. Mention du dîner offert par Mgr aux bourgeois de Rouen, le lundi fête de S. Nicolas d'hiver, 1423. — L'archevêque n'avait pu être reçu à l'abbaye de Saint-Ouen suivant l'usage « parceque, à l'occasion de la guerre, ledit hostel et maisons d'icelle abbaye étoient de present les aucuns en grant ruyne et les autres occupées par les gens du comte de Suffolc. » V. Lettres de Jean de la Rochetaillée, du 24 octobre 1423 *Ibid., F. de S. Ouen,* Lay. 3. l. 3.

[2] Il fut bientôt repris par les Anglais, et il fut décidé dans le Con-

NORMANDE. 349

*Item*, l'eschequier fu à Rouen à la Saint-Michiel .cccc. xxiiij, ou lieu dessus dit, en la *Viel-Tour*, en la haulle as peletiers; et là fu monsr. du Gal¹, chevalier, et deux de ses vallés, pour avoir batu .j. homme en trevez, jugiés à estre pendus, et furent mis en la charrete tous trois pour mener au gibet. Si fu trop tard, et furent menez à piroly², et puis remenez em prison jusques en l'andemain. Et leur fist Diex grace qu'il ne moururent.

Or, parleron d'un cas advenu en la court de l'eglise à Rouen.

L'an de grace mil .cccc. et .xxxiij., .xxe. jour de juing, ung sergeant de roy, nommé Leret, qui, en son temps, fu chavetier, vint en la dicte court, et voulu prendre ung clerc dedens la court, soians en leurs sieges monsr. le selleur, qui nommé estoit me. Johan Pajot³, et le promoteur me. Pierre Surreau⁴, et tous les

---

seil, nonobstant toutes les réclamations de l'archevêque, qu'on procéderait à sa démolition. *Ibid*, G. 26.

¹ Nous voyons à cette époque un Raoul du Gal, chevalier, seigneur dudit lieu du Gal (à Grainbouville), du fief du Plessis, et par sa femme Jeanne Fresnel, du fief de Malletot (à Saint-Ouen-du-Breuil), fief qu'il vendit le dernier janvier 1426 (n. s.), à Jeanne d'Aunou, veuve de Jacques d'Auricher. *Tab. de Rouen*, 21 avril 1423, dernier janvier 1426, 8 janv. 1432 (n. s.)

² Le pilori au Vieux-Marché.

³ Jean Pajot, chanoine de Beauvais, scelleur de la cour de Rouen, aux gages de 50 l. par an. *Archives de la Seine-Inférieure*, G. 273, 274. — Avait été précédemment maître des intestats de l'archevêché. *Tab. de Rouen*, Reg. 19, f° 426.

⁴ Pierre Surreau, promoteur de Rouen, de 1433 à 1438. *Arch. de la Seine-Inf.*, G. 153. — La famille à laquelle il appartenait, originaire de Sens, vint se fixer à Rouen pendant l'occupation anglaise. V. le testament de Laurent Surreau, chanoine de Rouen, du 14 août 1476. *Ibid*. F. du Chapitre.

notaires de la court, poy après que monsr. l'official nommé M. Jean Martequin[1] fu party de son siege. Mais, la merchy Dieu, ne l'amena pas le dit Leret : car le dit clerc se deforcha très fort, et criet qu'il estoit clerc. Et, ce voiant et oiant, le dit sergeant s'avisa d'une malvese avision. En coullourant son fait, commencha à detirer et trainer le dit clerc, en disant qu'il yroit en prison, et que c'estoit pour les deniers du roy. Et là estoit ung nommé Princhemont, procureur du roy nostre sire, qui villainement detiroit le dit clerc en aidant au dit Leret. Et, après ce grand debat, le dit clerc de leurs mains s'eschappa, s'en alla au parquet, et d'aucuns vrays fils de l'eglise fu conseillé au dit clerc qu'il s'en alast par la grande court pour evader aux mains des dessus dits qui estoient envoiés contre Dieu et l'eglise et ses ministres. Et lequel clerc ainsi le fist comme conseillié lui fu, et s'en alla, et encore s'en va.

Si advint que aucuns, qui presens estoient en la dicte court, jupperent ; car, à ce jour et à celle heure, estoient en la dite court, de gens de dehors, plus de .iijc., qui tous s'assembloirent entour les dits sergent, Princhemont et le dit clerc. Et, quant les dits Lerot et Princhemont vidrent qu'ilz avoient fally, et qu'ilz n'avoient point de commission (car les gens de dehors demandoient par quelle vertu ilz mettoient la main au dit bonhomme clerc), ilz partirent de la dicte court, et aillerent querir ung vallant bacheler, nommé Raoulin

---

[1] Jean Martequin, licencié ès-lois, doyen de Laon, vicaire général de l'archevêque de Rouen, de 1433 à 1439, date de sa mort. Official aux gages de 100 saluts d'or par an.

de Saint-Laurens, qui povet bien [estre] en leur compaignie (car il estoit de leur secte), qui là vint; et apporterent ne soy quelles lettres, disant que c'estoit pour le mettre en prison, et que c'estoit pour les deniers du roy pour une taille. Et que firent les dits malveuillans de l'eglise, quant ilz vidrent qu'ilz avoient perdu leur prae? Ils commencherent à dire, pour esbahir ceux de la court et ceux qui s'en mesloient, que le dit clerc estoit traistre du roy.

Et advint que ung nommé Veravast[1] passoit par la court, et venoit du taux en allant au seel : encontra le dit clerc et ses malveullans qui le detiroient. Le dit clerc se print et grippa au dit Veraval, en le tenant très fort, lui disant qu'ils estoit clerc et que il ne devoit rien au roy. Et le dit Veravest se reculloit, cuidant que le dit clerc le laissat; et, en se recullant, le dit clerc chay. Car le dit Veravest n'eust osé aidier au dit clerc ne conforter; car la justice estoit si rigereuse etc... non plus se poré. Or, est il ainsi : car, ce non obstant, Veravest de ce ne fu pas quicte, ne plusieurs autres, comme vous orrés chy après.

Or, retourneré à parler de ceulx qui firent le jup Entre les autres, moy qui escrips cecy, P. Cochon, presbtre, notaire, moi soiant en mon siege, devant l'esquielle, escripvant notes, oiant la noise qui estoit en la dicte court, non sachant veritablement que ce fussent

---

[1] Jean Veravast, notaire en la cour de l'archevêché. *Archives de la Seine-Inférieure*, G. 250.

Il allait du cabinet du *taxeur* de l'officialité à celui du *scelleur* de la même juridiction.

les dits Lerot, Princhemont ne ung prisonnier, mès cuidant que ce fussent noises d'aucuns des procureurs, comme bien souvent il advient, levay la teste en haut, commenchay à crier en riant: « *Avant, fai-ge, avant, as noyses, as noyses!* » sans plus parler: qui me fu le plus chier cry qui fust onques à homme; car il en avint que une secrete informacion fu faicte, de par les gens du roy, savoir qui avoit empeschié la justice du roy, qui avoit esté participant du meschief, etc. *In qua informacione fuerunt duo falsi testes* qui deposerent que j'avoye juppé le premier. Et, *re vera*, il mentoient; car rien autrement que dessus est dit n'avoie juppé. Et si furent mal interrogez, savoir si je savoye les dits Lerot et Pinchemont prisonnier[s] en la court; car ce eust esté fort pour moi de le savoir: je n'estoie parti de mon siege de .vj. eures toutes complaites, et si estoye bien loing du lieu. Or, est il ainsy. Car par cette faulse information, le lundy ensuiant, jour Saint-Pierre, moy existent en l'ostel de la *Pierre* [1] près la court, là où j'estoie pour boire avec messire Guillaume Manchon [2], Raoulin du Mesnil, advocat en court laye, et avec Jean Maillert, sergeant à mache, le dit sergeant me dit que je rendisse mon corps prisonnier: de quoy fu moult esbahy, et non sans cause: le temps estoit perilleux [3], etc. Je obay au dit sergent,

---

[1] «Maison à l'enseigne de la *Pierre*,... aboutissant.., par derrière, à M. Pierre Cochon, notaire de la cour de Rouen; et par devant, à la rue Saint-Romain.» *Cartul. de la cathédrale de Rouen*, n° 8, f° 4 v°.

[2] Employé comme notaire au procès de Jeanne d'Arc.

[2] Allusion aux circonstances politiques et aux fréquents démêlés qui s'engageaient alors entre les deux juridictions. — Cette même

supposé qu'il n'eust point de verge, ne de commission; mais bien savoye qu'il estoit sergeant. Or, alay à la Troterelle em prison : qui me fust chose dure. Et là fu de celle heure jusques au jeudi ensuiant, heure de nonne que je fu rendu à la court de mons<sup>r</sup>. de Rouen, par ammonicion faicte au lieutenant nommé Guillaume de La Fontaine¹. Pendant que je fu em prison, Veravest et un sergeant, nommé Robin Lore, furent prisonniers comme moy pour ce mesme debbat; car l'en leur metoit sus qu'ilz avoient mis la main au dit clerc, et le [avoient] osté des mains au dit Lerot, batu, acablé le dit Lerot : dont n'estoit rien. Mès fu grant dommage qu'il n'eust ung bras couppé ou mieulx, etc...

Le merdy, l'endemain que les dits compaignons avoient esté mis em prison le lundi devant, par especial le dit Cochon et Lore (car Veravest vint ce merdi) furent iceulx menés en jugement publiquement comme larrons et meurdriés. Et, soyant le baillif en siege et son lieutenant, proposa un nommé Meuviel², advocat du roy, à la requeste d'un homme d'honneur, nommé Hen-

---

année, 17 juin, le receveur de l'archevêché paya 9 l. 4 s. 9 d. « au doyen de la Chretienté pour un voyage fait par lui de Rouen à Bâle, par l'ordonnance de MM. les vicaires, pour exposer à mondit s<sup>r</sup> les dangers enquoy il estoit chascun jour en ceste ville (de Rouen) pour les libertés de l'église afin que mondit s<sup>r</sup> y remediast. » *Arch. de la Seine-Inf.*, G. 35.

¹ Pendant plusieurs années lieutenant général de Salvaing, bailli de Rouen.

² Pierre Mauviel, avocat, conseiller du roi Henri VI au duché de Normandie, fondateur d'une chapellenie de 2 messes à dire chaque semaine en la chapelle de S.-Amand-de-Gosville, à S.-Wandrille. *Archives de la Seine-Inf.*, G. 1379. — Les officiers de l'archevêque lui donnèrent une gratification en 1434. *Ibidem*, G. 35.

riet Le Picart[1], procureur du roy en la dicte juridiction de court seculliere, contre les dis prisonniers, comme le dit Cochon avoit hué et fait ung grant hahay contre Lerot et ses complices, avoit esté promoteur des noises (de quoy n'estoit rien, et estoit menterie), en plaidant contre les autres qu'ilz avoient rescous le dit prisonnier, batu le sergeant, empesché la justice du roy et tant de maux que toust cest livre seroit plain d'y mettre toute la bave qui fu plaidie, concluant que les compaignons fussent banis, confiscassion de biens et heritages au roy, punis et corrigiés, et tous les maulx du monde.

Et, ce conclu, voullu mons<sup>r</sup>. le bailli que le dit Cochon qui estoit prestre, respondit par son serement, en metant la main à la poiterine, jurant en parolle de prestre, car il avoit esté plaidé que c'estoit ung attentat contre le roy de [ce] qu'ilz avoient fait et perpetré. Dont le dit Cochon respondi au dit mons<sup>r</sup>. bailly[2] car le serement devant lui il ne feroit point, en suppliant humblement le dit mons<sup>r</sup>. le bailly que à ce ne le vousist contraindre, car il estoit homme d'eglise et previllegié, et qu'il offenderet l'église et son previllege. Ce non obstant, respondi le dit lieutenant car il falloit que je le feisse : dont res-

---

[1] Henri Le Picart, procureur du roi au bailliage de Rouen et par tout le pays, et duché de Normandie, 1430-1436. P. Cochon en fait ironiquement l'éloge, comme il a fait plus haut celui de Raoulin de S. Laurent. *Archives de la Seine-Inf.*, G. 35.

[2] Jean Salvaing, chevalier, bailli de Rouen pendant presque tout le temps que dura l'occupation anglaise. — Ce qui ne l'empêcha pas d'être capitaine de Dieppe en 1430, — d'être chargé de la garde des ville, châteaux, lieux et places fortes de Lisieux, Château-Gaillard, Pont de Seine de Rouen en 1445. — Mort à Rouen au mois d'avril 1449.

pondi comme devant. Et, ce ouy par le dit mons'. le
baillif, qui estoit Angloys, respondi : « Ne fust il point
si grande maistre en ceste ville qui ne fist serement devant moy ! » commandant le dit Cochon estre remené
en prison. Et là fu remené par Bardin Scelles, sergeant,
comme eust esté un larron.

Quant est de Veravest et Lore, furent contrains à faire
le serement, et le firent, et ne confesserent, en ce dont
estoient accusés, avoir rien failly. Si leur fu assignations
faictes aux autres assises ; et furent remis en prison, et
i furent jusques au jeudi ensuiant, autant comme le dit
Cochon.

Or, parleron dudit Cochon et de son gouvernement
depuis icelui jeudi qu'il fu rendu (car il fu baillié chergié d'attentat), et qu'il fu ramené à ses journées, la premiere le jeudi ensuiant. Et, le temps d'entre ce jeudi
et lundi, furent faites grandes diligences que la journée
du dit Cochon fust plus longue. Mais ne put estre obtenu ne pour promesse, ne pour don ou autre amitié [1].

---

[1] Les juges acceptaient alors sans difficulté des présents de la part
de tous leurs justiciables. Cette même année 1433, les officiers de
l'archevêché font offrir quatre gallons de vin au bailli de Caux et à
son lieutenant « pour qu'ils voulussent donner dilacion d'une cause. »
Ils offrent à dîner à l'archevêché, par délibération du conseil, aux
avocats et procureur du roi à Rouen et aux deux lieutenants du bailli.
— Pour avoir bonne justice, ils font présenter au chancelier de
France 1 gallon de vin, le 1er. de l'an (pour étrennes); 6 gallons de vin et
un saumon de 10 l., le 1. mai. — Une autre fois, ils lui font présenter
10 mines d'avoine ; et comme il ne veut pas les accepter, on lui
donne, en échange, 1 gallon de vin. *Archives de la Seine-Inf.*,
G. 35.

*Item,* ne se comparu le dit Cochon ; mès fu excusé par maladie. Toutes vois ne voullurent les gens du roy recevoir son excusation. Si fu en deffault ; et fu adjourné au jeudi ensuiant. Ne fu point appellé, ne mis en deffault. Le dit Cochon, depuis qu'il fu rendu par la dicte monnicion, ne se bougea de son ostel pour attendre les nouvelles de Paris d'un mesagier qui avoit esté envoyé tout propre jusques au....

Et fu, en ce, ledit Cochon grandement dommagié, car il ne fu à la court ne aillieurs.

# APPENDICE.

*Récit du supplice et de la réhabilitation du comte de Harcourt, 1355 et 1357, d'après un manuscrit de la Bibliothèque impériale.*

L'an mil .ccc. lv., la veille de la Conception Notre-Dame, Jehan second de ce nom, roy de France, donna à mons$^r$. Charles dauphin de Viennois, son aisné fils, la duché de Normandie, et le receupt à hommage. Puis l'envoia à Rouen pour en prendre possession; et en receupt les hommages de ses vasaulx. Et, pour ce que, aucun temps après, il fu raporté au roy que vers son dit fils s'estoient retirez et prenoient gouvernement autour de luy le roy de Navarre, le conte de Harecourt, les seigneurs de Preaulx, de Graville et autres, et que ilz empeschoient que ceulx du dit pais de Normendie ne feissent au roy l'aide que ilz lui avoient promise, par quoy, le .v$^e$. jour d'apvril au dit an, le roy se partit de Manneville bien matin avant le jour, tout armé, et en sa compaignie cent hommes tout armez, entre lesquels estoient Lois, conte d'Anjou, son filz; mons$^r$. Philippe duc d'Orleans, son frere; le conte de Tancarville, messire Arnoult de Denehan, marechal de France, et autres jusquez au nombre de cent, et chevaucha tant qu'il venit droict au chasteau de Rouen par l'huis de derriere hors les murs, sans entrer à la ville, où l'atendoit le capitaine auquel il avoit faict savoir sa venue. Si entra dedens, et trouva en la salle, assis au disner, mons$^r$. Charles, daulphin de Viennois et duc de Normendie, son aisné filz, Charles, roy de

Navarre, Jehan conte de Harecourt, le seigneur de Preaulx, messire Jehan Mallet, seigneur de Graville, le seigneur de Clermont, mons$^r$. Lois de Harecourt, frere dudit conte ; les seigneurs de Friquault, de Tournebe, de Clere, de Maubue et de Mainemares, tous chevaliers, Colinet Doublet et Jehan de Portalu, escuiers, et plusieurs autres, lesquelz il feit lever de table et mettre en prison en diverses chambres au dit chasteau, et leur feit bailler à chascun ung confesseur. Puis s'en alla disner ; et sitost qu'il eust disné, lui et ceulx qui estoient venus monterent à cheval, et sortirent, par ledit chasteau, hors la ville, en ung champ où le roy avoit faict faire un eschaufaut sur quatre pipes. Et là furent amenez en deux charrettes, par le commandement du roy, les dis conte de Harecourt, le seigneur de Graville, le seigneur de Maubue et Colinet Doublet. Et là leur fut les testes coppéez en la presence du roy et de ses diz enfantz, de son dit frere et autres. Puis les corps furent trainez et pendus au gibet de Rouen, et leurs testes mises à des lances sur le gibet. Le lendemain, le roy feit delivrer les autres prisonniers, reservé le roy de Navarre et les diz Friquault et Portalu qui furent menez prisonniers à Paris... ..

L'an mil .ccc. Lvij., ce dit an au mois de janvier, le dit roy de Navarre veint à Rouen avec grand compaignie de gens tant armez que desharmez où ceulx de la ville les receurent. Et, ce dit jour, les Navarrois, ardirent ung bel hostel que le duc de Normandie avoit à trois lieues de Rouen [à] Couronne, et merquedi ensuiant que il fut arrivé, il envoia despendre les corps des quatre qui avoient esté decapitez. Mais on ne trouva rien du conte de Harecourt ; car ses parents l'avoient osté secretement. Et furent les dis corps ensevelis par trois Beguines, et mys en troys coffres et amenez en trois char[i]otz couvertz de noir. Et alla ledit roy de Navarre jusquez au gibet avec grand nombre de gens, et y avoit cent hommes revestuz de noir, lesquelz portoient cent grandes torches, et furent les diz corps arrestez au lieu où ils avoient esté decapitez, et illec chanté vigilles, et aprez portés en l'église cathedrale de Notre-Dame, et furent mis soubz une chapelle de bois peinte de noir nommée *Castrum doloris*, toute couverte de cierges de cire. Et estoit en l'ung des chariotz les corps des seigneurs de Maubue et Colinet Doublet. Après ledit chariot marchoient, sur deux chevaux, deux escuiers armez de leurs armes, et leurs amys après. Au second chariot estoit le corps de messire Jehan Mallet, seigneur de Graville, et après marchoient deux hommes qui portoient deux banieres de ses armes, et deux autres sur deulx chevaulx armez l'un pour la guerre et l'autre pour le tournoy. Au tiers chariot ne avoit point de corps; mais il faisoit representant dudit conte de Harecourt. Et après avoit deux banieres, et deux hommes armez, le dit de Navarre et les amys après. Le lendemain, le dit roy de Navarre feit assembler le peuple de la ville de Rouen devant l'abbaie de Saint-Ouen, et illec leur prescha, et deist moult de choses, voulant demonstrer que il avoit esté prins sans cause et detenu prisonnier l'espace de dix-neuf mois, et puis parla des quatre decapitez, et les appeloit *vrais martirs*. Puis alla à la dicte église de Notre Dame où il feit mettre les quatre heaulmes en la chapelle des *Innocens*, voulant dire que ils estoient innocens des cas pour lesquelz on les feit mourir.

*Aveu rendu à l'abbaye de Fécamp pour un fief à Senneville.*

1450.

De messieurs les religieux mons$^r$. l'abbé et couvent de Fescamp je Guy Le Bouteillier, escuier, seigneur de la Bouteillerie, tien et adveue à tenir ung quart de membre de haubert, assis en la parroisse de Seneville et Eslcetot et ès parties d'environ, ouquel fief j'ay court et usaig, xiij$^{mes}$, reliefs et toute noblesse et seigneurie qui à simple et basse justice appartient, et en doy servir mondit sieur l'abbé, en son nouvel advenement, de boire au plus bel vaissel qui sera sur le dressouer, la premiere fois de son disner et faire l'essay, ainsi que à tel seigneur appartient. Et, quant ledit mons$^r$. l'abbé a beu, je prens le vaissel en quoy il a beu, et l'emporte comme mien, et moy puis, ledit service fait, aler seoir pour disner au premier bout de la premiere table après *le deis*, et mes gens doivent avoir à boire et à mengier audit disner et mes chevaulx en vitaillez. Et si doy avoir le demourant des vins et des cyres qui demeurent de la dicte feste après icelle feste faicte et passée.... Le xxiiij$^e$. jour du mois d'octobre l'an de grace 1450.

Ce qui nous a engagé à donner ici cette pièce, c'est la mention qu'on y trouvera du *dais* dont il a été question dans le récit de l'entrée du roi Jean au château de Rouen en 1355, p. 84.

# TABLE GÉNÉRALE.

Acre, 2, 7, 9, 10, 11, 12, 47.
Aigues-Mortes, 42 48.
Ailly (Pierre d'), 193.
Aire, 22.
Albret (le sire d'), 201, 275, 339.
Alençon (le comte d'), 51, 189, 259, 263, 270 ; — (le duc d'), 268, 275, 305, 307 ; — (Philippe), archevêque de Rouen, 135.
Alexandre V, 145 ; — Alexandre VI, 245.
Alexandrie (patriarche d'), 146.
Alix, fille du comte de Champagne, 4 ; — reine de Chypre, 37.
*Allée* des fèvres en Allemagne, 296
Alorge (Guillaume), 164, 328 ; — (Robert), 251, 334.
Amaury, roi de Jérusalem, 6.
Amboise (Georges II d'), archevêque de Rouen, 281.
Amfreville-sur-Iton, 294.
Amiens, 55, 189, 193, 222, 292, 293 ; — (le cardinal d'), 132.
*Amiral de la mer*, 176.
Amurat Ier, 194.
Andelle (vallée d'), 279.
Angennes (Regnault d'), 265.
Angoulême (comte d'), 201, 244.
Anjou (comtes d'), 31, 357 ; — (duc d'), 173, 174, 176, 183, 223, 339 ; — (Charles d'), prince de Tarente, 80.
Années d'abondance, 338, 346 ; — remarquable par les gelées, 350.
Anquetonville (Raolet d'), 220, 222.
Antoine de Bourgogne, 81, 201, 264, 265.
Appilby (Guillaume d'), 314.

Aquitaine (Eléonore d'), 2, 4.
Aragon, 60.
Arci (Guyot d'), 155.
Ardres, 130.
*Argolicence* (l'évêque d'), 320.
Armagnac (le comte), 257, 268, 276, 307, 338, 341.
Arques, 315.
Arras, 22, 256, 257, 258, 272, 273.
Arteveld (Jacques d'), 171.
Arthur de Bretagne, 19.
Artois (Robert d'), 30, 37 ; —(comte d'), 40, 43.
Assemblées des nobles du royaume à Paris, 245, 264.
Atainville (Oudart d'), 136, 137.
Auber (Jean), 251.
Auch (archevêque d'), 142.
Audeneham (Arnoul, sire d'), 86, 357.
Auffay, 302.
Aumale, 302, 304, 311.
Aunou (Jeanne d'), 349.
Auray en Bretagne, 130.
Auricher (Jacques d'), 349.
Auvergne, 128
Auxerre, 13, 29, 288, 300 ; — (abbé de Saint-Germain d'), 116.
*Acalasse d'eau* en Normandie, 331.
Avignon, 32, 55, 115, 118.
Avranches (évêque d'), 314, 348.
Ayencourt, 211.
Azincourt, 274.

Babylone, 9, 46, 47.
Bacon (Roger), sire du Molay, 57.
Baillet (Jean), trésorier du régent, 93.
Bailleul (Pierre de), 57.

Ballades chantées à Rouen, 145.
Ballet des hommes sauvages, 192.
Baons-le-Comte, 340.
Bapaume, 22, 273.
*Bar* (l'archevêque de), 137.
Bar (duc du), 265, 306; — (Charles du), 201 ; — (Henri du), 227 ; — (Jean de), *physicien du roy*, 198.
Barbasan (Arnaud Guilhelm de), 205, 285, 308, 309.
Barow (Robert), 311.
Barres (Guillaume des), 13, 14, 16, 20.
Barrois (le), 11, 16.
Basin (Jean), 348.
Basoches (Jacques de), 33.
Basqueville, 207.
Bassiel (Antoine), 272.
Bataille (Guillaume), 205.
Bauchart (Huet et Pierre, 312.
Baudouin, comte de Flandre, 2, 31 ; — (le faux), 31, 32.
Baudribosc Colin de), 251.
Baugé, 286.
Bavière (duc de), 177 ; — (Jean de), évêque de Liége, 204 ; — (Louis de), 213.
Bayeux, 82, 143, 314.
Bayonne, 17.
Beaucamp, 303.
Beauchamp (Gaultier de), 345.
Beaudouz (Mahiet), 164, 166.
Beaufort (cardinal de), 118.
Beaugency, 299.
Beaugieu (Pierre), 270.
Beaumanoir (du), 128.
Beaumont, 39, 244 ;—(Thomas de), 311.
*Beaupère*, 62.
Beauvais, 5, 20, 228, 301, 315.
Beauvoisis, 100, 103, 248, 249, 255.
Bec (abbaye du), 278, 279.
Bécherel, 125.
Belestre, 323.
Bellême, 38.
Bellencombre, 211.
Bellengues (Guillaume de), 168, 318, 319, 321, 323, 324, 327, 333; — (Jean de), 104.
Benoît XII, 77 ; — Benoît XIII, 134.
Bergerac, 130.
Bergues, 174.
Bernabosc, 229, 230 ; — (Robin de), 322.
Bernay, 63, 149.
Berneval (Alexandre de), 345.
Berry (duc de), 81, 126, 138, 173, 174, 195, 201, 222, 223, 238, 242, 249, 259, 261, 264, 265, 268, 339.
Bertin (Jean), 348.

Bertrand (Robert), sire de Briquebec, 57, 60 ; — sire de Fauguernon, 57.
Bethford (duc de), 283, 290, 294, 305, 347, 348.
Betisas, 187.
Beuscmouchel, seigneurie, 319.
Bihorel, près de Rouen, 70, 312, 316.
Biville (Jean de), sieur du Vivier, 96.
Blainville (Jean de), maréchal de France, 90, 104.
Blanche, femme de Philippe-Auguste, 28 ;—mère de Saint Louis, 112; — sœur du roi de Navarre, 111, 325.
Blanchetaque (la), 123.
Blangy, 303.
Blois, 10, 11, 37, 244.
Boccanigra, 126.
Boisguillaume, 339.
Boissay (seigneur de), 265.
Bondeville, 328.
Bonneval, 260.
Bonport, 279.
Bordeau de Vigny, 281.
Bordeaux, 38, 40, 62, 114, 129, 130, 159, 205.
*Boschautel* (soudan de), 47.
Bosredon (Louis de), 260.
Boucicaut (maréchal de), 143.
Bouillon (Godefroi de), 1, 2, 41.
Boulogne, 33, 175 ; — (comte de), 21, 22, 23, 24.
Boulogne-la-Grasse, 147, 148.
Bourbon (duc de), 188, 193, 201, 242, 268, 275; — (Catherine de), 183; — (Charles de), 305; — (Jeanne de), 89.
Bourbourg, 174.
Bourdeny, 325.
Bourges, 261, 262, 263, 269.
Bourgh (Thomas), 311.
Bourgogne (ducs de), 128, 195, 201, 208, 341, 342, etc... (Jean de), 220, 223; — (Philippe de), 173, 174, 204, 205 ; — (Anne de), 292 ; — (Jeanne de), femme de Philippe de Valois, 59, etc...
Bourguignons à Rouen, 340.
Bournonville (Enguerran de) 260, 272.
Boursicaut, 216.
Bouteiller (Guy le), 278, 342, 360; — (Raoul le) 303.
Bouteillerie (fief de la), 360.
Bouvines, 24.
Brabant (duc de), 240, 275; (Clignet de), 205.

Braque (Jean), 312.
Bray-Girart, 17.
Brenne (Henri de), archevêque de Reims, 33.
Brest, 210.
Bretagne, 128, 181, 206; — (ducs de), 40, 174, 175, 181, 189, 190, 239, 242, 263, 292 ; — (l'amiral de), 209.
Breteuil, 63, 125, 149.
Bretons, 209, 239.
Brionne, 56.
Briquebec, 57, 60.
Bruges, 170, 175.
Buch (captal de), 87, 111, 126.
Buchet de l'Ecluse, 64, 65.
Buci (Simon de), 76.
Bupaien, 323.
Busc (Pierre du), 331.
Busquet, 325.

*Cabuserie, cabuseurs*, 139, 199.
Caen, 67, 82, 124, 158, 278, 293, 323.
Cahors, 48.
Calais, 69, 70, 71, 124, 128, 130, 159, 174, 196, 200, 210, 218, 219, 273, 274, 285, 290, 305, 310.
Calleville (Jean de), 24, 333; — (Philippe de), 333.
Canteleu, 328.
*Caraux*, 199.
*Cat* (le), nom d'un engin de guerre, 158.
Catherine de France, 283, 285, 290, 291.
*Caucella* (Pierre de), 141.
Caudebec, 302, 320, 348.
Caux, 178, 207, 296, 302, 339; — (bailli de), 95, 97; — (clos de), 123.
Caux (Jean de), 328.
Cavelier (Jean), 251.
Chambellen (Guillaume le), 322; —
Champagne, 159 ; — (Henri comte de), 12; —(Jean de), 205; —(Thibaut de), 29, 34; — (maréchal de), 93.
Chapelle (Robert de la), 322.
Chaperons blancs, adoptés à Paris, 265.
Charité-sur-Loire, 288.
Charlemesnil, 90.
Charles V, roi de France, auparavant duc de Normandie, 80, 82, 89, 93, 109, 113, 132, 159, 160. — Charles VI, 90, 165, 166, 171, 180, 189, etc.
Charles dauphin de Viennois, 357. — Charles de France, duc de

Guyenne, 189; — Charles de Navare, dit le Mauvais, 63, 206 etc...
Charpaignes (Martin Gouge de), 268.
Charte aux Normands, 163, 165.
Chartres, 13, 23, 37, 243, 248, 250, 261, 268, 286, 291 ; — (Hector de), 249.
Chastel (Guillaume du), 205, 207, 209,
Château-Dun, 13.
Château-Gaillard 21, 106, 308, 309, 311, 354.
Château-Thierry, 36, 211.
Châtillon (Gautier de), 40; — (le sire de), 201.
Chef-de-Caux, 123.
Cherbourg, 68, 150, 157, 158, 194, 208, 325.
Chinon, 261.
Chrestien (Guy), bailli de Rouen, 191.
Chypre, 7, 10, 37, 42, 230.
Clarence (le duc de), 263; — (le bâtard de), 314, 315.
Claville, seigneurie, 312.
Clément VI, 73, 77, 79; — Clément VII, 132.
Clement (Eude), maire de Rouen, 164.
Clémentins, 79.
Clerc (Guillemot le), 340; — (Jean le), 251.
Clères (sires de), 82, 194, 337, 345, 358; — (Jeanne de), 333; —(Marie de), 191.
Clermont (comtes de), 93, 94, 95, 201, 242, 249; — Clermont en Beauvoisis, 248.
Clisson (Olivier de), 181, 190, 191, 194, 323, 195; — (sire de), 128, 130
*Clos de Caux* (le), 123.
Cocherel, 110.
Cochon (Pierre), 295, 351, 352.
*Coconniers*, 345.
*Compère*, 60.
Compiègne, 271, 301.
Conception (croyance à l'immaculée), 184.
Conches, 63, 102, 125, 311.
Confession aux condamnés à mort, 198.
Conihout, 347.
Corbeil, 199, 215, 288.
Corbic (Saint-Pierre de), 196. — (Pierre de), 183.
Corny, 54.
Cornwallis (Jean), 287.

Corrario (Angelo de), 141.
Coucy, 198, 244 ; — (Enguerran de), 26, 33, 34 ; — (Raoul de), 40.
Couppequesne (Nicolas), 314.
Courant (Antoine), 269.
Couronne, 358, 359.
Courtecuisse (Jean), 139.
Courtenay (le sire de), 33.
Courtray, 174, 175.
Courval, 250.
Coutances, 143.
Craon (Antoine de), 262, 333, 337; — (Pierre de), 80, 190, 198, 323; (Madame de), 201.
Cras (Jean le), 164.
Crasmesnil (Guillaume de), 207, 254, 319, 333, 334.
Crécy, 56, 68, 69.
Croisset, 280.
Crosant, 39.
Crotoy (le), 288, 293.

Dais employé aux festins, 84, 360.
Dalphin (Guy), 201.
Dam en Belgique, 177.
Damas (soudan de), 47.
Damiette, 42, 43, 46. 47.
Daniel (Marguerite), 90.
Danmartin, 22.
Darien (Yves), 157.
Davy (Jean), bailli de Rouen, 329, 332.
Décadence de la société, 74.
Décimes, 179.
Déport, 119.
Deschamps (Gilles), maître en théologie, 135, 193, 199; — (Robert), 162, 319.
Desmarets (Jean), 169, 170.
Déville près de Rouen, 54, 280, 339.
Dieppe, 13, 15, 18, 302, 354.
Digouville (le chapelain), 54.
Dinan en Bretagne, 195.
Dinan, dans les Pays-Bas, 241.
Donquerre (Hue de), 323, 328.
Douay, 254.
Doublet (Colinet), 84, 85, 358.
Doulle (Jean), 282.
Douville, 279, 333.
Douvres, 17, 26.
Dreux, 248, 259, 269, 286; — (Pierre de), surnommé Mauclerc, 36 ; (le comte de), 40.
Drieu (Jean). 318.
Ducrotoy (Geoffroi), 295.
Du Guesclin (Bertrand), 90, 109 et suiv., 113, 124, 126, 127, 130, 158.

Dun (val de), 302.
Dun-le-Roi, 261.

Echauffour, 103.
Ecluse (l') 64, 65, 175, 177, 178, 180.
Ecosse, 176, 177.
Ecouis, 52, 54.
Edouard, roi d'Angleterre, 10, 55, 66, 107.
Elbeuf-sur-Seine, 104.
Emendreville, 121.
Empoisonnement des fontaines, 188.
Epidémie, 338.
Eslétot, 360.
Esneval (Marguerite d'), 211 ; — (Robert d'), 57, 251.
Espagne, 114 ; — (galées et nefs d'), 150, 159, 210, 327 ; (roi d'), 17.
Essai (faire l') à un dîner, 350.
Essars (Jean des), 325 ; — Pierre des, prévôt de Paris, 250, 259, 261, 265, 266.
Estouteville, cure, 337 ; — (seigneurs d'), 89, 90.
Etampes, 23, 259, 260.
Etats du royaume, 92, 93.
Etrennes, 355.
Etrépagny, 304.
Eu, 57 ; — (bailli d'), 325 ; — (comte d'), 87, 191, 198, 201 ; — (le sénéchal d'), 198, 207.
Eudes Rigaud, 49.
Evreux, 82, 102, 104, 110, 149, 262, 279; — (comte d'), 63 ; (évêque d'), 314 ;—(Jean d'), 127 ; — (Robert d'), 33.

Fargis (Bernard de), 52.
Ffastolf (Jean), 300, 311.
Fauguernon (le sire de), 57.
Fautyonne, 342.
Favril (le), 106.
Fay (Jean du), 279.
Fécamp, 334 ; — (abbés de), 73, 360.
Ferrand d'Espagne, 17 — Ferrand de Flandres, 22, 23, 24.
Feugueray (Guillaume du), 276.
Feux de joie, 145, 189, 244, 258, 264, 291, 292, 296, 310, 314.
Fitz-Heu (Henri), 345.
Flamands, 24, 170, 171.
Flandre, 31, 55, 175, 177, 243, 250, 251, 256 ; — (comte de), 40, 174, 176 ; — (comtesse de), 23, 176 ; — (Jeanne de), 31.

Fleur de lys (seigneurs des), 89, 227.
Foix (la comtesse de), 201 ; (le bâtard de), 192.
Folleville (Jean de), prévôt de Paris, 183.
Fontaine (Guillaume de la), 353.
Fontaine-le-Bourg, 168, 279.
Foville, 340.
Fréauville (Nicolas de), 18.
Fresnel (Guillaume), 336 ; — (Pierre), 336 ; — (Raoul), 337 ; — (Jeanne), 349.
Friquault (s$^r$ de), 358.
Fuysellier (Guillaume le), 311.

Gabelles, 75.
Gaillartbosc (Percheval de), 311.
Gaillon, 20, 293, 348.
Gal (Raoul du), 349.
Galles, 209 ; (prince de), 88, 90, 211. — Galles (Ives ou Ivain de), 87, 120, 130.
Gant, 170, 177, 178.
Gastine (Jean de la), 105, 122 ; — (Michelet de la), 105.
Gaucourt (Jean de), 261 ; — (Raoul de), 277, 340.
Gavray, 149.
Gelées, 316, 317, 329, 330.
Gerberoy, 5, 6, 10, 13.
*Gibet roy*, 6, 10, 13.
Gien-sur-Loire, 246, 249.
Gisors, 13-20, 83, 111, 191, 282.
Glendor (Owen), 209.
Glocester (le comte de), 14.
Glos-la-Ferrière, 263.
Goullet (le), 25, 87, 324.
Gournay, 20, 111.
Graimbouville, 349.
Grand-Couronne, 105, 121.
Grandcourt, 54.
Grandmont, à Sotteville près de Rouen, 121, 280, 318, 327, 331.
Grange (Etienne de la), 133 ; — (Jean de la), 132.
Grasset (Etienne), 269.
Gravelines, 174.
Gravenchon, 56.
Graville (sires de), 57, 82, 85, 216, 218, 290, 291, 357.
Grégoire XI, 136.
Grimoard de Grisay (Guillaume), 116.
Grippel, près de Maromme, 319.
Gueldres (duc de), 182, 261.
Gueloquet (Henri), 251.
Guerin (Jean), 292.
Guerres (Ernoul de), 341.
Guines, 55.

Guisy (Huguet de), 193.
Guyenne, 115, 126, 127, 128, 218 ; (ducs de), 209, 255, 259, 261, 263, 264, 268.

Habillement d'un chevalier, décrit, 219.
*Halape* (soudan de la), 47.
Hambic (sire de), 57, 260.
Hangest (Jean de), 211, 260.
Harcourt (bailli de), 165 ; — (baronnie de), érigée en comté, 156 ; — (Godefroy de), 57-59, 66-68, 84, 85, 87 ; — (Jacques de), 201 ; — (Jean IV, de) 56, 57 ; — (Jean VI de), 183 ; — (Jean VII), 277 ; — (Louis de), 142, 183, 269, 335 ; — (comtes de), 82, 183, 341, 357 ; — (comtesse de), 84, 87.
*Harelle* (la) à Rouen, 162.
Harfleur, 53, 123, 129, 130, 149, 173, 174, 181, 210, 273, 274, 276, 321, 322, 327, 339.
Harpedenne (le sire de), 205.
Harquenville, 54.
Hazay, 321.
Henri II, roi d'Angleterre, 4, 5, 6 ; — Henri IV, 206 ; — Henri V, 272, 273, etc.. 342, 344 ; — Henri VI, 291.
Henri, comte de Champagne, 10, 11.
Hesdin, 22, 270, 274.
Heuqueville, 211.
Heuse (sires de la), 96, 97, 106, 211, 322, 323.
Hippone (évêque d'), 320, 336.
Hiver (grand), 346.
Hogue-S.-Vast (la), 211, 263, 277.
Hollande (duc de), 242.
Honfleur, 105.
Hongrie, 178, 194, 197, 323.
Honorius III, 32.
Hospitaliers, 43, 44.
Houart (Jean), 324.
*Hués*, nom donné aux Jacobins, 184.
Hurepel (Philippe dit), comte de Boulogne, 33.
Huy (ville d'), 241.
Innocent VI, 115.

Inondations, 295, 331.
Isabelle, fille de Louis VIII, 30 ; — veuve de Richard II, roi d'Angleterre, 244 ; — Isabelle de Bavière, 201 ; — Isabelle de Bourgogne, 206.
Italie, 176, 230.

Ivry, 291, 293.
Jacobins, 183, 186.

*Jacques* (les), 100.
Janville, 299, 300.
Jargeau, 251, 252, 299.
Jean II, roi de France, 63, 75, 83, 89, 91, 107, 357; — Jean-sans-Terre, 4, 19, 23, 25, 27, 48; — Jean XXII, 269; — Jean XXIII, 147.
Jersey, 208.
Jérusalem, 6, 7, 117, 136.
Joigny (comte de), 192.
Joinville (Guillaume de), 31.
Jouel (Jean), 111, 112.
Jubilé, 77.
Juridiction ecclésiastique, 297, 298.
Justice (Jean), 320.

Kygley (Jean), 314, 315.

Lagny-sur-Marne, 225, 303, 310.
Laigle, 263.
Lambery (Jean), 311.
Lancastre (ducs de), 114, 123, 128, 189, 196, 199, 200.
Langres, 22.
Laon, 20, 272, 350.
*Lar (Arnaldus de)*, 157.
Lascy (Roger de), 21.
Legier (Jean), 212.
Lenglais (Nicolas), 251.
Lens, 22.
Lenvoysie (Hugues), 135, 183, 184, 336.
Leret ou Lerot, 349, 350.
Léry, 322.
Lescure, près de Rouen, 280.
Lestrenges (Guillaume de), 320.
Leure, 173, 273.
Liége, 204, 239, 240.
Liégeois, 240.
Lieur (Jacques le), 96, 97, 105, 122, 334.
Lille, 25, 241, 253.
Lillebonne, 56.
Limbourg, 176.
Limosins, 39, 73, 77, 78, 79.
Lindebeuf, 322, 323.
Lisieux, 336, 354; (collége de) à Paris, 90.
Livet (Guillaume de), 295.
Loches, 18.
Logempré, 279.
Loges (les), 276.
Lombards, 303.

Londres, 18, 19, 200, 285, 286, 348.
Longchamp (monastère de), 30; — (Jean de), 323.
Longny (Louis de), 260.
Longueval (le seigneur de), 302.
Longueville, 64, 98, 201.
Louis VII, roi de France, 2 et suivantes.
Louis VIII, roi de France, 24 et suivantes.
Louviers, 20, 279, 308, 309, 322.
Lucas (Hanehequin), 103.
Luce III, 10.
Luna (Pierre de), cardinal, antipape, 134, 137.
*Luppi (Sancius)*, 139, 141, 155.
Lusignan (puy de), 6, 9.
Luxembourg (Notre-Dame de), 233; — (mademoiselle de), 201.
Lyon, 193.
Lyons-la-Forêt, 112, 158.

Mâcon, 33, 137.
Mailleraye (la), 21.
Maillert (Jean), 352.
*Maillotins* (les), 169.
Mainemares, 85, 358.
Mainneville (Eure), 53, 357.
Maisnil (du), 265.
Maisons-sur-Seine, 277.
Maladie du roi Charles VI, 193, 199.
Malet de Graville, 216, 290, 291.
Malletot (fief de), 349.
Manchon (Guillaume), 352.
Mans (le), 190, 229.
Mantes, 20, 29, 110, 114, 120, 200, 286.
Marc (Perrin), 93.
Marc d'Argent (Jean), abbé de St-Ouen, 70.
Marche (comte de la), 38, 39, 40, 201, 209, 260.
Marck, 210.
Marcoussis, 216, 245, 291.
Margaise (fief de la), 328.
Marie (Ricard), jacobin, 184, 185.
Marigny (Enguerran de), 51, 52; — (Jean de), archevêque de Rouen, 53, 54, 62.
Maromme (Guerout de), maire de Rouen, 163.
Marseille, 116, 326.
Martel (Guillaume), 106, 207; — (Jean), 323.
Martequin (Jean), 350.
Massoure (la), 44.
Maubué de Mainemares, 85, 358.
Mauclerc (Pierre), 38.
Maudeslour (Eustache de), 132, 320.
Mauny (Guillaume de), 158.

Maurice (Pierre), 314.
Mauviel (Pierre), 353.
Meaux, 95, 99, 101, 287, 288.
Mecteer (Guillaume le), 328.
Melun, 4, 56, 90, 111, 215, 235, 238, 255, 261, 284, 308, 309.
Menau (Pierre de), 272.
Merchier (Jean le), 191.
Mesnil (Raoulin du), 352; — (Richard du), huissier d'armes du roi, 54.
Mesnil-au-Cauf, 294.
Meulan, 114, 170, 258, 288.
Metz (Ferry de), 157.
Meung-sur-Loire, 300.
Mezieres (Philippe de), 230.
Mignot (Jean), 335.
Milan (le sire de), 229, 230; — (Valentine de), 187, 244.
Miles, seigneur de Noyers, 57.
Mirable (le sire de), 40.
Mites (Ricart), 298, 345.
Modes, 175.
Molay (le sire du), 57.
Monnaies (mutation des), 66, 76, 187, 343, 345.
Montagu, 251; (seigneur de), 239; — (Gerard de), 245, 268; — (Jean de), 213, 245, 268, 275.
Montargis, 214, 243, 259, 261.
Mont-aux-Malades, 97, 105.
Montbeliard, 26.
Mont-Cassel, 45, 56, 174.
Montdidier, 256.
Montesson (Jean de), 184.
Montfaucon, 60, 226.
Montferrant, 181.
Montferrat (maréchal de), 7.
Moutfort (comte de), 26, 40, 63.
Montgay, 225, 226.
Montivilliers (*Écarlates de*), 262.
Montmartre, 257, 306.
Montpellier, 134, 187.
Montpensier en Auvergne, 33.
*Mor*, château, 15, 17, 18.
Morel (Raoul), jacobin, 184, 185.
Mortain, 150, 311.
Mortalité, 71, 72, 200, 333, 340.
Mouchiel (Jean), 329.
Moulineaux, 67, 104, 105, 106, 121, 122, 339.
Moustier (Etienne du), 321.
Mouton, sire de Blainville, 104.
Moy (Robin de), 332.
Muids-sur-Seine, 249.
Mustel (Jean), 85; — (Roger), 251.

Naisson (Pierre de), 265.
*Nassone* (l'évêque de), 320.

Navarre, 36, 81, 147; — (collége de), à Paris, 193; — (Blanche de), épouse de Philippe de Valois, 64; — (Charles, roi de), 82, 95, 98, 125, 148, 188, 194, 205, 208, 246, 357; — Pierre roi de), 183, 201, 227; — (le bâtard de), 325.
Navarreric, 98, 100-106.
Neaufle, 111, 112, 325.
Neufchatel, 111.
Nevers (comte de), 29, 176, 198, 201, 275.
*Nicholle* pour Lincoln, 27.
Nicopolis, 188, 198.
Nid-de-Chien (le), près de Rouen, 83, 279.
Niort, 128.
Nobles en butte à la haine des Navarrais, 100; — en décadence, 66; — nobles du pays de Caux, 95.
Normand (Raoulin le), 295.
Normandie, 48, 248; — conquise par Philippe-Auguste, 20, 21; — doutes de saint Louis sur la légitimité de sa possession, 48; — ducs au xiv<sup>e</sup> siècle, 64, 82, 92; — ses Etats, 56, 76; — ses franchises et libertés, 56, 57, 77, 81, 82, 163; — ses gouverneurs, 212, 270; — sa noblesse, 57, 76, 178, 186; — son traité avec Philippe de Valois pour une expédition en Angleterre, 57.
Notre-Dame-du-Pré, près de Rouen, 84, 87.
Noviant, 191.
Noyers (Philippe de), envieux des Normands, 57.
Noyon (l'évêque de), 336.

Oise (l'), 257.
Ons (seigneurie d'), 249.
Oresme (Nicolas), 135.
Orival, près d'Elbeuf, 104, 122.
Orléans, 13, 23, 134, 298; — (ducs d'), 138, 186, 190, 191, 193, 195, 201, 203, 212, 218, 220, 275, 357, etc.
Orléans (Jean d'), élu de Rouen, 251.
Othon (l'empereur), 23, 25.
Ouainville-en-Caux, 320.

Paix-Dieu (la), jurée par Louis VII, p. 4.
Pajot (Jean), 349.
Pampelune, 36.

Pantouf (madame de), 333.
*Pardon de Rome*, 201.
*Parement* (chambre de), 201.
Paris, 124, 161, 166, 169, 186, 187, 190, 195, 227, 239, 242, 245, 255, 257, 259, 261, 262, 264, 268, 271, 273, 285, 293, 296, 305, 327, 337, 341, 348 ;—bastille de St-Antoine, 214, 265 ; — Blancs-Manteaux, 220 ; — capitaine, le roi de Navarre, 99 ; — Célestins, 222, 230 ; — Chambre des Comptes, 161 ; — châtelet, 132 ; — Cité aux clercs, 99 ; — collége du Trésorier, 223 ; — commune, 99 ; — cour le roi, 48 ; — cour de l'évêque, 199 ; — *étude* interrompue, 200 ; — évêque, 94, 245 ; — exécutions, 188, 199, 266 ;—feux de joie, 189 ; — fortifications, 69 ; — halles, 266 ; — le Louvre, 125, 214, 223, 255 ; — *Maillotins*, 69 ; — Mathurins, 94, 329 ; — Notre-Dame, 41, 187 ; — Palais, 32, 187 204, 235 ; — Parlement, 169, 195, 199 ; — portes : St-Denis, 271 ; St-Jacques, 258 ; — St-Michel, 215 ; — prévots, 60, 61, 94, 98, 101, 183, 250, 259, 261, 264, 265, 266, 329 ; — révoltes, 94, 95, 255 ; — St-Antoine, 255 ;— St-Jean-en-Grève, 296 ; — St-Merry, 93 ; — St-Pol, hôtel, 192, 223, 233, 243, 270 ;— Ste-Geneviève, 135 ; — siége, 306 ;— Université, 134, 138, 139, 184, 195, 199, 239, 264, 269 ;— Val des Écoliers, 187, 326.
*Past* (le jour du), 342.
Pavilly, 322.
Paynel (Fouquier), 57.
Pèlerinage, 296.
Pembrok (comte de), 126.
Penneville, 272.
Penthièvre (comte de), 176, 206.
Perche (comte de), 26.
Périgord (comte de), 48.
Perve (mons. de), 240.
Petit (Jean), 223, 270.
Petit-Maisnil (le), nom d'homme, 266.
Petit-Quevilly, 160.
Philippe-Auguste, 4, 5, 10, 19, 29 ; — le Bel, 50, 52, 78 ; — de Valois, 51, 52, 55, 66, 74, 75 ; — d'Artois, comte d'Eu, 191 ; — le Hardi, duc de Bourgogne, 81, 88 ; — comte de Flandre, 10, 11.
Philippe (Colin), 324.

*Physiciens*, 193, 198.
Picardie, 288.
Picard (Henri le), 354.
Pinchonnet, 325.
Pise, 141, 146.
Piseux (Colin de), 257, 258.
Pitement (Robin), 332.
Plesseis (Pierre du), dit Guinaie, 272 ; — (Raoul du), 323.
Plessis (fiefs du), 272, 349.
Poissy, 20. 216.
Poitiers, 39, 87, 88, 126 ; — (Aimeri de), 192 ; — (comtes de), 40, 88.
Poitou, 24, 38.
Polifer, 250.
Pons, 39, 40.
Pont-Audemer, 63, 76, 149.
Pont-de-Commines, 24, 171.
Pont-de-l'Arche, 20, 103, 110, 112, 166, 279, 341, 342.
Ponthieu (comtes de), 5, 339.
Pontoise, 70, 103, 111, 200, 258, 267, 281, 282, 321.
Pont-Saint-Pierre, 279.
Poolin (Guillebert), 53 ; — (Jean), 53 ; — (Laurent), 53 ; — (Pierre), 53, 164, 294, 295, 345.
Portalu (Jean de), 358.
Porte (fief de la), 337 ; — (Jean de la), 337 ; — (Pierre de la), 337.
Portijoie, 322.
Portpinché, 321, 322.
Portugal, 22.
Pougnant (Thomas), 165, 251.
Poullain (Guerart), 163.
Pré (prieuré du), 165 ; V. Notre-Dame.
Préaux (sires de), 57, 357 ; — (hôtel de), 121.
Prédauge, 335.
Princhemont, 350 et suiv.
Privilége St-Romain, 133.
Provence (Marguerite de), 36.
Prusse, 188.
Pucelle (la), 298 et suiv.

Quatremares, nom d'homme, 168.
Quatre-Métiers, nom de lieu 177.
Quesnes (Karados des), 251, 254, 269.
Quesnoye (la), près de Rouen, 105.
Quevilly, 160, 322.
Quitrappe (la), 208.

Rambures (sire de), 260, 311.
Rançon du roi Jean, 107.

Rançons exigées des villes et des campagnes, 104, 105.
Regnault de Pons, 40.
Regneville, 156.
Reims, 31, 33, 52, 161, 300 ; — (archevêques de), 142, 146 ; — (abbé de St-Nicaise de), 178.
Renaud, duc de Gueldres, 211.
*Rendre* (*se*) à un monastère, 230.
Richard-Cœur-de-Lion, 4, 6, 10, 13, 18 ; — Richard II, roi d'Angleterre, 196, 199, 200, 211, 244.
Richemont (Arthur de), 263, 292.
Rieux (Regnaud de), 328.
*Riole* (la), 17.
Rivière (Bureau de la), 90, 122, 123, 191 ; —(Jacques de la), 265 ; — (Jean de la), 90.
Rivière-Bourdet (la), 328.
*Robertiax*, nom donné aux descendants de Robert de Dreux, 2.
Roche (sire de la), 57.
Rochelle (la), 24, 25, 31, 173.
Rochetaillée (Jean de la), 295, 348.
*Rodrigo*, 250.
Roger (Pierre), 53, 73, 77.
Rolleboise, 104, 122, 317.
*Roman de Duguesclin*, 110.
Rome, 27, 118, 119, 131, 132, 147.
Roncheville, 60.
Rosay (Roger de), 41.
Roucy (Alain de), 13, 15, 16, 20.
Rouen, 13, 18, 20, 67, 73, 75, 95, 102, 104, 113, 158, 163, 177, 178, 248, 251, 264, 268, 272, 274, 276, 288, 294, 304, 309, 321, 327, 339, 342, 344.
*Administration ecclésiastique.* — Archevêques, 49, 52, 53, 135, 162, 186, 269, 294, 295, 297, 320, 348; — chapitre, 142, 164, 165, 184, 269, 295, 314, 337, 349; — Clémentins, 73, 79 ; — doyens du chapitre, 135, 183, 336 ; — official, 163, 165, 297, 335, 350.
*Administration civile.* — Avocat du roi, 298 ; — baillis, 136, 191, 251, 269, 277, 324, 328, 329, 332, 340, 345 ; — bouchers, 36 ; — bourreau, 325 ; — capitaines, 56, 96, 97, 122, 168, 254, 262, 277, 278, 318, 319, 324, 327, 333, 334, 337, 341 ; — la cinquantaine, 276 ; — conseillers de la ville, 251 ; — draperie, 76, 97, 162, 164 ; — échiquier, 133, 195, 198, 297, 321, 324, 347, 349; — élu, 251 ; — lieutenant du bailli, 294; — maires, 83, 162, 167, 319, 328; — pairs de la commune, 167 ;

— personnages présents à Rouen: Bedford, 305; -- Charles VI, 166, 181, 183, 280; — le Dauphin, 276 ; — Charles VII, quand il n'était encore que dauphin, 341; —Du Guesclin, 113 ;—Henri VI, 314 ;—le duc de Lancastre, 196.
— Sergents de la ville, 167 ; — vicomte, 251, 348.
*Eglise cathédrale*, 6, 18, 163, 164, 165, 289, 313, 325, 328, 336, 338; — église de Rouen louée par Clément VI, 73 ; — chérie par Charles V qui veut que son cœur y soit enseveli, 150 ; — réparée, 73;— chapelles : des Brienchons à la cathédrale 319 ; — des Innocents, *ibidem*, 359 ; — de Saint-Eustache, *ibidem*, 270. — Fondation de *l'Inviolata*, 73 ; — ornements légués par l'archevêque Jean de Marigny, 54 ; — inventaire du trésor de la cathédrale, 54 ; — portail aux Boursiers, 332.
*Eglises paroissiales.* —Saint-Eloi, 185, 337; — Saint-Erbland, 283, 314; — Saint-Gervais, 185, 280; — Saint-Godard, 164 ; — Saint-Hilaire, 339 ; — Saint-Laurent, 324 ; — Saint-Maclou, 73 ; — Saint-Martin-du-Bout-du-Pont, 73, 334, 337 ; — Saint-Michel, 53;—Saint-Nicaise, 185 ;—Saint-Nicolas-le-Painteur, 79 ;—Saint-Pierre-l'Honoré, 53 312 ;—Saint-Sever, 105, 121, 339 ; — Saint-Vivien, 73.
*Communautés et autres établissements religieux.* — Augustins, 334 ; — Chartreux, 280, 320 ; — Cordeliers, 164, 191, 334; — Emmurées, 105, 121, 328, 339; — Jacobins, 78, 184, 281 344 ; — la Madeleine, 160, 165, 276, 324 ;— Notre-Dame-du-Pré, 84, 87;—Saint-Lô, 164 ;—Saint-Maur, 280, 341 ; — Saint-Ouen, 143, 163, 164, 165, 289, 316, 348; — Saint-Pol, 282, 318 ; — Sainte-Catherine, 184, 341; — Hôpital de Saint-Ouen, 340 ; — Cimetières nouveaux, 73; — aître Saint-Maclou, 73; — cimetière Saint-Maur, 335.
*Lieux, rues, places*, etc. — Banlieue, 167 ; — barrières, 105 ; — bastille : des Bouglites, 281 ; — du Bout-du-Pont, 344 ; — beffroi à Saint-Godard, 97 ; — Bi-

horel, 85 ; Bouvreuil, 85, 280, 328 ; —Cavée (la), 85 — champ-du-Pardon, 70, 85 ; — château, 83, 85 ; (la Grosse-Tour`, 95, 96 ; ( le pont-levis de la porte des Champs), 97, 133, 166, 281, 289, 313, 327, 332, 341, 347, 357 ; — chaussée de Saint-Sever, 318, 331, 332 ; — clos aux Arbalétriers, 345 ; —clos des Galées, 53, 130 ; — cohue, 167 ; — Croix du bout de Saint-Sever, 318 ; — Fontaine-Jacob, 280 ; — Gibet, 85, 163, 316, 322 ; — halle, 165 ; — halle-aux-Pelletiers, 347 ; — horloge, 324 ; — hôtels : de la Fontaine, 333 ; — de la Pierre, 352 ; — de Préaux, 121 ; — du Pape, 79 ; — maison de l'Epée, 329 ; — manoir de la ville, 335 ; — Marché-aux-Chevaux, 332, 344, 345 ; —Mont-Hellet, 335 ;— murs sur la Seine, 340 ; — palais, 344 ; — pilori (le), 349 ; — Pont-de-Seine, 76, 318, 331, 333, 354 ; — portes de Rouen : 296 ; —d'Aubevoie, 96, 181 ; —de Beauvoisine, 158, 340 ; —du Bout-du-Pont, 84, 158, 281 ; — Cauchoise, 97, 312, 340 ; — Grand-Pont, 166, 313 ; — Martainville, 166, 280, 313, 323 ; — Saint-Hilaire (longtemps appelée Machacre), 97, 337, 340 ; — prisons, 167 ; — de l'archevêché, 184, 332 ; — quais : à tuiles, 332 ; — de la Bouille, 84 ; — du Crucifix, 329 ; — Renelle (la), 332 ; — Rougemare, 332 ; — rues : Cokereaumont, 328 ; — Courvoiserie, 324 ; — Grand-Pont, 329 ; — aux Juifs, 53 ; — des Petits-Champs, 342 ; — de la Poulleterie, 329 ; — Quevriere, 325 ; —Tabouret, 235, 336 ; — Tour-Mausifrote, 345 ; — Troterelle (la), 353 ; — Val de la guate, 280 ; — Vieux-Marché (le), 331, 334 ; — Vieux-Palais (le), 281 ; —Vieille-Harenguerie (la), 332 ; — Vieille-Tour (la) 548, 349.

*Matières diverses.* — Chaînes de la ville, 334 ; — commune supprimée, 166 ; — exécutions, 188, 298, 315, 318 ; —feux de joie, 189 ; — fortifications, 69, 70 ; — *Harelle* (la), 162 ; — *miracles* de saint Romain, 133 ; — mortalité, 72 ; — Pardon de saint Romain, 85, 305 ; — présent destiné par la ville au duc d'Orléans, 212 ; privilége Saint-Romain, 133, 294 ; — processions, 337 ; — rançon, 167 ; — Rogations, 133, 187 ; — sédition, 76 ; — siége, 342 ; —synodes, 185.

Roumare (forêt de), 177.
Roussel (Raoul), 285.
Roye (Guy de), 143.
Rue (Jacques de), 149.
Rutland (le comte de), 205.
Rye en Angleterre, 129, 159.


Saimpy (sire de), 194.
*Sainepont* (comte de), 24.
Saint-Amand de Gosville, 353.
Saint-Clair-sur-Epte, 103.
Saint-Cloud, 99, 101, 257, 258.
Saint-Denis-en-France, 70, 99, 100, 103, 108, 158, 159, 222, 257, 259, 271, 273, 306, 309, 310.
Saint-Etienne du Rouvray, 280.
Saint-Fiacre (pèlerinage de), 233.
Saint-Julien, chapelle au Petit-Quevilly, 160.
Saint-Louis (le roi), 33 et suiv.
Saint-Laurent (Raoulin de), 351.
Saint-Malo, 157, 175.
Saint-Martin (Jean de), 57.
Saint-Michel de la Haye, 104.
Saint-Omer, 22, 196.
Saint-Ouen, prés de Paris, 257.
Saint-Ouen du Breuil, 349.
Saint-Pol (comtes de), 21, 23, 24, 29, 32, 40, 183, 201, 206, 210, 250, 264.
Saint-Pol de Léon, 209.
Saint Romain (*miracles* de), 133.
Saint-Sauveur-le-Vicomte, 123, 129.
Saint-Victor en la Campagne, 322.
Saint-Wandrille, 320, 353.
Sainte-Catherine, près de Rouen, 143, 165, 185, 279, 317.
Saintes, 39, 40.
Saladin, 2, 3, 7, 8.
Salisbury (comte de), 279, 292.
Salle aux Pucelles, près de Rouen, 67.
*Sallebruce* (cardinal de), 145.
Salvaing (Jean), 354.
Salvart (Jenson), 345.
Sancerre, 37.
*Sanes* ou synodes, 185, 320.
Sanson (Adam), 17.
Saquainville (Pierre de), 113.
Sarrasins, 188, 198, 199.
Saut (Perron du), 104.

Sauvage (Mathieu le), 336.
Saveuse (M. de), 309.
Savoisy (Charles de), 326.
Savonne, 138.
Scales (Thomas de), 300.
Scelles (Bardin), 355.
Schisme, 131 et suiv.
Sécheresse, 346.
Segmeult (Jean), avocat du roi, 298.
Seine (rivière de), 124, 296, 316, 317 ; — gelée, 329.
Senlis, 22, 33, 271, 288, 301.
Senneville, 360.
Sens, 116, 268.
Serifontaine (seigneurie de), 319.
Sevestre (mons.), 137.
Sicile, 201, 246.
Signet du roi; usage de le fermer à deux paires de clefs, 61, 62.
Soissons, 33, 41, 124, 128, 272.
Sommerville (Jean de), 311.
Sonnain (Jean), bailli de Caux, 95.
Sorenc (Robert de), 328.
Sotteville, près de Rouen, 105, 106, 121, 280, 339.
Stafford (Robert de), 272.
Suffolk (comte de), 300, 311, 348.
*Sur*, 3, 9, 10.
Surreau (Laurent et Pierre), 349.
Syrie, 2, 47.

Taillanville, seigneurie, 333.
Taillebourg (sire de), 40.
Tailles, 161, 181, 182, 197, 199, 204, 208, 210, 214, 216, 222, 235, 261, 272, 278, 293, 321, 343, 351.
Talbot (Jean), 300.
Tancarville (comtes de), 56, 85, 90, 194, 201, 239, 326.
Tarente (prince de), 201.
Templiers, 43, 44.
Termes (Olivier de), 40.
Terre-Sainte, 29, 319.
Tertre (Pierre du), 148.
Tesson (Jean), sire de la Roche, 57.
*Thabour* (prisonnier comme le lièvre au), 106.
Thien (le bâtard de), 286.
Tibériade, 7.
Tongre, 241.
Torcy, 89, 307, 308, 311, 314, 315, 326 ; — collége de Lisieux ou de Torcy à Paris, 90.
Toulouse, 29, 187.
Toulousen (Guillaume), 251.
Touraine, 186, 189.
Tournay, 23, 24, 25, 177.

Tournebe (de), 358.
Tourneur (Thomas le), 73.
Tours, 188, 243.
Trait (l'église du), 320.
Treffilier (Jean le), 164.
Trémouille (la), 306.
Trie (Renaud de), 319.
*Trippe* (comte de), 7.
Tristan (Jean, dit), fils de saint Louis, 43.
Troyes, 35, 103, 283, 284, 292, 300.
Tuille (Jean de la), 324.
Tuit-Hébert, 104.

Urbain V, 116, 269, 336 ; — Urbain VI, 131, 132.
Ursins (Jean Javenal des), 183.
Utrecht, 240.

Vache (Robert la), 251, 254.
Valois (comte de), 51.
Vannes, 209.
Vaudreuil (le), 20, 181.
Vaupalière (la), 322, 323.
Vendôme (comte de), 13, 40.
Ventes d'Eavy, 211.
Vents (grands), 317, 321.
Veravast (Jean), 351.
Verge d'argent portée devant l'official, 297.
Verneuil, 308.
Vernon, 16, 20, 21, 56, 111, 112, 114, 125, 210, 212, 268, 286, 293, 294, 302.
Vernonnet, 111.
*Vert-Léon* (le chevalier au), 60.
Vertus (comte de), 244.
Vexin français, 293.
Veys (passage des), en Basse-Normandie, 87.
Vienne (l'amiral Jean de), 176, 188, 196 ; — (l'archevêque Guillaume de), 142, 176, 186.
*Vilains* (les), 59, 60.
Villars (Archambaud de), 205.
Ville de bois destinée à une expédition en Angleterre, 177.
Villeneuve-le-Roi, 287.
Villeneuve-lez-Avignon, 195.
Villetertre, 103.
Vincennes, 99, 100, 215, 288.
*Vinée* (grande), 175.
Vipart (Jean), 335.
Visconti (Jean Galeas), 187.
Vitry (Michel de), 265.
Vivier (le seigneur du), 96, 97.
*Vout* de cuivre et de cire, 199.

Wight (île de), 129, 206.
Winchester (cardinal de), 305.

Yainville, 320.
Ybert (Jean), 329.

Ygne (Péron), 327.
Yonville, 339.
Yppre, 174.
Ypreville, 437.
Yvetot (seigneurie d'), 345;—(Martin d'), 328.

# ERRATA.

Page 25, dernière ligne, *le Goulet*, probablement le Goulet, près de Vernon.

P. 103, avant-dernière ligne, *tradetié*, lisez *traictié*.

P. 113, 26e ligne, *mais à pieche*, lisez *mais a pieche*.

P. 209, 18e ligne, *bie*, lisez *bien*.

P. 251, 26e ligne, *Mastel*, lisez *Mustel*.

P. 335, 30e ligne, *Bâle*, lisez *Pise*.

P. 357, ajouter au titre : *St Germain Fr.* 1448.